D1752896

Hoffmann und Campe   *Kritische Wissenschaft*

Redaktion: Hans-Helmut Röhring
           Anneliese Schumacher-Heiß

Inhalt

Vorwort 11

Gebrauchsanleitung 12

1. Das politisch-ökonomische System: Wohlfahrtsstaat oder Spätkapitalismus?

1.1	Zur politischen Ökonomie der industriellen Gesellschaft	15
1.2	Funktion und Elemente des politisch-ökonomischen Systems	19
1.2.1	Das gesellschaftliche System	19
1.2.2	Das ökonomische System	22
1.2.3	Das politische System	27
1.2.4	Interdependenzen zwischen ökonomischem und politischem System	31
1.3	Zusammenfassung und Kritik	36

Literaturhinweise 37

2. Von der Industriegesellschaft zur nachindustriellen Gesellschaft

2.1	Arbeit und Herrschaft	39
2.2	Wandel in der Beschäftigungsstruktur: von der Agrar- zur Dienstleistungsgesellschaft	44
2.2.1	Begriff und Entwicklungstendenzen des Strukturwandels	44
2.2.2	Ursachen und Konsequenzen des Strukturwandels	47
2.2.3	Theorie der tertiären Zivilisation	51
2.3	Wandel in der Berufs- und Sozialstruktur: vom selbständigen Unternehmer zum angestellten Manager	56
2.3.1	Begriff und Entwicklungstendenzen des Strukturwandels	56
2.3.2	Ursachen und Konsequenzen des Strukturwandels	58
2.3.3	Theorie des Managerkapitalismus	62
2.4	Die nachindustrielle Gesellschaft: Utopie oder Ideologie?	65

Literaturhinweise 66

3. Von der Konkurrenzwirtschaft zum organisierten Kapitalismus

3.1	Die ›Multis‹ – Anfang oder Ende des Weltkapitalismus?	69
3.2	Das Wachstum der Unternehmen: vom Kleinbetrieb zum Großkonzern	70
3.3	Die Konzentration der Unternehmen: Begriff und Arten der Konzentration	73
3.4	Die Unternehmenskonzentration in der Bundesrepublik Deutschland	75
3.4.1	Konzentration in der Gesamtindustrie	75
3.4.2	Branchenkonzentration	81
3.4.3	Marktkonzentration	84
3.4.4	Kritik der statistischen Konzentrationsanalyse	86
3.5	Ursachen der Unternehmenskonzentration	89
3.5.1	Vorbemerkung	89
3.5.2	Technische Ursachen	89
3.5.3	Betriebswirtschaftliche Ursachen	90
3.5.4	Marktstrategische Ursachen	92
3.5.5	Echte und falsche Argumente in der Konzentrationsdebatte	93
3.6	Wirkungen der Unternehmenskonzentration	95
3.6.1	Betriebs- und volkswirtschaftliche Wirkungen	95
3.6.2	Unternehmenskonzentration und Wettbewerb	95
3.6.3	Unternehmenskonzentration und Konsumentensouveränität	99
3.6.4	Unternehmenskonzentration und Konjunktur	101
3.7	Multinationale Unternehmenskonzentration und politisches System	102
3.8	Die Zukunft der Konzentration oder Konzentration ohne Zukunft?	110

Literaturhinweise 112

4. Vom Wachstum ohne Grenzen zu den Grenzen des Wachstums

4.1	Auf dem Weg in einen neuen Konservatismus?	113
4.2	Entwicklung des Sozialprodukts: vom Wachstum zur Stagflation	115
4.2.1	Wachstumszyklen des Sozialprodukts	115
4.2.2	Die Bundesrepublik in der Stagflation	118
4.2.2.1	Zum Begriff der Stagflation	118
4.2.2.2	Ursachen der Stagflation	120
4.2.2.3	Stagflation und politisches System	124
4.3	Grenzen des Wachstums: von der Ökonomie zur Ökologie	127
4.3.1	Wirtschaftswachstum und Umweltkrise	127
4.3.2	Ursachen der Umweltkrise	129

4.3.3	Die Studien des Club of Rome über die Grenzen des Wachstums	133
4.4	Vom Lebensstandard zur Lebensqualität	139

Literaturhinweise 141

5. Vom Nachtwächter- zum Planungsstaat

5.1	Der Staat – Machtapparat oder Apparat ohne Macht?	143
5.2	Staatswirtschaft in säkularer Entwicklung	144
5.2.1	Vom Ordnungs- zum Leistungsstaat	144
5.2.2	Entwicklung der Staatsausgaben	145
5.2.3	Determinanten staatswirtschaftlicher Tätigkeit	148
5.3	Wirtschaftspolitik zwischen Utopie und Anpassung	151
5.3.1	Vom punktuellen Interventionismus zur aktiven Politik	151
5.3.2	Probleme der Wettbewerbspolitik	153
5.3.3	Probleme der Stabilitätspolitik	157
5.3.4	Zusammenfassung	161
5.4	Restriktionen aktiver Wirtschaftspolitik	161
5.4.1	Äußere und innere Restriktionen der Wirtschaftspolitik	161
5.4.2	Äußere Restriktionen der Wirtschaftspolitik	161
5.4.2.1	Wirtschaftspolitik und Staatsverfassung	161
5.4.2.2	Wirtschaftspolitik und Interessenpluralismus	162
5.4.2.3	Wirtschaftspolitik und Parteienkonkurrenz	164
5.4.3	Innere Restriktionen der Wirtschaftspolitik	165
5.4.3.1	Staatsbürokratie in der Krise	165
5.4.3.2	Bürokratie zwischen Apathie und Anpassung	167
5.4.3.3	Expansion statt Innovation	168
5.5	Planungsstaat zwischen Finanzbankrott und Legitimationskrise	169

Literaturhinweise 171

6. Theorien der politischen Ökonomie

6.1	Ansätze der politischen Ökonomie	173
6.2	Theorie des Interventionismus – J. M. Keynes	176
6.3	Theorie des Kapitalismus – J. A. Schumpeter	179
6.4	Theorie des Managerkapitalismus – J. K. Galbraith	183
6.5	Theorie des Spätkapitalismus	187
6.6	Zusammenfassung	196

Literaturhinweise 196

Quellennachweise und Anmerkungen 199

Verzeichnis der Schaubilder und Tabellen

Schaubild 1	Sub-Systeme des Gesellschaftssystems	21
Schaubild 2	Modell des ökonomischen Systems	24
Schaubild 3	Modell des politisch-ökonomischen Systems	28
Schaubild 4	Austauschbeziehungen zwischen ökonomischem und politischem System	32
Tabelle 1	Beitrag der Wachstumskomponenten in 9 OECD-Ländern zur durchschnittlichen jährlichen Wachstumsrate des Sozialprodukts 1950–1962	41
Tabelle 2	Entwicklung der Erwerbstätigkeit nach Wirtschaftssektoren im Deutschen Reich bzw. in der Bundesrepublik Deutschland von 1882–1974	45
Tabelle 3	Entwicklung und Prognose des Strukturwandels in der Bundesrepublik Deutschland von 1955–2000	46
Tabelle 4	Erwerbstätigkeit nach Wirtschaftssektoren im internationalen Vergleich	47
Tabelle 5	Durchschnittliches jährliches Wachstum der Arbeitsproduktivität in der Bundesrepublik Deutschland nach Wirtschaftssektoren von 1950–1980 in Prozent	49
Tabelle 6	Freisetzung von Arbeitskräften in der Wirtschaft der Bundesrepublik Deutschland von 1950–1980	50
Schaubild 5	Die Entwicklung des Anteils des primären (I), sekundären (II) und tertiären (III) Sektors an den Erwerbstätigen in Prozent nach J. Fourastié	52
Tabelle 7	Allgemeine Kennzeichen der drei Perioden sozio-ökonomischer Entwicklung nach J. Fourastié	54
Tabelle 8	Erwerbspersonen nach Stellung im Beruf 1882–1973 (in Prozent) im Deutschen Reich bzw. in der Bundesrepublik Deutschland	57
Tabelle 9	Einstellung des Top-Managements zur Selbständigkeit	62
Tabelle 10	Die Entwicklung der Umsätze und Beschäftigtenzahlen der 20 größten deutschen Unternehmen von 1970–1973	71
Tabelle 11	»Große« Unternehmenszusammenschlüsse nach Zusammenschlußarten in der Bundesrepublik Deutschland von 1966–1973	75
Tabelle 12	Betriebe, Beschäftigte und Umsatz in der Industrie nach Beschäftigungsgrößenklassen 1952–1970	76

Tabelle 13	Unternehmen, Beschäftigte und Umsatz in der Industrie nach Umsatzgrößenklassen 1964–1970	77
Tabelle 14	Umsätze und Umsatzanteile der 100 größten Unternehmensverbindungen in der Industrie 1954–1973	79
Tabelle 15	Unternehmenszusammenschlüsse nach § 23 GWB 1958–1974	80
Tabelle 16	Anteil der jeweils 3 und 6 größten Unternehmen am Gesamtumsatz in 20 ausgewählten Industriezweigen 1962–1970 (in Prozent)	82
Tabelle 17	Marktanteile von Unternehmen auf ausgewählten Märkten (1969)	85
Tabelle 18	Die 20 größten multinationalen Konzerne im Jahr 1974	103
Tabelle 19	Die 10 gewinnstärksten multinationalen Konzerne im Jahr 1974	108
Tabelle 20	Das Wachstum des Sozialprodukts im Deutschen Reich bzw. in der Bundesrepublik Deutschland von 1925–1974 (in Preisen von 1962)	116
Schaubild 6	Wachstumsraten des Bruttosozialprodukts in der Bundesrepublik Deutschland von 1950–1975	117
Tabelle 21	Veränderungsraten des Sozialprodukts, des Preisniveaus und der Arbeitslosenquote in der Bundesrepublik Deutschland von 1950–1975	119
Schaubild 7	Beurteilung der wirtschaftlichen Lage und NPD-Präferenzen der Wähler	125
Schaubild 8	Offenes System der Ökonomie-Ökologie-Beziehungen	128
Schaubild 9	Geschlossenes System der Ökonomie-Ökologie-Beziehungen	129
Schaubild 10	Standardverlauf des Weltmodells	134
Schaubild 11	Lineares, exponentielles und organisches Wachstum	135
Tabelle 22	Entwicklung der Staatsquote von 1872–1973 im Deutschen Reich bzw. in der Bundesrepublik Deutschland	146
Schaubild 12	Die Staatsquote der Bundesrepublik Deutschland 1951–1970 (1985)	147
Tabelle 23	Entwicklung der Staatsausgaben nach Ausgabenbereichen (in Mrd. DM) zu laufenden Preisen	148
Tabelle 24	Vergleich der Ziel- und der Ist-Werte der Stabilitätspolitik 1968–1971	159
Tabelle 25	Vergleich der Ziel- und der Ist-Werte der Stabilitätspolitik 1972–1976	159
Tabelle 26	Ausgaben des Staates nach Ausgabenarten 1961 und 1971 (in Mrd. DM)	169

Für Mady und Ulrike,
ohne die dieses Buch zwei Jahre früher
fertig geworden wäre

Vorwort

> »Lehrbuchautoren sind naturgemäß vorsichtige Menschen. Genau wie Kandidaten für öffentliche Ämter müssen sie neben der Wahrheit im Auge behalten, was gängig und verkäuflich ist.«
> (J. K. Galbraith)

Dieses Buch richtet sich an Leser, die Sozialkunde unterrichten oder Volkswirtschaftslehre und Politikwissenschaft im Rahmen der Lehrerausbildung studieren.

Es verfolgt im wesentlichen vier Aufgaben:
1. Neuestes statistisches Material aus Zeitungen, Zeitschriften und wissenschaftlichen Veröffentlichungen weiterzugeben. Dieses Material enthält u. a. Angaben über die Entwicklung der Unternehmenskonzentration, über Gewinne und Umsätze multinationaler Konzerne, Entwicklung der Inflationsraten und Arbeitslosigkeit in der Bundesrepublik bis 1975 (Kapitel 2–5).
2. Einige aktuelle wirtschaftliche und politische Entwicklungen in der Bundesrepublik darzustellen, ihre Hintergründe und ihre gesellschaftlichen Wirkungen aufzuzeigen. Dazu zählen Probleme wie Umweltzerstörung, Grenzen des Wachstums, die politische Macht von Großkonzernen, die Diskussion über die Qualität des Lebens und die Entwicklung der Staatsbürokratie (Kapitel 2–5).
3. Diese Entwicklungen in einen Gesamtzusammenhang zu stellen (Kapitel 1); einige Theorien zu ihrer Erklärung zu beschreiben und zu kritisieren. Hierzu gehören die neomarxistische Spätkapitalismus-Theorie, die Theorie des Managerkapitalismus u. a. (Kapitel 6).
4. Kommentierende Hinweise auf weitere Unterrichtsmaterialien und Literatur zu geben. Sie finden sich am Ende jedes Kapitels.

Die Auswahl der Materialien, Probleme und Theorien ist selbstverständlich subjektiv. Dennoch kann der Leser verlangen, daß der aktuelle Stand der Diskussion einigermaßen fair wiedergegeben und kommentiert wird.
Ich hoffe, mir ist dies gelungen.

Hamburg, im Juni 1975   G. B.

Gebrauchsanleitung

1. Hinweise für die Leser

Ich stelle mir vor, daß man die Leser dieses Buches, grob vereinfacht, in zwei Gruppen einteilen kann:
- den *Praktiker*, der unmittelbar an aktuellen wirtschaftlichen und politischen Problemen und ihrer Verwertung für eigene Zwecke interessiert ist und
- den *Theoretiker*, der bereits seit einiger Zeit Unbehagen über seine unzureichenden Kenntnisse neuerer theoretischer Entwicklungen verspürt und sein Theoriedefizit abbauen möchte.

Dem *Praktiker* empfehle ich, Kapitel 1.1 zu lesen, ohne sich von der Fachsprache abschrecken zu lassen, einen Blick auf *Schaubild 2* und *3* (Seiten 24, 28) zu werfen und dann die Kapitel 2 bis 5 durchzuarbeiten. Sie können unabhängig voneinander gelesen werden, wobei Kapitel 4 wahrscheinlich der beste Einstieg ist. Die Wiederholungen halten sich an die Regeln der chinesischen Logik, wonach man ein und dieselbe Sache aus verschiedenen Blickwinkeln betrachten sollte, um sie richtig zu verstehen.

Der *Theoretiker* sollte mit Kapitel 1.1 beginnen, dann Kapitel 6 anschließen (das ihm wahrscheinlich eher vertraut ist) und sich nach dem Rest von Kapitel 1 mit den stärker deskriptiven Kapiteln 2–5 beschäftigen. Dieser zweite Weg ist der mühevollere.

Wer sich ergänzend mit Problemen der politischen Soziologie beschäftigen will, der sei auf das Buch meines Kollegen R. Hamann verwiesen.

Hamann, R., Politische Soziologie für den Sozialkundeunterricht, Hoffmann und Campe, Hamburg 1974.

2. Hinweise auf weiterführende Literatur

Die annotierte Bibliographie am Ende jedes Kapitels ist für Leser gedacht, die einzelne Aspekte weiter verfolgen, vertiefen und auch andere Auffassungen kennenlernen möchten. Die Auswahl ist subjektiv. Es gibt gerade im Bereich der politischen Ökonomie eine Fülle von Veröffentlichungen, die ebensogut hätten genannt werden können. Es wurde insbesondere auf preiswerte und leicht zugängliche Publikationen zurückgegriffen.

Die Literatur ist vor dem Autorennamen mit einer Kennziffer für den Schwierigkeitsgrad versehen. Zwischenwerte sind möglich. Dabei bedeuten:

[1] = Das Buch setzt keine wirtschaftlichen und politischen Vorkenntnisse voraus. Die Sprache ist allgemeinverständlich. Als Einführung in den jeweiligen Problemkreis besonders geeignet.

[2] = Das Buch setzt einige volkswirtschaftliche und/oder politikwissenschaftliche Grundkenntnisse voraus. Als Einführung für Anfangssemester und für den interessierten Laien, der den Wirtschaftsteil der Zeitung liest, geeignet.

[3] = Das Buch setzt solide Kenntnisse der volkswirtschaftlichen und/oder politikwissenschaftlichen Fachsprache und theoretischen Ansätze voraus. Für höhere Semester sowie Leser mit abgeschlossenem sozialwissenschaftlichem Studium geeignet.

Lexika

[2]–[3] v. Eynern, G. (Hrsg.), Wörterbuch zur politischen Ökonomie, Westdeutscher Verlag, Opladen 1973 (UNI-Taschenbücher 239)

Das Wörterbuch versucht, in rund 90 Beiträgen wichtige Begriffe und Probleme (z. B. Kapitalismus, politische Ökonomie, Sozialstaat) im weiten Bereich zwischen Wirtschaft und Politik zu erklären. Die Beiträge sind überwiegend aus einer gesellschaftskritischen Position geschrieben. Weiterführende Literatur ist jeweils angegeben. Der Aspektereichtum der politischen Ökonomie wird durch die vertretenen Fachdisziplinen (Wirtschaftswissenschaft, Politikwissenschaft, Soziologie, Geschichtswissenschaft) und die unterschiedlichen wissenschaftstheoretischen Positionen (kritischer Rationalismus, Neomarxismus, Systemtheorie) besonders deutlich.

[2] Görlitz, A. (Hrsg.), Handlexikon zur Politikwissenschaft, Band 1 und 2, Rowohlt-Taschenbuchverlag, Reinbek bei Hamburg 1972

Das Lexikon versucht, in allgemeinverständlicher Sprache insbesondere einen Überblick über Stand und Probleme der Politikwissenschaft zu geben. Es werden in einzelnen Beiträgen aber auch wirtschaftswissenschaftliche (z. B. Automation, Kapitalismus) und soziologische Probleme (z. B. politische Soziologie, sozialer Wandel) angesprochen. Weiterführende Literatur wird in jedem Artikel angegeben.

Einführungswerk

[1] Claessens, D., Klönne, A., Sozialkunde der Bundesrepublik Deutschland, Eugen Diederichs Verlag, 6. Aufl., Düsseldorf 1973
   Tschoepe, A.,

Das Autorenteam beschäftigt sich neben dem wirtschaftlichen auch mit dem politischen und dem sozio-kulturellen System der Bundesrepublik Deutschland. Das Buch ist einfach und klar geschrieben, ohne zu simplifizieren und daher für den Einstieg auch in den Problemkreis politische Ökonomie gut geeignet. Neuere Entwicklungen (multinationale Konzerne, Grenzen des Wachstums, Lebensqualität) werden nicht berücksichtigt.

1. Das politisch-ökonomische System: Wohlfahrtsstaat oder Spätkapitalismus?

Im ersten Teil dieses Kapitels werden einige typische Entwicklungstendenzen im politisch-ökonomischen System hochindustrieller Gesellschaften beschrieben (Teil 1.1.). Um diese Entwicklungen in einen gesamtgesellschaftlichen Zusammenhang einordnen zu können, wird anschließend der Frage nachgegangen, was unter ökonomischen und politischen Systemen zu verstehen ist und welche Beziehungen zwischen ihnen bestehen (Teil 1.2). Dieser Teil stellt einige Anforderungen an das Abstraktionsvermögen. Er sollte daher entweder nachträglich oder mehrfach gelesen werden.

1.1 Zur politischen Ökonomie der industriellen Gesellschaft

Im Jahre 1967 veröffentlichten die amerikanischen Zukunftsforscher Hermann Kahn und Anthony J. Wiener ein Buch mit dem beziehungsreichen Titel: »Ihr werdet es erleben. Voraussagen der Wissenschaft bis zum Jahre 2000«[1].
In ihrer umfangreichen Arbeit kommen die Forscher unter anderem zu folgenden Ergebnissen:
1. Die Zuwachsraten des Sozialprodukts in den Industrieländern werden bis zum Ende dieses Jahrhunderts über dem langfristigen Durchschnitt der Vergangenheit liegen[2]. »Das Bruttonationalprodukt hat sich erweitert, das Pro-Kopf-Einkommen der Bevölkerung ungeheuer erhöht, die Arbeitswoche ist drastisch gekürzt, die Ferien sind ebenso drastisch verlängert worden... Ein bedeutender Teil der Bevölkerung wird überhaupt nicht arbeiten. Ein weiterer großer Schritt in Richtung Wohlfahrtsstaat wird bis dahin getan sein...«[3]
2. Die hochindustrialisierten Nationen stehen am Anfang einer Periode allgemeiner wirtschaftlicher und politischer Stabilität. Umfassende gesellschaftliche Veränderungen, wie sie in den fünfziger und sechziger Jahren zu verzeichnen waren, gehören der Vergangenheit an[4].
3. Das internationale System wird durch erfolgreiche Weltorganisationen bestimmt, die für Fortschritt und Wohlfahrt arbeiten. Die Merkmale der künftigen integrierten Welt »sind erfolgreiche wirtschaftliche Zusammenarbeit, ein allgemeines Gefühl des Fortschritts und eine gelungene Unterordnung der Politik unter die Wirtschaft und die Werte der Vernunft und Menschlichkeit«[5].

Wahrscheinlich wird gerade das nicht die integrierte Welt sein, die wir erleben werden. Warum sind diese und ähnliche Prognosen[6] über die

Welt von morgen bereits heute überholt? Weil neue, in der Gegenwart noch nicht vorstellbare Entwicklungen nicht in die Zukunftsperspektive einbezogen werden. Die Zukunftsforschung erscheint so in der Phantasielosigkeit ihrer Prognosen als große Apologetik der Gegenwart[7]. Wenn schon unsere Phantasie der Zukunft gegenüber versagt, lassen sich wenigstens einige Entwicklungslinien der gegenwärtigen Gesellschaft herauskristallisieren? Ein Merkmal ist schon indirekt angesprochen worden – hochindustrielle Gesellschaften befinden sich in einem permanenten sozioökonomischen Wandel. Er ist es, der die Prognosen der Zukunftsforscher immer wieder scheitern läßt. »Der Kapitalismus ist ... von Natur aus eine Form oder Methode der ... Veränderung und ist nicht nur nie stationär, sondern kann es auch nie sein«[8]. Kapitalismus meint zunächst und vor allem die Institutionalisierung eines spezifischen Wertesystems, in dem Sekundärtugenden wie ›Sachlichkeit‹, ›Leistung‹ und ›Effizienz‹ vorherrschen.

Der »Geist des Kapitalismus« (M. Weber) ist geprägt durch wissenschaftlich-technische Zweckrationalität, die zum Motor einer ständigen Revolutionierung des Wirtschaftsprozesses wird. Die Wirtschaft erscheint dabei als ein in sich werthafter Bereich von eigener Gesetzmäßigkeit. Der ständige Zwang zur Rationalisierung, Kostensenkung und Expansion manifestiert sich im Einsatz einer fortwährend komplizierteren Technologie bei der Gütererzeugung. Auf die Werkstattmaschine folgt das Fließband. Die nächste technische Generation ist der Automat, die sich selbst steuernde Maschine[9].

Unter Einsatz wachsender Kapitalmassen wird menschliche Arbeitskraft in Industrie, Dienstleistungssektor und staatlicher Verwaltung laufend durch Maschinen ersetzt. Die Entlastung der Gesellschaft durch Maschinenautomaten dokumentiert sich in bis dahin ungeahnten Steigerungen des Lebensstandards und wachsender Freizeit. Aber die Automation hat auch ihre Schattenseiten: Freisetzung von Arbeitskräften und erzwungene Mobilität. ›Mobilisierung der Begabungsreserven‹ und ›lebenslanges Lernen‹ lauten die – verspäteten – Antworten des Bildungssystems auf diesen technisch-ökonomischen Wandel. Drohende soziale Abstiegsprozesse sollen durch flexible Anpassung menschlicher Arbeitsqualifikation an einen unbefragten technischen Fortschritt verhindert werden. Die Mechanisierung und Automatisierung der Produktion weiten den betrieblichen Bestand an Maschinenkapital aus und führen zur Bildung großer Unternehmenseinheiten, die zunehmend transnationale Aktivitäten entfalten.

Die Folgen dieser Entwicklung sind unübersehbar. Der steigende Kapitaleinsatz automatisierter Fertigungsverfahren zwingt die Großunternehmen zur konstanten Auslastung ihrer Kapazitäten. Um die Risiken verlustreicher Absatz- und Beschäftigungsrückgänge möglichst auszuschalten, sind sie gezwungen, sich von den zufälligen Schwankungen der Nachfrage und der Preise auf Konkurrenzmärkten zu ›emanzipieren‹. Planung der Preise und Einsatz eines wachsenden Vertriebs- und Werbeapparates werden zur unverzichtbaren Bedingung des Überlebens.

In der internen Machtstruktur großer Unternehmenseinheiten wird der kapitalistische Unternehmer durch kollektive Führungsgremien, besetzt mit angestellten Managern, abgelöst[10]. Zielsetzungen, Motivation und Interessenlage der Managerklasse bleiben weitgehend im Halbdunkel tatsächlicher oder vermeintlicher Sachzwänge. Egal, ob nun »Unternehmen mit Herz« (C. Kaysen) oder »kapitalistische Krisenmacher« (R. J. Barnet), die Verfügungsmacht über große Kapitalmassen und zahlreiche Arbeitskräfte führt dazu, daß Großunternehmen nicht mehr als rein private Veranstaltung begriffen werden. Die unzulängliche Fähigkeit großer Konzerne, sich nachhaltiger Nachfrageeinbrüche oder gar langfristiger Strukturwandlungen anpassen zu können, zwingt den Staat zur wirtschaftspolitischen Intervention.

Konnten die sozialen Folgen konjunktureller Schwankungen im 19. Jahrhundert noch durch fallweises staatliches Krisenmanagement notdürftig ausgeglichen werden, so ist die Legitimation des Regierungsapparates in hochindustriellen Gesellschaften von der staatlichen Garantie wirtschaftlicher Stabilität abhängig. Im Zeichen einer erstarkten Arbeiterschaft werden Wirtschaftskrisen mit dem Entzug politischer Unterstützung an den Wahlurnen sanktioniert – der Staat muß, um zu überleben, die partikularen Interessen einzelner Wählergruppen befriedigen und den Wirtschaftsprozeß auf hohem Niveau stabilisieren.

Damit läßt die sozio-ökonomische Entwicklung in modernen Industriegesellschaften die angestammte Trennung von ›Wirtschaft‹ und ›Politik‹ immer fragwürdiger erscheinen. Mittlerweile gehört die Subventionierung notleidender Wirtschaftszweige ebenso zum bereits klassischen Aufgabenbereich des Staates wie die öffentliche Förderung privater Forschungs- und Entwicklungsprojekte. Auf dem expandierenden Sondermarkt öffentlicher Aufträge scheinen privates Gewinnmotiv und Interessen des Staatsapparates eine Symbiose einzugehen, die sich in Begriffen wie ›militärisch-industrieller‹ oder ›sozial-industrieller‹ Komplex niederschlägt.

Der Staat interveniert zugunsten unterprivilegierter Gruppen und beeinflußt über sein sozial- und bildungspolitisches Distributionssystem zunehmend die Verteilung individueller Lebenslagen. Zudem wird ein wachsender Anteil kollektiver Güter und Leistungen durch bürokratisch gesteuerte öffentliche Organisationen erstellt. »Die Bürokratie des modernen Interventionsstaates ist damit unverkennbar in die Stellung einer Generalagentur der kapitalistischen Wirtschaft gerückt, übernimmt Planungs-, Lenkungs- und Kontrollaufgaben...«[11] Die Folgen sind eine Verlagerung von Entscheidungskompetenzen in das politisch-administrative System und ein Funktionsverlust der parlamentarischen Gremien. Die Parlamente geraten scheinbar zwangsläufig in den Windschatten einer professionalisierten Ministerialbürokratie, die mit Spezialistenwissen und Detailinformationen plant und entscheidet.

Gemeinsam ist den staatlichen und privaten Großorganisationen vor allem zweierlei: die Existenz einer neuen, technokratischen Herrschaftsschicht mit Autonomieanspruch – hier die Politbürokraten, dort die Manager – und die wachsende Bürokratisierung beider Bereiche. Um der Probleme der Arbeitsteilung und Koordinierung Herr zu werden, müssen Organisationen bei Vergrößerung ihrer Aufgaben und ihres Personalbestandes von individuellen Regelungen zu allgemein verbindlichen Vorschriften übergehen. Für die Mitglieder manifestiert sich die Entwicklung im Aufbau einer hierarchischen Autoritätsstruktur mit klaren Befehls- und Unterordnungsverhältnissen, geregelten Kompetenzen und Kommunikationsbeziehungen. Der Abstand von der Entscheidungs- zur Ausführungsebene wächst. Die Führungsspitze tendiert zunehmend dazu, verbindliche Verhaltensregeln für immer mehr Details bei einzelnen Arbeitsvorgängen festzulegen[12].

Von den allgemeinen Vorschriften abweichende Entscheidungen etwa aufgrund persönlicher Einschätzung einer konkreten Situation gelten als unzulässig, denn Initiativen, die auf die ›Einmaligkeit‹ einer Situation abzielen, könnten auf Dauer den Bestand der Organisation gefährden. Möglicher Sinnentleerung oder Entfremdung[13] versucht man mit Maßnahmen zu begegnen, die eine Identifizierung des einzelnen mit den Zielen der Organisation erleichtern sollen. Hierzu zählen unter anderen die Beförderung loyaler Mitarbeiter und die Verbesserung der *human relations*.[14]

Konnte die bisherige Beschreibung einiger Phänomene hochindustrieller Gesellschaften den Eindruck einer im großen und ganzen heilen Welt vermitteln, so wird eben dieser Eindruck in jüngster Zeit radikal in Frage gestellt. Die industriellen Gesellschaften immanente Dynamik scheint die Expansion des Güterausstoßes in Grenzbereiche zu treiben, die mit der apokalyptischen Vision vom ›Müllplaneten Erde‹ oder – weniger emotional – mit den ›Grenzen des Wachstums‹ umschrieben werden. Diese negativen Utopien sind zu Recht umstritten, aber die Geschichte scheint derlei Aussagen nicht nach ihrer logischen Konsistenz, sondern nach ihrer gesellschaftlichen Wirkung zu beurteilen. Auch diese jüngste Entwicklung, die Diskussion über die Grenzen des Wachstums angesichts drohender Rohstoffverknappung und wachsender Umweltzerstörung, gehört bereits zu den wichtigen Phänomenen hochindustrieller Gesellschaften.

»Der Kapitalismus ... ist nicht nur nie stationär, sondern kann es auch nie sein«[15], wurde Joseph Schumpeter eingangs zitiert. Wenn diese These richtig sein sollte, dann dürfte ein – bislang nur vermutetes – Ende des Wachstums unabsehbare gesellschaftliche Folgen haben. Eine mögliche Konsequenz zieht der Religionsphilosoph Georg Picht: »... die bisherige Richtung des technisch-industriellen Prozesses kann nicht fortgesetzt werden, und wenn wir dies erkennen, müssen wir alle Überzeugungen begraben, an denen sich unsere westliche Zivilisation in den letzten zweihundert Jahren berauscht hat...«[16]

Fassen wir zusammen:
Hochindustrielle Gesellschaften lassen sich grob durch folgende Phänomene und Entwicklungstendenzen kennzeichnen:
- durch ständige Rationalisierung, Automation und Planung gesellschaftlicher Abläufe

- durch Betonung instrumentellen Leistungswissens
- durch die Akkumulation von Kapital, Arbeit und Know-how in nationalen und multinationalen Unternehmen
- durch einen komplexen Interventions- und Planungsstaat, der zunehmend wirtschaftliche und gesellschaftliche Prozesse zu steuern versucht
- durch neue, technokratische Herrschaftsschichten in privaten und staatlichen Großorganisationen
- durch Bürokratisierung des Berufs- und Alltagslebens, die wachsende Lebensausschnitte des einzelnen bürokratischer Regelung unterwirft
- durch einen ›Teufelskreis‹ von Wirtschaftswachstum, Rohstoffverknappung und Umweltzerstörung, der – falls unentrinnbar – nicht Fortschritt, sondern Stillstand zum wichtigsten Phänomen künftiger Epochen machen könnte.

Diese Beschreibung wichtiger Tendenzen in hochindustriellen Gesellschaften ist weder vollständig[17] noch differenziert. Bei allen Interpretationsunterschieden der skizzierten Entwicklungstendenzen besteht doch in einem Punkt Übereinstimmung: die hochindustrielle Gesellschaft der zweiten Hälfte des 20. Jahrhunderts ist nicht bloße maßstabsgetreue Vergrößerung der ›klassischen‹ Industriegesellschaft des 19. Jahrhunderts. Die hochindustrielle Gesellschaft ist etwas qualitativ Neues. In einer bestimmten, im einzelnen nur schwierig feststellbaren Phase der historischen Entwicklung[18] erfolgte ein Umschlag von der Quantität zur Qualität. So unterschiedliche Bezeichnungen wie ›Technostruktur‹, ›moderne Industriegesellschaft‹, ›Wohlfahrtsstaat‹, aber auch ›Staatsmonopolistischer Kapitalismus‹ und ›Spätkapitalismus‹ versuchen diese neue Qualität zu umschreiben. Sie werden uns durchgängig in den einzelnen Kapiteln wiederbegegnen.

»If you don't know what you are talking about, call it a system.«

(D. Easton, Systemtheoretiker)

1.2 Funktion und Elemente des politisch-ökonomischen Systems

1.2.1 Das gesellschaftliche System

Die bisherigen Ausführungen waren eher unsystematisch und feuilletonistisch. Sie dienten lediglich dazu, einige zentrale Probleme, mit denen wir uns gegenwärtig auseinandersetzen, aufzuzeigen. Ziel des folgenden Abschnitts ist es nunmehr, die angesprochenen Phänomene zu strukturieren und in einen gesamtgesellschaftlichen Zusammenhang zu stellen, um sie systematisch behandeln zu können. Dabei erweist sich die Anwendung des Systemgedankens als nützlich; denn er ist auf das Erkennen gesellschaftlicher Zusammenhänge und vielschichtiger Ursache-Wirkung-Beziehungen ausgerichtet. Im täglichen Sprachgebrauch sind Begriffe wie Wirtschaftssystem, Regierungssystem, Parteiensystem gängig, und sie können als Anknüpfungspunkt dienen.

»Die Existenz von ›System‹ in der Welt ist jedem Beobachter sofort offenbar. Das Arrangement der Teile des Universums war immer ein Grund des Staunens für die Menschen. Aber diese Disposition erweist sich von Tag zu Tag staunenswerter, indem unsere Wissenschaft fähig ist zu genauerer und eindringenderer Analyse der Fakten. Je weiter und tiefer wir in die Dinge eindringen, mit zunehmend verbesserten Methoden, desto mehr sind wir verblüfft über die Interdependenz der Teile ... Überall rund um uns herum hält das Universum zusammen, und es gibt nur einen Weg, es zu betrachten, *es als ein Ganzes in einem Stück zu nehmen.*«[19] Der Begriff des Systems enthält also die Vorstellung von einer Ganzheit oder Gesamtheit, die Erkenntnisobjekt der Systemtheorie ist. Ein System ist definiert als eine beliebige Gesamtheit, z. B. ein Ministerium, eine Uhr, ein Lehrer, die aus einer Menge von Teilen oder Elementen besteht. Diese Elemente stehen miteinander in Beziehungen, z. B. die Abteilungen (= Elemente) eines Ministeriums (= System).

Entsprechend läßt sich die Gesellschaft der Bundesrepublik Deutschland als ein System begreifen, das sich aus einer Vielzahl von Elementen zusammensetzt. Elemente des gesellschaftlichen Systems können beispielsweise sein: Wirtschaft, Politik, Recht, Technik, Natur, Werte und Normen, Sozialstruktur. Als Element wird also jener einzelne Teil eines Systems verstanden, den man nicht weiter aufteilen kann oder will, d. h. die kleinste uns interessierende Einheit im System, die wir nicht weiter analysieren können oder wollen[20].

Je nach Erkenntnisinteresse erweist es sich also als zweckmäßig, die Elemente des gesellschaftlichen Systems nicht weiter aufzuteilen – z. B. wenn man die Stellung des Systems Bundesrepublik Deutschland im übergeordneten ›Super-System Welt‹ analysieren will – oder aber es in weitere Teile zu zerlegen. Im zweiten Fall können wir beispielsweise das Element ›Wirtschaft‹ des Gesellschaftssystems der Bundesrepublik seinerseits als ein System ansehen. Diese Betrachtungsweise bietet sich offenbar an, wenn wir die Entwicklung innerhalb des Gesellschaftssystems der BRD analysieren wollen. Aus der Sicht des Systems ›Wirtschaft‹ wird dann das Gesellschaftssystem zum ›Super-System‹, während umgekehrt aus der Perspektive des gesellschaftlichen Systems das Wirtschaftssystem zum Sub-System wird.

Je nach analytischer Ebene besteht also eine formale Hierarchie der Reihenfolge Supersystem-System-Subsystem-(System-)Element, wobei die jeweils untersuchte Ganzheit zum ›System‹ wird. Diese Ordnung ist aber nicht zwingend, sondern hängt – wie gezeigt wurde – von der jeweiligen Betrachtungsweise ab[21]. In *Schaubild 1* sind einige wichtige Sub-Systeme des gesellschaftlichen Systems dargestellt[22]. Dabei zeigt sich, daß gesellschaftliche Systeme und Sub-Systeme durch besondere Eigenschaften (Qualitäten) gekennzeichnet sind, die sie von anderen z. B. anorganischen Systemen unterscheiden. Es sind offene Systeme, d. h. sie stehen in Beziehungen (Interaktionen) zu anderen (Sub-)Systemen der Gesellschaft. Diese

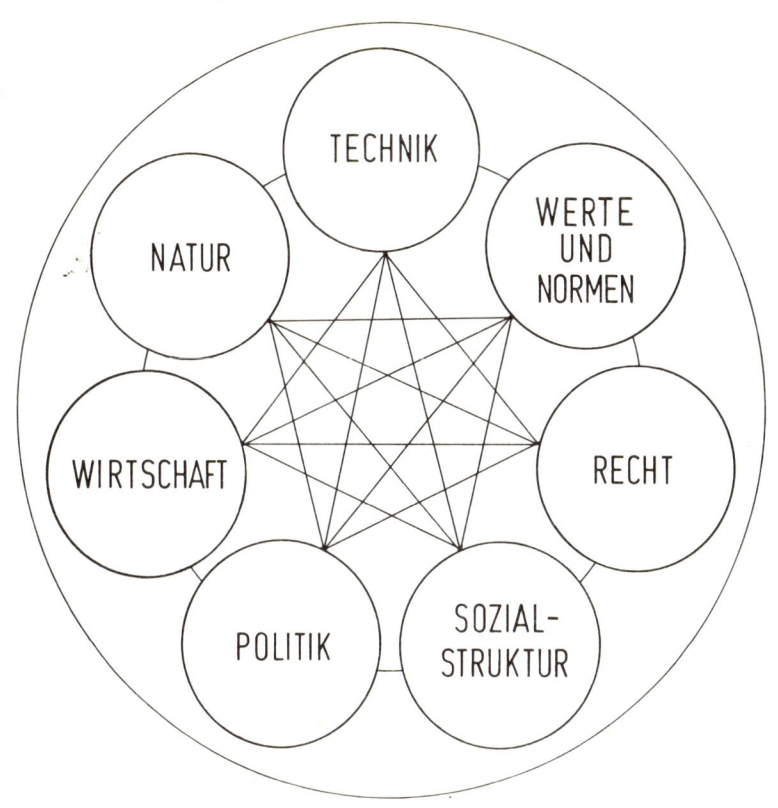

Schaubild 1 Sub-Systeme des Gesellschaftssystems

[Diagramm: Kreis mit sieben verbundenen Sub-Systemen – TECHNIK, WERTE UND NORMEN, RECHT, SOZIALSTRUKTUR, POLITIK, WIRTSCHAFT, NATUR]

—— = Austauschbeziehungen
(Materie, Energie, Informationen)

Beziehungen bestehen in der Regel im Austausch von Materie, Energie und Informationen zwischen dem jeweiligen System und anderen Systemen (bzw. seiner Umwelt)[23]. Bei den Größen Materie, Energie und Informationen handelt es sich zunächst um abstrakte Kategorien, deren spezifische Zusammensetzung in einzelnen Systemen sehr unterschiedlich ist, beispielsweise spielt die Größe ›Energie‹ im Rechtssystem eine sehr viel geringere Rolle als im Wirtschaftssystem. Aus der Sicht des jeweiligen Systems können wir vom Eingang oder ›Input‹ und vom Ausgang oder ›Output‹ solcher Größen sprechen. »Durch Input und Output wird das System jeweils verändert, aber auch seine Umwelt.«[24]

Das Urteil des Bundesverfassungsgerichts zum Abtreibungsparagraphen 218 beispielsweise kann als (Informations-)Output des Rechtssystems interpretiert werden, der Eingang (= Input) in das politische System findet und dort Veränderungen (z. B. Änderung des Wählerverhaltens) auslöst.

Je umfangreicher und intensiver nun der Austausch von Materie, Energie und Informationen mit anderen Systemen ist, desto größer ist die sogenannte ›äußere Dynamik‹ des jeweiligen Systems. Analog dazu können die Menge und Intensität der Interaktionen zwischen den Elementen eines Systems als ›innere Dynamik‹ des Systems bezeichnet werden. Gesellschaftliche Systeme unterscheiden sich nun nicht nur nach ihrer unterschiedlichen äußeren und inneren Dynamik, sondern auch nach der Zahl ihrer Elemente. Je größer die Zahl der Elemente eines Systems, desto differenzierter ist es[25]. Undifferenzierte Systeme haben wenige Elemente (im Grenzfall nur zwei), während hochdifferenzierte Systeme zahlreiche Elemente (im Grenzfall unendlich viele) aufweisen.

Wenden wir die bisherigen Überlegungen auf das gesellschaftliche System hochindustrieller Gesellschaften an, so zeigt sich, daß die Dynamik und Differenziertheit hochindustrieller Gesellschaften im Zeitablauf steigt – mit der Folge, daß Störungen in einem Subsystem sich schnell in andere Sub-Systeme fortpflanzen und damit die Krisenanfälligkeit des Gesamtsystems erhöhen. Die These von der wachsenden Differenziertheit hochindustrieller Systeme kann an einem einfachen Beispiel verdeutlicht werden. Der Staatsapparat (= Sub-System des politischen Systems) gliederte sich im 19. Jahrhundert in fünf Ministerien (= Elemente) – für Äußeres, für Inneres, für Verteidigung, für Finanzen und für Justiz. Mit der Übernahme zusätzlicher Aufgaben durch den Staat wird das Innenministerium in eine Reihe neuer Ministerien aufgeteilt – der Staatsapparat differenziert sich. »Zunächst wird das Kultusministerium ausgegliedert, dann folgen die Ministerien für Wirtschaft, für Arbeit und Sozialordnung, für Ernährung, Landwirtschaft und Forsten, für Jugend, Familie und Gesundheit, für Verkehr und Postwesen ...«[26]

1.2.2 Das ökonomische System

Wenn die These stimmen sollte, daß das ›Sein das Bewußtsein bestimmt‹ oder zumindest stark beeinflußt, dann dürften vor allem wirtschaftliche Faktoren unser Denken und Trachten bestimmen. Ob Probleme der Arbeits- und Berufswelt, Lohn- und Gehaltsfragen, Kritik an steigenden Preisen oder Steuern, stets sind es wirtschaftliche Fragen, die dabei angesprochen werden. Nicht von ungefähr behandeln wir daher zunächst das ökonomische System hochindustrieller Gesellschaften.

Aus systemanalytischer Sicht kann das System ›Wirtschaft‹ in sechs Elemente unterteilt werden:
– die Input-Elemente oder Produktionsfaktoren Boden, Arbeit und Kapital
– die Steuerungselemente Markt und staatlicher Plan
– und das Output-Element Sozialprodukt

Zweck oder gesellschaftliche Funktion des ökonomischen Systems ist es – so die gängige Auffassung in der Literatur –, gegebene Input-Elemente so einzusetzen, daß ein maximaler Output (= Sozialprodukt) erzielt

wird bzw. ein gegebenes Sozialprodukt mit einem minimalen Einsatz an Inputfaktoren Boden, Arbeit und Kapital zu erstellen. In beiden Fällen wird von der Anwendung des sogenannten ökonomischen Prinzips und, falls es auf menschliche Entscheidungen übertragen wird, von ökonomischem Rationalverhalten gesprochen[27]. Die Maximierung des Sozialprodukts als Zweck des ökonomischen Systems ist ihrerseits nur Mittel zur Befriedigung menschlicher Bedürfnisse. Das ökonomische System hat also lediglich dienende Funktion – oder sollte sie zumindest haben. »Wo immer Wissenschaft und Technik blühen und zugleich wirtschaftlicher Wohlstand herrscht, bedeutet das einen großen zivilisatorischen und kulturellen Fortschritt. Es bleibt aber zu bedenken, daß dies nicht die höchsten Werte sind; es sind nur Mittel, die dem Streben nach höheren Werten dienlich sein können.«[28]
Auch die lapidare Feststellung, gesellschaftliche Funktion des Wirtschaftssystems sei die Maximierung des Güterausstoßes zur Befriedigung von Bedürfnissen ist in zweierlei Hinsicht zu problematisieren. Sie sagt zunächst nichts darüber aus, wessen Bedürfnisse mit welcher Intensität erfüllt werden sollen, individuelle oder kollektive Bedürfnisse, Bedürfnisse von Konsumenten oder Produzenten. In pluralistischen Gesellschaften muß insbesondere nach den Interessen und Zielsetzungen gesellschaftlicher Machtgruppen und ihrer Möglichkeiten, ökonomische Teilinteressen vorrangig durchzusetzen, gefragt werden. Ohne eine nähere Spezifizierung wird daher die obige Feststellung zur Leerformel, »die sich immer als richtig erweist, weil sie nichts aussagt und überall anzuwenden ist«[29].
Weiterhin ist auch die Frage der Maximierung des Güterausstoßes kritisch zu überdenken, sobald wir von den Bedingungen einer Wohlstandsgesellschaft ausgehen[30]. Sie ist doch gerade durch reichliche, teilweise durch überreichliche Versorgung definiert. Damit wird die Maximierung des Sozialprodukts in doppelter Hinsicht – als reale Funktion des ökonomischen Systems und als Axiom einer Theorie der politischen Ökonomie[31] – zunehmend problematisch. Dieser Argumentation wird man zu Recht entgegenhalten können, daß Maximierung der Produktion solange notwendig sein wird, wie in hochindustriellen Gesellschaften neben partiellem Überfluß auch partielle Unterversorgung herrscht. Es scheint geradezu typisches Merkmal von Wohlstandsgesellschaften zu sein, daß in ihnen Mangel und Überfluß, »privater Reichtum und öffentliche Armut« (J. K. Galbraith)[32] nebeneinander existieren. »Die Wohlstandsgesellschaft wird demnach nur durch die *grundsätzliche Möglichkeit* definiert, jeden Mangel beheben zu können. Es ist jedoch auch in ihr ein offenes Problem, ob die Versorgung gelingt oder ob sich zwischen überversorgten Bereichen Leerstellen der Unterversorgung finden.«[33] Noch brüchiger wird allerdings die gängige These von der Maximierungs-Funktion des ökonomischen Systems, wenn maximale Güterversorgung und maximale Wohlfahrt auseinanderzuklaffen beginnen[34]. Dies ist immer dann der Fall, wenn bei der Güterproduktion gesellschaftliche Kosten entstehen, etwa in Form zunehmender Luft- und Wasserverschmutzung, die Lebenslage oder Lebensqualität beeinträchtigen.

In dieser Situation führt offenbar eine Verringerung des Sozialproduktes zur Wohlfahrtssteigerung. Gesellschaftliche Funktion einer Ökonomie, die sich nicht als Selbstzweck begreift, wäre dann konsequenterweise eine irgendwie geartete ›Optimierung‹ der Produktion. Die Definition des Optimums setzt Überlegungen zum Begriff der ›Bedürfnisse‹, des ›ökonomischen Rationalverhaltens‹, der ›Wohlfahrt‹ voraus, die bisher häufig genug in den Datenkranz abstrakter Modelle verbannt wurden.

Schaubild 2 Modell des ökonomischen Systems

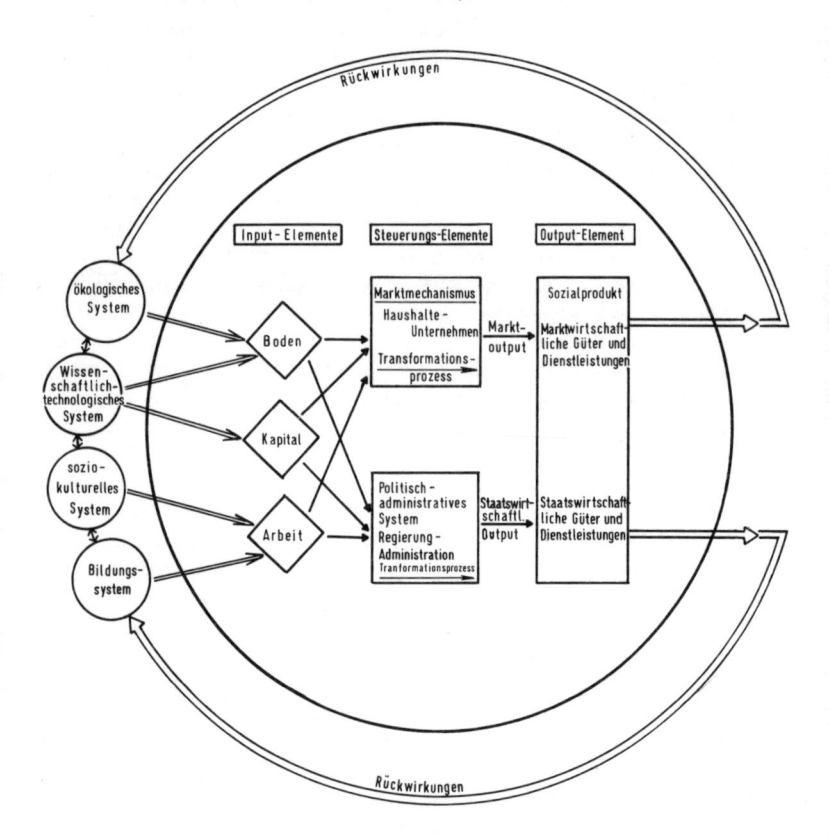

Das Fazit der bisherigen Überlegungen ist klar.
Die neuartigen Probleme hochindustrieller Gesellschaften – z. B. ›Überfluß‹, Umweltzerstörung – lassen sich nicht mit den alten Denkweisen lösen[35]. Das gängige Vokabular erweist sich als revisionsbedürftig[36].
Betrachten wir nun die Arbeits- und Funktionsweise des Wirtschaftssystems im einzelnen. Wie aus *Schaubild 2* ersichtlich, steht das ökonomische System in vielfältigen Beziehungen zu seiner Umwelt. Sehr

vereinfacht kann man sagen, daß die Input-Elemente oder Produktionsfaktoren Boden, Kapital und Arbeit gleichsam der Umwelt entnommen werden, wobei ihre Menge und Qualität von außerökonomischen Subsystemen der Gesellschaft abhängen. Die Menge des Faktors Boden hängt von den ›natürlichen‹ und den ökologischen Bedingungen ab, die in der Gesellschaft herrschen. Unter Boden wird aus ökonomischer Sicht alles verstanden, was wir in der Natur vorfinden und benutzen oder ihr entnehmen, um damit Wirtschaftsgüter herzustellen. In der Regel handelt es sich um Bodenschätze, Rohstoffe, Wälder, Felder und Gewässer. Der Güterproduktion dient Boden in der Form des Standort-, Anbau- oder Abbaubodens[37]. Die Qualität des Faktors Boden hängt nicht nur von der natürlichen Ausstattung der Gesellschaft ab, sondern auch von organisch-technischen Fortschritten, z. B. bei Kunstdünger, Insektiziden und Pestiziden. Boden ist damit teilweise produzierter Produktionsfaktor, dessen Qualität – systemtheoretisch gesprochen – vom ›Output‹ des wissenschaftlich-technologischen Systems abhängt.

Auch beim Produktionsfaktor Arbeit sind quantitative und qualitative Aspekte zu unterscheiden, wobei unter ›Arbeit‹ jede manuelle und geistige Tätigkeit verstanden wird, die darauf abzielt, Güter und Dienstleistungen zu produzieren. Die Menge des Faktors Arbeit ist unmittelbar von Struktur und Entwicklung der Bevölkerung, Dauer der Berufstätigkeit und der Arbeitszeit abhängig. Mittelbar werden diese Größen von soziokulturellen Faktoren, insbesondere vom Familiensystem (durchschnittliche Kinderzahl, Einstellung zur beruflichen Tätigkeit der Frau) und vom jeweiligen Entwicklungsniveau der Wirtschaft, bestimmt. Die Qualität des Faktors Arbeit wird neben angeborener Begabung und Werthaltungen gegenüber der Arbeit (›Arbeitsethos‹) vor allem vom Output des Bildungssystems determiniert. Eine ›Verbesserung‹ der Bildungsinhalte und -methoden kann als (bildungs-)technischer Fortschritt beim Produktionsfaktor Arbeit interpretiert werden (sogenannter Humankapital-Ansatz der Bildungsökonomie). ›Verbesserung‹ heißt in diesem Zusammenhang lediglich Erhöhung der ökonomisch verwertbaren Leistungen; der gesellschaftspolitische Aspekt von Bildung etwa als Beitrag zur Persönlichkeitsentfaltung bleibt der Bildungsökonomie verschlossen.

Der dritte Input-Faktor (Real-)Kapital unterscheidet sich grundsätzlich von den Faktoren Boden und Arbeit, weil er nicht originärer, sondern abgeleiteter Faktor ist. Während an jeder Gütererzeugung die Faktoren Boden und Arbeit in der einen oder anderen Form beteiligt sind, braucht dies beim Faktor Kapital theoretisch nicht der Fall zu sein. Da aber der ›Stoffwechsel mit der Natur‹ nur mit menschlicher Arbeitskraft sehr niedrige Erträge brächte, erweist sich die Produktion eines abgeleiteten Faktors ›Real‹-Kapital in Form von Maschinen, Werkzeugen und Anlagen als außerordentlich ertragreich. Schließlich ist es der Faktor (Real-)Kapital, der unserer Epoche die Bezeichnung Kapitalismus gab. »Unverkennbar beruht die beispiellose Leistungsfähigkeit unserer Wirtschaft ganz entscheidend auf unserer glänzenden Ausstattung mit dieser Art von ›Kapital‹. Die meisten Gegenstände unseres täglichen Gebrauches und

Verbrauches lassen sich ohne produzierte Produktionsmittel nicht nur unvergleichlich mühsamer und zeitraubender, sondern überhaupt nicht herstellen.«[38]

Die Menge des einsetzbaren Realkapitals hängt unmittelbar davon ab, wieviel von den vorhandenen Bodenschätzen und Rohstoffen mit Hilfe menschlicher Arbeitskraft in Konsumgüter transformiert worden sind. Je weniger Konsumgüter hergestellt werden, desto mehr Realkapitalgüter, also Investitionsgüter in Form von Werkzeugen, Maschinen und Fabrikationsanlagen, können produziert werden. Bildung von Kapital setzt also freiwilligen oder erzwungenen Konsumverzicht voraus. Dies ist der ökonomische Hintergrund des makabren nationalsozialistischen Spruchs von der Wahl zwischen ›Butter oder Kanonen‹. Die Qualität des Input-Elements ›Kapital‹ hängt – mehr noch als beim Faktor Boden – vom Output des wissenschaftlich-technologischen Systems ab. Gelingt es, leistungsfähige Maschinen zu entwickeln (Entwicklungsphase) und im Wirtschaftsprozeß einzusetzen (Einführungsphase), so steigt die Qualität des Faktors Realkapital.

Zur Leistungs- und Sanktionsverteilung ist innerhalb des ökonomischen Systems eine Steuerungsinstanz notwendig, die die Inputfaktoren gemäß den funktionalen Erfordernissen des Systems einsetzt. Die typische Institution ökonomischer Steuerung war in der frühindustriellen Gesellschaft ausschließlich der Markt[39]. Marktwirtschaftliche Steuerung des ökonomischen Systems hieß Selbststeuerung, Automatik. Die Logik dieses Automatismus ist ebenso einfach wie faszinierend. Der Konsument wird als souveränes, rational handelndes Wesen begriffen, das seine individuellen Interessen und Wünsche am Markt artikuliert. Sinkende oder steigende Preise signalisieren den Unternehmern die Präferenzen der Verbraucher und dienen als Maßstab für Umfang und Qualität der Produktion. Unternehmerische Freiheit reduziert sich im marktwirtschaftlichen Konkurrenzsystem des Frühkapitalismus auf die Freiheit zur Anpassung. Wer seine Produktion an den Verbraucherwünschen orientiert, wird mit Gewinnen honoriert. Fehlanpassungen führen zu Verlusten, langfristig zum Konkurs.

So steuert der Marktmechanismus wie eine unsichtbare Hand die Güterproduktion. Ökonomie wird zur sozialen Physik. »Es ist wie im Bereich der Gestirne: die Planeten bewegen sich, nicht anders als die Warenströme auf den freien Märkten, als würden sie von einer ›unsichtbaren Hand‹ geführt. Ordnung entsteht also durch Freiheit – ein wahrlich verwegener Gedanke.«[40] Freilich ist unter Wirtschaftswissenschaftlern umstritten, ob der Marktmechanismus der Konkurrenzwirtschaft in der skizzierten Form je existiert hat; denn dazu scheinen die Voraussetzungen des marktwirtschaftlichen Selbststeuerungsmodells, insbesondere das unterstellte Rationalverhalten der Marktparteien und die Konkurrenz zwischen zahlreichen Kleinunternehmen, zu unrealistisch[41].

Tatsache ist, daß in hochindustriellen Gesellschaften der Markt zur staatlichen Veranstaltung geworden ist, die durch eine Antimonopolpolitik gegen immanente Verfallstendenzen geschützt werden soll. Daneben tritt der moderne Interventions- und Planungsstaat zunehmend als eigene Marktpartei auf, steuert den Wirtschaftsablauf und produziert in wachsendem Umfang öffentliche Güter und Dienstleistungen. Ein dualistisches Lenkungssystem von Markt und staatlicher Wirtschaftsplanung bestimmt das Bild moderner Industriegesellschaften. »Praktisch geht es darum, Planung und Wettbewerb nicht als sich gegenseitig ausschließende... Prinzipien zu behaupten, sondern sie als gleichzeitig einsetzbare... Lenkungsinstrumente zu werten.«[42] Da die gesamtwirtschaftliche Planung in die Kompetenz von Regierung und Ministerialbürokratie fällt, kann dieser Teil ökonomischer Steuerung auch als politisch-administrative Lenkung bezeichnet werden.

Das Sozialprodukt als Output des ökonomischen Systems läßt sich dementsprechend aufteilen in Güter und Dienstleistungen, die Ergebnisse des marktwirtschaftlichen Prozesses sind, und in staatswirtschaftliche Güter und Leistungen, z. B. im Infrastruktur- und Bildungsbereich. Neben dem gleichsam automatischen Wachstum des Sozialprodukts in hochindustriellen Gesellschaften sind die laufenden Änderungen in der Zusammensetzung des Outputs bemerkenswert. Während im 19. Jahrhundert private Investitionsgüter im Montanbereich und existenznotwendige Konsumgüter die Struktur des Sozialprodukts bestimmten, wächst in modernen Industriegesellschaften der Anteil tertiärer Produkte (Bank- und Versicherungsleistungen, Handel und Touristik) und staatlicher Gemeinschaftsleistungen am Sozialprodukt.

Der Output des ökonomischen Systems hat nun positive oder negative Rückwirkungen auf andere Sub-Systeme der Gesellschaft (vgl. *Schaubild 2*). Die Erhöhung staatlicher Bildungsausgaben z. B. für neue Lehrerplanstellen, Schul- und Hochschulbauten erhöht den Input des Bildungssystems und vergrößert dessen materielle Basis. Verbesserte Leistungen des Bildungssystems mit entsprechenden positiven Rückwirkungen auf die Qualifikationen des Faktors Arbeit könnten die Folge sein. Aber auch der Fall negativer Rückkoppelung existiert. Bei der Erstellung des Sozialprodukts fallen beispielsweise Schadstoffe an, die das ökologische System in Form zunehmender Luft- und Wasserverschmutzung belasten. Gelingt innerhalb des ökologischen Systems kein vollständiger Abbau der Schadstoffe, so hat dies negative Auswirkungen auf den Produktionsfaktor Boden – aber auch auf die Lebensqualität des Faktors Arbeit.

1.2.3 Das politische System

Analog zum ökonomischen System läßt sich auch das politische System hochindustrieller Gesellschaften als ein Input-Output-System definieren, das bestimmte Funktionen zu erfüllen hat. Diese Formulierung bringt ein funktionales Staatsverständnis zum Ausdruck und grenzt sich von tradierten Auffassungen über den Staat ab, die ihm Selbstwert zumessen. War bereits beim ökonomischen System die Klärung seiner Funktionen keineswegs einfach, so ist dies für das politische System noch wesentlich schwieriger. Ein Indiz dafür ist die Vielzahl der häufig synonym gebrauchten Begriffe: Funktionen, Leistungen, Outputs.

Als Grundfunktion wird man jedoch davon ausgehen können, daß es Aufgabe des politischen Systems ist, den Bestand des gesellschaftlichen Systems zu erhalten und sein Überleben zu sichern[43]. Der vermeintlich statisch-konservative Gehalt dieser Funktionsbestimmung wird relativiert, wenn man berücksichtigt, daß das gesellschaftliche System und seine Sub-Systeme *offene* und *dynamische* Systeme sind, die sich ständig verändern. Auf die politische Ebene übersetzt heißt das: nur laufende politische Reformen sichern das *Überleben des Gemeinwesens*[44].

Schaubild 3   Modell des politisch-ökonomischen Systems

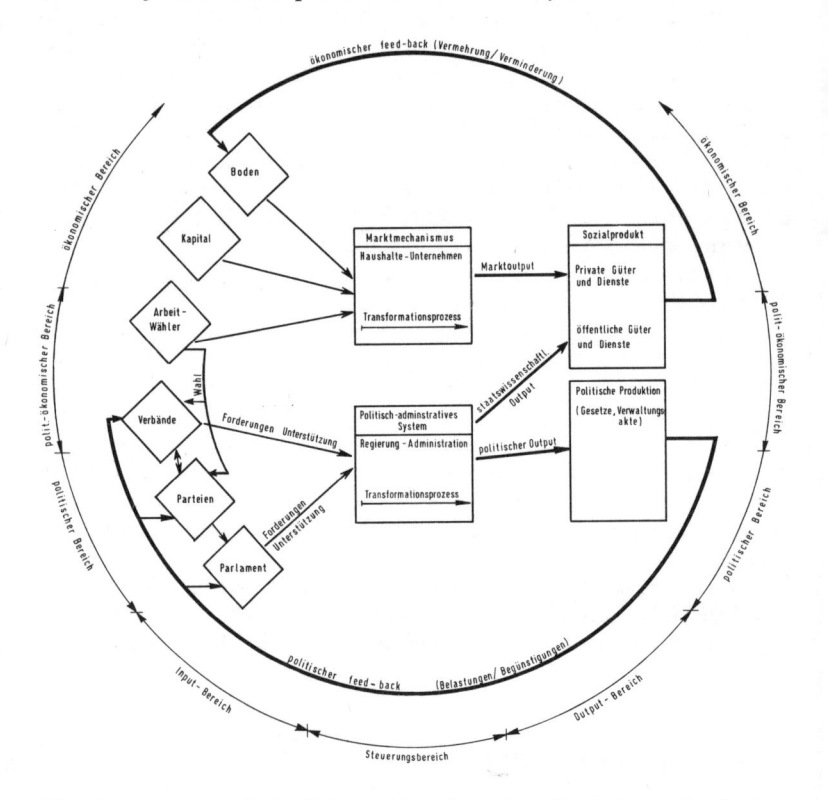

Um die gesamtgesellschaftliche Reichweite seiner Funktionen durchsetzen zu können, ist das politische System mit dem Monopol legitimer physischer Gewalt ausgestattet. Es fällt im Unterschied zu anderen Sub-Systemen der Gesellschaft allgemein verbindliche Entscheidungen, denen »gehorcht werden muß oder gehorcht werden sollte«[45]. Andernfalls löst sich das System auf, oder es wird durch einen revolutionären Akt gewaltsam transformiert. Zu den autoritativen Entscheidungen des politischen Systems zählen beispielsweise die Erhebung von Steuern, die Einberufung zum Militärdienst, die Durchsetzung der allgemeinen Schulpflicht. Diese und andere Maßnahmen sind Teil des politischen Outputs, der den Fortbestand der Gesellschaft garantieren soll.

Der Output des politischen Systems – oder auch die politische Produktion – läßt sich analytisch in materielle staatliche Güter und Leistungen, z. B. Subventionen und Bildungsausgaben, und immaterielle Leistungen in Form von Gesetzen und Verwaltungsakten einteilen (vgl. *Schaubild 3*). Die Schwierigkeit einer exakten Erfassung des politischen Outputs besteht darin, daß er häufig nicht meßbar und auch mit qualitativen Kriterien nicht exakt erfaßbar ist[46]. Als wichtigste Input-Elemente des politischen Systems und Bestandteile des Willensbildungsprozesses gelten Wähler, Parteien, Parlament und Verbände (vgl. *Schaubild 3*). Hierbei ist zu berücksichtigen, daß Wähler und Verbände häufig in beiden gesellschaftlichen Sub-Systemen, dem politischen und dem ökonomischen System, agieren, z. B. wenn sie als Arbeitnehmer oder Tarifvertragsparteien auch Teile des Wirtschaftssystems sind. Dies gilt in gleicher Weise für das ›Tandem‹ von Regierung und Ministerialbürokratie als zentraler politisch-administrativer Steuerungs- und Entscheidungsinstanz des politischen Systems.

Modellhaft läßt sich die Funktionsweise des politischen Systems etwa folgendermaßen skizzieren: Die Wähler sind dazu aufgerufen, auf rivalisierenden Parteien diejenige auszuwählen, deren Programmatik und Leistungen ihrer politischen Präferenzstruktur entspricht. »Wahlen sind eine Konkurrenz von Parteien um die Stimmen der Wähler und eine Entscheidung der Wähler über die Stärke der Parteien.«[47] Die gewählten Parteienvertreter konstituieren das Parlament, das dann in einem abgeleiteten Wahlverfahren die Regierung wählt. Der politische Konkurrenzmechanismus zwingt die Parteien in diesem Modell dazu, ihre Leistungen an den Bedürfnissen der Wählermehrheit zu orientieren. Die Analogie zum ökonomischen Marktprozeß liegt nahe, ist jedoch nur bedingt möglich, weil sie Voraussetzungen und Entwicklungstendenzen des politischen Systems nicht hinreichend berücksichtigt[48].

Zunächst ist der rationale Wähler, der seine (Wahl-)Entscheidung unter dem Kriterium maximaler Bedürfnisbefriedigung fällt, ebenso Fiktion und theoretisches Konstrukt wie der rationale Konsument. Tatsächlich spielen traditionale, emotionale und soziale Komponenten mindestens eine ähnlich wichtige Rolle wie ›rationale‹ Verhaltensweisen[49]. Außerdem aktualisiert sich im Unterschied zum ökonomischen Wettbewerb die latente Konkurrenz der Parteien um die Wählergunst lediglich alle 4 Jahre. Infolgedessen ist die Autonomie der Politiker zwischen den Wahlterminen wesentlich größer als die Autonomie von Unternehmern im ökonomischen Wettbewerbsprozeß. Strukturelle Wandlungen im politischen System schränken die Möglichkeiten des Wählers, direkten Einfluß auf den politischen Output zu nehmen, noch weiter ein. Der Parteienwettbewerb um Wählerschichten der breiten Mitte zwingt die Politiker zur Angleichung ihrer Programmatik, so daß die politischen Sachaussagen

zwischen den Parteien in vielen Fällen auswechselbar werden. Daher ist das politische Spektrum innerhalb der großen Volksparteien häufig breiter und differenzierter als die programmatischen Unterschiede zwischen den Parteien.
Wahlen sind daher als generelle Zustimmung des Wählers zur Regierungs- bzw. Oppositionspolitik und zu ihrem Führungspersonal zu werten[50]. Sie bieten dem einzelnen Wähler jedoch keine Möglichkeit, den politischen Output in konkreten, ihn interessierenden Einzelfragen bestimmen zu können. Die Folge dieses Einflußdefizits war eine zunehmende Ausdifferenzierung des Input-Bereichs politischer Systeme in zahlreiche Verbände und Interessengruppen, die als intermediäre Gewalten zwischen Wähler und politisch-administrative Entscheidungsinstanz treten. Die Entstehung und Entwicklung von Interessengruppen seit der zweiten Hälfte des 19. Jahrhunderts kann daher als Versuch der im politischen oder im ökonomischen System unterrepräsentierten Interessen interpretiert werden, bei politischen Entscheidungen Lebenslage und sozialen Status der Verbandsmitglieder verbessern zu wollen.
Als typisches Beispiel hierfür gelten Bauernverbände und Gewerkschaften. Sie versuchen durch Interessenartikulation im politischen Raum Einkommensverbesserungen durchzusetzen, die sich im ökonomischen System aufgrund struktureller Beschränkungen der Marktmacht ihrer Mitglieder nur unzulänglich verwirklichen lassen[51]. Verbandsfunktionäre, aber auch Parteipolitiker und Parlamentarier tragen spezielle Forderungen an Regierung und Administration als Steuerungs- und Entscheidungselement des politischen Systems heran. »Interessenten aller Art verlangen von den Entscheidenden ganz bestimmte Entschlüsse in ihrem Sinne.«[52] Diese Forderungen sind in pluralistischen Industriegesellschaften außerordentlich vielfältig. Es kann sich um finanzielle Ansprüche, etwa Subventionen oder Steuernachlässe, oder auch um immaterielle Wünsche, z. B. die Aufhebung des Abtreibungsverbotes oder die Einführung der Drittelparität im Hochschulbereich, handeln.
Aufgabe des politisch-administrativen Sub-Systems ist es, die artikulierten Interessen zu sammeln, zusammenzufassen und in politische Leistungen zu transformieren. Orientiert das politisch-administrative Steuerungssystem seinen Output an den Interessentenwünschen, kann es mit politischer Unterstützung und Legitimation rechnen. Zu dieser Unterstützung zählt als notwendige Bedingung für das Überleben des gesamten politischen Systems das Zahlen von Steuern, die Ableistung des Militärdienstes und die Einhaltung von Recht und Gesetz durch den Bürger. Für den Fortbestand der amtierenden Regierung ist es darüber hinaus notwendig, politische Leistungen zu produzieren, die ihr bei der nächsten Wahl eine Wählermehrheit garantieren. Die Maßnahmen der Regierenden antworten so auf die verschiedenen Forderungen und dienen der Erhaltung und Erzeugung von politischer Unterstützung. Sie kommen damit den artikulierten Interessen soweit wie möglich nach und sichern sich durch Erfüllung der Wünsche einen gewissen Rückhalt. Dabei muß es Ziel der Regierung sein, die Belastungen der Wähler und Interessengruppen zu minimieren,

die Begünstigungen hingegen durch einen entsprechenden Output zu maximieren. Gelingt diese Politik nicht oder nur unzulänglich, so wird sie durch Entzug der legalen Herrschaftsgewalt sanktioniert. Die Regierung muß der Opposition Platz machen.

Die Ausführungen zur Funktionsweise des politischen Systems sind so verkürzt, daß sie nicht annähernd die Schwierigkeiten ›der Politik‹ widerspiegeln. Zwei dieser, für hochindustrielle Gesellschaftssysteme besonders typischen Schwierigkeiten sollen daher eingehender behandelt werden. Zunächst ist festzuhalten, daß ›die‹ Forderungen und Wünsche ›der‹ Interessengruppen nicht existieren. Es gibt eine Vielzahl konkurrierender, z. T. einander widersprechender Interessen, die von Interessengruppen, Parteien und Parlament an Regierung und staatliche Administration herangetragen werden. Mit wachsender Differenzierung der gesellschaftlichen Sub-Systeme und Gruppen werden zunehmend spezialisiertere und detailliertere Forderungen und Erwartungen an das politisch-administrative Steuerungssystem gestellt. Diese Forderungen scheinen die Entscheidungskapazität des Steuerungssystems im wachsenden Maße zu absorbieren[53]. Der Spielraum für die Aufnahme und Bearbeitung neuer, bislang unerkannter Probleme verringert sich.

Die Entscheidungen des politisch-administrativen Steuerungssystems werden zum kurzfristigen Krisenmanagement, das aufgetretene Schwierigkeiten notdürftig zu meistern versucht. Zugleich wächst die Gefahr einer Zementierung des gesellschaftlichen Status quo; denn in dieser prekären Situation liegt es für Regierung und Administration nahe, auf die bewährten Kommunikationskanäle etablierter Interessenorganisationen zurückzugreifen und insbesondere deren Wünsche zu berücksichtigen. Interessen, die sich nicht oder nur schwer aggregieren und artikulieren lassen, geraten in die Gefahr, vernachlässigt zu werden. Hierzu dürften insbesondere die Interessen gesellschaftlicher Randgruppen, etwa von Gastarbeitern, sozial Schwachen, Lehrlingen usw., zählen[54], aber auch kollektive Interessen, etwa an Naturschutz, Umwelterhaltung und Gesundheitsvorsorge, für die sich nur schwer Interessenvertreter finden lassen. Die Folge dieser Entwicklung ist, daß langfristige, kollektive und auch unterschichtorientierte Leistungen im Leistungsangebot des politisch-administrativen Systems unterrepräsentiert sind[55].

1.2.4 Interdependenzen zwischen ökonomischem und politischem System

Die bisherigen Ausführungen haben drei Schnittpunkte des ökonomischen und des politischen Systems aufgezeigt:
— im Input-Bereich der Produktionsfaktor Arbeit, der häufig als Wähler auch Element des politischen Systems ist
— im Steuerungs- und Lenkungsbereich das politisch-administrative Systemelement, das in den Wirtschaftsablauf eingreift und zugleich Leistungen für das politische System produziert

– im Output-Bereich die kollektiven Güter und Dienste, die Bestandteile sowohl des ökonomischen als auch des politischen Outputs sind.

Die Austauschbeziehungen zwischen dem ökonomischen und dem politischen System insbesondere im Steuerungs- und Lenkungsbereich sollen im folgenden noch etwas untersucht werden, bilden sie doch vor allem das Erkenntnisobjekt einer politischen Ökonomie. Wir behandeln dabei zunächst die Wirkungen des politischen Systems auf das ökonomische System, d. h. das politische System ist in unserer Betrachtung die unabhängige Größe, das ökonomische System ist die abhängige Größe.

In der Epoche des Frühkapitalismus konnte sich das politisch-administrative System auf die Wahrnehmung reiner Ordnungsfunktionen beschränken. Sie reichten aus, um Bestand und Entwicklung der bürgerlichen Gesellschaft zu sichern. Die gesellschaftlichen Machtverhältnisse wurden nach innen durch das Justiz- und Innenministerium aufrechterhalten, die Absicherung nach außen erfolgte durch das Außen- und Verteidigungsministerium. Die Finanzierung der dazu notwendigen Ausgaben wurde vom Finanzministerium aufgebracht. Dieser Ordnungsstaat des 19. Jahrhunderts war, wie Ferdinand Lassalle spottete, »Nachtwächterstaat«. Er hatte lediglich für Ruhe und Ordnung zu sorgen. Wirtschaftlicher Tätigkeiten sollte er sich tunlichst enthalten. Sie waren dem souveränen Bürger vorbehalten, der im sich selbst regulierenden Marktsystem seine Aktivitäten entfaltete.

Als man jedoch erkennen mußte, daß die freie Konkurrenzwirtschaft sich durch Monopolisierungstendenzen aufzuheben tendierte, wurden die

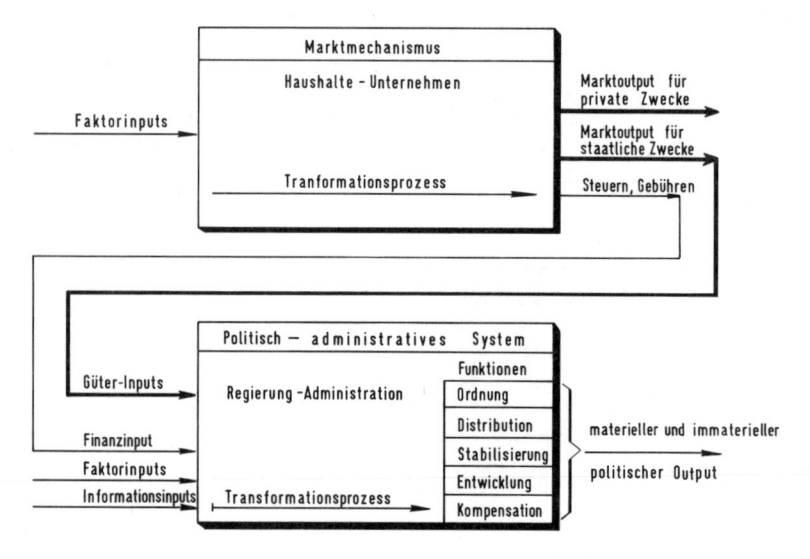

Schaubild 4 Austauschbeziehungen zwischen ökonomischem und politischem System

staatlichen Ordnungsfunktionen auch auf den ökonomischen Bereich übertragen (vgl. *Schaubild 4*). Ein »starker Staat« (L. Miksch) sollte nunmehr mit seiner Anti-Monopolpolitik den marktwirtschaftlichen Mechanismus vor dem Verfall schützen – eine Aufgabe, die den Monopol- oder Kartellämtern übertragen ist. Im Zuge der wirtschaftlichen Entwicklung wurde auch sehr bald deutlich, daß die unsichtbare Hand des Marktmechanismus keineswegs nur jene wohltätigen Wirkungen hatte, die das Modell der freien Konkurrenzwirtschaft prognostizierte. Um die sozialen Folgen des freien Wettbewerbs wenigstens notdürftig auszugleichen, mußte der Staat sozialpolitische Maßnahmen ergreifen, die später durch Gesetze zur Einkommens- und Vermögensumverteilung ergänzt wurden.

Ziel der Distributionspolitik des politisch-administrativen Systems ist es, die aus dem Marktprozeß resultierende Verteilung zu korrigieren und Bürger, die vorübergehend oder ständig über kein Markteinkommen verfügen (Kranke, Invaliden, Rentner, Witwen und Waisen), ein Auskommen zu sichern. Die Distributionsfunktion wird vor allem von halbstaatlichen Versicherungseinrichtungen oder auch vom Ministerium für Arbeit und Soziales wahrgenommen.

Spätestens seit der Weltwirtschaftskrise hatte sich gezeigt, daß der Marktmechanismus auch bei der Vollbeschäftigung der Produktionsfaktoren und der Stabilisierung des Sozialproduktes versagte. Der Staat begann aktive Konjunktur- und Beschäftigungspolitik zu betreiben. Diese Stabilisierungs- oder auch Stabilitätspolitik soll Schwankungen des Sozialprodukts glätten, das Preisniveau stabilisieren und die Vollbeschäftigung der Produktionsfaktoren sichern. Die Stabilisierungsfunktion des politisch-administrativen Systems fällt primär in den Aufgabenbereich des Finanz- und des Wirtschaftsministeriums.

Lange Zeit hatte man angenommen, eine erfolgreiche Stabilisierungspolitik sei die beste Wachstumspolitik. Das wirtschaftliche Wachstum sollte der Autonomie privater Entscheidungsträger überlassen bleiben. Nach dem sogenannten Sputnik-Schock 1957 traten die Industrienationen in West und Ost in eine Epoche ökonomischer Systemkonkurrenz ein. Es begann das Zeitalter forcierter staatlicher Wachstums- und Entwicklungspolitik. Ihr Ziel ist die fortlaufende Erhöhung des Sozialprodukts. Unter diese Entwicklungs- und Innovationsfunktion des politisch-administrativen Systems fällt ein ganzes Konglomerat staatlicher Leistungen. Zu den wichtigsten Maßnahmen zählen Bildungs-, Forschungs- und Entwicklungsausgaben. Sie sollen die Qualität der Produktionsfaktoren verbessern und ihren Beitrag zum Wirtschaftswachstum erhöhen. Aber auch Ausgaben im Bereich der Verkehrsinfrastruktur, des Gesundheitswesens und von Subventionen zur Verbesserung der regionalen und sektoralen Wirtschaftsstruktur sind Teile staatlicher Innovationsausgaben.

Gerade am Beispiel der Subventionen zeigt sich, daß die Entwicklungsfunktion sich häufig von der sogenannten Kompensationsfunktion nicht exakt trennen läßt. Sobald Subventionen und andere Transferzahlungen zur Wirtschaftsförderung die Anpassung überholter Strukturen verhindern (sog. Erhaltungssubventionen), dienen sie nicht der wirtschaftlichen

Entwicklung. Sie kompensieren dann lediglich politisch und sozial unerwünschte Folgen des Marktprozesses. Dies ist beispielsweise bei einem Teil der staatlichen Preissubventionen und Beihilfen zur Verbesserung der Agrar- und regionalen Wirtschaftsstruktur der Fall. Die Kompensationsfunktion des politisch-administrativen Systems ist in jüngster Zeit bei Maßnahmen des Umweltschutzes besonders deutlich geworden. Unerwünschte ökologische Nebenwirkungen eines – paradoxerweise staatlich inszenierten – Wirtschaftswachstums sollen durch eine entsprechende Umweltpolitik ausgeglichen werden. Mit der Entwicklungs- und der Kompensationsfunktion sind nahezu alle Ministerien als Sub-Systeme des politisch-administrativen Systems in der einen oder anderen Form befaßt.

Die Bedeutung der skizzierten (Staats-)Funktionen verändert sich im Zuge der wirtschaftlichen Entwicklung. Sie hängt von den jeweils schwerwiegendsten aktuellen Wirtschaftsproblemen ab. In Zeiten von Massenarbeitslosigkeit wird beispielsweise die Stabilisierungsfunktion Priorität haben. Daneben spielen auch die politische Programmatik der amtierenden Regierung und die Forderungen der Parteien, Parlamente und Interessengruppen eine wichtige Rolle. Man wird z. B. davon ausgehen können, daß konservative Regierungen der Ordnungsfunktion, sozialistische Regierungen der Entwicklungsfunktion ein größeres Gewicht beimessen. Inwieweit das politisch-administrative System zu den notwendigen Outputs in der Lage ist, hängt von seiner jeweiligen Kapazität ab. »Sie ist teilweise eine Frage seiner inneren Organisation, teilweise eine der Ressourcen, physischer und personaler Natur..., teilweise eine seines funktionierenden Informationssystems.«[56] Der informationelle Input des politisch-administrativen Systems wir neben der politischen Marktforschung des Systems selbst durch die Wähler, Parteien, Parlamente und Interessengruppen geleistet. Die finanziellen und materiellen Inputs werden dem ökonomischen System entnommen.

Diese Beziehungen zwischen dem ökonomischen System als unabhängiger Größe und dem politischen System als abhängiger Größe sollen im folgenden untersucht werden. Da das politische System mit dem Monopol legitimer physischer Gewalt ausgestattet ist, kann es zwangsweise finanzielle Mittel zur Erfüllung seiner Funktion eintreiben. Primär handelt es sich bei diesen Mitteln um Steuern, d. h. um Zwangsabgaben ohne individuelle Gegenleistung. Eine geringere Rolle spielen Gebühren und Beiträge, denen jeweils zurechenbare Leistungen gegenüberstehen. Die Steuern werden in erster Linie auf Markteinkommen, Löhne, Gewinne und Zinsen erhoben (direkte Steuern) oder fallen bei der Verwendung der Einkommen an (indirekte Steuern). Daneben existieren noch Steuern auf Vermögenswerten (Vermögens-, Erbschafts- und Schenkungssteuern) und sogenannte Realsteuern. Zu den wichtigsten, häufig übersehenen Realsteuern zählt die allgemeine Wehrpflicht. Solange der Sold des Wehrpflichtigen niedriger ist als sein alternativ erzielbares Markteinkommen, zahlt er in Höhe der Differenz reale Steuern. Steuern waren nicht immer die wichtigste Einnahmequelle des Staates. Zur Zeit des Merkantilsystems waren die direkten Markteinkommen des Staates aus Staatsdomänen

und -manufakturen von ungleich größerer Bedeutung. Erst der Rückzug des Staates aus der Ökonomie und die entsprechende Privatisierung staatlicher Wirtschaftsbetriebe machten ihn von den Steuerzahlungen der privaten Marktparteien abhängig.
Mit Hilfe seiner Finanzeinnahmen tritt der Staat als Konkurrent auf den Faktorenmärkten Boden, Arbeit, Kapital auf und kauft Produktionsfaktoren ein, die er zur Erfüllung seiner Output-Funktionen benötigt. Ein weiterer Teil der Einnahmen wird zum Kauf von Gütern und Diensten verwendet, die im Marktsystem produziert werden. Dabei kann es sich um allgemeine Güter handeln, etwa Büroklammern und Schreibtische, oder um Sondergüter, die nur vom politisch-administrativen System nachgefragt werden, z. B. Panzer und Hafenanlagen. In jedem Fall zeigt sich, daß der Staatshaushalt als Transmissionsriemen zwischen dem ökonomischen und dem politischem System fungiert. Nicht von ungefähr wird daher der Haushaltsplan als »Schicksalsbuch der Nation« (W. Brandt) bezeichnet. Die Frage, ob das politisch-administrative System sein physisches Gewaltmonopol tatsächlich gegenüber der Ökonomie durchsetzen kann, ist von elementarer politischer Bedeutung; denn sie ist ein Hinweis auf den Grad an Autonomie, den das politische System gegenüber dem Wirtschaftssystem hat. Gelingt es dem politischen System, eigenständige Funktions- und Zielkomplexe zu entwickeln und sich die zu ihrer Realisierung notwendigen Inputs zu verschaffen, so ist dies ein Indikator für seine Handlungsautonomie. Übernimmt das politische System hingegen rein reaktiv Output-Funktionen, die vom wirtschaftlichen System ›abgestoßen‹ wurden, und ist es zudem von nicht beeinflußbaren Finanz-Inputs abhängig, so wird es zum bloßen Anhängsel der Ökonomie.
Kein Zweifel dürfte darüber bestehen, daß das politische System im Zeitalter des ›Nachtwächterstaats‹ vermeintlichen wirtschaftlichen Sachzwängen passiv und weitgehend machtlos gegenüberstand. Die Ökonomie setzte die Daten, der politische ›Überbau‹ hatte sich daran anzupassen. Die folgende Epoche des Interventionismus sieht den Staat als Krisenmanager, der Fehlleistungen des Marktmechanismus auszugleichen hat, etwa mit sozialpolitischen Maßnahmen. Im Zeitalter des Wohlfahrtstaates hingegen scheinen sich wechselseitige Interdependenzen zwischen Ökonomie und Politik zu entwickeln. »Kennzeichen dieses Zustands ist, daß Bewegungen einer oder mehrerer Einheiten Folgewirkungen auslösen, die von keiner der Einheiten voll kontrollierbar sind.«[57]
Ist damit in hochindustriellen Gesellschaften das ökonomische System nicht mehr und das politische System noch nicht autonom? Dieser Schluß dürfte ohne nähere empirische Untersuchungen der einzelnen Staatsfunktionen zumindest voreilig sein. Eine derartige Untersuchung liegt bislang nicht vor, so daß die Antwort auf die Frage nach der Autonomie des politischen Systems stark vom jeweiligen Erkenntnisinteresse abhängt. Wer wie neomarxistische Theoretiker den Staat als Spielball ökonomischer Machtgruppen begreift, verweist auf seine Kompensations- und Stabilisierungsfunktionen. Sozialistische und liberale Theoretiker dagegen billigen

ihm zumindest Teilautonomie zu und belegen ihre Argumentation mit den Entwicklungs- und Innovationsaufgaben des politischen Systems.
In einer historischen Perspektive scheint das politische System gegenüber der Ökonomie einen Machtzuwachs zu erfahren. Dies bedeutet jedoch keineswegs Autonomie. Die hohe Eigendynamik ökonomischer Konjunkturprozesse führt zu stark schwankenden Steuereinnahmen des politisch-administrativen Systems und bindet damit seine Aufgabenerfüllung zumindest kurzfristig an ökonomische Sachzwänge. »Einnahmen und Ausgaben des Staates sind in hohem Maß mit dem Marktgeschehen über finanzielle Ströme verflochten und von ihm abhängig; ... im Unterschied zu planwirtschaftlichen Systemen kommt deshalb in marktwirtschaftlichen Systemen den monetären Ressourcen ein erhebliches Eigengewicht und eine beträchtliche Eigendynamik zu.«[58]
Der Versuch des Staates, sich in Zeiten schwindender Einnahmen durch Erhöhung der Steuersätze größere finanzielle Autonomie zu verschaffen, erweist sich nicht selten als Bumerang. Der Wähler quittiert ihn mit dem Wechsel zur Oppositionspartei, mächtige Interessengruppen drohen mit Arbeits-, Investitions- oder Steuerstreiks, mindestens aber mit dem Hinweis auf mögliche Vertrauensverluste in die politische Führung. »Abstrakt genommen, verfügen die Regierungen in der Tat über enorm große Mittel und Möglichkeiten, um ... den großen Stock zu schwingen. In der Praxis müssen die Regierungen, die im Sinne haben, diese Mittel und Möglichkeiten zu gebrauchen ..., bald feststellen, daß unter der Voraussetzung des ökonomischen und politischen Kontextes, in dem sie arbeiten, dies Unterfangen mit unzähligen Schwierigkeiten und Gefahren verquickt ist. Diese Schwierigkeiten und Gefahren werden vielleicht am besten durch das gefürchtete Wort ›Vertrauensverlust‹ gekennzeichnet.«[59]

1.3 Zusammenfassung und Kritik

Mit Hilfe der Systemanalyse ist zunächst versucht worden, das politische und ökonomische System als Sub-System des gesellschaftlichen Systems zu erfassen. In einem zweiten Schritt wurden die Funktionen, Elemente und Interdependenzen beider Sub-Systeme näher analysiert. Ausgangspunkt war die Überlegung, daß sich das ökonomische wie das politische System als Input-Output-System begreifen lassen, die ihrer Umwelt Materie, Energie und Informationen entnehmen, sie systemintern kombinieren und in spezifische Leistungen umsetzen. Als Teile des offenen dynamischen Gesellschaftssystems ›Bundesrepublik Deutschland‹ unterliegen beide Systeme einem ständigen Wandel. Er wird in den folgenden Kapiteln noch deutlicher werden.
Von dem Systemgedanken sollte man sinnvollerweise nicht mehr erwarten, als er zu leisten vermag. Zwei Hinweise erscheinen in diesem Zusammenhang besonders wichtig.
1. Die skizzierten Systeme bilden nicht voll die Realität ab. Sie sind nur Ausschnitte der Realität, und daher von der jeweiligen Betrachtungs-

weise abhängig. In vielen Fällen wird eine Modifizierung oder Ergänzung notwendig sein. Aber auch dann können nur Teilaspekte der Wirklichkeit analysiert werden. Unser Denken ist stets auf die Konstruktion von Modellen und Ausschnitten der Realität angewiesen, weil unser Intellekt nicht ausreicht, um eine komplexe Gesellschaft in ihrer gesamten Wirklichkeit zu erfassen. Trotz dieser Einschränkung scheint der Systemansatz besser als andere Ansätze geeignet, gesamtgesellschaftliche Beziehungen aufzuzeigen[60]. Damit werden gesamtgesellschaftliche Vorstellungen trainiert, die es uns erleichtern, den jeweiligen Problembereich in größere Zusammenhänge einzubeziehen[61].

2. Die Anwendung des Systemgedankens auf gesamtwirtschaftliche und gesamtpolitische Vorgänge ist noch ungewöhnlich und neu. Einige Theoretiker halten die Systemtheorie praktisch für alten Wein in neuen Schläuchen. »Altbekannte Gedankengänge und Erkenntnisse werden nur in einer neuen Terminologie formuliert... Sie gibt allerbestens eine Art Metasprache für die Umformulierung schon bekannter Probleme ab.«[62] Andere Autoren, vor allem die Systemtheoretiker selbst, betrachten sie als eine Super-Theorie, die gleichsam den Schlüssel zum Weltverständnis biete. Von ihnen wird die Meinung vertreten, »daß die Systemtheorie eine übergeordnete, einende oder Meta-Theorie sein soll mit dem Ziel, Gemeinsamkeiten aller Systeme aufzudecken; ihre Erkenntnisse sollen auf die verschiedensten Wissensgebiete anwendbar sein«[63]. Welche der beiden Auffassungen sich als richtig erweist, wird – wenn überhaupt – die Zukunft lehren.

Literaturhinweise

Die Systemtheorie steckt noch in den Kinderschuhen. Vielleicht ist sie gerade deshalb in weiten Teilen unverständlich. Eine Ausnahme machen:
[2] Konegen, N., Politikwissenschaft. Eine kybernetische Einführung, Droste-Verlag, Düsseldorf 1973
Der Verfasser wendet die Systemanalyse auf das politische System an. Wichtige Begriffe (System, Sub-System, Element) werden verständlich erklärt, Zusammenhänge innerhalb des politischen Systems anschaulich aufgezeigt.
[2] Systemtheorie, Colloquim Verlag, Berlin 1972
Dieser Band ist aus der RIAS-Funk-Universität hervorgegangen. Verschiedene Anwendungsbereiche der Systemtheorie werden von führenden Wissenschaftlern vorgestellt. Das Spektrum reicht von biologischen und psychologischen bis zu soziologischen und ökonomischen Systemen. Im vorliegenden Zusammenhang sind insbesondere die Vorträge von M. A. Kaplan (Über systemorientiertes Forschen) und von H. W. Ehrmann (Unterschiedliche Regierungsformen in systemtheoretischer Analyse) interessant.
Für eine eingehende Beschäftigung mit der Systemtheorie sei auf die Literaturanmerkungen verwiesen.

2. Von der Industriegesellschaft zur nachindustriellen Gesellschaft

Das zweite Kapitel beschäftigt sich mit Entwicklungstendenzen im Input-Bereich des ökonomischen Systems. Die zentrale These lautet: Die Bedeutung des Produktionsfaktors Arbeit nimmt laufend zu mit der Konsequenz, daß sich die Herrschaftspositionen wahrscheinlich fundamental ändern werden.

Nach einer Analyse des Wachstumsbeitrages der Produktionsfaktoren (2.1) werden Strukturwandlungen beim Faktor Arbeit (2.2 und 2.3) und seine künftige Stellung in einer nachindustriellen Gesellschaft (2.4) untersucht. Auf eine Kurzformel gebracht heißt das Ergebnis: Die Bundesrepublik Deutschland ist auf dem Weg in eine Angestellten-Dienstleistungsgesellschaft.

2.1 Arbeit und Herrschaft

Die gesellschaftliche Landschaft der Bundesrepublik Deutschland war zu Beginn der siebziger Jahre durch die Wiederentdeckung des Arbeiters – besser: des Arbeitnehmers – gekennzeichnet. In der wissenschaftlichen Literatur entbrannten heftige Kontroversen darüber, ob der ›neue‹ Arbeiter eigentlich noch der ›alte‹ sei oder nicht, ob er ein neues Bewußtsein habe, und wenn ja, wie dieses denn eigentlich beschaffen sei[1]. Salopp formuliert: der Arbeiter wurde auf den Seziertisch der Sozialwissenschaften gelegt und neu vermessen.

Auch die Parteien beeilten sich unisono, die ›Humanisierung der Arbeitswelt‹, die ›Vermögensbildung in Arbeitnehmerhand‹ und den Bildungsaufstieg für Arbeiterkinder zu propagieren. Die Arbeitnehmerorganisationen forderten verstärkte Mitbestimmungsrechte auf betrieblicher und überbetrieblicher Ebene, die Unternehmerverbände konterten mit der drohenden Vision vom ›Gewerkschaftsstaat‹. Unsere These ist, daß diese zweifellos karikierende Beschreibung von der Renaissance des Arbeiters einen realen ökonomischen Hintergrund hat. Sie resultiert aus der gewachsenen Bedeutung des Produktionsfaktors Arbeit[2] für das Entwicklungsniveau hochindustrieller Gesellschaften.

Zwar muß jedes arbeitsteilige Wirtschaftssystem immer alle Produktionsfaktoren einsetzen, aber die Bedeutung der einzelnen Faktoren für die Entwicklung des Systems verändert sich im Zeitablauf. Dies hat fundamentale Rückwirkungen auf die Vergabe von Herrschaftspositionen. Der Faktor Kapital löst im 19. Jahrhundert den Faktor Boden des vorindu-

striellen Feudalsystems als wichtigste Determinante der wirtschaftlichen Entwicklung ab und verhilft damit zugleich dem Bürgertum zum politischen Aufstieg.
Die Anhäufung von Realkapital, die »Akkumulation des Kapitals«, wie Karl Marx es bezeichnet hat, führt zur ständigen Vergrößerung des Kapitalbestandes, und zugleich wird die industrielle Reservearmee des 19. Jahrhunderts durch die starke Expansion der Produktion aufgesogen. Gesamtwirtschaftlich gesehen beginnen sich die Knappheitsverhältnisse der Input-Faktoren langfristig umzukehren: Arbeit wird zum knappen, Kapital zum überschüssigen Faktor. Diese Entwicklung manifestiert sich in der Bundesrepublik im ›Import‹ von Gastarbeitern und im wachsenden Export von Kapital.
Die These vom Umkehrverhältnis der Input-Faktoren läßt sich mit empirischen Analysen belegen, die von verschiedenen Wirtschaftswissenschaftlern in den sechziger und siebziger Jahren gemacht wurden. Zu den wichtigsten, aber auch umstrittensten Arbeiten zählen im vorliegenden Zusammenhang die Studien von E. Denison[3]. Sie sollen im folgenden eingehender behandelt werden, da sie nach wie vor für die ›Logik‹ derartiger Ansätze repräsentativ sind. In seiner Untersuchung »Why growth rates differ« versucht Denison den Beitrag der einzelnen Produktionsfaktoren zum Wirtschaftswachstum in 9 Ländern der OECD zu ermitteln (s. *Tabelle 1*).
Die Wachstumsrate des Sozialprodukts (Spalte 10) wird dabei zunächst auf drei Faktoren aufgeteilt: Faktor Arbeit (Spalten 1–4), Faktor Kapital (Spalten 5–7) und einen Restfaktor (Spalten 8 und 9). Diese drei Faktoren werden jeweils in weitere quantitative und qualitative Komponenten zerlegt.
Analysieren wir zunächst den Beitrag des Input-Faktors Kapital zum Wachstum des ökonomischen Outputs. Hier sind die Mengenkomponente des Kapitaleinsatzes (Menge und Zusammensetzung des Realkapitals nach Bauten, Maschinen, Werkzeugen und Vorräten) und die sogenannte Skalenkomponente zu unterscheiden. Die Skalenkomponente gibt dabei den Produktivitätszuwachs beim Übergang zur automatisierten Massenproduktion (*economics of scale*) an, ein Prozeß, der sich in sinkenden Stückkosten bei steigender Ausbringungsmenge niederschlägt. Der Strukturfaktor (Spalte 7) zeigt, welche Wachstumsbeiträge sich durch Wanderung des Faktors Kapital in Wirtschaftszweige mit größerer Produktivität ergeben, etwa die Wanderung von der Landwirtschaft in die industrielle Produktion, oder innerhalb der Industrie von der Textil- zur Computerindustrie.
Analog läßt sich der Faktor Arbeit in eine Mengen-, eine Struktur- und eine Qualitätskomponente aufteilen. Die Mengenkomponente (Spalten 1 *und* 2) zeigt den Wachstumsbeitrag infolge zunehmender Zahl von Arbeitskräften (Spalte 1), abzüglich der Wachstumsverluste aufgrund des Rückgangs der durchschnittlichen Arbeitszeit (Spalte 2). Der Strukturfaktor resultiert aus der Änderung der Altersstruktur und des Frauenanteils an der erwerbstätigen Bevölkerung (Spalte 3). Negative Werte deu-

Tabelle 1

Beitrag der Wachstumskomponenten in 9 OECD-Ländern zur durchschnittlichen jährlichen Wachstumsrate des Sozialprodukts 1950–1962[1]

Land	Arbeit				Kapital			Restfaktor		Summe — Wachstumsrate des Sozialproduktes
	Zahl der Arbeitskräfte	Arbeitszeit	Zusammensetzung nach Alter und Geschlecht	Ausbildung	Kapitaleinsatz (Menge u. Zusammensetzung)	Skalenkomponente	Strukturfaktor	Fortschritt des technischen Wissens	andere Komponenten[2]	
	1	2	3	4	5	6	7	8	9	10
USA	0,90	0,17	−0,10	0,49	0,83	0,36	0,29	0,76	0,04	3,32
Ver. Königreich	0,50	−0,15	−0,04	0,29	0,51	0,36	0,12	0,76	0,06	2,29
Deutschland (BR)	1,49	−0,27	0,04	0,11	1,41	1,61	1,01	0,76	0,84	7,26
Frankreich	0,08	−0,02	0,10	0,29	0,79	1,00	0,95	0,76	0,74	4,92
Italien	0,42	0,05	0,09	0,40	0,70	1,22	1,42	0,76	0,89	5,96
Niederlande	0,78	−0,16	0,01	0,24	1,04	0,78	0,68	0,76	0,61	4,73
Belgien	0,40	−0,15	0,08	0,43	0,41	0,51	0,51	0,76	0,25	3,20
Dänemark	0,70	−0,18	−0,07	0,14	0,96	0,65	0,68	0,76	−0,13	3,51
Norwegen	0,13	−0,15	−0,07	0,24	0,89	0,57	0,92	0,76	0,16	3,45

[1] Der in einer Spalte ausgewiesene Wert gibt an, wie groß die Wachstumsrate des Sozialprodukts *allein* aufgrund der zugehörigen Wachstumskomponente gewesen wäre.
[2] Einschließlich statistischer Fehler

Quelle: E. Denison, Why growth rates differ. Postwar Experience in Nine Western Countries, Washington 1967, Chapter XXI.

ten dabei auf eine Verschlechterung der Alterspyramide und/oder auf eine Vergrößerung des Anteils erwerbstätiger Frauen hin. Der Beitrag einer verbesserten Ausbildung (Qualitätskomponente) zum Wachstum des Sozialprodukts ergibt sich aus Spalte 4. Der Restfaktor teilt sich in den ›Fortschritt des technischen Wissens‹ (Spalte 8) und in ›andere Komponenten‹ (Spalte 9) auf, die im einzelnen nicht näher spezifiziert werden. Da der Fortschritt des technischen Wissens mittelbar von der Qualifikation des Wissenschaftspersonals abhängt, erscheint es zulässig, ihn, wenn auch mit Einschränkungen[4], dem Faktor Arbeit zuzurechnen.
So bestechend die Analyse Denisons zunächst aussieht, so begrenzt erscheint ihre tatsächliche Aussagekraft. Dies hängt in erster Linie mit den zugrunde liegenden Annahmen zusammen[5]. Da eine direkte Zurechnung des realen Input-Zuwachses zum realen Wachstum des Sozialprodukts nicht möglich ist – dies hieße praktisch, Birnen mit Äpfeln in Beziehung zueinander setzen –, wird der Beitrag eines Faktors zum Sozialprodukt am Einkommensanteil dieses Faktors gemessen. Das setzt die unrealistische Annahme voraus, daß die Entlohnung der Faktoren proportional zu ihrer Leistung erfolgt. Eine weitere wichtige Einschränkung des Erklärungswerts zeigt sich bei der Untersuchung des geheimnisvollen ›Restfaktors‹. Seine Entstehungsgeschichte ist ziemlich einfach. Als man die Zuwächse der Input-Faktoren mit dem Output-Zuwachs verglich, ergab sich eine unerklärte Differenz. Sie wurde einem *deus ex machina*, dem Residualfaktor, zugeschlagen[6]. Daraus erklärt sich bei Denison der durchgängig gleich große Ansatz von 0,76 in Spalte 8 für den »Fortschritt des technischen Wissens«. »Die nächste Aufgabe besteht darin, den unerklärten Faktor quantitativ in den Griff zu bekommen. Dies ist jedoch so schwierig, daß kaum Hoffnung besteht, zu voll befriedigenden Resultaten zu gelangen. Es handelt sich ja nicht um einen einzigen, klar definierbaren Faktor, sondern um eine Restgröße, in der vielerlei Faktoren verbunden sind. Es wurde schon auf Organisationsvermögen und Forschung als Wirkungsmächte im Wirtschaftswachstum hingewiesen. Dazu kommen Unwägbarkeiten wie Vitalität, Arbeitsfreude, Geschicklichkeit, Lust am Erfinden oder Übernehmen technischer Neuerungen, Disziplin.«[7] Den Ergebnissen der skizzierten Studie kann daher bestenfalls Plausibilitätscharakter zugeschrieben werden[8].
Selbst unter diesem Vorbehalt scheint ein Vergleich zwischen dem wirtschaftlich fortgeschrittensten Land, den USA, und der Bundesrepublik nach der Denison-Studie zweierlei anzudeuten.
1. Der Wachstumsbeitrag des Produktionsfaktors Arbeit (einschließlich des Fortschritts technischen Wissens) ist mit etwa 60 % in den USA wesentlich höher als in der Bundesrepublik mit etwa 33 Prozent.
2. In den Vereinigten Staaten spielt die Qualitätskomponente im Faktor Arbeit eine größere Rolle als in der Bundesrepublik.

Diese Unterschiede lassen sich aus der spezifischen sozio-ökonomischen Situation beider Länder im Untersuchungszeitraum 1950–1962 erklären. In der Bundesrepublik verliehen die hohe Rate der Kapitalakkumulation, durch eine entsprechende Steuergesetzgebung begünstigt, der rapide Struk-

turwandel und der Übergang zu Massenfertigungsverfahren in weiten Teilen der Industrie dem Faktor Kapital erhöhte Bedeutung.
»Ist der gesamtwirtschaftliche Produktionsapparat teilweise zerstört, so daß viele Engpässe bestehen, wie es nach dem Krieg der Fall war, so erlauben selbst geringe Investitionen – wie Reparaturinvestitionen – hohe Produktionszuwächse. Allein das Bestreben, die zerstörten Anlagen wiederherzustellen, gab den Unternehmern starke Impulse, zu investieren ... Insgesamt waren so die Voraussetzungen für den Prozeß einer sich weitgehend selbst finanzierenden Investitionstätigkeit auf der Basis hoher Grenzerträge des Kapitals ... gegeben.«[9]
In den USA hingegen waren in den Jahren 1950–1962 die Produktionsfaktoren Kapital und Arbeit kapazitätsmäßig weitgehend ausgelastet, so daß nicht der Vermehrung, sondern der Verbesserung der Faktoren erhöhte Bedeutung zukam[10].
Inzwischen liegen weitere Arbeiten über den Wachstumsbeitrag der einzelnen Produktionsfaktoren in der Bundesrepublik auch für die sechziger Jahre vor[11]. Sie kommen übereinstimmend zu dem Ergebnis, daß nach Erreichen der Vollbeschäftigungsgrenze der Produktionsfaktoren in den Jahren 1958–1960 nicht so sehr die mengenmäßige Expansion der Faktoren als vielmehr ihre fortlaufende Verbesserung dem Wirtschaftswachstum entscheidende Impulse verliehen haben. Je nach methodischem Ansatz ergibt sich, daß etwa 60–70 Prozent des wirtschaftlichen Wachstums Qualitätssteigerungen der Input-Faktoren zuzurechnen sind[12]. Diese Ergebnisse werden durch amerikanische Untersuchungen bestätigt[13]. Zusammenfassend läßt sich also feststellen, daß in der zweiten Hälfte des 20. Jahrhunderts in erster Linie Erziehung und Ausbildung sowie technische Innovationen die wichtigsten Determinanten für das Wachstum des Sozialprodukts zu sein scheinen. Das ökonomische System hochindustrieller Gesellschaften befindet sich offenbar im Übergang vom extensiven Mengenwachstum der Produktionsfaktoren zum intensiven Qualitätswachstum.
Im Zuge dieser Entwicklung wird der Faktor Arbeit, speziell qualifizierte Arbeit, zum besonders wichtigen Wachstumsfaktor. Dieser Sachverhalt wird ähnlich wie beim Übergang von der vorindustriellen zur industriellen Gesellschaft Rückwirkungen auf die gesellschaftlichen Machtverhältnisse haben. Langfristig dürften in einer nachindustriellen Gesellschaft ›kapitalorientierte‹ durch ›arbeitsorientierte‹ Herrschaftspositionen und Eliten abgelöst werden (s. Abschnitt 2.4). Aus dieser Perspektive erscheint der gesellschaftliche Machtwandel als zwangsläufiges Ergebnis der wirtschaftlichen Entwicklung – nicht aber primär als Folge des Machtstrebens bestimmter Personen oder Organisationen[14]. Damit schließt sich der Kreis. Der eingangs zitierte Gewerkschaftsstaat resultiert möglicherweise aus der Logik des sozio-ökonomischen Prozesses. »Die weitergehende Verantwortung, die heute in verschiedenen Wirtschaftsunternehmen den Arbeitern übertragen werden soll, entspricht durchaus der menschlichen Natur; sie liegt aber auch im Sinn der geschichtlichen Entwicklung von heute in Wirtschaft, Gesellschaft und Staat.«[15]

Eine derartige Folgerung ist spekulativ, aber sie zeigt deutlich die Ambivalenz des Faktors Arbeit. Aus ökonomisch-instrumenteller Sicht ist er ›nur‹ der wichtigste aller Produktionsfaktoren, aus ethischer Sicht ist der Mensch Ziel jeder wirtschaftlichen und politischen Tätigkeit. Diese triviale, aber häufig vergessene oder zumindest unterbewertete Erkenntnis soll angesichts vermeintlicher oder tatsächlicher Sachzwänge, die da lauten: Effizienz, Rationalisierung, Leistungssteigerung, ausdrücklich betont werden; denn sie rechtfertigt die vorrangige Behandlung des Faktors Arbeit vor allen anderen Produktionsfaktoren. »Die in der Gütererzeugung, der Güterverteilung und in den Dienstleistungsgewerben geleistete menschliche Arbeit hat den Vorrang vor allen anderen Faktoren des wirtschaftlichen Lebens, denn diese sind nur werkzeuglicher Art. Die Arbeit nämlich, gleichviel ob selbständig ausgeübt oder im Lohnverhältnis stehend, ist unmittelbar Ausfluß der Person, die den stofflichen Dingen ihren Stempel aufprägt und sie ihrem Willen dienstbar macht.« (Rundschreiben Gaudium et spes Nr. 67 von Papst Paul VI.)

2.2 Wandel in der Beschäftigungsstruktur: von der Agrar- zur Dienstleistungsgesellschaft

2.2.1 Begriff und Entwicklungstendenzen des Strukturwandels

Häufig gebrauchte Begriffe teilen das Schicksal, besonders unklar zu sein. Dies gilt auch für den Begriff der ›Struktur‹[16]. So kann man unter der Struktur die Gesamtheit jener Elemente eines Systems verstehen, die im Ablauf der Ereignisse konstant bleiben, die also die ›Dauer im Wandel‹ repräsentieren. »Strukturwandlung bedeutet dann, daß der Verlauf der Wirtschaftsgeschichte uns zwingt, gleichsam ruckartig von einem alten Modell auf ein neues umzuschalten, daß in der Wirtschaft neue ›Gesetze‹ gelten. In diesem Sinn ist die marxistische Fragestellung, »wann und wie der Kapitalismus zu ticken begonnen habe, wann und wie seine Feder dereinst springen werde«[17], eine Strukturfrage.

Weniger ambitioniert und abstrakter wird unter der Struktur das Verhältnis der Teile eines Ganzen verstanden. Strukturwandlungen werden damit zu Verschiebungen der Anteile einzelner Elemente, zu Abweichungen von der gleichmäßigen Entwicklung der Teile. In diesem Sinne sollen die Veränderungen in der Verteilung der erwerbstätigen Bevölkerung, d. h. also des Produktionsfaktors Arbeit, auf einzelne Wirtschaftsbereiche untersucht werden. Dabei erweist es sich als zweckmäßig, die Wirtschaft in drei Produktionsbereiche aufzuteilen, die unterschiedliche Entwicklungsrichtungen und -geschwindigkeiten aufweisen[18], nämlich in einen
– *Primärsektor*
 Landwirtschaft, Forstwirtschaft, Fischerei, Tierhaltung
– *Sekundärsektor*
 Bergbau, Energiewirtschaft, Verarbeitendes Gewerbe, Baugewerbe

– *Tertiärsektor*
Handel, Verkehr und Nachrichtenübermittlung, Banken und Versicherungsgewerbe, Wohnungsvermietung, Staat, private Haushalte und sonstige Dienstleistungen.
Grob vereinfacht könnte man jeweils vom Agrarsektor, Industriesektor und vom Dienstleistungssektor im weitesten Sinne sprechen.
Eine Analyse der Beschäftigungsstruktur in Deutschland nach diesen Sektoren im langen 90-Jahres-Trend (s. *Tabelle 2*) zeigt dreierlei:
1. Im Primärsektor nimmt der Anteil der Beschäftigten von 42,2 Prozent (1882) auf 7,4 Prozent (1974) stark ab, wobei sich diese Abnahme seit 1950 kontinuierlich verlangsamt und gegen einen unteren Grenzwert zu konvergieren scheint.
2. Der Sekundärsektor zeigt eine relativ langsame Zunahme des Beschäftigtenanteils von 35,6 Prozent (1882) auf 48,8 Prozent (1965). Im Jahr 1965 erreicht der Anteil seinen Höchstwert. Er stagniert zunächst bis 1970 und nimmt dann geringfügig ab.
3. Der Anteil der Beschäftigten im Tertiärsektor hat sich hingegen von 22,2 Prozent (1882) auf 45,3 Prozent (1974) mehr als verdoppelt.

Dabei fällt auf, daß seit 1950 nur eine geringe Abflachung der Wachstumsraten im 5-Jahres-Vergleich zu verzeichnen ist. Das allgemeine, wenn auch unterschiedlich starke Wachstum der Beschäftigtenzahlen im Sekun-

Tabelle 2

Entwicklung der Erwerbstätigkeit[1] nach Wirtschaftssektoren im Deutschen Reich bzw. in der Bundesrepublik Deutschland von 1882–1974

Jahr	Anteil an Gesamtbevölkerung	Primärsektor	Sekundärsektor	Tertiärsektor
1882	42,3	42,2	35,6	22,2
1895	42,9	36,2	38,9	24,9
1907	45,6	33,9	39,9	26,2
1925	51,2	30,3	42,3	27,4
1933	49,4	28,8	40,5	30,7
1939	51,6	25,0	40,8	34,2
1950	45,9	24,6	42,6	32,8
1955	48,1	18,5	46,6	34,9
1960	47,8	13,8	47,7	38,5
1965	46,1	10,7	48,8	40,5
1970	44,2	8,5	48,8	42,7
1973	43,5	7,3	48,0	44,7
1974	43,2	7,4	47,3	45,3

[1] Von 1882–1939 Gebiet des Deutschen Reiches (Gebietsstand 31. 12. 1937), ab 1950 Gebiet der Bundesrepublik Deutschland
Quelle: 1882–1939 Osterland, M., u. a., Materialien zur Lebens- und Arbeitssituation der Industriearbeiter in der BRD, 3. Aufl., Frankfurt a. M. 1973, S. 28, ab 1950 BMWI, Leistung in Zahlen '74, Bonn 1975, S. 13, 15.

där- und Tertiärsektor zu Lasten des Agrarsektors läßt die Mobilität der Beschäftigten innerhalb der Sektoren nicht erkennen. Generell ist festzustellen, daß im Industriesektor eine langsame Verlagerung der Beschäftigung von der Leicht- zur Schwerindustrie stattfindet[19]. Innerhalb des Tertiärsektors wächst die Zahl der Beschäftigten im Banken- und Versicherungsgewerbe und im staatlichen Bereich zu Lasten des Verkehrswesens und des Handels[20].

Es liegt nun nahe, den skizzierten Trend in die Zukunft zu verlängern und zur Basis von Prognosen künftigen Strukturwandels zu machen. Tatsächlich sind in jüngster Zeit derartige Prognosen[21] für die Bundesrepublik Deutschland erstellt worden (s. *Tabelle 3*).

Tabelle 3

Entwicklung und Prognose des Strukturwandels in der Bundesrepublik Deutschland von 1955—2000

	1955	1970	1985		2000
			Prognose 1	Prognose 2	
Primärsektor	18,5	8,5	2,6	2,2	1,2
Sekundärsektor	46,6	48,8	61,3	53,4	52,2
Tertiärsektor	34,9	42,7	36,1	44,4	46,6

Prognose 1 = Prognose von D. Franzen und A. Schwietert (für 2000 liegt kein Wert vor)
Prognose 2 = Mittlere Prognose von W. Scheper und H. Reichenbach
Quellen: Für Prognosen: Cassel, D., und Kruber, K. P., Prognosen des sektoralen Strukturwandels für die Bundesrepublik Deutschland, in: Wirtschaftsstudium, Heft 7, Juli 1974, S. 341 ff.
Für 1955 und 1970 BMWI, Leistungen in Zahlen '73, Bonn 1974, S. 15

Die Prognosen sagen übereinstimmend einen weiteren Rückgang im Primärsektor und ein Wachstum des Sekundärsektors bis 1985 vorher, obwohl die Entwicklung seit 1965 im sekundären Bereich eine Trendwende zu signalisieren schien. Erst nach 1985 wird ein unbedeutender Rückgang des Industriesektors erwartet.

Im tertiären Bereich divergieren die Prognosen. Während Prognose 2 in Übereinstimmung mit dem langfristigen Trend einen weiteren Anstieg des Dienstleistungsbereichs vorhersieht, wird in Variante 1 eine Umkehr des Trends prognostiziert, wie ganz allgemein die erheblichen Zahlendifferenzen beider Prognosen auffallen.

Neben Aussagen über den vergangenen und künftigen Entwicklungsverlauf des strukturellen Wandels gestattet die Einteilung der Erwerbstätigen in drei Sektoren auch Aussagen über den Entwicklungsstand der Bundesrepublik Deutschland im internationalen Vergleich (s. *Tabelle 4*). Dabei zeigt sich, daß die USA als das Land mit dem höchsten Pro-

Kopf-Einkommen in der Welt bereits die Schwelle zur »tertiären Zivilisation« (J. J. Fourastié) weit überschritten haben; denn im tertiären Sektor ist die Zahl der Beschäftigten nahezu doppelt so groß wie in den beiden anderen Sektoren zusammen.

Tabelle 4

Erwerbstätigkeit nach Wirtschaftssektoren im internationalen Vergleich

Land	Jahr	Primärsektor	Sekundärsektor	Tertiärsektor
USA	1971	4,2	31,1	60,8
Großbritannien	1966	3,1	44,8	51,4
Belgien	1971	4,2	41,5	52,3
Niederlande	1968	8,0	40,8	51,3
Dänemark	1971	10,7	36,9	50,9
Frankreich	1971	12,8	36,1	47,8
Luxemburg	1966	11,2	44,3	44,4
Bundesrepublik	1971	8,2	48,0	43,4
Italien	1971	18,9	42,1	37,3
Indien	1961	72,9	11,4	14,5

Quelle: Ballerstedt, E., u. a., Soziologischer Almanach, Frankfurt/New York 1975, S. 93

Im Vergleich mit den USA, aber auch mit Staaten der Europäischen Gemeinschaft, ist in der Bundesrepublik der Anteil der Beschäftigten im Tertiärsektor relativ niedrig. Der industrielle Sektor spielt hingegen im internationalen Vergleich eine besonders wichtige Rolle. Diese Abweichungen deuten eine gesonderte ökonomische Entwicklung in der Bundesrepublik an, deren Ursachen noch zu ermitteln sind. Berücksichtigt man Prognosen und internationale Querschnittsanalysen des Strukturwandels, so scheint sich die Bundesrepublik Deutschland bestenfalls im Übergang von einer Industrie- zur Dienstleistungsgesellschaft zu befinden. Im Unterschied zu den USA, aber auch zu Großbritannien, scheint der Weg der Bundesrepublik in eine ›tertiäre Zivilisation‹ noch weit.

2.2.2 Ursachen und Konsequenzen des Strukturwandels

Die signifikanten Unterschiede im internationalen Vergleich und auch in den Prognosen deuten darauf hin, daß der Wandel in der Beschäftigtenstruktur nicht monokausal erklärbar ist. Ihm liegen offenbar zahlreiche Faktoren zugrunde, deren genaue Zahl und relative Stärke bislang nicht bekannt sind. Ein wichtiger Grund für die – im Vergleich mit anderen hochentwickelten Gesellschaften – unverändert große Bedeutung des Industriesektors in der Bundesrepublik ist die starke deutsche Exportabhängigkeit. Qualitätsvorsprünge, ein international gesehen niedriges

Lohnniveau und die Unterbewertung der DM in den ersten Nachkriegsjahren erleichterten der Bundesrepublik die rasche Re-Integration in das System internationaler Arbeitsteilung. Da aber im Welthandel der Austausch mit Industriewaren dominiert, während Dienstleistungen aufgrund ihrer regionalen Immobilität im Außenhandel nur untergeordnete Bedeutung haben, wurde die Wirtschaftsstruktur der Bundesrepublik über den internationalen Austausch praktisch in den Sekundärsektor ›hineingezogen‹. Paradoxerweise müssen zur Aufrechterhaltung dieses im internationalen Maßstab überdimensionierten Industriesektors Arbeitskräfte aus Niedriglohn-Ländern ›importiert‹ werden.

Sieht man von der Außenhandelsverflechtung ab, so lassen sich die Ursachen des Strukturwandels in hochindustriellen Ländern analytisch in Nachfrage- und Angebotsfaktoren einteilen, die jeweils auf den inländischen Märkten wirksam sind[22]. Auf der Nachfrageseite spielen vor allem[23] folgende Veränderungen eine Rolle:

1. Im Zuge der wirtschaftlichen Entwicklung verlagert sich die Nachfrage tendenziell von privaten auf staatliche Güter und Dienstleistungen im Bereich der sozialen Sicherung, des Verkehrs usw. Diese Güter werden im tertiären Sektor produziert.

2. Mit steigendem Realeinkommen nimmt langfristig die Nachfrage nach Grundnahrungsmitteln und Gütern des existenznotwendigen Bedarfs relativ ab (sogenanntes Engel-Schwabsches Gesetz). Aufgrund physiologischer Sättigungsgrenzen wird ein sinkender Teil des Einkommens für diese Güter ausgegeben. Infolgedessen stagniert die Nachfrage nach Produkten des Primärsektors oder sie wächst geringer als in anderen Sektoren.

3. Der Bedarf differenziert sich mit wachsendem Realeinkommen, wobei geringer geschätzte (inferiore) Güter durch höherwertige (superiore) Güter aus dem Warenkorb des Verbrauchers verdrängt werden. In den superioren Gütern steckt in der Regel ein höherer Anteil an Dienstleistungen. Ein Beispiel mag dies verdeutlichen: Einkellerungskartoffeln in Zentnersäcken werden vom Handel durch gewaschene, gewogene, sortierte und verpackte Kartoffeln in 5 kg-Klarsichtbeuteln ersetzt.

4. Es werden ständig neue Güter in das Bedarfsschema der Haushalte aufgenommen und alte Güter verdrängt. Die alten Produkte sind überwiegend Erzeugnisse des Industriesektors, die neuen Produkte stammen überwiegend aus dem tertiären, dem Dienstleistungssektor. Die Skala reicht dabei von Bank- und Versicherungsleistungen bis zum Tourismus.

Zusammenfassend läßt sich feststellen, daß die Nachfrage sich im Zuge der wirtschaftlichen Entwicklung langfristig vom Primärsektor in den Tertiärsektor verlagert. Die von der Nachfrage ausgelösten Strukturwandlungen können durch Effekte auf der Angebotsseite vergrößert oder verringert werden.

»Dramatisch«[24] sind auf der Angebotsseite vor allem die Wirkungen des technischen Fortschritts; denn er setzt sich in den einzelnen Wirtschafts-

sektoren sehr ungleichmäßig durch. »Die von Branche zu Branche wechselnde Intensität des technischen Fortschritts und Möglichkeit der Substitution von Arbeit und Kapital führen zu einer differenzierten Entwicklung der (Arbeits-)Produktivität in den einzelnen Wirtschaftszweigen.«[25]
Im Primär- und auch im Sekundärsektor kann durch Mechanisierung, Rationalisierung und Automation die Arbeitsproduktivität in größerem Maße gesteigert werden als im Dienstleistungsbereich. Im tertiären Sektor sind die Möglichkeiten für eine durchgreifende Rationalisierung und Automatisierung der Produktion begrenzt, weil hier Güter und Dienste des gehobenen individuellen Bedarfs angeboten werden, die sich weitgehend mechanisierter Massenfertigung entziehen. Hierzu zählen Leistungen am Post- und Bahnschalter, auf den Standesämtern und Reisebüros ebenso wie Leistungen des Lehrers und des Friseurs.
Diese Überlegungen werden durch die Entwicklung in der Bundesrepublik für den Zeitraum von 1950–1980 bestätigt (s. *Tabelle 5*).

Tabelle 5

Durchschnittliches jährliches Wachstum der Arbeitsproduktivität[1] in der Bundesrepublik Deutschland[2] nach Wirtschaftssektoren von 1950—1980 in Prozent

Zeitraum	gesamte Wirtschaft	Primärsektor	Sekundärsektor	Tertiärsektor
1950–1960	6,8	9,6	6,8	3,7
1960–1968	5,0	6,5	5,9	3,3
1968–1980[3]	4,4	5,3	4,5	3,8

[1] Bruttoinlandsprodukt in Preisen von 1954 je geleisteter Arbeitsstunde
[2] Bundesgebiet, ab 1960 einschl. Saarland und West-Berlin
[3] Schätzung
Quelle: Zahlen nach: Uhlmann, L., und Huber, G., Technischer und struktureller Wandel in der wachsenden Wirtschaft, a. a. O., S. 63

Das Wachstum der Arbeitsproduktivität ist im Landwirtschaftssektor und – in geringerem Maße – im Bereich der Industrie größer als im tertiären Sektor der privaten und öffentlichen Dienstleistungen.
Aus dem Zusammenspiel der verschiedenen Faktoren auf der Nachfrage- und auf der Angebotsseite resultiert in hochindustriellen Gesellschaften der skizzierte Trend zur tertiären Zivilisation. Die Nachfrage verlagert sich zunehmend auf Erzeugnisse des Dienstleistungssektors, während in einzelnen Branchen der Agrar- und Industriewirtschaft ein Sättigungsgrad eintritt.
Ein rückläufiger Anteil des Primär- und Sekundärsektors an der gesamtwirtschaftlichen Nachfrage bei gleichzeitig überdurchschnittlicher Steigerung der Arbeitsproduktivität in diesen Sektoren führt zur laufenden Freisetzung von Arbeitskräften. Sie müssen langfristig in den unterdurch-

schnittlich produktiven Tertiärsektor abwandern. »Diese Entwicklung erfordert einen hohen Grad an räumlicher und beruflicher Mobilität. Sie bringt Probleme einer neuen Berufsbildung oder beruflichen Umbildung mit sich und weist dem Staat die Aufgabe zu, diese Mobilität so zu steuern, daß die Anpassung an die neue Beschäftigung ohne soziale Nachteile geschehen kann.«[26]

Hinter der geforderten Anpassung an einen scheinbar zwangsläufigen Strukturwandel verbirgt sich in der Realität eine Fülle von menschlichen Einzelschicksalen. In einem Zeitraum von 10 Jahren (1950–1960) waren knapp 10 Millionen Beschäftigte vom Strukturwandel unmittelbar betroffen, das war etwa die Hälfte aller Erwerbstätigen (s. *Tabelle 6*). Für die Periode von 1950 bis 1960 ergab sich eine durchschnittliche jährliche Freisetzung von 6,3 Prozent (s. *Tabelle 6*); d. h. gut 6 Prozent der Erwerbstätigen wechselten – bezogen auf die Erwerbstätigenzahl des Vorjahres – ihren Arbeitsplatz.

Tabelle 6

Freisetzung von Arbeitskräften in der Wirtschaft der Bundesrepublik Deutschland von 1950–1980

Zeitraum und Bereich	Anzahl in 1000	Anteil in %[1]	Jahresdurchschnitt in %[2]
I. 1950–1960			
Primärsektor	3 116	60,1	8,8
Sekundärsektor	4 009	48,1	6,3
Tertiärsektor	1 991	30,8	3,6
Gesamtwirtschaft	9 574	47,9	6,3
II. 1960–1968			
Primärsektor	1 421	39,4	6,1
Sekundärsektor	4 680	36,6	5,5
Tertiärsektor	2 217	22,8	3,2
Gesamtwirtschaft	8 434	32,3	4,8
III. 1968–1980[3]			
Primärsektor	1 258	46,0	5,0
Sekundärsektor	5 179	41,0	4,3
Tertiärsektor	3 937	36,3	3,7
Gesamtwirtschaft	10 590	40,4	4,2

[1] Anteil der Freigesetzten an der effektiven Zahl der Erwerbstätigen des Anfangsjahres im jeweiligen Sektor
[2] Durchschnittliche jährliche Freisetzung in % der Erwerbstätigenzahl des jeweiligen Vorjahres
[3] Schätzung
Quelle: Uhlmann, L., und Huber, G., Technischer und struktureller Wandel in der wachsenden Wirtschaft, Frankfurt 1971, S. 72 (gekürzt)

»Innerhalb der Gesamtwirtschaft ist die relative Freisetzung am größten in der Land- und Forstwirtschaft (primärer Sektor), da hier während des ganzen Zeitraums von 1950–1980 die stärksten Produktivitätsfortschritte eingetreten sind bzw. erwartet werden. Da die Erwerbstätigenzahl in diesem Bereich jedoch stark zurückgeht, wird die absolute Zahl der Freigesetzten in diesem Bereich immer kleiner ... Dagegen ist im tertiären Sektor die prozentuale Freisetzungsquote zwar stets am niedrigsten, da hier die Produktivität am langsamsten fortschreitet; doch steigt der Anteil dieses Sektors an der gesamtwirtschaftlichen Freisetzung wegen seines zunehmenden Anteils an der Gesamtzahl der Erwerbstätigen. Die Mehrzahl der Freigesetzten stammt jedoch aus dem sekundären (industriellen) Bereich. Etwa jede Freisetzung war von 1960 bis 1968 im sekundären Bereich zu beobachten bzw. dürfte bis 1980 dort stattfinden.«[27]
Langfristig ist jedoch eine Verringerung der Freisetzungsquote zu erwarten, da sich das Produktivitätswachstum verlangsamt. So wird voraussichtlich die durchschnittliche jährliche Freisetzungrate, die von 1950 bis 1960 6,3 Prozent betrug, auf jährlich 4,2 Prozent für den Zeitraum 1968 bis 1980 zurückgehen. In absoluten Werten bedeutet dies, daß auch in Zukunft jährlich etwa 1 Million Arbeitnehmer ihren Arbeitsplatz wechseln müssen.
Der Strukturwandel erfaßt nicht nur eine große Zahl von Erwerbstätigen, er trifft die verschiedenen sozio-ökonomischen Schichten auch außerordentlich ungleich. Besonders unterprivilegierte Gruppen der Gesellschaft tragen ein besonders hohes Risiko erzwungener Arbeitsplatz- oder sogar beruflicher Mobilität.
Befragungen zeigen deutlich, daß die berufliche Mobilität mit steigender formaler Bildungsqualifikation abnimmt. Von Volksschülern ohne Lehre gaben nur knapp zwei Fünftel an, noch die ursprünglich erlernte Tätigkeit auszuüben. Erwerbstätige mit Abitur oder Hochschulabschluß bleiben dagegen in hohem Maße – etwa zu 80 Prozent – in ihrem erlernten Beruf[28]. »Noch deutlicher werden die Unterschiede in der Häufigkeit des Berufswechsels, wenn man die Arbeitnehmer nach der Stellung im Beruf gliedert: von den an- und ungelernten Arbeitern waren nur noch 27 % im ursprünglich erlernten Beruf tätig, von den gehobenen Beamten dagegen 86 %.«[29] Offenbar haben diejenigen, die Prognosen des Strukturwandels erstellen, unter seinen Konsequenzen kaum zu leiden.

2.2.3 Theorie der tertiären Zivilisation

In seinem Buch »Die große Hoffnung des 20. Jahrhunderts«[30] versuchte der französische Wirtschaftswissenschaftler Jean Fourastié den Wandel in der Beschäftigtenstruktur hochindustrieller Gesellschaften zu erklären und in einen theoretischen Kontext zu stellen. Er unternimmt damit »einen ersten Versuch, langfristige Veränderungen wirtschaftlicher und gesellschaftlicher Strukturen theoretisch faßbar zu machen, die dem Instrumentarium der traditionellen Nationalökonomie entglitten«[31].

Die Theorie der tertiären Zivilisation Fourastiés geht von der These aus, die Entwicklung jeder Volkswirtschaft lasse sich zutreffend in drei Perioden einteilen, in der jeweils einer der drei Wirtschaftssektoren dominiere. Die primäre Zivilisation des vorindustriellen Zeitalters ist durch einen hohen Anteil von Beschäftigten im Agrarsektor gekennzeichnet (etwa 80 Prozent), die industrielle Übergangsgesellschaft durch eine große Zahl Beschäftigter im Sekundärbereich und eine künftige tertiäre Zivilisation durch die Konzentration der erwerbstätigen Bevölkerung im Dienstleistungssektor (s. *Schaubild 5*).

Schaubild 5 Die Entwicklung des Anteils des primären (I), sekundären (II) und tertiären (III) Sektors an den Erwerbstätigen in Prozent nach J. Fourastié

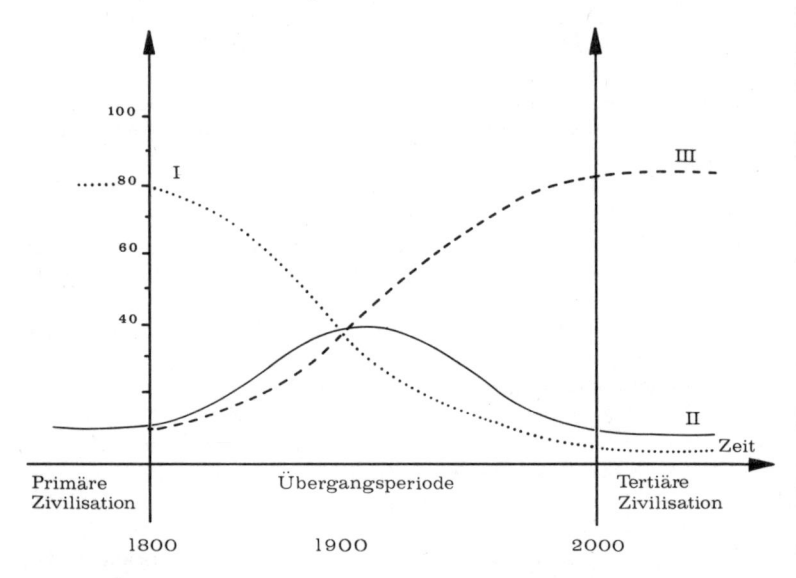

Quelle: Cassel, D., u. Kruber, K.-P., Sektoraler Strukturwandel der Wirtschaft, in: Wirtschaftsstudium, H. 7, Juli 1974, S. 315

Wirtschafts- und Gesellschaftsstruktur der primären Zivilisation sind statisch, traditional-religiöses Denken dominiert, Bevölkerungsentwicklung und Wachstum des Sozialprodukts sind gering, der Lebensstandard ist niedrig[32]. In der industriellen oder »Übergangsperiode« (Fourastié) sind drei Phasen zu unterscheiden. In der ersten sogenannten Startphase seit etwa 1800 sinkt die Zahl der Beschäftigten im Agrarsektor rapide, der Anteil der Erwerbstätigen im industriellen Bereich expandiert. Die traditionelle Zivilisation, ihre Werte und sozio-ökonomischen Strukturen brechen zusammen. In der Startphase der industriellen Periode ist die

Arbeitsproduktivität noch niedrig, die Manufaktur dominiert, die Investitionstätigkeit ist gering[33].

Die zweite Phase der Übergangsperiode ist die expansive Phase des Industriezeitalters. Sie beginnt etwa um 1800 und reicht bis in die Zeit nach dem Zweiten Weltkrieg, wobei zwischen den einzelnen Industriegesellschaften erhebliche Unterschiede bestehen. In diesem Zeitabschnitt erreicht der Anteil der Beschäftigten im Sekundärsektor sein Maximum von etwa 40 Prozent, während die Zahl der Erwerbstätigen im Dienstleistungsbereich kontinuierlich wächst. Die Kapitalakkumulation ist groß, Mechanisierung und Rationalisierung setzen sich auf breiter Front durch, der Lebensstandard steigt steil an.

Die dritte Phase der Übergangsgesellschaft ist die End- oder Abschlußperiode. In ihr verringert sich die Zahl der Beschäftigten des Sekundärsektors parallel zum Primärsektor fortlaufend. Der Anteil der Erwerbstätigen im Tertiärsektor steigt weiter an. Die Endperiode der Übergangsgesellschaft ist durch sinkende Wachstumsraten der Investitionstätigkeit und des Lebensstandards gekennzeichnet. Partielle Sättigungserscheinungen auf Märkten für Agrar- und Industriewaren sind zu verzeichnen.

In der tertiären Zivilisation einer künftigen Gesellschaft schließlich arbeiten im Primär- und Sekundärsektor lediglich 15 Prozent der Erwerbstätigen, der Rest ist im tertiären Sektor beschäftigt[34]. Die tertiäre Zivilisation ist – wie die primäre Zivilisation – Epoche eines neuen Gleichgewichts. Bevölkerungswachstum und Wachstum des Sozialprodukts konvergieren gegen Null, der Lebensstandard stagniert auf sehr hohem Niveau[35]. Einkommens- und Vermögensunterschiede sind weitgehend abgebaut. »Der tertiäre Sektor schafft nicht Verschiedenheit, sondern Gleichheit.«[36] Zugleich gestaltet der Mensch sein in der Übergangsgesellschaft gleichsam pervertiertes Verhältnis zur Maschine und zur Ökonomie grundsätzlich neu. Technik und Wirtschaft werden als reine Hilfsmittel begriffen, die das Individuum zu umfassenden metaphysischen Aktivitäten befähigen.

»Die moderne Maschine macht den Menschen von knechtischer Arbeit und für kompliziertere Betätigungen der geistigen, künstlerischen und menschlichen Bildung frei...«[37] Folglich erscheint die tertiäre Zivilisation als reale Einlösung des marxistisch-leninistischen Versprechens, jeder Mensch werde nach seinen Bedürfnissen leben können.

Primäre Ursache für den Entwicklungsverlauf von der vor- zur nachindustriellen Gesellschaft ist nach Fourastié die Tatsache, daß der technische Fortschritt in den drei Wirtschaftssektoren in unterschiedlichem Tempo stattfindet, d. h. Fouratiés Erklärung ist angebotsorientiert. Der primäre Sektor zeichnet sich durch ein mittleres Tempo des technischen Fortschritts aus, d. h. die Arbeitsproduktivität steigt etwa im Ausmaß der gesamtwirtschaftlichen Produktivitätssteigerungen.

Der sekundäre Sektor zeigte seit der industriellen Revolution starke technische Fortschritte in Form laufender Rationalisierung und Automatisierung. Im tertiären Sektor hingegen findet kaum ein technischer Fortschritt statt.

Tabelle 7

Allgemeine Kennzeichen der drei Perioden sozio-ökonomischer Entwicklung nach J. Fourastié

	traditionelle Zivilisation	Übergangsgesellschaft			tertiäre Zivilisation
		Startphase	Expansionsphase	Endphase	
technischer Fortschritt	sehr gering	beträchtlich	groß	sehr groß	außerordentlich groß, zunehmend
Bevölkerungsentwicklung	sehr gering	zunehmend	groß	abnehmend	sehr gering
Investitionstätigkeit	sehr gering	zunehmend	groß	abnehmend	sehr gering
Primärsektor	hoher Anteil: unverändert	nimmt ab	nimmt ab	nimmt ab	niedriger Anteil: unverändert
Sekundärsektor	niedriger Anteil: unverändert	nimmt zu	unverändert	nimmt ab	niedriger Anteil: unverändert
Tertiärsektor	niedriger Anteil: unverändert	unverändert	nimmt zu	nimmt zu	hoher Anteil: unverändert
Wirtschaftswachstum	sehr gering	langsam zunehmend	groß	langsam abnehmend	sehr gering
Lebensstandard	sehr niedrig langfristig unverändert	unverändert	steiler Anstieg	langsame Annäherung an Höchstgrenze	sehr hoch, unverändert
Einkommens- und Vermögensverteilung	extrem ungleich	extrem ungleich	extrem ungleich	langsame Nivellierung	nivelliert

(Erwerbstätigenstruktur: Primärsektor, Sekundärsektor, Tertiärsektor)

Quelle: Vgl. ähnlich: Fourastié, J., Die große Hoffnung des zwanzigsten Jahrhunderts, a. a. O., S. 249

Eine knappe Kritik der Phasentheorie von J. Fourastié hat zunächst davon auszugehen, daß Fourastié keine exakte Wirtschaftsgeschichte schreiben wollte. Sein Ziel ist vielmehr, den idealtypischen Verlauf historischer Entwicklung zu skizzieren, d. h. die jeweils eine Periode prägenden Phänomene herauszuarbeiten. Daraus folgt zugleich, daß langfristige Prozesse erklärt werden sollen. Infolgedessen »wäre die Aufrechterhaltung der in der traditionellen Wirtschaftswissenschaft eingebürgerten terminologischen Feinheiten innerhalb des Fourastiéschen Modells langfristiger Entwicklungstendenzen eine sinnlose Subtilität«[38]. Dennoch ist nicht zu übersehen, daß die angebotene Skala von mittlerem, starkem und geringem technischen Fortschritt für die jeweiligen Sektoren unpräzise ist und die empirische Überprüfung des Ansatzes erschwert[39]. Erklärungen für die Entstehung und Verbreitung des technischen Fortschritts – von wem und in wessen Interesse? – werden nicht geboten. Der technische Fortschritt fällt bei Fourastié gleichsam wie ein *deus ex machina* vom Himmel, und fortan beginnt sich das Räderwerk der kapitalistischen Produktion zu drehen.

»Seit ungefähr 1700 oder 1730 setzte jedoch ein neuer und bald beherrschend werdender Faktor, der technische Fortschritt, die moderne Entwicklung in Gang.«[40] Diese Argumentation basiert implizite auf der Annahme, die Industrienationen hätten sich gleichsam am eigenen Schopf aus jahrhundertelanger Stagnation herausgezogen, mit anderen Worten, technischer Fortschritt und wissenschaftliche Entwicklung sind bei Fourastié ausschließlich von endogenen Faktoren innerhalb der jeweiligen Gesellschaft abhängig.

»Die mechanistische Darstellung, nach der ein jeder im Zustand der Unterentwicklung dagesessen hat, bis plötzlich eine kleine Region vorpreschte und die anderen hinter sich ließ, hat mit der Wirklichkeit nichts zu tun. Die Wahrheit ist, daß der Kapitalismus sich in seinen Ursprungsländern von Anfang an durch Unterwerfung, Plünderung, Ausbeutung und Umformung der Mitwelt, in der er lebte, entfaltet hat. Folglich wurde der Reichtum von der Peripherie in die Metropole geschleust... Das war die wirkliche ökonomische und soziale Basis des Aufschwungs der ›Ersten Welt‹, und es ist fraglich, ob es ohne die Ausplünderung der Peripherie überhaupt zu einem solchen Aufschwung gekommen wäre.«[41]

Wenn auch diese Erklärung der Entwicklung ausschließlich aufgrund exogener Faktoren ebenso einseitig ist wie der Fourastiésche Ansatz, so relativiert sie doch die zentrale These Fourastiés erheblich. Was in jedem Fall vom Fourastiéschen Ansatz bleibt, ist die Herausarbeitung eines allgemeinen Trends zur ›tertiären Zivilisation‹, einiger seiner Determinanten und künftiger Probleme.

Das Fazit Fourastiés ist interessant. Die tertiäre Gesellschaft wird eine stagnierende Gesellschaft sein[42]. Diese Überlegungen werden uns immer wieder begegnen.

2.3 Wandel in der Berufs- und Sozialstruktur: vom selbständigen Unternehmer zum angestellten Manager

2.3.1 Begriff und Entwicklungstendenzen des Strukturwandels

Die Entwicklung zur tertiären Zivilisation beschleunigt den Verschleiß tradierter Berufsqualifikationen und dynamisiert die ehemals statische Berufsstruktur. Alte Berufe verschwinden, neue entstehen. Die Anteile der Erwerbstätigen in bestehenden Berufen an der Gesamtzahl beruflich ausgeübter Tätigkeiten verschieben sich im Zeitablauf. Unter Beruf wird dabei jede dauernde, qualifizierte Erwerbstätigkeit betrachtet, die als Lebensgrundlage dient[43].

In Anlehnung an die amtliche Statistik erweist es sich bei Untersuchungen der Berufsstruktur als zweckmäßig, die etwa 20 000 Berufe[44] in der Bundesrepublik nach großen sozio-ökonomischen Gruppen zu klassifizieren. Die gängige Einteilung in Selbständige, mithelfende Familienangehörige, Beamte, Angestellte und Arbeiter bietet dabei die Möglichkeit, auch längerfristige Entwicklungen zu analysieren. Die Kritiker einer Einteilung der erwerbstätigen Bevölkerung nach großen sozio-ökonomischen Gruppen haben immer wieder geltend gemacht, daß dieses Raster viel zu grob sei, um damit soziologisch und ökonomisch relevante Unterschiede zwischen den Gruppen zu erfassen[45].

In der Tat ist nicht ohne weiteres einzusehen, was der Inhaber eines ›Tante-Emma-Ladens‹ mit dem Eigner eines multinationalen Trusts und eine Verkäuferin mit dem Vorstandsvorsitzenden eines Automobilkonzerns gemein haben sollten. Andererseits handelt es sich dabei um Kategorien, »die das gesellschaftliche Bewußtsein weiter Bevölkerungskreise mitbestimmt haben, die in der Gesetzgebung ihren Niederschlag fanden und um die sich politische Auseinandersetzungen vielfältiger Art rankten. Auch in der Gegenwart sind sie für das gesellschaftliche Bewußtsein und die Gesetzgebung von Bedeutung. Das gilt, obwohl immer häufiger darauf hingewiesen wird, daß die Inhalte der Begriffe ... sich im Laufe der Zeit verändert haben ...«[46] Unter diesem Vorbehalt sind auch die folgenden Ausführungen zu sehen.

Bei einer Untersuchung des 90-Jahres-Trends fällt zunächst der laufende Rückgang des Anteils der Selbständigen und ihrer mithelfenden Familienangehörigen auf (s. *Tabelle 8*). Er hat sich von 35,6 Prozent auf 15,6 Prozent mehr als halbiert, während der Anteil der abhängig Beschäftigten, also der Beamten, Angestellten und Arbeiter, von 63,4 Prozent auf 84,4 Prozent gestiegen ist. Wie *Tabelle 8* zeigt, handelt es sich bei der Abnahme des Anteils selbständiger Erwerbspersonen um einen säkularen Vorgang, der für den gesamten Untersuchungszeitraum gilt, wobei allerdings nicht nach weiteren Teilgruppen innerhalb der Selbständigen – etwa nach freien Berufen, Bauern, Handwerkern und Händlern sowie »großen Unternehmern« (Bolte) – unterschieden wird. Lediglich in Notzeiten, wie beispielsweise nach der Weltwirtschaftskrise (1933) und nach Kriegsende (1950), steigt die Zahl der Selbständigen kurzfristig an.

Tabelle 8

Erwerbspersonen nach Stellung im Beruf 1882—1973 (in Prozent) im Deutschen Reich bzw. in der Bundesrepublik Deutschland

Jahr	Selbständige	Mithelfende Familienangehörige	Beamte	Angestellte	Arbeiter
1882	25,6	10,0	3,6	3,0	57,4
1895	23,3	9,1	3,8	4,7	56,9
1907	18,8	15,0	4,3	7,4	53,1
1925	15,8	16,9	4,3	11,7	50,2
1933	16,4	16,4	4,6	12,5	50.1
1939	13,4	15,8	8,5	13,2	49,1
1950	14,7	14,4	4,0	16,0	50,9
1961	12,2	10,0	4,7	24,4	48,5
1965	11,6	8,4	5,1	26,3	48,6
1970	10,1	6,5	7,3	29,2	46,9
1973	9,7	5,9	7,7	31,7	45,0

Quelle: Für 1882–1965 Bolte, K. M., Entwicklungen und Probleme der Berufsstruktur, in: Bolte, K. M., Neidhardt, F., Holzer, H., Deutsche Gesellschaft im Wandel, Bd. 2, Opladen 1970, S. 293
Für 1970 und 1973 eigene Berechnungen nach: BMWI, Leistungen in Zahlen '74, Bonn 1975, S. 14 f.

Dieser Sachverhalt dürfte mit der hohen Arbeitslosigkeit in Krisenjahren zusammenhängen. »Bevor man auf jede Erwerbstätigkeit verzichtet, wird man lieber ›selbständig‹, obwohl dadurch eine dauernde Erwerbsquelle nicht erschlossen wird.«[47] Die kurzfristig gegenläufige Bewegung kann jedoch die stetige Abnahme der Selbständigen im säkularen Trend nicht aufhalten. Allein für den Zeitraum von 1950 bis 1973 hat sich die Zahl der Selbständigen in der Bundesrepublik von 3,2 Millionen auf 2,5 Millionen verringert[48].

Innerhalb der wachsenden Gruppe der abhängig Beschäftigten fällt insbesondere das starke Wachstum des Anteils der Angestellten auf. Er hat sich im Untersuchungszeitraum von 3,0 Prozent auf 31,7 Prozent mehr als verzehnfacht. Dabei ist zu berücksichtigen, daß unter Angestellten zu verschiedenen Zeiten sehr Verschiedenes verstanden wurde und daß die amtliche Statistik die Kategorie des ›Angestellten‹ erst 1933 explizit führt. Alle Angaben über die Entwicklung der Angestelltenschaft vor 1933 beruhen auf späteren, meist privaten Rückrechnungen und sind daher mehr oder weniger problematisch[49]. Innerhalb der Angestellten ist ein starker Differenzierungsprozeß zu beobachten. So reicht die Skala der Angestellten vom Top-Manager eines internationalen Konzerns bis zur Stenokontoristin im Schreibsaal.

Im Unterschied zur Entwicklung der Angestelltenschaft hat der Anteil der Beamten an den Erwerbspersonen langfristig nur geringfügig von 3 Prozent auf 7,7 Prozent zugenommen. »Er ist kleiner, als in der Bevölkerung oft angenommen wird, wobei allerdings zu bedenken ist, daß der ›nor-

male Staatsbürger‹ nicht zwischen Beamten und Angestellten im öffentlichen Dienst zu trennen vermag, sondern die im öffentlichen Dienst Tätigen als Gesamtgruppe vor sich sieht.«[50]
Der Anteil der Arbeiter an der gesamten Erwerbsbevölkerung entwickelt sich gegenläufig. Er sinkt im langfristigen Trend auf weit unter 50 Prozent, so daß die ›Arbeiterklasse‹ in hochindustriellen Gesellschaften rein quantitativ an Bedeutung verliert. »Nicht mehr ... die mit dem Beginn der Industrialisierung aufgeworfenen Fragen der Industriearbeit stehen im Vordergrund der Überlegungen, auch nicht wirtschaftliche Krisenerscheinungen, die vorübergehend die Arbeitsplatzsicherheit gefährden, sondern die Reduktion der Arbeiterschaft insgesamt als Konsequenz forcierter Mechanisierung und Automatisierung.«[51] Ähnlich wie in der Kategorie der Angestellten finden auch innerhalb der Arbeiterschaft umfassende Re- und Dequalifikationsprozesse statt. Sie manifestieren sich in einer Polarisierung, deren Bandbreite vom hochspezialisierten Automatenarbeiter mit qualifiziertem Berufsabschluß bis zum ungelernten Handlanger reicht.
Insgesamt zeichnen sich also folgende Veränderungen in der Berufs- und Sozialstruktur ab: Die Zahl der abhängig Beschäftigten nimmt ständig zu. Innerhalb dieser Gruppe wächst der Anteil der Angestellten und Beamten absolut und relativ, der Anteil der Arbeiter geht zurück. Dabei wird es in weiten Bereichen des Arbeitslebens zunehmend schwieriger, die Tätigkeiten von Beamten, Angestellten und Arbeitern exakt zu trennen, so daß die vormals festen Konturen der einzelnen Gruppen innerhalb der abhängig Beschäftigten sich zu verwischen beginnen. Die starke Verringerung des Anteils der Selbständigen weist darauf hin, daß wir zu einer Gesellschaft von Arbeitnehmern geworden sind[52].
Ein vorläufiges Fazit aus dieser Entwicklung kann bereits jetzt gezogen werden: »Angesichts des ständigen Rückgangs der Schicht der wirtschaftlich Selbständigen gerät die weit verbreitete Auffassung, daß eben diese Schicht das soziale und wirtschaftliche System der Bundesrepublik entscheidend kennzeichne, in ein merkwürdiges Licht.«[53]

2.3.2 Ursachen und Konsequenzen des Strukturwandels

Aus politisch-ökonomischer Sicht ist die markanteste Entwicklung im Bereich der Berufs- und Sozialstruktur zweifellos die stetige Verringerung der Zahl selbständiger Unternehmer und das Nachrücken einer neuen Angestelltenelite, der Manager[54]. Vor allen anderen Entwicklungen ist gerade sie es, die die beiden tragfähigen Säulen kapitalistischer Gesellschaften, das Privateigentum an Produktionsmitteln und das ›freie‹ Unternehmertum, am weitesten auszuhöhlen scheint.
Dies zwingt im besonderen Maße zu einer Auseinandersetzung mit den Ursachen und Konsequenzen der Abdankung des kapitalistischen Unternehmers – einer Figur, die Assoziationen mit den großen Unternehmerdynastien Rockefeller, Vanderbilt und Krupp hervorruft.
Zweierlei ist zunächst in diesem Zusammenhang festzustellen: Die Gruppe

der Selbständigen ist in ihrer Zusammensetzung mindestens so heterogen wie die anderen sozio-ökonomischen Gruppen. Nach ihrer historischen Entwicklung und ihrer gesellschaftlichen Bedeutung lassen sich in der Kategorie der Selbständigen wenigstens drei Teilgruppen unterscheiden, die freien Berufe, die selbständigen Bauern, Handwerker und Händler und die »großen kapitalistischen Unternehmer« (Bolte). Die uns interessierende Gruppe der großen Unternehmer ist von den anderen Teilgruppen weder exakt abgegrenzt noch statistisch gesondert ausgewiesen. Wahrscheinlich hat dieser Kreis selbst zur Blütezeit des Industriekapitalismus im 19. Jahrhundert nie mehr als wenige tausend Personen umfaßt. Zudem ist die säkulare Abnahme des Anteils der Selbständigen nicht unabhängig vom Trend zur tertiären Zivilisation zu sehen. Die Zahl der selbständigen Erwerbspersonen war im Primär- und Sekundärsektor traditionell hoch.

Die Wanderung zahlreicher Arbeitskräfte in den Dienstleistungsbereich ist häufig mit einer Änderung des sozio-ökonomischen Status vom Selbständigen zum Arbeitnehmer verbunden, die sich entsprechend in den Statistiken niederschlägt. Daneben spielen beim ›Niedergang‹ des großen kapitalistischen Unternehmers noch besondere Faktoren eine Rolle. Der klassische Unternehmer des 19. Jahrhunderts ist Betriebsleiter und Kapitaleigner in einer Person. Er ist es, der neue Märkte erschließt, neue Erfindungen anwendet und neue Organisationsmethoden einführt – kurz, er ist »Neuerer« (Pross) auf eigenes Risiko.

Es ist zweifelhaft, ob der dynamische Unternehmer des 19. Jahrhunderts diesem Bild je voll entsprochen hat. Sicher ist jedoch, daß er Neuerer und Eigentümer an Produktionsmitteln zugleich war. Beide Begriffe fielen in den Anfangszeiten der kapitalistischen Gesellschaft zusammen, beide sind inzwischen problematisch geworden[55]. Die Deutung des Unternehmers als eine Art Monopolist der Innovation wird in hochindustriellen Gesellschaften zunehmend fragwürdig. Die wachsende Komplexität unternehmerischer Führungsentscheidungen beginnt die intellektuelle Kapazität einer Einzelperson zu überschreiten. »Die frühere Romantik des geschäftlichen Abenteuers schwindet rasch dahin, weil vieles nun genau berechnet werden kann, was in alten Zeiten durch geniale Erleuchtung erfaßt werden mußte.«[56]

Mit zunehmender Rechenhaftigkeit und Zwangsläufigkeit betrieblicher Abläufe werden unternehmerische Qualitäten wie Phantasie und patriarchalische Autorität mehr und mehr von Fachwissen, physischer Leistungsfähigkeit und technischer Intelligenz verdrängt[57]. Im Zeitalter der »wissenschaftlichen Unternehmensführung« (Bleicher) werden die Erschließung neuer Märkte, die Einführung neuer Produkte und Verfahren zur Sache geschulter Spezialistengruppen – von Technikern, Finanzfachleuten, Forschern und Organisationsexperten. Niemand bezeichnet sie als Unternehmer, und dennoch haben sie Anteil an der unternehmerischen Innovationsfunktion.

Mehr und mehr scheint in komplexen Großorganisationen neben die innovative Unternehmerfunktion eine konservative Funktion zu treten.

Der moderne Unternehmer muß häufig dafür Sorge tragen, die Erneuerungsimpulse karriereorientierter Organisationsmitglieder zu kanalisieren, weil sie möglicherweise den Bestand des Unternehmens gefährden könnten[58]. Wer alles aufs Spiel setzt, um Höchstgewinne zu erzielen, treibt die Firma eventuell in den Konkurs.
Auch das zweite konstitutive Element kapitalistischer Unternehmensfunktion, die Verbindung von Eigentum an Produktionsmitteln und Verfügungsgewalt, beginnt sich aufzuspalten. Die fortschreitende Akkumulation von Kapital in ständig expandierenden Unternehmen übersteigt die Finanzkraft selbst großer Einzelvermögen. Um im Wachstumsprozeß mithalten zu können, muß der Weg zur Börse beschritten, die Einzelunternehmung in eine Kapitalgesellschaft umgewandelt werden. Der klassische kapitalistische Unternehmer wird gleichsam zwangsläufig aus seiner historischen Monopolstellung verdrängt. Innovations- und Eigentumsfunktion werden in der Kapitalgesellschaft kollektiviert. »In den obersten Rängen der meisten Großunternehmen befinden sich heute Personen, die selbst nicht das Kapital besitzen, über das sie verfügen.«[59]
Freilich ist diese Entwicklung weder durchgängig zu beobachten – in Klein- und Mittelbetrieben findet sich durchaus noch der Typ des dynamischen, risikobeladenen Unternehmers –, noch vollzog sie sich lautlos und konfliktfrei. Insbesondere Anfang der fünfziger Jahre galt der ›wurzellose‹ Manager bei den »echten Unternehmern« (Hellwig) als »Funktionär« oder »Pseudounternehmer«[60]. »In seine (des Unternehmers) Flanke drückt dabei als neue Erscheinung der sozialistische Manager, teilweise in der Form des gelernten Unternehmers, der zum Sozialismus übergegangen ist.«[61]
Inzwischen haben sich jedoch mehrere Entwicklungen angebahnt, die dieser Polemik den Boden entzogen haben. Teilweise haben die Mitglieder des Managements selbst Aktienkapital, und damit Eigentum an den Produktionsmitteln erworben. Zum anderen hat sich der Verdacht ihrer Widersacher, sie seien sozialistische ›Apparatschiks‹, nie ernsthaft bestätigt. »Es versteht sich, daß das Interesse an der Bewahrung der Vergünstigungen die leitenden Angestellten zur Parteinahme für die kapitalistische Wirtschaftsweise motiviert. Es versteht sich weiter, daß diese Parteinahme Abwehr gegen Versuche zur Herstellung einer sozialistischen Wirtschaft involviert.«[62]
Entscheidend war jedoch die normative Kraft des Faktischen. Die obersten Ränge der Großunternehmen wurden zunehmend von angestellten Managern besetzt, deren berufliche Qualifikation und soziale Loyalität außer Frage standen. »Bereits 1965 kamen empirische Untersuchungen der Verhältnisse in den 110 größten Unternehmen der Bundesrepublik zu dem Ergebnis, daß 61 durch einen Mehrheitsaktionär, 44 durch Manager und lediglich 5 voll durch einen Eigentümer gelenkt wurden. Mindestens 40 % des Umsatzes der untersuchten Unternehmen wurden durch Gesellschaften erzielt, in denen Manager die Schlüsselstellungen besetzten; Firmen, die durch Privateigentümer kontrolliert wurden, waren nur zu 22 % am Umsatz beteiligt.«[63]

Allerdings besteht keineswegs Klarheit darüber, welche Personengruppe unter dem diffusen Begriff des Managers einzuordnen ist und welchen zahlenmäßigen Umfang sie hat. Die in der Literatur angebotene Skala reicht von »obersten Führungskräften eines Unternehmens« (Sellien) bis zu »Meistern und Vorarbeitern« (Galbraith). Verengt man den Begriff auf das ›Top-Management‹ von großen Kapitalgesellschaften, also etwa auf die Mitglieder des Vorstands, dann reduziert sich die Zahl der Manager auf eine – zahlenmäßige, wenn auch nicht einflußmäßige – *quantité négligeable*. Wird hingegen unter Manager jeder Arbeitnehmer verstanden, der an Entscheidungen im Unternehmen beteiligt ist, werden im Grenzfall alle abhängig Beschäftigten zu einer Art Mini-Manager. Neuere, der im übrigen außerordentlich spärlichen Untersuchungen, zählen etwa zum ›top- und middlemanagement‹ sämtliche Personen, »die in leitenden und qualifizierten Berufen tätig sind und dabei in unterschiedlicher Ausprägung am Prozeß der Entscheidungsbildung und -durchsetzung maßgeblich beteiligt sind«[64]. Dazu gehörten in der Bundesrepublik 1971 rund 808 000 Personen der Berufsgruppen mittlere oder größere Selbständige, freie Berufe, selbständige Akademiker, qualifizierte oder leitende Angestellte, mittlere oder höhere Beamte.
Andere Analysen versuchen statt der recht schwammigen funktionalen Abgrenzung eine rechtliche Definition des Managers nach dem Betriebsverfassungsgesetz. Sie kommen zu dem Ergebnis, daß in den 600 größten Unternehmen der Bundesrepublik im Jahre 1974 etwa 90 000 leitende Angestellte beschäftigt waren[65]. Aber auch hier lautet das Fazit: »Wer also den Kreis der leitenden Angestellten entsprechend seiner subjektiven Vorstellungen größer oder kleiner zuschneiden will, benötigt hier nur wenig Anstrengung und kaum eine Rechtfertigung.«[66]
Sind somit Funktionen, Zielsetzungen und Umfang des Managements unverändert konturenlos, so scheint das deutsche Management doch auf dem Weg, langsam seine Identität zu finden – eine Identität, die mit einer Reihe von Klischees nicht übereinstimmt. Dazu zählt etwa die Tatsache, daß Mitglieder des Top-Managements (Vorstandsmitglieder, Direktoren, Prokuristen) dem selbständigen Unternehmertum nicht viel abgewinnen können (s. *Tabelle 9*).
Nach Ansicht der meisten Befragten ist offenbar die Beschäftigung als Angestellter in einem Großunternehmen attraktiver als die Stellung eines selbständigen Unternehmers mit mittlerem Betrieb. »Wie nachdrücklich auch die Interessenverbände der Wirtschaft den selbständigen Unternehmer, seine Risikobereitschaft, seine Dynamik preisen und wie einhellig sie ihn zum Helden der Freiheit stilisieren – die leitenden Angestellten ziehen überwiegend die geschützten Pfade des Managers vor.«[67]
In dieses Bild paßt denn auch, daß nur 15 Prozent der befragten Top-Manager die klassische liberale Auffassung vertreten, der kapitalistische Eigentums-Unternehmer könne besser wirtschaften, weil der Verfügungsgewalt über Kapital habe, das ihm selbst gehört[68]. Die überwiegende Mehrheit hingegen vertritt die Auffassung, nicht das Privateigentum, die Institution, sondern der ›Mann‹, die persönliche Qualifikation, entscheide

Tabelle 9

Einstellung des Top-Managements zur Selbständigkeit

»*Wenn Sie die Wahl hätten, Ihre derzeitige Tätigkeit mit der eines selbständigen Unternehmers (250 Arbeiter und Angestellte) zu tauschen, wofür würden Sie sich entscheiden?*«

Einstellung zur Selbständigkeit	absolut	in %
für die jetzige Position	158	60,7 %
für einen Tausch	91	35,0 %
weiß nicht	11	4,3 %
	260	100 %

Quelle: Pross, H., u. Boetticher, K. W., Manager des Kapitalismus, a. a. O., S. 99

über den Unternehmenserfolg. »Das aber heißt nichts anderes, als daß der fungierende Privateigentümer auch nach Auffassung dieser Gruppe für das Unternehmen entbehrlich ist.«[69]

Fassen wir die bisherige Argumentation zusammen: Aus der Sicht der politischen Ökonomie scheint die bedeutsamste Entwicklung im Bereich der Sozialstruktur der säkulare Austausch der wirtschaftlichen Eliten. Der große kapitalistische Unternehmer dankt ab und macht einer neuen Funktions- und Machtelite Platz, den angestellten Managern. Das Bild dieser neuen Schicht oder Klasse ist bislang diffus und wissenschaftlich kaum durchleuchtet, obwohl die leitenden Angestellten sich politisch bereits als dritter Faktor neben Unternehmern und Arbeitnehmern zu etablieren beginnen, wie die Diskussion über die Mitbestimmung leitender Angestellter zeigt. Ob die nachindustrielle Gesellschaft eine Arbeitnehmergesellschaft unter dem »Regime der Manager« (Burnham) sein wird, bleibt daher vorerst Spekulation. Sicher ist dagegen, daß der Wandel in der Berufs- und Sozialstruktur primär durch langfristige strukturelle Änderungen im Wirtschaftssystem ausgelöst wurde.

Damit werden zugleich die angebotenen Erklärungen von interessierter Seite, das ›unternehmerfeindliche Klima‹ der letzten Jahre habe zur Resignation vieler Unternehmer geführt, relativiert, wenn nicht gar widerlegt.

2.3.3 Theorie des Managerkapitalismus

Anfang der vierziger Jahre veröffentlichte der Amerikaner James Burnham ein Buch mit dem aufsehenerregenden Titel: »The Managerial Revolution« (Die Revolution der Manager)[70]. Das Fazit seiner Untersuchung war ebenso visionär wie überraschend: der kapitalistische Unternehmer wird im Zuge der industriellen Expansion zum Anachronismus, an seine Stelle tritt die Klasse der Manager. Die eher populärwissenschaftliche

Arbeit Burnhams ist eine der zahlreichen theoretischen Erklärungsansätze, die man unter dem Begriff ›Theorie des Managerkapitalismus‹ zusammenfassen könnte[71]. Diese Ansätze sind bislang nicht zu einem geschlossenen Theoriegebäude integriert worden.

Allen gemeinsam sind bei unterschiedlicher Akzentuierung zwei zentrale Aussagen:

1. In hochindustriellen Gesellschaften akkumulieren sich wirtschaftliche und politische Macht primär in den Großunternehmen. Sie verfügen über ein bedeutsames Absatz- und Investitionsvolumen, sind wichtige Träger von Forschung und Entwicklung und nehmen auf den Arbeitsmärkten eine überragende Stellung ein. Damit wird ökonomisches Potential *per se* zur politischen Macht. Es kann regionale Arbeitsmärkte beeinflussen, Gemeinden durch Aufgabe von Niederlassungen an den Rand des Bankrotts treiben und neue Technologien in Produkte umsetzen, aber auch als Sperrpatente in den eigenen Schubladen verschwinden lassen.

2. Die dominierenden Großunternehmen sind bis auf wenige Ausnahmen Kapitalgesellschaften, in denen das Eigentum an Produktionsmitteln und die Verfügungsgewalt getrennt sind. Der Wandel in der kapitalistischen Eigentumsordnung hat folgenschwere Auswirkungen. Die Geschäftspolitik der Kapitelgesellschaft wird vom Management als einem kollektiven Führungsgremium ohne nennenswerte Beteiligungsrechte am Grundkapital formuliert, Kapitaleinschuß und Haftung erfolgen durch einen – meist anonymen – Kreis von Aktionären.

Die beiden genannten Faktoren sind notwendige, aber nicht hinreichende Bedingungen für eine Theorie des Managerkapitalismus. Zusätzlich muß die Annahme gemacht werden, daß die ›Aktionärsdemokratie‹ nicht funktioniert, so daß faktisch der Einfluß der Kapitaleigner, etwa der Aktionäre, auf das Management bis zur Bedeutungslosigkeit schwindet. Erst dadurch wird der Kapitalist enteignet. Tatsächlich argumentieren die Vertreter einer Theorie des Managerkapitalismus in dieser Richtung. »Der Kapitaleigentümer, der in eine moderne Kapitalgesellschaft investiert, übergibt sein Vermögen den Kontrolleuren der Gesellschaft. Er wird aus der Position eines unabhängigen Eigentümers in die Rolle eines Rentiers gedrängt.«[72]

Der Aktionär gilt als passiv, unbeweglich und uninteressiert. Das Management übt die entscheidenden Dispositions- und Kontrollfunktionen aus. Die Manager verwenden nun nach Auffassung der Theoretiker des Managerkapitalismus ihre Macht dazu, sich bei der Verteilung des Sozialprodukts besondere Vorteile zu verschaffen, ihrem Amt Dauer zu verleihen und ihre Nachfolger zu bestimmen[73]. Als Gehirn der modernen Industriegesellschaft sind sie in einem Maße unentbehrlich wie keine andere Gruppe. Der Kapitalist etwa ist für die Unternehmung, sobald sie einmal finanziert ist, gänzlich überflüssig. Der Manager hingegen monopolisiert ökonomisches und technisches Know-how. Ohne ihn würde der Produktionsprozeß stillstehen. Dies gilt analog für die Staatsmanager. Sie setzen die manageriellen Methoden gegen parlamentarische und kapitalistische Widerstände durch. »Das Parlament war die souveräne Körperschaft des begrenzten kapitalistischen Staates. Die Bureaus der Ministerien sind die souveränen Körperschaften des unbegrenzten Managerstaates.«[74] Autonome Privat- und Staatsmanager entsprechen nicht mehr dem begrenzten kapitalistischen Staat, sondern sind Vorboten einer neuen Ordnung. Die Herrschaft der kapitalistischen Unternehmer wird durch das »Regime der Manager« (Burnham) abgelöst. Auf der Grundlage von Kollektiveigentum an den Produktionsmitteln und ihrer Kontrolle durch die Managerklasse entsteht das Wirtschaftssystem der Zukunft.

Das Ergebnis deckt sich mit der Prognose Fourastiés: Der Kapitalismus hat keine Zukunft. Allerdings sieht die nachkapitalistische Zukunft der ›tertiären Zivilisation‹ gänzlich anders aus als die der Managergesellschaft. Was bei Fourastié – wie auch bei Marx – zur herrschafts- und konfliktfreien antimaterialistischen Gesellschaft wird, gerät bei Burnham zur kruden Klassengesellschaft einer sich selbst legitimierenden Elite.

Die Theorien des Managerkapitalismus – insbesondere in ihrer konsequentesten Ausformulierung in der Theorie der Managerherrschaft – sind höchst umstritten. Gelten sie bei einigen Autoren als Entwicklungstheorien mit hohem Plausibilitätsgehalt, so werden sie von Kritikern als ›Spekulationen‹ oder ›Visionen‹ klassifiziert. Die unterschiedliche Einschätzung resultiert nicht zuletzt aus der umstrittenen Frage, welcher Stellenwert Entwicklungsgesetzen oder Entwicklungstheorien wissenschaftstheoretisch einzuräumen ist.

Die Kritik an der Theorie des Managerkapitalismus spaltet sich in zwei weltanschaulich sehr verschiedene Lager. Von den liberalen Vertretern einer Wettbewerbswirtschaft werden gegen die Theorie des Managerkapitalismus vor allem zwei Einwände vorgebracht. Zunächst verweist man darauf, daß Kapitalgesellschaften auch in hochindustriellen Gesellschaften eine zahlenmäßig nur sehr geringe Rolle spielen. In den USA beispielsweise sind nur 13 Prozent aller Unternehmen Aktiengesellschaften[75]. Infolgedessen sei es unzulässig, ausgerechnet die Ausnahme zum Erkenntnisobjekt einer Theorie mit umfassendem Gültigkeitsanspruch zu erheben. Diese müsse gerade umgekehrt den Normalfall, die nach wie vor große Zahl von Klein- und Mittelbetrieben, theoretisch zu erklären versuchen. Im übrigen funktioniere in den – gesamtwirtschaftlich gesehen – wenigen Kapitalgesellschaften die ›Aktionärsdemokratie‹. Das Kapitaleigentum habe zwar die Leitungsfunktionen an Manager delegiert, die jedoch jederzeit durch die Aktionäre und deren Vertreter abrufbar seien, falls sie Entscheidungen gegen den Mehrheitswillen der Kapitaleigner fällen sollten.

Allein das Wissen der Manager um diese Möglichkeiten des Kapitaleigentums garantiere langfristig eine Interessenparallelität von Eigentum und Verfügungsmacht, wenn nicht gar eine Interessenidentität. Entwickelt sich daher nach Auffassung liberaler Theoretiker die große Kapitalgesellschaft und mit ihr die Trennung von Eigentum und Verfügungsmacht durchaus innerhalb der Spielregeln des Systems, so finden sie darin paradoxerweise Unterstützung von neomarxistischer Seite.

Für Neomarxisten ist das moderne Riesenunternehmen zwar symptomatisch für das letzte Stadium des (Monopol-)Kapitalismus, aber auch ihnen gilt der Manager als »Oberoffizier«[76] des Kapitals. Er ist Erfüllungsgehilfe und Agent des privatkapitalistischen Eigentums, und dies aus mehreren Gründen. Zunächst sei es »völlig inkorrekt..., die fortbestehende Wichtigkeit dessen zu ignorieren, was Jean Meynaud ›einen kräftigen Familienkapitalismus‹ nennt, und zwar nicht nur in bezug auf kleine und mittlere Unternehmen, sondern auch auf sehr große«[77].
Auch wenn man von den Fällen absehe, in denen das Management von den Besitzern großer Aktienpakete zusammengestellt werde, und daher deren Willen repräsentieren müsse, seien »die Geschäftsführer großer Gesellschaften mit nur wenigen Ausnahmen selbst wohlhabende Männer im Besitz wesentlicher Kapitalbeteiligung...«[78] Selbst für Manager, die weder Kapitaleigentümer sind noch in Gesellschaften mit einem Mehrheitsaktionär arbeiten, bleibt kein Rest an Autonomie. Sie haben sich dem Diktat der kapitalistischen Produktionsweise zu unterwerfen, das da lautet: Streben nach größtmöglichem Profit. »In der Tat würde selbst eine triefend seelenvolle Elite im Kontext des Systems nicht wissen, wie sie ein anderes Ziel verfolgen sollte.«[79]
Folglich hat sich nach neomarxistischer Auffassung am System der Ausbeutung im Monopolkapitalismus nichts geändert. Die Manager sind keine neue ökonomische oder soziale Schicht, deren Impulse, Interessen oder Motivationen sich von denen der Kapitaleigentümer grundsätzlich unterscheiden. Aus dieser Sicht gerät die Theorie des Managerkapitalismus zur bloßen Apologetik des Monopolkapitalismus, die altes verschleiert, indem sie scheinbar neues enthüllt[80].

2.4 Die nachindustrielle Gesellschaft: Utopie oder Ideologie?

Versucht man die wichtigsten Entwicklungstendenzen im Input-Bereich des ökonomischen Systems der Bundesrepublik schlagwortartig zusammenzufassen, so kommt man zu folgenden Ergebnissen:
Im Zuge der wirtschaftlichen Entwicklung verliert der Produktionsfaktor Kapital zunehmend an Bedeutung für das Wirtschaftswachstum. Dem Produktionsfaktor Arbeit, vor allem qualifizierter Arbeit, die Informationen, Wissen und Entscheidungskompetenz auf sich vereinigt, wächst im Zeitablauf Macht, nicht unbedingt Herrschaft, zu. Dieser Machtzuwachs scheint sich besonders in der Ablösung des kapitalistischen Unternehmers durch eine funktionale – in weiten Bereichen austauschbare – Managergruppe zu manifestieren.
Das Entstehen einer neuen, besonders qualifizierten Arbeitnehmerschicht wird begleitet durch eine säkulare Wanderung der Arbeitskraft in den expansiven tertiären Sektor. Auf die knappste aller möglichen Formeln heißt das: Wir befinden uns auf dem Weg in eine Angestellten-Dienstleistungsgesellschaft. Trotz aller Lücken im statistischen Material haben wir uns bislang auf empirisch relativ gesichertem Boden bewegt. Die

theoretischen Versuche Fourastiés und Burnhams, erkennbare Trends zu erklären, reichen über das gesicherte ›Heute‹ hinaus und werden mit wachsendem Zeithorizont immer spekulativer. Dennoch hat es nicht an Versuchen[81] gefehlt, die Stellung des Produktionsfaktors Arbeit in einer postindustriellen Gesellschaft zu bestimmen.
Einigkeit besteht bei den Entwürfen einer künftigen Gesellschaft, daß die wissenschaftliche und technische Intelligenz, der Primat der Theorie über die Empirie, dominieren werde. Das wirtschaftliche Wachstum wird von der Initiative des »Menschenkapitals«[82] abhängen. Neue Ideen und Methoden werden von den Forschungs- und Entwicklungsfirmen und den Universitäten ausgehen.
Die vermuteten gesellschaftlichen Konsequenzen dieses Regimes der Wissenschaftler orientieren sich überraschenderweise an den Erkenntnissen der amerikanischen Soziologie der fünfziger Jahre. Die postindustrielle Gesellschaft wird eine *white-collar*-Mittelstandsgesellschaft sein[83]. Genau an dieser Vision entzündet sich die Kritik. »Welchen Grund gibt es dafür, anzunehmen, daß diejenigen, die ihre Macht auf Wissen und Technik stützen – oder zu stützen vorgeben –, humaner regieren als diejenigen, deren Herrschaftsquellen in Reichtum und aristokratischen Privilegien bestehen?« (Noam Chomsky).

Literaturhinweise

Empirisches Material zu diesem und den folgenden Kapiteln findet sich in:
BMWI (Hrsg.) Referat Presse und Information des Bundesministeriums für Wirtschaft, Leistung in Zahlen '73, Bonn 1974
Hierbei handelt es sich um wirtschaftsstatistische Daten, die jährlich aktualisiert werden. Sie können kostenlos beim Bundeswirtschaftsministerium bezogen werden. Sehr viel umfassender ist:
Presse- und Informationsamt der Bundesregierung (Hrsg.), Gesellschaftliche Daten 1973 in der Bundesrepublik Deutschland, Bonn 1973
Die Daten werden vom Arbeitskreis ›Soziale Indikatoren‹ zusammengestellt. Sie versuchen einen Querschnitt aus verschiedenen gesellschaftlichen Bereichen zu geben (Bevölkerung, Gesundheit, Bildung, Wissenschaft, Erwerbstätigkeit, Einkommen, Verbrauch, physische Umwelt, soziale Umwelt, Beteiligung, Rechtspflege, öffentliche Finanzen).
Für den vorliegenden Themenbereich bieten sich drei Arbeiten an, die bereits ›klassisch‹ sind.
[2] Fourastié, J., Die große Hoffnung des zwanzigsten Jahrhunderts, 2. Aufl., Bund-Verlag, Köln 1969
In diesem Werk entwickelt Fourastié seine Theorie der tertiären Zivilisation. Das statistische Material ist zum großen Teil veraltet, die theoretischen Überlegungen (insbesondere im 3., 8. und 9. Kapitel) sind unverändert originell und anschaulich.
[1] Galbraith, J. K., Die moderne Industriegesellschaft, Droemersche Verlagsanstalt, München-Zürich 1968
In seiner grundlegenden Arbeit entwickelt der Verfasser eine Theorie der modernen Industriegesellschaft, die auf den verschiedenen Ansätzen der ›Theorie des Managerkapitalismus‹ basiert. Sie ist daher auch für den vorliegenden Zusam-

menhang interessant. Das Buch zeichnet sich durch besondere Anschaulichkeit aus, ist allerdings vor dem Hintergrund amerikanischer Erfahrungen geschrieben.

[2] Pross, H., u. Bötticher, K. W., Manager des Kapitalismus, Suhrkamp Verlag, Frankfurt 1971

Die Arbeit enthält zahlreiche Statistiken über Lebensweisen, soziale Herkunft, Karriere und soziale Selbsteinschätzung von bundesrepublikanischen Top-Managern. Auch die Schlußfolgerungen der Autoren aus ihren Untersuchungen, insbesondere im Hinblick auf das Demokratieverständnis der Manager, sind aufschlußreich.

3. Von der Konkurrenzwirtschaft zum organisierten Kapitalismus

> »What's good for General Motors is good for the United States«
> (Werbeslogan des US-amerikanischen Automobil-Konzerns General Motors)

Neben der tiefgreifenden Veränderung des Faktors Arbeit ist der Wandel im marktwirtschaftlichen Steuerungsmechanismus das zweite zentrale Phänomen hochindustrieller Gesellschaften. Es wird in diesem Kapitel analysiert. Im Mittelpunkt steht die Untersuchung des Konzentrationsprozesses, seiner Ursachen und Wirkungen, auf nationaler und multinationaler Ebene.

3.1 Die ›Multis‹ – Anfang oder Ende des Weltkapitalismus?

»Das Bedürfnis nach einem stets ausgedehnteren Absatz für ihre Produkte jagt die Bourgeoisie über die ganze Erdkugel. Überall muß sie sich einnisten, überall anbauen, überall Verbindungen herstellen. Die Bourgeoisie hat durch ihre Exploitation des Weltmarkts die Produktion und Konsumtion aller Länder kosmopolitisch gestaltet. Sie hat zum großen Bedauern der Reaktionäre den nationalen Boden der Industrie unter den Füßen weggezogen. Die uralten nationalen Industrien sind vernichtet worden und werden noch täglich vernichtet. Sie werden verdrängt durch neue Industrien, deren Einführung eine Lebensfrage für alle zivilisierten Nationen wird, durch Industrien, die nicht mehr einheimische Rohstoffe, sondern den entlegensten Zonen angehörige Rohstoffe verarbeiten und deren Fabrikate nicht nur im Lande selbst, sondern in allen Weltteilen zugleich verbraucht werden.«[1] Was Karl Marx und Friedrich Engels 1848 im Kommunistischen Manifest prophezeiten, schien ein gutes Jahrhundert später Wirklichkeit geworden zu sein.

Die multinationalen Konzerne lösten die marxistische Prophezeiung ein und widerlegten sie zugleich; denn was Marx als letztes Stadium eines parasitären Monopolkapitalismus ansah, gilt anderen als friedliche Revolution des Weltkapitalismus. »Heute stehen wir in starrem Staunen vor der Macht der Multis. Beginnen zu begreifen, daß der Kapitalismus einen gewaltigen Sprung vorwärts gemacht hat, statt in Agonie zu verfallen – den Sprung auf eine neue Stufe seiner Entwicklung, in eine neue Dimension.«[2]

Selbst weniger spektakuläre Stellungnahmen zu den multinationalen Konzernen gehen davon aus, daß die ›Multis‹ die tradierte Form der internationalen Arbeitsteilung nachhaltig verändern und die weltwirtschaftliche Integration vorantreiben[3]. Über die Wirkungen dieses Prozesses auf die wirtschaftliche und politische Entwicklung der betroffenen Länder gehen die Auffassungen jedoch weit auseinander. Die Befürworter erwarten von der multinationalen Unternehmung »einen wesentlichen Beitrag zum Wachstum und Wohlstand«[4] unserer Gesellschaft; denn kein anderer Akteur im internationalen System könne Sachkapital, Managementwissen und Forschungskapital so schnell und reibungslos an jeden gewünschten Punkt der Erde transferieren wie der transnationale Konzern.

Kritiker befürchten, das multinationale Unternehmen verstärke das internationale Wachstums- und Einkommensgefälle, erzeuge Arbeitslosigkeit und unterlaufe die nationalstaatliche Souveränität. »Diese Organisation der multinationalen Unternehmen ... verschafft ihnen ... einen Freiheitsspielraum, der die einzelnen Staaten um ihren politischen und wirtschaftlichen Einfluß bangen läßt und diese Unternehmen selbst zur Einsetzung ihrer Macht im Sinne dieser Befürchtungen verleitet.«[5] Ob der Großkonzern nun »Unternehmen mit Herz« (C. Kaysen) oder »internationaler Krisenmacher« (R. L. Barnet) ist, kann beim gegenwärtigen Stand unseres Wissens kaum entschieden werden. Sicher scheint jedoch, daß der Prozeß nationaler und multinationaler Unternehmenskonzentration das ökonomische System hochindustrieller Gesellschaften fortlaufend verändert, wenn nicht gar transformiert, und den Nationalstaat zur politischen Aktion herausfordert.

3.2 Das Wachstum der Unternehmen: vom Kleinbetrieb zum Großkonzern

Mindestens zwei Tatbestände werden in der Diskussion über nationale und multinationale Konzerne immer wieder verwechselt. Einmal wird das absolute Größenwachstum von Unternehmen – etwa das Wachstum des Umsatzes, des Kapitalbestandes oder der Zahl der Beschäftigten – mit Unternehmenskonzentrationen gleichgestellt. Zum anderen sind für viele Systemkritiker Unternehmenskonzentration und Monopolisierung der Märkte identisch.

»Die Konzentration ... eines stets wachsenden Teils der gesellschaftlichen Produktion und des Kapitals bei wenigen Großkonzernen ... kennzeichnen das Wesen des monopolistischen Kapitalismus. Die einzelnen Konzerne müssen daher als Monopole bezeichnet werden...«[6] Diese Gleichsetzung von Großunternehmen, Unternehmenskonzentration und Monopolisierung versperrt den Zugang zur rationalen Analyse und läßt wichtige Entwicklungstendenzen in hochindustriellen Systemen unerklärt. Im Marktsystem fällt zunächst das Größenwachstum der Unternehmen auf. Ob bäuerlicher Betrieb, Einzelhandelsgeschäft oder Versandhaus – in weiten Bereichen der Wirtschaft scheint eine Wachstumsautomatik zu herrschen. Besonders eklatant ist der Zug zur Größe im Industriesektor. In der Industrie gab es 1950 446 Unternehmen, deren Umsätze mehr als 25 Millionen DM betrugen, 1970 waren es bereits 3 098 Unternehmen[7].

Große Industriekonzerne wie VW, BASF, Siemens und Hoechst, deren

Umsätze Anfang der fünfziger Jahre noch weit unter einer Milliarde DM lagen, haben 1973 die 15 Mrd. Umsatzgrenze erreicht oder sogar überschritten (s. *Tabelle 10*). Jährliche Umsatzzuwächse von über einer Milliarde DM waren dabei keine Seltenheit. Zum Club der Umsatzmilliardäre zählten in der Bundesrepublik Deutschland 1974 mehr als 100 Unternehmen im Gegensatz zu ›nur‹ 50 Unternehmen noch vor 10 Jahren[8].

Tabelle 10

Die Entwicklung der Umsätze und Beschäftigtenzahlen der 20 größten deutschen Unternehmen von 1970—1973

Rang	Firma	Umsätze (in Mill. DM)			Zahl der Beschäftigten (in 1000)		
		1973	1972	1971	1973	1972	1971
1	Volkswagenwerk	16 982	15 996	16 473	215,1	192,1	202,0
2	BASF	15 950	13 643	12 139	107,1	104,0	93,0
3	Siemens	15 450	15 147	13 635	303,0	301,0	306,2
4	Hoechst	15 343	12 995	12 153	155,0	146,3	142,1
5	Daimler	14 701	13 253	12 057	156,0	149,8	147,0
6	Bayer	14 663	12 821	11 921	143,4	136,9	138,3
7	Veba	12 467	10 332	9 405	58,8	58,3	58,4
8	Thyssen	11 872	9 835	10 380	92,2	92,3	95,1
9	AEG	11 089	10 048	9 375	174,9	166,1	166,7
10	Mannesmann	9 946	7 155	7 178	110,1	84,5	85,9
11	Krupp	8 866	6 720	6 423	76,1	74,9	79,6
12	Gutehoffnungshütte	8 823	7 618	7 145	90,4	93,1	95,0
13	Ruhrkohle	8 400	7 187	7 300	157,0	160,8	178,8
14	Esso	8 275	6 149	5 800	7,6	4,7	4,9
15	RWE	7 813	6 817	6 083	57,1	56,6	56,3
16	Deutsche Shell	7 794	5 683	5 208	9,3	5,8	5,9
17	Rheinstahl	6 874	5 254	5 167	62,1	62,8	66,9
18	Flick-Gruppe	6 700	5 722	5 592	67,7	66,7	68,2
19	Bosch	6 461	5 765	5 600	113,0	107,5	109,1
20	Opel	6 422	6 490	5 476	51,2	59,1	57,9

Quelle: Für 1971 und 1972 Diller, H., Die Umsatzgrößen deutscher Unternehmen im internationalen Vergleich, in: Wirtschaftsstudium, H. 4, April 1974, S. 189. Für 1973: Die Quelle, Funktionärszeitschrift des DGB, 12. Jg. H. 4, April 1975, S. 153

Diese Zahlen bleiben so lange abstrakt und blutleer, wie man sie nicht mit anderen nationalen und internationalen Wirtschaftsdaten in Beziehung setzt. Deutlicher wird das ökonomische und politische Potential der 50 größten Konzerne in der Bundesrepublik, wenn man berücksichtigt, daß ihre Umsätze von ca. 280 Mrd. DM etwa 30 Prozent des Bruttosozialprodukts der Bundesrepublik Deutschland im Jahre 1972 ausmachen[9]. »Allein die 10 größten Unternehmen erzielen mit rund 122 Mrd. DM etwa genausoviel Umsatz, wie im Bundeshaushalt 1973 an Ausgaben eingeplant war.«[10]

Diese Größenordnung nimmt sich im internationalen Vergleich allerdings eher bescheiden aus. Exxon beispielsweise, 1974 das umsatzstärkste Unternehmen der Welt, erzielte einen Umsatz von ca. 105 Mrd. DM und damit mehr als die 8 umsatzstärksten deutschen Konzerne zusammen. Allein der *Gewinn* von Exxon betrug 1974 knapp 7,7 Mrd. DM. Nur 15 deutsche Großkonzerne erzielten größere Umsätze[11].

Der säkulare Wachstumsprozeß der Unternehmensgrößen ist relativ leicht nachzuvollziehen, gleichgültig, ob man ihn an wachsenden Umsatzzahlen oder steigender Beschäftigungszahl mißt. Drei Faktoren sind dabei von besonderer Bedeutung:

1. Mit langfristig wachsenden Inlandseinkommen steigt die inländische Nachfrage. Die Expansion der Nachfrage führt zu steigenden Umsätzen auf den einzelnen Teilmärkten der Wirtschaft. Ein wachsendes Marktvolumen manifestiert sich beim einzelnen Unternehmen in einer langfristigen Erhöhung seiner Umsatzzahlen.
2. Das inlandsinduzierte Wachstum der Umsätze auf den Güter- und Dienstleistungsmärkten wird mit zunehmender Außenhandelsverflechtung, etwa im Zuge der europäischen Integration, durch die Auslandsnachfrage verstärkt.
3. In Zeiten weltweiter Dauerinflation wird das reale, güterwirtschaftliche Umsatzwachstum durch die Inflationierung der Preise weiter verstärkt. Im Extremfall wachsen die Umsatzzahlen der Unternehmen nur infolge von Preissteigerungen bei güterwirtschaftlichem Nullwachstum.

Das Ergebnis dieser Entwicklung lautet: Ein allgemeines Wachstum des Marktvolumens vergrößert die Umsätze der einzelnen Unternehmen, ohne notwendigerweise Konzentrationsprozesse auslösen zu müssen. Ein Beispiel kann dies verdeutlichen: Zehn Unternehmen produzieren Mini-Röcke. Wenn nun am Markt für Mini-Röcke die Nachfrage um das Zehnfache steigt, so kann, zumindest theoretisch, jedes Unternehmen seinen Umsatz verzehnfachen. Die Zahl der Unternehmen am Markt und ihr Marktanteil bleiben konstant. Der naheliegende Schluß, der Trend zu Großunternehmen auf Konkurrenzmärkten sei daher wirtschaftlich unproblematisch, ist unzulässig.

Wenn auch empirisches Material über Marktverhalten und politische Aktion von Großkonzernen nur für spektakuläre Einzelfälle vorliegt (ITT, IBM, United Fruit), so scheint doch sicher, daß Großunternehmen *per se* einen ökonomischen und politischen Machtfaktor darstellen. Eine Verringerung der Produktion in konjunkturellen Krisenzeiten treibt kleinere Zulieferer und Abnehmer an den Rand des Konkurses, bedeutet für Tausende von Arbeitskräften Kurzarbeit oder Entlassung, verringert die Steuereinnahmen der Heimatgemeinde des Großkonzerns und läßt die Banken um ihre Kredite bangen.

Die multiplikativen ökonomischen und politischen Prozesse sind die automatische Folge bestimmter Managemententscheidungen der Konzernspitze.

Sie haben nichts mit bewußter Machtausübung zu tun, und doch demonstrieren sie das Machtpotential von Großunternehmen. »Unter den 100 größten Wirtschaftseinheiten der westlichen Welt gibt es mehr Industriefirmen als Staaten: nämlich 54 Firmen zu 46 Staaten. Das ist das Fazit... einer im Dezember 1974 veröffentlichten Statistik, in der die Bruttosozialprodukte der Länder mit den Umsatzzahlen von Großunternehmen verglichen wurden.«[12]

3.3 Die Konzentration der Unternehmen: Begriff und Arten der Konzentration

Neben dem allgemeinen Wachstum der Unternehmensgrößen ist die Unternehmenskonzentration das zweite wichtige Phänomen im Marktsystem hochindustrieller Gesellschaften. Unter Unternehmen werden dabei im allgemeinen rechtlich und organisatorisch selbständige Einheiten verstanden, die unter einheitlicher Geschäftsleitung stehen. Die Unternehmenskonzentration nimmt absolut zu, wenn sich die Zahl der Unternehmen an einem Markt verringert[13]. Sie erhöht sich relativ, wenn die Zahl der Unternehmen gleichbleibt, aber die großen Unternehmen einen wachsenden Anteil etwa des Umsatzvolumens oder der Beschäftigung auf sich ziehen.

Absolute und relative Unternehmenskonzentration lassen sich analytisch voneinander trennen und mit spezifischen statistischen Verfahren messen. In der Realität sind sie jedoch eng miteinander verbunden; denn häufig nimmt die Zahl der Unternehmen ab, und gleichzeitig wächst der Umsatzanteil der Großunternehmen am Markt. Der Begriff der Unternehmenskonzentration ist insofern indeterminiert, als zwar das Extrem der totalen Konzentration eindeutig bestimmt ist – ein Unternehmen vereinigt alle Umsätze auf sich –, nicht jedoch das andere Extrem der totalen Dekonzentration[14]. Nach der Richtung, in die konzentriert wird, sind die horizontale, die vertikale und die diagonale Konzentration zu unterscheiden.

Im Falle der horizontalen Konzentration werden Unternehmen gleicher Produktionsstufe vereinigt. Ein Beispiel für die Bildung eines Horizontalkonzerns ist das Volkswagenwerk. VW hat in den letzten Jahren andere Automobilfirmen wie NSU und Audi aufgekauft. Häufig gelten auch Kartelle als Beispiel horizontaler Unternehmenskonzentration[15]. Zwar ist ein Kartell der Zusammenschluß von Unternehmen derselben Produktionsstufe – etwa beim deutschen Zementkartell –, aber die Kartellmitglieder verlieren dabei nicht ihre rechtliche und organisatorische Selbständigkeit. Ein Kartell ist stets ein Zusammenschluß auf Zeit, der rückgängig gemacht werden kann. Die Marktstrategien von Kartellen unterscheiden sich daher wesentlich von den Strategien eines Horizontalkonzerns; denn die Kartellmitglieder müssen etwa bei zu aggressiver Preispolitik damit rechnen, daß ein Mitglied ›aussteigt‹, um sich mit Preisen unterhalb des Kartellpreises wachsende Marktanteile zu erobern.

Die Unternehmenskonzentration ist vertikal, wenn Unternehmen aufeinanderfolgender Produktionsstufen miteinander vereinigt werden (sog. Integration). »Dabei werden beispielsweise die Rohstoffgewinnung mit der Erzeugung von Halbfabrikaten oder die Fabrikation mit dem Einzelhandel in einem Unternehmen vereinigt.«[16] Frühere Marktumsätze werden zu unternehmensinternen Umsätzen. Beispiele für Vertikalkonzerne sind die Stahlunternehmen an der Ruhr. Krupp etwa vereinigte verschiedene Produktionsstufen von der Stahlerzeugung bis zum fertigen LKW unter einem Firmendach.

Die Initiative zum vertikalen Zusammenschluß kann dabei sowohl von der vorgelagerten Produktionsstufe zur verbrauchernahen Endproduktion ausgehen wie umgekehrt. Ein Beispiel für den ersten Fall bieten die Mineralölkonzerne. Sie begannen zunächst mit der Rohölförderung und legten sich später eigene Tankerflotten und Tankstellennetze zu. Den umgekehrten Weg von der Endproduktion zum ›Rohstoff‹ hat die Wienerwald AG beschritten. Sie hat zunächst eine Restaurationskette aufgebaut und sich dann Grillgerätefabriken und Hühnerfarmen angegliedert.

Während sich Wirtschaftswissenschaftler in der Vergangenheit eingehend mit der Problematik horizontaler und vertikaler Konzentration auseinandergesetzt haben, wurden die sogenannten diagonalen Zusammenschlüsse bis vor wenigen Jahren als »widernatürliche, leicht verdächtige Konglomerate«[17] abgetan. Tatsächlich ist die diagonale oder auch konglomerale Unternehmenskonzentration ein relativ neues Phänomen, das auch mit Begriffen wie ›Mehrproduktunternehmen‹ oder ›Gemischtwarenkonzern‹ belegt wird. Es handelt sich dabei um den Zusammenschluß von Unternehmen, deren Erzeugnisse in Produktion und Absatz voneinander unabhängig sind.

»Ein Beispiel hierfür ist der Oetker-Konzern, in dem Puddingpulver und Marmelade produziert, Bier gebraut, Schiffahrt betrieben und Hotels unterhalten werden.«[18] Die verschiedenen Arten der Unternehmenskonzentration sind exakt voneinander zu trennen, weil ihre Ursachen wie ihre Wirkungen erheblich voneinander differieren. So spielen betriebliche Rationalisierungseffekte bei der horizontalen und vertikalen Konzentration eine sehr viel größere Rolle als bei diagonalen Zusammenschlüssen. Die Bildung von Konglomeraten hingegen wird häufig durch das Wettbewerbsrecht begünstigt, das vertikale Konzentrationen erschwert und horizontale Konzentrationen verbietet, so daß Firmen, die über Gewinne verfügen, die sie investieren wollen, aber nicht zur Erweiterung ihrer Anlagen benötigen, keine andere Wahl haben, als sich neuen Produktionszweigen zuzuwenden. Paradoxerweise kann also die Wettbewerbspolitik Ursache von Konzentrationsprozessen sein. Hinweise auf die Relation der verschiedenen Konzentrationsarten sind *Tabelle 11* zu entnehmen.

Danach verhält sich der Anteil horizontaler zur diagonalen Unternehmenskonzentration etwa wie 2 : 1, während vertikale Zusammenschlüsse gesamtwirtschaftlich kaum eine Bedeutung haben. Allerdings ist *Ta-*

Tabelle 11

»Große« Unternehmenszusammenschlüsse nach Zusammenschlußarten in der Bundesrepublik Deutschland von 1966—1973[1]

	1966	1967	1968	1969	1970	1971	1972	1973	1966–1973
horizontal	10	13	7	35	65	48	46	39	263
vertikal	1	–	1	1	–	–	3	1	7
diagonal	1	7	8	25	30	21	26	21	139
zusammen	12	20	16	61	95	69	75	61	409

[1] einschließlich Kreditinstituten und Versicherungsunternehmen
Quelle: Für 1966–1971 Bericht des Bundeskartellamtes über seine Tätigkeit im Jahre 1971, BT-Drucksache VI/3570, Bonn 1972, S. 46 f.; für 1972 u. 1973, Bericht des Bundeskartellamtes über seine Tätigkeit im Jahre 1973, BT-Drucksache 7/2250, Bonn 1974, S. 7

belle 11 kaum mehr als ein grober Indikator für einen bestimmten Trend, weil in ihr nur ›große‹ Zusammenschlüsse enthalten sind. »Ein ›großer‹ Zusammenschluß liegt vor, wenn das erworbene Unternehmen eine Bilanzsumme von 25 Millionen DM oder mehr ausweist. Handelt es sich bei dem erworbenen Unternehmen um ein Kreditinstitut, wird als Kriterium eine Bilanzsumme von 150 Millionen DM oder mehr angenommen.«[19] Unternehmenszusammenschlüsse, die unterhalb dieser Werte liegen sind daher in *Tabelle 11* nicht enthalten. Ebensowenig sind Konzentrationsprozesse verzeichnet, die sich nicht durch den Zusammenschluß von zwei oder mehreren Unternehmen ergeben (externes Unternehmenswachstum), sondern durch internes Unternehmenswachstum. Das interne Wachstum aus eigener Kraft beruht in der Regel auf überdurchschnittlichen Marktleistungen eines Konzerns. Es kann aber auch auf überlegener Finanzmacht oder, bei Konglomeraten, auf Subventionierung des Produktpreises in einem Markt durch Gewinnabschöpfung in anderen Märkten beruhen. Wie beim externen Unternehmenswachstum führt auch das interne Wachstum langfristig zur Verdrängung der Konkurrenz aus dem Markt.

3.4 Die Unternehmenskonzentration in der Bundesrepublik Deutschland

3.4.1 Konzentration in der Gesamtindustrie

Eine Analyse der Unternehmenskonzentration kann auf verschiedenen Ebenen erfolgen. So kann man beispielsweise nach der Konzentration in der gesamten Volkswirtschaft, in einem Wirtschaftssektor (z. B. Sekundärsektor), in einer bestimmten Branche (z. B. Chemieindustrie), auf einem bestimmten Markt (z. B. Markt für Anti-Baby-Pillen) fragen. Für eine Untersuchung der jeweiligen Marktanteile einzelner Unternehmen und

Tabelle 12

Betriebe, Beschäftigte und Umsatz in der Industrie nach Beschäftigungsgrößenklassen 1952–1970

Betriebsgröße (Anzahl der Beschäftigten)	September 1952						September 1960					
	Betriebe abs.	%	Beschäftigte in 1000	%	Umsatz[1] Mill. DM	%	Betriebe abs.	%	Beschäftigte in 1000	%	Umsatz[1] Mill. DM	%
1 – 9	42 185	46,1	171	2,9	296	2,7	40 547	43,8	155	1,9	442	1,9
10 – 49	31 129	34,1	724	12,4	1 221	11,0	29 067	31,4	711	8,8	1 864	7,8
50 – 99	8 254	9,0	579	9,9	987	8,9	9 499	10,3	667	8,3	1 709	7,2
100 – 199	4 777	5,2	667	11,5	1 199	10,8	6 166	6,7	862	10,7	2 293	9,6
200 – 499	3 300	3,6	1 010	17,3	2 048	18,5	4 521	4,9	1 391	17,3	4 045	17,0
500 – 999	990	1,1	682	11,7	1 416	12,8	1 508	1,6	1 037	12,9	3 486	14,6
über 1000	792	0,9	1 998	34,3	3 918	35,3	1 172	1,3	3 224	40,1	9 984	41,9
Insgesamt[4]	91 427	100,0	5 830	100,0	11 085	100,0	92 480	100,0	8 046	100,0	23 824	100,0

Betriebsgröße (Anzahl der Beschäftigten)	September 1968						September 1970[3]					
	Betriebe abs.	%	Beschäftigte in 1000	%	Umsatz[2] Mill. DM	%	Betriebe abs.	%	Beschäftigte in 1000	%	Umsatz[2] Mill. DM	%
1 – 9	43 298	43,5	163	2,0	705	1,9	42 918	43,2	161	1,8	897	1,8
10 – 49	32 183	32,3	772	9,4	3 185	8,6	31 384	31,6	762	8,6	3 869	7,9
50 – 99	10 050	10,1	705	8,6	2 800	7,5	10 253	10,3	722	8,1	3 502	7,2
100 – 199	6 567	6,6	922	11,2	3 752	10,1	6 815	6,9	955	10,8	4 780	9,8
200 – 499	4 672	4,7	1 438	17,5	6 685	18,0	4 964	5,0	1 535	17,3	8 561	17,5
500 – 999	1 561	1,6	1 073	13,1	5 532	14,9	1 695	1,7	1 176	13,2	7 293	14,9
über 1000	1 152	1,2	3 138	38,2	14 478	39,0	1 284	1,3	3 570	40,2	20 032	40,9
Insgesamt[4]	99 483	100,0	8 210	100,0	37 137	100,0	99 313	100,0	8 882	100,0	48 934	100,0

[1] Einschl. Umsatzsteuer
[2] Ohne Mehrwertsteuer
[3] Zahlen für September 1971 liegen vor, doch werden wegen der Vergleichbarkeit mit den Zahlen für Unternehmen die Ergebnisse von 1970 genommen
[4] Abweichungen ergeben sich aus Rundungen

Quelle: Sieber, G., Betriebskonzentration, Unternehmenskonzentration und Konzernierung, Köln 1962, S. 60; WWI-Mitteilungen Nr. 8–9/1971, S. 257
Statistisches Bundesamt: Fachserie D, Reihe I. 1.
Zit. nach: Koubek, N., Konzentration in der BRD, in: Pitz, K. H. (Hrsg.), Das Nein zur Vermögenspolitik, Reinbek b. Hamburg 1974, S. 73

Tabelle 13

Unternehmen, Beschäftigte und Umsatz in der Industrie nach Umsatzgrößenklassen 1964—1970

Umsatzgrößenklassen in Mill. DM	1964				
	Unternehmen[1]		Beschäftigte	Umsatz[2]	
	Anzahl	%	1000 %	Mill. DM	%
bis unter 1	19 042	39,7		10 050	2,7
1 – 2	9 557	19,9		13 635	3,7
2 – 5	9 803	20,4	nicht	31 142	8,4
5 – 10	4 467	9,3	ver-	31 406	8,4
10 – 25	3 092	6,4	öffent-	47 282	12,7
25 – 50	1 058	2,2	licht	36 662	9,8
50 – 100	496	1,0		34 157	9,2
100 – 250	278	0,6		42 383	11,4
über 250	153	0,3		126 164	33,8
Insgesamt[4]	47 946	100,0		372 881	100,0

Umsatzgrößenklassen in Mill. DM	1968						1970					
	Unternehmen[1]		Beschäftigte		Umsatz[3]		Unternehmen[1]		Beschäftigte		Umsatz[3]	
	Anzahl	%	1000	%	Mill. DM	%	Anzahl	%	1000	%	Mill. DM	%
bis unter 1	15 665	34,6	336	4,1	8 705	2,0	12 059	26,9	242	2,7	7 082	1,2
1 – 2	9 126	20,2	377	4,6	13 081	3,0	9 149	20,4	320	3,6	13 192	2,3
2 – 5	9 708	21,5	766	9,4	30 973	7,0	10 599	23,6	702	7,9	34 112	5,9
5 – 10	4 808	10,6	759	9,3	33 572	7,6	5 517	12,3	725	8,2	38 802	6,7
10 – 25	3 565	7,9	1 144	14,1	54 554	12,3	4 401	9,8	1 197	13,5	68 107	11,7
25 – 50	1 253	2,8	825	10,1	43 661	9,9	1 618	3,6	882	10,0	55 690	9,6
50 – 100	581	1,3	715	8,8	39 770	9,0	839	1,9	867	9,8	56 560	9,7
100 – 250	321	0,7	833	10,2	48 237	10,9	428	1,0	938	10,6	64 042	11,0
über 250	195	0,4	2 394	29,4	169 284	38,3	254	0,6	2 976	33,6	244 701	42,0
Insgesamt[4]	45 222	100,0	8 148	100,0	441 838	100,0	44 864	100,0	8 848	100,0	582 290	100,0

[1] Unternehmen mit 10 und mehr Beschäftigten
[2] Einschl. Umsatzsteuer
[3] Ohne Mehrwertsteuer
[4] Abweichungen ergeben sich aus Rundungen
  zit. nach: Koubek, N., Die Konzentration in der BRD, a. a. O., S. 75
Quelle: Statistisches Bundesamt: Fachserie D, Reihe I. II.

ihrer Marktstellung ist lediglich die Analyse der Konzentration auf bestimmten Märkten aussagekräftig. Gerade für diesen Bereich liegt jedoch kaum statistisches Material vor. Infolgedessen müssen wir uns gezwungenermaßen auf die Analyse gesamtwirtschaftlicher, sektoraler und branchenmäßiger Konzentrationsprozesse beschränken.

»Immerhin läßt sich auch aus der Konzentration in der Volkswirtschaft und in den einzelnen Branchen ein gewisses globales Bild gewinnen.«[20] Da der Konzentrationsgrad einer Volkswirtschaft schwierig zu ermitteln und inhaltsleer ist, muß eine differenzierte Untersuchung der Unternehmenskonzentration speziell im Industriesektor und in den einzelnen Industriebranchen ansetzen; denn der industrielle Sektor nimmt in der Bundesrepublik eine unverändert überragende Stellung ein (vgl. auch Kapitel 2.2). Im Jahre 1972 wurden rund 40 % des Bruttoinlandsprodukts von der Industrie erzeugt. Eine Untersuchung der Betriebsgrößenstruktur in der Gesamtindustrie von 1952–1970 kommt zunächst zu überraschenden Ergebnissen. Danach hat die Zahl der Betriebe absolut um etwa 8 000 Einheiten von 91 427 (1952) auf 99 313 (1970) zugenommen.

Etwa 43 Prozent dieser Betriebe waren Kleinbetriebe mit weniger als 10 Beschäftigten[21] (vgl. *Tabelle 12*). Diese Angaben könnten zu dem Schluß verleiten, der Industriesektor in der Bundesrepublik sei durch kleine Unternehmenseinheiten und einen Dekonzentrationsprozeß gekennzeichnet. Ein derartiger Schluß wäre falsch. Zunächst sagt die Zahl der Betriebe nichts über den Stand der Unternehmenskonzentration aus; denn der Betrieb ist die kleinste produktionstechnisch-organisatorische Zelle innerhalb eines Unternehmens. In der Regel verfügen insbesondere Großunternehmen über zahlreiche Betriebe. Eine zunehmende Zahl von Betrieben ist daher mit einer abnehmenden Zahl von Unternehmen vereinbar.

Dieser Sachverhalt wird immer wieder übersehen[22]. Zum anderen zeigt sich, daß Kleinbetriebe mit weniger als 10 Beschäftigten lediglich einen Anteil von knapp 2 Prozent der Beschäftigten und des Umsatzes der Gesamtindustrie besitzen. »Diese Umsatz- und Beschäftigtenrelationen zeigen, daß die ›Zwerge‹ im Industriesektor völlig bedeutungslos sind.«[23] *Tabelle 13* beschränkt sich daher auf rechtlich selbständige Unternehmen mit 10 und mehr Beschäftigten und teilt sie nach Umsatzgrößen ein. Dieses Zahlenmaterial ermöglicht eine erste, knappe Analyse des Stands und der Entwicklung der Unternehmenskonzentration in der Gesamtindustrie.

Bemerkenswert für den Stand der Konzentration im Jahr 1970 erscheint zunächst, daß über 90 Prozent der Unternehmen einen Jahresumsatz unter 25 Millionen DM hatten. Auf diese Unternehmen entfielen jedoch nur gut ein Drittel der Beschäftigten und gut ein Viertel des Umsatzes in der Gesamtindustrie. Umgekehrt konnten die 1,6 Prozent umsatzstärksten Industrieunternehmen in der Bundesrepublik über 44 Prozent der Beschäftigten und 53 Prozent des Umsatzes auf sich vereinigen. Die Großkonzerne mit mehr als 250 Millionen DM Jahresumsatz sind mit 0,6 Prozent zwar eine verschwindende Minderheit unter allen Unter-

nehmen, verfügen aber über ein Drittel aller Beschäftigten und 42 Prozent des Umsatzes in der Industrie der Bundesrepublik.
Aus diesen Zahlen läßt sich deutlich der Stand relativer Unternehmenskonzentration ermitteln; denn die wenigen Großunternehmen vereinigen überproportionale Umsatz- und Beschäftigtenanteile auf sich. Im übrigen zeigen die jeweiligen Differenzen zwischen dem Beschäftigungs- und dem Umsatzanteil in den unteren und oberen Umsatzgrößenklassen, daß Kleinunternehmen arbeitsintensiver und Großkonzerne kapitalintensiver organisiert sind. Bei Großunternehmen liegt der Umsatzanteil über dem Beschäftigtenanteil, bei kleinen Unternehmenseinheiten verhält es sich umgekehrt.
Diese Momentaufnahme des Stands der Unternehmenskonzentration ist durch eine Verlaufsanalyse zu ergänzen. Auch der Konzentrationsprozeß von 1964 bis 1970 zeigt einige bemerkenswerte Entwicklungstendenzen. Im Untersuchungszeitraum nimmt zunächst die Zahl der Unternehmen von knapp 48 000 auf knapp 45 000 um etwa 6 Prozent ab; d. h. es findet eine absolute Unternehmenskonzentration statt. Dabei verringert sich insbesondere die Zahl der Kleinunternehmen mit Jahresumsätzen unter 1 Millionen DM.
Während die Anteile der übrigen Umsatzgrößenklassen am Gesamtumsatz etwa gleichbleiben, ist in der Größenklasse ab 250 Millionen Umsatz eine starke Zunahme von knapp 34 Prozent (1964) auf 42 Prozent (1970) zu verzeichnen. Die Großkonzerne ziehen wachsende Umsatzanteile auf sich. Diese Entwicklung wird bestätigt, wenn man die Veränderungen der Umsatzanteile der 100 größten Unternehmensverbindungen im langfristigen Trend analysiert (s. *Tabelle 14*). Es handelt sich dabei um Verbindungen rechtlich selbständiger Unternehmen unter gemeinsamer finanzieller und organisatorischer Leitung.

Tabelle 14

Umsätze und Umsatzanteile der 100 größten Unternehmensverbindungen in der Industrie 1954—1973

	1954		1960		1970		1973	
	Mrd. DM	%	Mrd. DM	%	Mrd. DM	%	Mrd. DM	%
Gesamtindustrie[1]	144,8	100,0	266,4	100,0	528,9	100,0	666,9	100,0
Davon:								
Die 100 größten Unternehmensverbindungen[2,3]	48,6	33,6	103,3	38,8	294,9	55,8	388,9	58,2

[1] Umsätze nach Angaben der Industrieberichterstattung (ohne Bauwirtschaft)
[2] Für 1954 und 1960: Über 50 % Kapitalbeteiligung
[3] Für 1970: 50 % und mehr Kapitalbeteiligung. Umsätze einschl. Exporten und Eigenleistungen ausländ. Beteiligungen
Quelle: Koubek, N., Konzentration in der BRD, a. a. O., S. 77. Für 1973: »FAZ« vom 14. 9. 1974

»Die jeweils 100 größten Unternehmensverbindungen der Industrie erhöhten ihren Umsatzanteil gemessen am gesamten industriellen Umsatz in den Jahren zwischen 1954 und 1970 von knapp 34 %/o auf fast 56 %/o.«[24] Es findet ein Prozeß relativer Unternehmenskonzentration statt; denn die großen Konzerne wachsen schneller als die kleinen Unternehmereinheiten. Da die vorliegenden Zahlen über die absolute und relative Konzentration in der Gesamtindustrie überwiegend veraltet sind, kann die Zahl der Unternehmenszusammenschlüsse weitere Hinweise auf den Konzentrationsprozeß geben.

Tabelle 15

Unternehmenszusammenschlüsse nach § 23 GWB[1] 1958–1974

Jahr	1958	59	60	61	62	63	64	65	66	67	68	69	70	71	72	73	74
Zusammenschlüsse	15	15	22	26	38	29	36	50	43	65	65	168	305	220	269	242	318

[1] Nach § 23 des Gesetzes gegen Wettbewerbsbeschränkungen müssen dem Bundeskartellamt Zusammenschlüsse von Unternehmen, die zusammen zumindest Marktanteile von 20 Prozent, 10 000 Beschäftigte oder Umsätze von 500 Mill. DM haben, angezeigt werden.
Quelle: Für 1958–1970, Bericht des Bundeskartellamtes über seine Tätigkeit im Jahre 1970, BT-Drucksache VI/2380, Bonn 1971, S. 34. Für 1971–1973, Bericht des Bundeskartellamtes über seine Tätigkeit im Jahre 1973, BT-Drucksache 7/2250, Bonn 1974, S. 40. Für 1974, »Süddeutsche Zeitung« vom 21. 2. 1975

Aus *Tabelle 15* wird deutlich, daß die Zahl der Unternehmenszusammenschlüsse seit den Rezessionsjahren 1966/67 sprunghaft gestiegen ist. Die sogenannte Fusionswelle beginnt Ende der sechziger Jahre zu rollen. Sie erreicht im Jahre 1970, als die damalige Bundesregierung eine Novellierung des GWB mit dem Ziel einer vorbeugenden Fusionskontrolle ankündigte, einen ersten Höhepunkt, um sich nach kurzfristigem Rückgang wieder zu beschleunigen. 1974 ist mit 318 gemeldeten Unternehmenszusammenschlüssen ein Rekordjahr. Allein in den Jahren 1971 bis 1974 werden weit mehr Fusionen registriert (1 049) als in den dreizehn davorliegenden Jahren von 1958–1970 zusammen (877). Hierbei ist zu berücksichtigen, daß diese Zahlen den tatsächlichen Umfang der Fusionswelle nur unzulänglich widerspiegeln; denn alle Zusammenschlüsse von kleinen und mittleren Unternehmen, die nicht unter § 23 GWB fallen, sind in ihnen nicht enthalten. Ihre Zahl dürfte beträchtlich sein.
Fassen wir abschließend die statistischen Ergebnisse für die Unternehmenskonzentration in der Gesamtindustrie zusammen. Die Zahl der Industrieunternehmen hat sich in den letzten Jahrzehnten laufend verringert. Unter den verbliebenen Unternehmen ziehen die Großkonzerne mit über 250 Millionen Jahresumsatz wachsende Beschäftigten- und Umsatzanteile an

sich, während die Kleinunternehmen gesamtwirtschaftlich zur Bedeutungslosigkeit herabsinken[25]. Die Unternehmenskonzentration in der Gesamtindustrie steigt also absolut und relativ. Sie hat darüber hinaus in den letzten Jahren die Tendenz, sich zu beschleunigen.

3.4.2 Branchenkonzentration

In den konsolidierten Statistiken für die Gesamtindustrie kommen Unterschiede im Konzentrationsprozeß der einzelnen Industriezweige nicht zum Ausdruck. Ein genaueres und differenzierteres Bild der Unternehmenskonzentration vermittelt eine Branchenanalyse. Man bedient sich dabei in der Regel der sogenannten *concentration ratios* (Konzentrationsraten), die den Umsatzanteil beispielsweise der größten drei oder sechs Unternehmen am Gesamtumsatz der Branche messen (s. *Tabelle 16*).
Eine Untersuchung der Branchenkonzentration für das Jahr 1970 zeigt, daß der Konzentrationsgrad in den einzelnen Industriezweigen sehr unterschiedlich war. So hatten die 3 größten Unternehmen in der Mineralölindustrie, im Bergbau und in der Tabakindustrie Umsatzanteile von über 75 Prozent am Gesamtumsatz ihrer Branchen. Demgegenüber lagen die Umsatzanteile der 3 größten Unternehmen in den Industriezweigen mit dem niedrigsten Konzentrationsgrad, der Bekleidungs- und der Textilindustrie, unter 5 Prozent. Zwischen diesen Extremwerten existiert eine breite Skala von Konzentrationsgraden in den verschiedenen Industriezweigen.
Die Branchenanalyse erlaubt nur sehr bedingt Rückschlüsse auf die Wettbewerbssituation der einzelnen Märkte. Dennoch wird man sagen können, daß in Industriezweigen, in denen die drei umsatzstärksten Unternehmen Anteile von über 30 Prozent auf sich vereinigen, Marktabsprachen der Branchenführer bereits rein technisch erleichtert werden. Die steigende Markttransparenz ermöglicht Kooperationen oder abgestimmte Verhaltensweisen am Markt. Dies gilt insbesondere dann, wenn die drei nächstgrößten Unternehmen nur noch geringe Branchenanteile auf sich vereinigen, wie z. B. in der Erdölindustrie und der elektrotechnischen Industrie (vgl. jeweils die Zahlen für die 3 und 6 größten Unternehmen der Branche).
Wettbewerbsfreudiges Verhalten der Außenseiter etwa in Form gezielter Preissenkungen wird von den Großkonzernen mit ruinöser Preiskonkurrenz geahndet, die die kleineren Unternehmen langfristig in den Konkurs treibt. In Kenntnis der ungleichen Potentiale, zeigen Kleinunternehmen daher häufig betont wirtschaftsfriedliches Verhalten, sie akzeptieren die Branchenanteile der ›Großen‹ und beugen sich ihrer Rolle als Marktführer. Diese Überlegungen legen den Schluß nahe, daß der *spirit of competition* zumindest in den zehn Industriezweigen, in denen die drei umsatzstärksten Unternehmen Anteile von über 30 Prozent am Branchenumsatz halten, nicht allzu hoch einzuschätzen ist. Soweit einige Hinweise zum Stand der Konzentration.

Tabelle 16

Anteil der jeweils 3 und 6 größten Unternehmen am Gesamtumsatz in 20 ausgewählten Industriezweigen 1962–1970 (in Prozent)

Industriezweig	3 Unternehmen			Veränderung 1962–1970	6 Unternehmen			Veränderung 1962–1970
	1962	1967	1970		1962	1967	1970	
1. Erdöl- und Erdgasgewinnung	91,3	84,4	92,6	+ 1,3	–	99,7	99,3	– 0,4[1]
2. Bergbau	21,3	20,9	78,6	+57,3	34,3	37,4	93,3	+59,0
3. Tabakindustrie	72,6	77,5	–	+ 4,9[1]	82,5	88,5	–	+ 6,0[1]
4. Luftfahrzeugbau	45,9	52,9	58,9	+13,0	72,3	82,8	84,8	+11,5
5. Fahrzeugbau	53,9	55,5	52,7	– 1,2	67,7	70,1	68,7	+ 1,0
6. Schiffbau	33,3	50,6	–	+17,3[1]	50,9	69,6	–	+18,7[1]
7. Mineralölverarbeitung	56,4	52,5	49,4	– 7,0	77,0	72,1	69,2	– 0,8
8. Eisenschaffende Industrie	21,6	30,9	33,8	+12,2	39,9	48,9	51,2	+11,3
9. Elektrotechnik	22,8	32,1	31,8	+ 9,0	34,7	39,9	39,0	+ 4,3
10. NE-Metallindustrie	29,5	32,1	31,5	+ 2,0	–	47,7	46,7	– 1,0[1]
11. Chemie	26,0	27,0	27,5	+ 1,5	35,5	36,5	36,2	+ 0,7
12. Feinkeramik	23,9	25,6	24,0	+ 0,1	36,0	35,2	32,4	– 3,6
13. Gießereiindustrie	18,2	18,3	16,4	– 1,8	24,8	25,2	24,3	– 0,5
14. Feinmechanische-, optische und Uhrenindustrie	11,9	14,8	–	+ 2,9[1]	20,5	22,9	–	+ 1,4[1]
15. Steine und Erden	8,7	9,4	8,6	– 0,1	13,8	14,2	13,1	– 0,7
16. Maschinenbau	9,9	11,9	8,3	– 1,6	14,8	15,5	11,9	– 2,9
17. Ernährungsindustrie	8,0	8,2	–	+ 0,2[1]	10,8	10,9	–	+ 0,1[1]
18. Eisenindustrie	6,3	6,3	5,2	– 1,1	10,0	8,8	8,2	– 1,8
19. Bekleidungsindustrie	5,0	3,7	4,9	– 0,1	7,7	6,1	7,4	– 0,3
20. Textilindustrie	3,4	3,8	–	+ 0,4[1]	5,7	6,4	–	+ 0,7[1]

– = Keine Angaben vorhanden oder keine Veröffentlichung wegen der für die amtl. Statistik geltenden Geheimhaltungsbestimmungen.
[1] Veränderungsrate bezieht sich nicht auf gesamten Untersuchungszeitraum
Quelle: Zusammengestellt nach: Bericht des Bundeskartellamtes über seine Tätigkeit im Jahre 1973, BT-Drucksache 7/2250, Bonn 1974, S. 35 ff.

Eine Analyse der Entwicklung der Branchenkonzentration von 1962 bis 1970 kommt zu dem relativ günstigen Befund, daß nur in 13 von 20 Industriezweigen die Umsatzanteile der 3 größten Unternehmen gestiegen sind. In 7 Fällen ist ein Rückgang zu beobachten (vgl. *Tabelle 16*). Bei den 6 größten Unternehmen lautet das Verhältnis sogar nur 11 : 9. Die häufig auf der Basis veralteten Materials aufgestellte, stereotype Behauptung[26], in der Bundesrepublik sei »ein zunehmender Prozeß der Unternehmenskonzentration in fast allen Branchen zu beobachten«[27], ist nach unserem Material zu relativieren.

Allerdings muß dieses Ergebnis noch weiter differenziert werden; denn eine rein quantitative Aufrechnung von Branchen mit steigenden und mit abnehmenden *concentration ratios* wird dem unterschiedlichen Gewicht der einzelnen Industriezweige für die gesamtwirtschaftliche Entwicklung nicht gerecht. Grob vereinfacht kann man feststellen, daß in gesamtwirtschaftlich besonders wichtigen Branchen, gemessen an Umsatz[28], Zahl und Qualifikation der Beschäftigten, Forschungs- und Technologiepotential die Konzentrationsraten zunehmen, etwa in der elektrotechnischen und eisenschaffenden Industrie und im Luftfahrzeugbau. Diese Branchen rangieren zugleich in der oberen Hälfte der Konzentrationsskala (Ausnahmen: Chemie, Maschinenbau). Genau umgekehrt ist die Situation in weniger wichtigen Industriezweigen, etwa der Bekleidungs- und Textilindustrie. Hier scheinen die ohnehin niedrigen Konzentrationsraten teilweise noch weiter abzunehmen. Lediglich die Tabakindustrie stellte eine Ausnahme dar.

Im übrigen verläuft die divergierende Entwicklung der Konzentrationsraten asymmetrisch. Die *concentration ratios* in den relativ unbedeutenden Industriezweigen nehmen nur geringfügig ab, in den gesamtwirtschaftlich wichtigen Branchen hingegen zum Teil stark zu. Dies gilt etwa für den Bergbau, den Luftfahrzeugbau und die elektrotechnische Industrie.

Auch diese Angaben sind mittlerweile überholt. Für die Zeit nach 1970 sind keine *concentration ratios* mehr ermittelt worden. Die Zahl der seither registrierten Unternehmenszusammenschlüsse insbesondere im Bereich des Maschinenbaus, der elektrotechnischen, der chemischen und der Eisen- und Stahlindustrie[29] lassen vermuten, daß die Konzentrationsraten in diesen Branchen seit 1970 stark angezogen haben; denn gerade die Branchenriesen, im Chemiesektor beispielsweise Hoechst, Farben Bayer und BASF, sind als Aufkäufer aufgetreten.

Unsere Untersuchung der Branchenkonzentration über einen Zeitraum von acht Jahren kommt zu dem Ergebnis, daß in der zeitlichen Entwicklung und im Stand des Konzentrationsprozesses erhebliche Unterschiede bestehen. In den Branchen mit hohem Konzentrationsgrad scheint der Konzentrationsprozeß besonders schnell voranzuschreiten. Demgegenüber zeigen sich in einigen, gesamtwirtschaftlich allerdings unbedeutenden Industriezweigen geringfügige Dekonzentrationsprozesse. Das Bundeskartellamt kommentiert diese Entwicklung so: »Wenn auch nicht in allen Wirtschaftszweigen über den ganzen Beobachtungszeitraum eine eindeutige Konzentrationsbewegung feststellbar ist, so überwiegen doch die Zunahmen deutlich die Abnahmen.«[30]

3.4.3 Marktkonzentration

Die statistische Untersuchung der Branchenkonzentration vermittelt ein differenziertes Bild des Konzentrationsprozesses in der Gesamtindustrie. Sie reicht aber nicht aus, um die Unternehmenskonzentration auf den relevanten Märkten sichtbar zu machen[31]. Rückschlüsse von der Branchen- auf die Marktkonzentration sind um so problematischer, je breiter die Produktpalette eines Industriezweiges ist. In den meisten Branchen wird in der Regel eine Vielzahl von Gütern produziert, die auf verschiedenen Märkten angeboten werden. Die Chemieindustrie beispielsweise fertigt Anti-Baby-Pillen, Kunststoffasern, Farben und Düngemittel. Im Fahrzeugbau werden neben Personenkraftwagen auch Lastkraftwagen, Omnibusse und Sattelschlepper hergestellt. Selbst innerhalb des PKW-Marktes existieren zahlreiche Teilmärkte, zwischen denen keine Nachfragekonkurrenz besteht. Wer eine Luxuslimousine benötigt, wird sich keinen 2 CV kaufen. Sportwagenfans werden sich kaum für eine Mittelklasselimousine begeistern können.

Unterteilt man die Fahrzeugbranche in dieser Weise nach relevanten Märkten, so zeigt sich häufig auf den einzelnen Märkten ein höherer Konzentrationsgrad, als die *concentration ratio* für die gesamte Branche vermuten läßt[32]. Die bundesdeutsche PKW-Industrie z. B. besteht nach Aufkauf von Glas, Audi und NSU nur noch aus 5 wirtschaftlich voneinander unabhängigen Konzernen: VW, Daimler-Benz, Opel, Ford und BMW.

Generell kann man davon ausgehen, daß mit steigender Zahl von Teilmärkten in einer Branche die Wahrscheinlichkeit wächst, daß die jeweilige Marktkonzentration erheblich von der Branchenkonzentration abweicht. Dieser wirtschaftspolitisch besonders gravierende Sachverhalt wird in Konzentrationsindizes auf Branchenebene nicht erfaßt. Eine knappe Analyse ausgewählter Teilmärkte bestätigt diese These. Die Konzentrationsrate für die drei umsatzstärksten Chemiekonzerne auf Branchenebene wurden mit 27,5 Prozent (1970) angegeben (vgl. *Tabelle 16*).

Auf den Chemieteilmärkten für Insulin, Penicillin, Tranquilizer und Östrogen dagegen hat jeweils ein Unternehmen Umsatzanteile von über 50 Prozent. Der Kalimarkt wird praktisch von einem Konzern mit einem Marktanteil von 88 Prozent beherrscht, und auf dem Markt für stickstoffhaltige Düngemittel vereinigen die drei Marktführer einen Umsatzanteil von 86 Prozent auf sich (s. *Tabelle 17*). Ähnliche Abweichungen der Markt- von der Branchenkonzentration gelten für die Teilmärkte der Ernährungs-, Tabak- und der elektronischen Industrie.

Leider ist das empirische Material gerade für den problematischsten Bereich des Konzentrationsprozesses, die Konzentration auf den Märkten, sehr lückenhaft, so daß Verallgemeinerungen unzulässig, sind. Dieses

Tabelle 17

Marktanteile von Unternehmen auf ausgewählten Märkten (1969)

Erzeugnis	Hersteller	Marktanteil %
1. Rohölverarbeitung	Standard Oil	21,2
	Shell	16,1
	BP	13,3
		50,6
2. Stickstoffhaltige Düngemittel	BASF	35,0
	Ruhr-Stickstoff AG	33,0
	Farbwerke Hoechst	18,0
		86,0
3. Kali	Kali- u. Salz-GmbH	88,0
	Kali-Chemie	11,0
		99,0
4. Sicherheitsglas	Flachglas AG	22,0
	St.-Gobain	75,0
		97,0
5. Speiseeis- und Tiefkühlkost	Langnese-Iglo-GmbH.	über 60
6. Großturbinen, Großtransformatoren	Kraftwerk-Union AG Transformatoren Union AG (Siemens und AEG)	über 50
7. Elektrische Betriebsausrüstung	Robert Bosch GmbH	über 90
8. Zigaretten	Reemstma	44
	BAT	24
	Brinkmann AG	22
		90
9. Insulin	Farbwerke Hoechst AG	80
10. Penicillin und Derivate	Bayer AG	54
11. Tranquilizer	Hoffmann la Roche AG	68
12. Östrogen u. Progesteronpräparate	Schering AG	75
13. Tageszeitungen (einschl. Sonntagszeitungen)	Springer Konzern	38
14. Autoradios	Blaupunkt GmbH	ca. 80
15. Röntgengeräte	C. H. F. Müller GmbH Siemens AG	über 80
16. Vollwaschmittel	Henkel u. Cie	ca. 50
	Procter u. Gamble	ca. 25
	Sunlicht	ca. 20
		95

Quelle: Grottian, P., Strukturprobleme staatlicher Planung, Hamburg 1974, S. 194 ff.

Defizit an gesichertem Wissen hat zunächst rein ›technische‹ Gründe. Die Abgrenzung des ›relevanten‹ Marktes ist häufig schwierig. Konkurriert beispielsweise ein PKW der oberen Mittelklasse mit einem Fabrikat der unteren Mittelklasse oder nicht? Firmen, die sich dem Vorwurf einer marktbeherrschenden Stellung auf einzelnen Teilmärkten entziehen wollen, werden den relevanten Markt möglichst breit zu definieren versuchen, etwa nach dem Slogan: Wir befinden uns in weltweiter Konkurrenz mit allem, was 4 Räder hat. Umgekehrt werden Kritiker, die einzelnen Unternehmen Marktbeherrschung nachweisen wollen, den relevanten Markt so eng abzugrenzen versuchen, daß im Grunde jeder Hersteller ein Monopol über seine eigene Produktion hat. Diese, hier überspitzt formulierten extremen Positionen zeigen das politische Spektrum möglicher Argumentationen.

Massive wirtschaftliche und politische Interessen sind es denn auch vornehmlich, die umfassende Marktanalysen bislang erfolgreich verhindert haben: »Auch bei der durch Gesetz... vom 10 Januar 1961 veranlaßten ›Konzentrationsuntersuchung‹ waren Interesseneinflüsse nicht auszuschließen. So wurde kein einziger der großen Konzerne und keine der Großbanken untersucht... Außerdem wurde darauf gedrängt, daß Branchen untersucht wurden, obwohl zu jeder Branche eine Vielzahl heterogener Märkte gehört und somit von Branchenuntersuchungen keinerlei Ergebnisse zu erwarten waren, die für den Gesetzgeber aufschlußreich sein konnten.«[33]

3.4.4 Kritik der statistischen Konzentrationsanalyse

Die statistischen Analysen suggerieren exakte Aussagen über Stand und Entwicklung der Unternehmenskonzentration. Das macht sie besonders problematisch; denn in Wahrheit ist ihr Erklärungswert außerordentlich gering. Gerade die *concentration ratios* sind wenig geeignet, den tatsächlichen Umfang des Konzentrationsprozesses zu erfassen. Sie ermitteln den Umsatzanteil der jeweils drei oder sechs umsatzstärksten Unternehmen einer Branche, ohne die Verteilung innerhalb und außerhalb der erfaßten Gruppe zu berücksichtigen. Die Angabe etwa – die drei größten Unternehmen der Erdöl- und Erdgasindustrie hatten 1970 einen Umsatzanteil von 92,6 Prozent – sagt nichts darüber aus, wie sich die Umsatzanteile im einzelnen auf diese drei verteilen. So ist eine Verteilung von 32,6 : 30 : 30 Prozent des Umsatzanteils ebenso möglich wie eine Verteilung von 86,6 : 3 : 3 Prozent. Es ist offensichtlich, daß die Markt- und Wettbewerbssituation in beiden Fällen erheblich voneinander abweicht. Die Verwendung von *concentration ratios* impliziert darüber hinaus eine theoretische Konzeption, die Unternehmensmacht lediglich in einem hohen Marktanteil begründet sieht.

Neben dieser Marktanteilsmacht gibt es aber auch reine Größenmacht (vgl. auch Abschnitt 3.2.1). Sie kann zu Einkaufsvorteilen, zur Kontrolle von Absatzwegen und zu vertraglichen Regelungen führen, in denen Lieferanten und Kunden übermäßige Qualitäts-, Lager- und Transport-

risiken aufgebürdet werden³⁴. Zudem basieren die *concentration ratios* auf der Annahme, die erfaßten Unternehmen seien in allen Fällen wirtschaftlich voneinander unabhängig³⁵. Herrschafts- und Abhängigkeitsverhältnisse werden *ex definitione* ausgeklammert. Angesichts der Vielzahl wechselseitiger Personal- und Kapitalverflechtungen zwischen den Unternehmen erweist sich diese Annahme als Fiktion.
»Was besagt z. B. die Feststellung, daß es an einem Markt 100 annähernd gleich große Anbieter gibt, wenn mehr als die Hälfte von ihnen finanziell von einer Großbank abhängig ist, welche die Geschäfts- und Preispolitik dieser Firmen maßgeblich beeinflußt? Offenbar nehmen die Banken hierbei eine Schlüsselposition«³⁶ ein. Ihre wirtschaftliche Macht beruht, außer auf ihrem Kreditpotential, vor allem auf Beteiligungen (Aktienpakete u. a.) an Unternehmen anderer Wirtschaftszweige. Sie sind damit Kapitaleigner und können bei maßgeblichen Beteiligungen (d. h. bei mehr als 25 Prozent des Aktienkapitals) auf die Unternehmenspolitik entscheidend Einfluß nehmen, z. B. durch ein Vetorecht gegen qualifizierte Mehrheitsentscheidungen der Hauptversammlung und durch die Möglichkeit, Aufsichtsratsmandate zu besetzen. Insbesondere die Großbanken sind an zahlreichen Unternehmen maßgeblich beteiligt.
Die Dresdner Bank hielt 1973 maßgebliche Beteiligungen an 54 Unternehmen (u. a. Hapag-Lloyd AG, Kaufhof AG, Metallgesellschaft AG), die Deutsche Bank an 51 Unternehmen (u. a. Daimler-Benz AG, Philipp Holzmann AG, Karstadt AG), die Bayerische Hypotheken- und Wechsel-Bank an 46 Unternehmen (u. a. Bayrische Löwenbrauerei, Dortmunder Union/Schultheiss Brauerei, Erste Kulmbacher Actien-Exportbrauerei) und die Commerzbank an 40 Unternehmen (u. a. Kaufhof AG, Karstadt AG, Hochtief AG)³⁷.
Die Banken sind mit Hilfe des sogenannten Depotstimmrechts in der Lage, Einfluß auf die Besetzung von Aufsichtsräten und Vorständen anderer Unternehmen zu nehmen, auch wenn sie über keine Kapitalbeteiligung verfügen. Das Depotstimmrecht räumt den Banken die Möglichkeit ein, in ihren Depots befindliche Aktien ihrer Kunden rechtlich zu vertreten und das Stimmrecht in der Hauptversammlung auszuüben, sofern sie die Vollmacht dazu erhalten. »Das Gros der Depotkunden betraut ... ihre Bank mit der Vertretung ihres Stimmrechts, ohne ihr Weisungen zu geben, so daß diese das Stimmrecht faktisch ... nach ihrem Ermessen ausüben kann.«³⁸
Wenn man berücksichtigt, daß 1970 54 Prozent³⁹ der Aktien sämtlicher deutscher Aktiengesellschaften (ohne Versicherungsgesellschaften) in den Depots in- und ausländischer Kreditanstalten lagerte, so ist dies ein Indiz für die wirtschaftliche und politische Bedeutung des Depotstimmrechts. Gerade auf den Hauptversammlungen der großen Publikumsgesellschaften mit breitgestreutem Aktienkapital sind denn auch gewisse Verhandlungsrituale zu beobachten. Einige profilierte Kleinaktionäre beherrschen die Diskussion – und bei den anschließenden Wahlen zum Aufsichtsrat besetzen die Banken mit schöner Regelmäßigkeit zahlreiche Posten. Dies zeigt sehr deutlich die Grenzen der sogenannten Aktionärsdemokratie.

Im Jahr 1973 entfielen auf (frühere und gegenwärtige) Vorstandsmitglieder der Großbanken (Commerzbank, Dresdner Bank, Deutsche Bank) rund 400 Aufsichtsratsmandate in deutschen Kapitalgesellschaften. Der Vorsitz im Aufsichtsrat wurde in etwa 90 Kapitalgesellschaften von einem Vertreter der Großbanken besetzt, der stellvertretende Vorsitz in etwa 80 Gesellschaften[40]. Dazu zählten: AEG-Telefunken, Bayer AG, Daimler-Benz AG, Degussa, Deutsche Texaco, Farbwerke Hoechst, Gerling-Konzern, Hapag-Lloyd AG, Hochtief AG, Karstadt AG, Kaufhof AG, Mannesmann AG, Metallgesellschaft AG, Mobil-Oel AG, RWE, Schering AG, Siemens AG[41].

Diese personellen Verflechtungen sind insofern besonders interessant, als sie zugleich die Thesen vom Wandel der Eigentumsordnung und dem Autonomiestreben der Manager zu bestätigen scheinen (vgl. Kapitel 2). Die drei Großbanken sind ausnahmslos Publikumsgesellschaften mit breitgestreutem Aktienbesitz – worauf die Banken selbst in ihrer Werbung häufig hinweisen. Diese Tatsache erschwert den einzelnen kleinen Kapitaleigentümern die Kontrolle der Unternehmensleitung und erleichtert den Bankmanagern die Ausschaltung von Aktionärseinflüssen.

Die 1964 im Auftrag der Bundesregierung erstellte Konzentrationsenquête stellt dazu fest: »Bei keinem der drei Institute wurden Einzelaktionäre mit größerem Anteilsbesitz ermittelt... Das Fehlen von Großaktionären läßt sich aber dadurch erklären, daß die Großbanken nach ihren eigenen Auskünften bestrebt sind, größeren Aktienbesitz und damit einen Einfluß von einzelnen Aktionären zu verhindern... Dadurch erhielten die Vorstände der Großbanken – die im allgemeinen nach dem Kollegialprinzip arbeiten – ein hohes Maß an Selbständigkeit.«[42]

Die Autonomie des Bank-Managements wird weiter dadurch erhöht, daß etwa 40 bis 50 % ihres gesamten Aktienkapitals in den Kundendepots der eigenen Bank liegen. Aufgrund des Depotstimmrechts werden daher in den Hauptversammlungen der Banken zwischen 50 und 80 Prozent des anwesenden Grundkapitals vom eigenen Vorstand vertreten[43]. »Aus diesen Bedingungen ergeben sich geradezu ideale Voraussetzungen, die von den Großbanken kontrollierten Vorstände der Unternehmen als Kontrolleure der Banken einzusetzen.«[44] Falls diese Strategie auf breiter Front erfolgreich wäre, ergäbe sich daraus ein autonomes *perpetuum mobile* der Manager unter Ausschaltung der Kapitaleigner.

Eine Kritik der gängigen statistischen Konzentrationsanalysen kommt daher zu dem Ergebnis, daß sie bestenfalls grobe Hinweise auf einen bestimmten Trend geben kann. Der Umfang der Konzentration ist nicht allein aus Umsatz- und Beschäftigtenzahlen erkennbar. Insbesondere indirekte Abhängigkeiten und Herrschaftsverhältnisse werden von ihnen nicht erfaßt, wie am Beispiel der Banken gezeigt wurde. Die besondere wirtschaftspolitische Problematik der Banken im Konzentrationsprozeß resultiert nun aus der Tatsache, daß sie aufgrund von Kreditzusagen, kapitalmäßiger und personeller Verflechtungen das Marktverhalten wichtiger Unternehmen beeinflussen können. Häufig sind Banken in den Aufsichtsräten von Unternehmen vertreten, die miteinander konkurrieren.

Die Commerzbank beispielsweise hat Aufsichtsratsmandate in den Chemiekonzernen Farben Bayer, Chemische Werke Hüls und Schering. Auf diese Weise werden über ein eng verknüpftes Informationssystem Marktabsprachen erleichtert. »In der Tat läßt sich bereits heute beobachten, daß Firmen, die über eine Bank miteinander in Verbindung stehen, nicht mehr gegeneinander konkurrieren.«[45]
Ob die Banken ihr Potential in dieser vermuteten Richtung überhaupt einsetzen, ist bislang, von Einzelfällen abgesehen, ungeklärt. Dies ist jedoch nicht das eigentliche Problem. Entscheidender für den Bestand des Systems scheint vielmehr zu sein, ob der Staat es sich leisten kann, die Entwicklung wichtiger Wirtschaftsbereiche vom Wohlverhalten privater Wirtschaftsgruppen abhängig zu machen. Bereits vor knapp 25 Jahren nahm der neoliberale Wirtschaftswissenschaftler Walter Eucken dezidiert zu dieser Frage Stellung: »Nicht in erster Linie gegen die Mißbräuche vorhandener Machtkörper sollte sich die Wirtschaftspolitik wenden, sondern gegen die Entstehung der Machtkörper überhaupt. Sonst besitzt sie keine Chance, mit dem Problem fertigzuwerden.«[46]

3.5 Ursachen der Unternehmenskonzentration

3.5.1 Vorbemerkung

Bei dem skizzierten Konzentrationsprozeß handelt es sich keineswegs um eine singuläre, auf den industriellen Sektor beschränkte Erscheinung. Ähnliche Entwicklungen sind auch in der Landwirtschaft, im Handwerk, Groß- und Einzelhandel, im Banken- und Versicherungswesen und in der Touristikindustrie zu beobachten[47]. Die Ursachen des gesamtwirtschaftlichen Konzentrationsprozesses sind komplex, sie differieren von Branche zu Branche und von Unternehmen zu Unternehmen erheblich, wobei nach Art der Konzentration – sei es horizontal, vertikal oder diagonal – die jeweils relevanten Faktoren nochmals unterschiedlich zu bewerten sind. Eine Analyse der Konzentrationsursachen hat vor allem zwei Fragen zu beantworten:
1. Welche Faktoren bewirken, daß die Zahl der Unternehmen in einem Markt sinkt (absolute Konzentration)?
2. Auf welche Faktoren ist es zurückzuführen, daß die großen Betriebe schneller wachsen als die kleinen (relative Konzentration)?[48]

Analytisch lassen sich bei der Unternehmenskonzentration drei Ursachenkomplexe unterscheiden – technische, betriebswirtschaftliche, Markt- und Machtfaktoren.

3.5.2 Technische Ursachen

Die technologische Entwicklung gilt häufig als wichtigste Determinante des Konzentrationsprozesses. Diese These von den technischen Ursachen der Konzentration läuft darauf hinaus, daß die Anwendung des technischen Fortschritts die große maschinelle Einheit und damit das Großunternehmen erfordere[49]. Technisch bedingte Minimalgrößen resultieren einmal aus der Größe des hergestellten Produkts. Große Aggregate, etwa Super-Tanker, Jumbo-Jets, große Generatoren und Turbinen, können nur auf Großanlagen produziert werden. Dabei brauchen allerdings die Fabrikationsanlagen nicht direkt proportional mit dem Produkt zu wachsen, da auch Teilfertigung mit anschließender Endmontage möglich ist.

Eine weitere technische Ursache der Konzentration sind verschiedene Größenersparnisse, sogenannte *economics of large scale* im technischen Bereich der Produktion. Ihnen allen gemeinsam ist die Tatsache, daß das technische Optimum erst im Bereich großer Produktionsmengen liegt[50]. Mit fortschreitender technologischer Entwicklung ist nun zu beobachten, daß der technische Wirkungsgrad mit wachsender Aggregatgröße weiter steigt[51]. Wenn diese Tendenz immer und überall wirksam wäre, wäre der Endpunkt des Konzentrationsprozesses erst erreicht, wenn ein bestimmtes Produkt nur noch auf einer Maschine in einem Unternehmen hergestellt würde[52]. »Nun ist aber die Technik, der man vielfach eine übertriebene Neigung für gigantische Anlagen vorwirft, ideenreicher und vielseitiger als manche ihrer Kritiker glauben. Sie hat nicht nur große Apparate konstruiert, sondern gerade für die verarbeitende Industrie eine Fülle von technisch sehr vollkommenen Kleinwerkzeugen, kleinen Antriebsaggregaten, Arbeitsmaschinen und Apparaturen geringen Umfangs geschaffen.«[53] Die Erfindung des Elektromotors etwa erlaubte sogar eine Dekonzentration, da sie auch kleinen Unternehmen die gleichen technischen Möglichkeiten eröffnete wie Großunternehmen.

Es ist durchaus denkbar, daß sich die über das Telefonnetz mit einem Großcomputer verbundenen Terminals in Klein- und Mittelunternehmen in ähnlicher Weise auswirken. Im übrigen ist *a priori* nicht einzusehen, warum der Output des technologischen Systems nicht gleichverteilt sein sollte, so daß die technischen Erfindungen mit der gleichen Wahrscheinlichkeit das technische Optimum erhöhen und vermindern[54]. Der Zusammenhang von technologischer Entwicklung und Unternehmenskonzentration ist daher nicht eindeutig, zumal umgekehrt die Konzentration den technischen Fortschritt auch behindern kann[55]. Tatsächlich müssen sogenannte technische Sachzwänge häufig dafür herhalten, um markt- und machtpolitische Strategien einzelner Unternehmen zu verdecken[56].

3.5.3 Betriebswirtschaftliche Ursachen

Die technischen Ursachen sind nun streng zu trennen von betriebswirtschaftlichen Ursachen der Konzentration, insbesondere vom sogenannten »Gesetz der Massenproduktion« (K. Bücher)[57]. Das Gesetz der Massenproduktion besagt, daß die Stückkosten mit Übergang zu größeren Serien und Unternehmen sinken. Die dahinterstehende Überlegung ist relativ einfach: Bei jeder Produktion fallen bestimmte fixe Kosten an, die von der Stückzahl der Serie unabhängig sind – z. B. Kosten der Arbeitsvor-

bereitung und Rüstzeit, der Forschung und Entwicklung, der Verwaltung usw. Die fixen Kosten beeinflussen die Stückkosten immer weniger, je größer die Serie ist; denn sie werden quasi auf wachsende Produktmengen aufgeteilt. Diese Massenproduktionsvorteile werden insbesondere von Großunternehmen mit hochautomatisierter Serienfabrikation wahrgenommen. Allerdings können auch mittlere Unternehmenseinheiten durch Spezialisierung der Produktion auf wenige Produkte, Normung und Typisierung begrenzt die Vorteile der Massenfertigung ausnutzen.
Neben den betriebswirtschaftlichen Kostensenkungen im Bereich der Fabrikation sind mit steigender Unternehmensgröße auch Einsparungen im Bereich der Beschaffung des Absatzes und der Finanzierung möglich. Großeinkäufe von Roh-, Hilfs- und Betriebsstoffen sowie Vorprodukten werden von den Lieferanten in der Regel mit bevorzugten Lieferterminen, qualitativ hochwertiger Ware ohne Ausschuß und Mengenrabatten honoriert. Zudem werden insbesondere bei vertikaler Konzentration häufig exklusive Lieferquellen geschaffen und Gewinne des vormals selbständigen Lieferanten voll abgeschöpft.
Im Bereich des Absatzes ergeben sich Stückkostensenkungen bei Großserien vor allem bei der Verpackung, Sortierung, Versendung und dem Transport. Aber auch die Kosten für überregionale Werbung wachsen mit steigender Absatzmenge unterproportional[58]. Beispielsweise werden im Fernsehen bei einer jährlichen Werbezeit oberhalb eines bestimmten Limits bis zu 20 Prozent Rabatt gewährt[59]. Kostenvorteile im Bereich des Finanzwesens schließlich resultieren aus besseren Bankverbindungen und einem leichteren Zugang zum Kapitalmarkt. Großen Finanzkunden werden von den Banken häufig günstigere Kreditkonditionen und längere Zahlungsziele eingeräumt. Beabsichtigt der Konzern liquide Mittel anzulegen, so werden ihm für Großeinlagen Zinsen gezahlt, die über dem normalen Marktzins liegen.
Zusammengenommen ergeben sich also mit wachsender Unternehmensgröße zahlreiche innerbetriebliche Möglichkeiten der Rationalisierung und Kosteneinsparung, die ein wesentliches Motiv für Unternehmenszusammenschlüsse sind. Aber auch im betriebswirtschaftlichen Bereich sind – ähnlich wie beim technischen Optimum – gegenläufige Prozesse zu beobachten, die ab einer bestimmten Ausbringungsmenge zu überproportionalen Kostensteigerungen führen können. Dies scheint weniger für Produktion, Beschaffung, Absatz und Finanzierung zu gelten[60] als vielmehr für den Bereich der Unternehmensführung. »Das alte Argument, daß Betrieb und Unternehmen mit zunehmender Größe immer schwerfälliger werden, beansprucht nach wie vor erhebliche Bedeutung, obwohl der Einsatz des Computers die Führung und Beherrschung großer Komplexe wesentlich erleichtert.«[61]
Mit wachsender Unternehmensgröße beginnen die ›Bürokratisierungskosten‹ bei der Planung, Organisation und Kontrolle des Unternehmens überdurchschnittlich anzusteigen. Dem steigenden Bedarf an zentraler Leitung und Koordination versucht man durch eine Vergrößerung des administrativen Apparates zu begegnen. Längere Informations- und

Kommunikationswege, organisatorischer Leerlauf und wachsende Schwerfälligkeit der Verwaltungsabteilungen sind die Folgen. Einige Autoren nahmen daher an, daß der Punkt, an dem die Kosten für Führung und Organisation der Unternehmung pro Produktionseinheit wieder zunehmen, bereits bei mittlerer Unternehmensgröße erreicht werden. Dem wird jedoch entgegengehalten, daß zugleich die Rationalität und Qualität unternehmerischer Entscheidungen steigen. Infolgedessen würden wachsende administrative Kosten durch entsprechende Erträge überkompensiert. Repräsentatives statistisches Material liegt für diesen Bereich bislang nicht vor.

Ob man die konzentrationsfördernden oder die konzentrationsmindernden Wirkungen der Verwaltungskosten als stärker ansieht, hängt also im Grunde davon ab, ob man die Möglichkeiten effizienten Wirtschaftens in zentral geleiteten Wirtschaftsgebilden optimistisch oder pessimistisch beurteilt[62].

3.5.4 Marktstrategische Ursachen

Neben Technik und Ökonomie der einzelnen Unternehmen spielen auch Marktprozesse bei der Unternehmenskonzentration eine wichtige Rolle, vor allem bei der sogenannten risikobedingten Konzentration. Um sich unkontrollierten Nachfrageschwankungen auf einzelnen Produktmärkten zu entziehen, verbreitert das einzelne Unternehmen sein Produktionsprogramm. »Wenn die Produktion von billigeren und teureren Gütern, wie z. B. von kleineren und größeren Automobilen oder von völlig verschiedenartigen Produkten, wie z. B. Radiogeräten und Elektrorasierern, in einem Unternehmen vereinigt wird, verringert sich das Absatzrisiko des Unternehmens (Diversifikation).«[63] Hierdurch wird das Existenzrisiko wesentlich gemildert. Insbesondere die diagonale Unternehmenskonzentration ist häufig risikobedingt, schlägt aber schnell in sogenannte markt- und machtbedingte Konzentration um, wenn sie der Gewinnung einer marktbeherrschenden Stellung dient. Das Konglomerat kann Gewinne bei einzelnen Produkten zur Subventionierung der Kosten anderer Produkte benutzen und so eine aggressive Dumping-Preispolitik betreiben.

Ein Horizontalkonzern kann infolge erheblicher Marktanteile Monopolgewinne realisieren, indem er mit gleichstarken Konkurrenten das Marktverhalten abstimmt oder schwächere Konkurrenten zur Anpassung zwingt. Vertikale Unternehmenskonzentration hingegen erleichtert die Monopolisierung wichtiger Bezugsquellen und Absatzmöglichkeiten. »Auf diese Weise läßt sich der Marktanteil potentieller Wettbewerber erschweren, die Wettbewerbsvoraussetzungen der effektiven Konkurrenten verschlechtern und die eigene Marktposition absichern.«[64]

Marktstrategische Konzentration versucht daher primär den Wettbewerb auf den Märkten zu verringern, um hohe Preise stabilisieren und Marktlagengewinne sichern zu können. Dabei ist zu berücksichtigen, daß die Integration von Märkten, etwa durch Gründung der Europäischen Ge-

meinschaft, den Grad marktstrategisch bedingter Konzentration verringert aber auch neue Konzentrationsprozesse anregt. Marktstrategische Konzentration kann sich, wenn sie erfolgreich war, zu machtbedingten Konzentrationsprozessen ausweiten.
In diesem Fall geht es nicht mehr darum, die Marktstellung und das Gewinniveau der Unternehmung zu verbessern, sondern um die Durchsetzung meta-ökonomischer Ziele. Der Aufkauf fremder Unternehmen kann beispielsweise dem Wunsch entspringen, über eine größere Zahl von Arbeitern und Angestellten verfügen zu wollen – und dies nicht etwa nur aus primitiven Machtinstinkten, sondern z. B. auch, um mehr Personen zu besseren betrieblichen Sozialleistungen zu verhelfen. Reines Macht- und Prestigestreben führt manchmal sogar zum Aufkauf und Durchschleppen unrentabler Unternehmen. Anfang der siebziger Jahre beispielsweise entwickelten die Vorstände der großen deutschen Chemiekonzerne eine Art ›Sammlerleidenschaft‹ beim Zukauf anderer Unternehmen, die mit ökonomischem Rationalverhalten nicht mehr zu vereinbaren war.
Nicht zuletzt erfolgen Unternehmenszusammenschlüsse, um damit ein politisches Machtinstrument in die Hand zu bekommen. Im Nürnberger IG-Farben-Prozeß beispielsweise erklärte ein verantwortliches Mitglied des Managements, der Zusammenschluß der sechs größten deutschen Chemiekonzerne sei »zugunsten einer besseren Ordnung und einer richtigeren Arbeitsteilung«[65] erfolgt.
Politische Motive dürften etwa auch bei der Konzentration im Pressewesen eine wichtige Rolle gespielt haben. So ist bekannt, daß die Errichtung regionaler Zeitungsmonopole durch Aufkauf kleinerer Regionalblätter von Konzernen dazu benutzt wird, die politischen Interessen des jeweiligen Verlages zu propagieren. »Zu den konzentrationsfördernden Aspekten im Zeitungsgeschäft gehören nicht nur die kommerziellen der Marktposition und des Profitstrebens. Hinzu kommen die moralischen und politischen Ambitionen einzelner Verleger, die ihre publizistische Macht nach Belieben, d. h. ohne Rücksicht auf das Informations- und Meinungsbildungsbedürfnis der Gesellschaft im Sinne ihrer subjektiven Vorstellungen einsetzen können. Ihr Einfluß steigt mit der Auflagenhöhe, so daß deren Aufwärtsentwicklung nicht nur des Gewinns wegen beobachtet wird.«[66] Für diese These spricht auch die Tatsache, daß die intellektuellen Flaggschiffe des Konzerns, etwa »Die Welt« beim Springer-Konzern, »Die Zeit« bei Gruner + Jahr, trotz jahrelanger roter Zahlen nicht eingestellt, sondern mit Hilfe gewinnträchtiger Publikationen subventioniert werden.

3.5.5 Echte und falsche Argumente in der Konzentrationsdebatte

Untersuchungen über die relative Bedeutung der einzelnen Ursachen und Motive für Unternehmenszusammenschlüsse liegen vor allem für die Vereinigten Staaten vor. Dort verlief der Konzentrationsprozeß in zwei großen Konzentrationswellen.

»Die erste und stärkste dieser Wellen beschränkte sich überwiegend auf die Industrie. Sie fiel in eine Zeit, in der der produktionstechnische Fortschritt hoch war und gleichzeitig der Eisenbahnbau zu einer Integration der lokalen Märkte führte. In dieser Situation war der Anreiz, durch Zusammenschlüsse Massenproduktionsvorteile zu realisieren und dem verschärften Wettbewerb zu entgehen, hoch ... In der zweiten Konzentrationswelle, die vor allem die Versorgungswirtschaft und den Handel erfaßt, spielt das Wettbewerbsmotiv dagegen kaum eine Rolle. Kostenvorteile infolge Zusammenschlusses ergaben sich vor allem beim Massenabsatz und in der Werbung. Die größte Bedeutung aber wird den finanziellen Anreizen zugeschrieben.«[67]

Auf die Gründe und Motive für Unternehmenskonzentrationen befragt, werden von deutschen Managern aus verständlichen Gründen stets technische und ökonomische Sachzwänge ins Feld geführt[68]. Dazu zählen Kostensteigerungen, eine zu knappe Kapitaldecke, der Zwang zur Rationalisierung, die schwierige konjunkturelle Situation oder auch die Verschärfung der internationalen Konkurrenz seit Gründung der EWG[69].

Paradoxerweise stimmt diese Argumentation keineswegs sozialrevolutionärer Unternehmensleiter häufig mit der Marxschen These vom systemimmanenten Zwang zur Konzentration in kapitalistischen Systemen überein. Zweifellos sind zahlreiche Unternehmenszusammenschlüsse Reaktion auf technologische und wirtschaftliche Entwicklungen, obwohl – wie gezeigt wurde – diese Entwicklungen nicht notwendigerweise konzentrationsfördernd zu wirken brauchen. Dennoch verbleibt eine große Zahl von Unternehmenskonzentrationen, die sich mit technischen und wirtschaftlichen ›Sachzwängen‹ nicht oder nur unbefriedigend erklären läßt.

Die logische Konsequenz aus dem ›Gesetz der Massenproduktion‹ wäre offenbar die Schaffung riesiger Fabrikationsanlagen, um die mit steigender Ausbringungsmenge sinkenden Stückkosten voll zu realisieren. Ähnliche Folgerungen ergeben sich aus den technischen *economics of large scale*. In beiden Fällen wäre es für das Unternehmen aus Gründen der Rationalisierung zweckmäßig, jeweils eine Produktserie auf einer Anlage zu fertigen. Tatsächlich ist aber gerade bei horizontalen Unternehmenszusammenschlüssen eine gegenteilige Entwicklung zu beobachten. Die Unternehmen sind bereits so groß, daß Produkte gleicher Art nicht in einem Werk, sondern in räumlich getrennten Werken hergestellt werden. Mit technischen und betriebswirtschaftlichen Argumenten läßt sich dann der Umfang der Unternehmenskonzentration nicht mehr rechtfertigen. Er hat markt- und machtstrategische Gründe, die allerdings nicht genannt werden, sondern im Halbdunkel sogenannter betrieblicher Sachzwänge verschwinden.

Dies gilt im übrigen auch für die vertikale Konzentration. »Gewiß ist es richtig, daß die vertikale Konzentration Kostensenkungen in den Fällen der verbundenen Produktion ermöglicht. Es treten jedoch keine weiteren Kostensenkungen auf, wenn – wie dies in der BRD in der Regel der Fall ist – die vertikale Konzentration längst über dieses Maß hinausgegangen ist.«[70]

Interessanterweise werden selbst diagonale Zusammenschlüsse, die *ex definitione* voneinander unabhängige Produkte erzeugen, von den betroffenen Unternehmen mit produktionstechnischen und -wirtschaftlichen Rationalisierungsargumenten begründet. »Es ist betriebswirtschaftlich nicht erwiesen, daß ein Unternehmen ökonomischer arbeitet nur deshalb, weil sich eine Puddingpulverfabrik und eine Werft zusammenschließen.«[71]

3.6 Wirkungen der Unternehmenskonzentration

3.6.1 Betriebs- und volkswirtschaftliche Wirkungen

Die Wirkungen, die von der Unternehmenskonzentration ausgehen, sind heterogen und daher nicht eindeutig zu beurteilen. Nicht nur die betroffenen Unternehmen, sondern auch die Rechtsordnung, das politische System und vor allem die Gesamtwirtschaft werden von ihr berührt. Analysiert man die wirtschaftlichen Wirkungen der Unternehmenskonzentration, so ist zunächst scharf zu trennen zwischen betriebswirtschaftlichen und volkswirtschaftlichen Effekten. Nicht zuletzt die unzureichende Trennung beider Aspekte hat in der Vergangenheit immer wieder Mißverständnisse hervorgerufen.
Apologeten der Konzentration gilt allein die Tatsache, daß Unternehmenszusammenschlüsse zu innerbetrieblicher Rationalisierung und Kostensenkung führen können, als Beweis für die volkswirtschaftlich positiven Effekte der Unternehmenskonzentration. Das Problem, wem außer dem Eigentümer des Unternehmens die Kostensenkung eigentlich zugute kommt, wird dabei vernachlässigt. Ebenso unzulässig ist jedoch die Behauptung, jede Unternehmenskonzentration schränke den Wettbewerb ein und sei ein weiterer Schritt auf dem Weg zum Monopolkapitalismus. Diese These – sie wird im übrigen häufig von extremen Befürwortern wie Kritikern marktwirtschaftlicher Systeme geteilt – übersieht, daß auf einigen Märkten erst ein bestimmter Konzentrationsgrad Voraussetzung für den Wettbewerb ist.

3.6.2 Unternehmenskonzentration und Wettbewerb

Aus gesamtwirtschaftlicher Perspektive erweist sich daher die Frage nach den Auswirkungen der Unternehmenskonzentration auf den Wettbewerbsmechanismus als zentrales Problem. Konkret formuliert: Fördert oder behindert die Unternehmenskonzentration den Wettbewerb?
Unter ›Wettbewerb‹ wird allgemein die Rivalität unabhängiger Einzelwirtschaften um vorteilhafte Geschäftsverbindungen mit der Marktgegenseite verstanden[72]. Diese Rivalität manifestiert sich auf Unternehmensseite nicht nur in Preiskonkurrenz, sondern auch in Qualitäts-, Sortiments- und Service-Konkurrenz. Dabei hat der Wettbewerb mehrfache Funktionen[73]. Er soll den Güterausstoß an der effektiven Nachfrage

orientieren, die Einkommen nach der Marktleistung verteilen und die Produktionsfaktoren in die Bereiche höchster Produktivität lenken (sogenannte statische Wettbewerbsfunktionen). Darüber hinaus sollen durch ihn aber auch die Anpassungsflexibilität der Wirtschaft gefördert und technisch-organisatorische Fortschritte durchgesetzt werden (sogenannte dynamische Wettbewerbsfunktionen). Eine Konzentrationsanalyse hat infolgedessen danach zu fragen, ob und in welchem Umfang die statischen und dynamischen Funktionen des Wettbewerbs mit wachsender Unternehmenskonzentration eingeschränkt werden.

Vordergründig ist die Antwort klar: Der Wettbewerb wird primär durch horizontale Unternehmenskonzentrationen beeinträchtigt, denn bei ihnen ist die Gefahr einer Beherrschung oder Monopolisierung des Marktes besonders groß. Vertikale und diagonale Zusammenschlüsse dagegen scheinen keine negativen Wettbewerbseffekte zu haben, da sie auf verschiedenen Märkten tätig sind. Beide Aussagen sind in dieser Form falsch.

Was die Auswirkungen horizontaler Unternehmenskonzentration auf den Wettbewerb anlangt, so wird häufig bereits die Verringerung der Anbieterzahl (absolute Konzentration) oder die unterschiedliche Entwicklung der Marktanteile (relative Konzentration) als wettbewerbsschädlich gewertet. Offenbar ist dies nur dann sinnvoll, wenn Wettbewerb unmittelbar und ausschließlich mit der Zahl der Anbieter und ihrem Marktanteil gleichgesetzt wird, wobei eine möglichst große Zahl von Unternehmen mit entsprechend niedrigen Marktanteilen als Voraussetzung ›atomistischer‹ Konkurrenz gilt.

Tatsächlich kann theoretisch nachgewiesen werden, daß die ›atomistische‹ oder ›vollkommene‹ Konkurrenz die statischen Wettbewerbsfunktionen optimal erfüllt. Folglich wäre eine ideale Konkurrenzwirtschaft durch eine Vielzahl rivalisierender kleiner Landwirtschafts-, Handwerks- und Dienstleistungsunternehmen charakterisiert.

Ein Blick in den wirtschaftlichen Alltag zeigt jedoch, daß gerade der Wettbewerb zwischen Landwirten, Schustern und Friseuren nicht so intensiv zu sein scheint, wie es das Modell der atomistischen Konkurrenz lehrt. »Wettbewerb ist also nicht einfach von einer möglichst hohen Zahl kleiner Unternehmen abhängig. Die kleinen sind gar nicht in der Lage, einen starken Wettbewerb untereinander zu führen. Ihre gegenseitige Konkurrenz wäre eher als ›Schlafmützenkonkurrenz‹ (F. A. Lutz) zu bezeichnen.«[74] In ihr herrscht Stillstand, wo doch nach landläufiger Auffassung Veränderung wesentliches Kennzeichen wettbewerblicher Prozesse ist.

Tatsächlich ist Wettbewerb seinem Wesen nach ein evolutorischer Prozeß. Er ist gekennzeichnet durch einen permanenten Prozeß »schöpferischer Zerstörung« (J. Schumpeter). Von Pionierunternehmen werden neue Verfahren eingesetzt, neue Produkte kreiert und neue Märkte erschlossen. Die Konkurrenz ist angesichts des drohenden Untergangs gezwungen, nachzuziehen. Offenbar können in diesem dynamischen Prozeß des *challenge and response* nur größere Unternehmen mit beachtlichem Gewinnniveau, Investitions- und Forschungspotential mithalten. Daraus folgt,

daß die Intensität der Konkurrenz mit abnehmender Zahl von Unternehmen am Markt steigt. Die dynamische Funktionsfähigkeit des Wettbewerbs nimmt zu. Infolgedessen ist bei Verringerung der Anbieterzahl auf Märkten mit Klein- und Mittelunternehmen zunächst eine Intensivierung des Wettbewerbs zu erwarten[75]. Dies gilt etwa im Bereich der Agrarmärkte, in der Bau- und Fertighausindustrie.
Mit fortschreitender horizontaler Unternehmenskonzentration erreicht die Wettbewerbsintensität ein Optimum. Je nach Produkt, Marktgröße und Potential der Anbieter kann dieses Optimum bei zehn bis hundert Unternehmen liegen. Nach Überschreiten des Punktes optimaler Wettbewerbsintensität steigt die Wahrscheinlichkeit gegenseitiger Abstimmung des Marktverhaltens unter den Konkurrenten.
Die horizontale Konzentration führt im Extremfall zum Einzelmonopol, in dem die gesamte Marktversorgung von einem Unternehmen geleistet wird. Die Logik dieser Entwicklung ist ziemlich einfach: Mit wachsender Konzentration verringert sich die Zahl rivalisierender Anbieter. Damit steigt zunächst rein kommunikationstechnisch die Möglichkeit von Marktabsprachen. Was in der Landwirtschaft mit über einer Million selbständiger Bauern nicht möglich ist, wird in Industriebranchen mit sechs oder acht Großanbietern wahrscheinlich. Auch das ökonomische Kalkül spricht dafür, sich der drückenden Bürde des Leistungswettbewerbs zu entledigen, indem sich die beteiligten Unternehmen durch Preisabsprachen langfristig befriedigende Erträge sichern. Das Spektrum wettbewerbsbeschränkender Maßnahmen ist dabei sehr breit. Es reicht von der Preisführerschaft – ein Großanbieter setzt die meist überhöhten Preise fest, die Restanbieter ziehen mit – über ein mündlich oder schriftlich abgestimmtes Marktverhalten, die Ausnutzung von Abhängigkeiten bis zum Aufkauf ›aufmüpfiger‹ Konkurrenz.
Freilich wird dies von den beteiligten Unternehmen anders beurteilt. Um schwerwiegende Fehlentscheidungen oder Fehlleistungen des Marktes zu vermeiden, sei ›bewußte Koordinierung‹ durch die Unternehmen selbst notwendig. Der Wettbewerbsexperte des Bundesverbandes der Deutschen Industrie (B.D.I.) formulierte diesen Sachverhalt so: »Man wird der Funktionsfähigkeit moderner Industriemärkte ... nur dann gerecht, wenn man bewußtes gleichförmiges Verhalten oder die Kooperation der Konkurrenten zur Ordnung des Preiswettbewerbs nicht als grundsätzlich systemwidrig ansieht ... Anzunehmen, ohne Vereinbarungen oder Abreden, also völlig sich selbst überlassen, könne der Wettbewerbsmechanismus optimal oder gar ideal funktionieren, ist eine der erstaunlichsten Fehlmeinungen der Wirtschaftsgeschichte.«[76]
Ziel dieser ›Ordnung‹ des Wettbewerbs ist eine Stabilisierung oder Erhöhung des Gewinniveaus der beteiligten Firmen, nicht durch verbesserte Marktleistung, sondern durch Preis-, Mengen- oder Qualitätsabsprachen zulasten des Konsumenten. Empirische Untersuchungen darüber, bei welchen Werten der Markt vom Wettbewerbs- zum Monopolmarkt ›kippt‹, liegen nur für die Vereinigten Staaten vor. Sie kommen zu dem Ergebnis, »daß bei einem Konzentrations-Schwellenwert, der ungefähr bei einem

Marktanteil von 70 v. H. der acht größten Anbieter liegt, ein Sprung von einem niedrigen Wettbewerbsniveau der Preise und Gewinne zu einem hohen Monopolniveau eintritt«[77]. Auf die Bundesrepublik angewendet würde dies bedeuten, daß in mindestens sieben Industriebranchen (vgl. *Tabelle 16*) mit monopolistischen Marktverhältnissen zu rechnen ist. Allerdings hängt der Grad der Konkurrenz auch von der Wirtschaftsgesinnung und dem *spirit of competition,* dem Willen zum Wettbewerb, ab, »und dieser kann bei drei Konkurrenten größer sein als bei dreihundert«[78].

Kann somit horizontale Konzentration nicht stets mit Monopolisierung der Märkte gleichgesetzt werden, so führt umgekehrt diagonale Unternehmenskonzentration nicht *a priori* zur Intensivierung des Wettbewerbs. Kurzfristig scheinen diagonale Zusammenschlüsse durch Eindringen eines *newcomers* den Wettbewerb zu beleben. Das Konglomerat betreibt aggressive Markt- und Preispolitik und bricht damit verkrustete Marktstrukturen auf.

Insbesondere der Eintritt in seit Jahrzehnten aufgeteilte und abgesicherte Märkte und damit die Intensivierung des Wettbewerbs ist meist nur über diagonale Fusion möglich. Ein diagonaler Zusammenschluß ist »ein geeignetes Mittel ... den in großbetrieblichen Organisationsformen der Industrie vielfach von einer Erstarrungstendenz bedrohten Wettbewerb zu erhalten und zu beleben«[79].

Konglomerate sind dabei durch Bereitstellen von Gewinnen aus anderen Branchen und Märkten in der Lage, langfristiges Preisdumping unterhalb der Herstellungskosten durchzuhalten. Ihr kompetitiver Vorteil basiert nicht auf technischer oder ökonomischer Leistung, sondern auf ihrer Finanzkraft. Mit ihrer Hilfe vergrößern sie den eigenen Marktanteil und verdrängen selbst leistungsfähige Einproduktenunternehmen mit billigeren und besseren Waren vom Markt.

Langfristig können diagonale Unternehmenskonzentrationen zur Beherrschung oder sogar Monopolisierung der Märkte führen. Ist einmal die Konkurrenz ausgeschaltet oder zu wirtschaftsfriedlicherem Verhalten gezwungen, können in der Regel die Preise heraufgesetzt werden. Mit wachsender Zahl diagonaler Zusammenschlüsse muß nun damit gerechnet werden, daß selbst die anfängliche Intensivierung des Wettbewerbs beim Eindringen in einen neuen Markt ausbleibt. Ein Konglomerat, das auf einem Markt aggressive Preispolitik betreiben will, läuft Gefahr, auf einem anderen Markt von konkurrierenden Gemischtwarenkonzernen in einen ruinösen Preiskrieg mit ungewissem Ausgang getrieben zu werden. »Bei einer derartigen Konstellation wäre es denkbar, daß die Unternehmen aus dem Bewußtsein der eigenen Verwundbarkeit heraus *live and let live policy* entwickeln. Dies könnte die Anerkennung gegenseitiger ›Interessenssphären‹ bedeuten und auf diese Weise eine Beschränkung des Wettbewerbs.«[80]

3.6.3 Unternehmenskonzentration und Konsumentensouveränität

Zu den unbestreitbaren Vorzügen konkurrenzwirtschaftlicher Systeme zählt die Tatsache, daß in ihnen die gewinnorientierten Unternehmen ständig gezwungen sind, ihre Produktion an den individuellen Bedürfnissen der Konsumenten auszurichten. Zumindest war diese Aussage bis vor wenigen Jahren unumstößlicher Glaubenssatz liberaler Ökonomie. »Nach der gängigen Ansicht ist das Wirtschaftsleben nach wie vor ein Prozeß, durch den der Verbraucher dem Produzenten seinen Willen aufzwingt.«[81] Im Modell der Marktwirtschaft wird der Konsument zu einer Art Wirtschaftsdemokrat, der mit dem Geldbeutel laufend über das Angebot konkurrierender Produzenten abstimmt[82]. Souverän und unbeeinflußt von der Marktgegenseite steuert der Verbraucher die Produktion. »Die Vorstellung, daß auf freien Gütermärkten unabhängige, um die Gunst der Verbraucher wetteifernde Konkurrenten auftreten und sich die jeweiligen Preise durch das freie Spiel von Angebot und Nachfrage bilden, entbehrt zwar nicht einer gewissen Romantik, erweist sich heute aber als realitätsferner denn je.«[83]
Tatsächlich zwingt der steigende Kapitaleinsatz automatisierter Fertigungsverfahren die Großunternehmen zur konstanten Auslastung ihrer Kapazitäten. Um das Risiko verlustreicher Absatz- und Beschäftigungsrückgänge möglichst gering zu halten, sind sie auf fest kalkulierbare, geplante Preise und Absatzmengen angewiesen. Damit werden Prognose und Beeinflussung des Konsumentenverhaltens für das kapitalintensive Großunternehmen zu unverzichtbaren Bedingungen des Überlebens. Mit wachsender Komplexität der angewandten Technologie und Organisation steigen die Ausgaben für Marktforschung und Werbung.
Die laufende Vergrößerung ihrer Werbeetats ist für viele Großunternehmen ein wichtiger Faktor ihrer Absatzstrategie. In der Folge wird ein zentrales Axiom der These von der Konsumentensouveränität in Frage gestellt – die Annahme nämlich, der Verbraucher träfe unabhängig von Außeneinflüssen seine Kaufentscheidung. Leider liegt für diesen zentralen Bereich marktwirtschaftlicher Steuerung kein repräsentatives Material vor[84]. So bleibt die Diskussion, ob Werbung Marktaufklärung oder Konsumterror sei, weitgehend spekulativ. Die Gleichsetzung von steigenden Werbeausgaben und wachsender Manipulation der Verbraucher jedenfalls basiert auf einer Verwechselung von Quantität mit Qualität. Einige der größten geschäftlichen Fehlschläge in der Werbung der letzten Jahre sind damit zu erklären, daß die Macht der Werbung erheblich überschätzt wurde. Anfang der sechziger Jahre brachte Ford den Ford Edsel auf den Markt – wahrscheinlich das erste Auto der Welt, das durchgängig nach umfassenden Motivationsanalysen repräsentativer Käuferschichten konstruiert wurde. »Selbst der Klang der zufallenden Autotür sollte so solide sein, daß der Nachbar meinte, ein solches Auto müßte er auch haben.«[85] Entsprechend aufwendig und umfassend war die Werbekampagne. Dennoch stockte der Absatz bereits nach kurzer Zeit. Der Ford Edsel wurde

eines der größten Verlustgeschäfte der Automobilindustrie und zum Trauma der Marktforscher.
Ähnliche Erfahrungen mußte die deutsche Damenoberbekleidungsindustrie 1970 mit der Midi-Mode machen. Trotz großangelegter Werbefeldzüge ging der Absatz zurück. Industrie und Handel beklagten denn auch die »modische Unsicherheit« und »Kaufmüdigkeit« des Publikums[86]. Diese wenigen, nicht allgemeingültigen Hinweise scheinen anzudeuten, daß der Einfluß der Werbung auf den Verbraucher von Werbefachleuten wie Systemkritikern wahrscheinlich überschätzt wird. Trotzdem verbleibt die Tatsache, daß in hochindustriellen Gesellschaften eine Finanz- und Machtasymmetrie zwischen den Produzenten und Konsumenten existiert, die den Anbietern ein differenziertes Arsenal manipulativer Möglichkeiten an die Hand gibt. Zudem scheint auf der Produzentenseite ein höheres Maß an Entscheidungsrationalität zu herrschen. »Auf den meisten Konsumgütermärkten hochentwickelter Volkswirtschaften befinden sich die Anbieter in einer überlegenen Position gegenüber dem Verbraucher: sie sind die aktiven, die Verbraucher die reaktiven Tauschpartner.«[87]
Während der Konsument selbst bei massiver Werbung noch zwischen dem Angebot konkurrierender Großunternehmen wählen kann, so ist dies unmöglich, wenn einzelne Anbieter eine marktbeherrschende Stellung einnehmen. In dieser Situation wird die Steuerung des Marktprozesses nach den Konsumentenpräferenzen durch langfristig festgelegte Produktions- und Absatzstrategien der Marktführer abgelöst. »In letzter Zeit sind verstärkt Bestrebungen zu beobachten, in hochkonzentrierten Industriezweigen Wettbewerb durch kollektive Planung bei Angebotsmengen und Preisen zu ersetzen... Die beteiligten Unternehmen würden zwar ihre Gewinne sichern, zugleich würde aber der marktwirtschaftliche Steuerungsmechanismus vollends außer Kraft gesetzt werden.«[88] Bei gemeinsamem Vorgehen der Anbieter ist der Konsument machtlos; denn er kann nicht mehr auf das alternative Angebot eines Konkurrenten ausweichen.
Die Konsumentensouveränität wird in Branchen mit hohem Konzentrationsgrad durch eine Produzentensouveränität ersetzt. »Diese Produzentensouveränität stellt unser gegenwärtiges Hauptproblem dar – wenn die wirtschaftliche und die damit verbundene politische Theorie an der Auffassung festhält, der Verbraucher und der Staatsbürger seien souverän, dann versagen ihre Verfechter bei der Interpretation der Wirklichkeit.«[89]
Das Theorem von der Produzentensouveränität in hochentwickelten Industriegesellschaften ist mindestens so umstritten wie die These von der Konsumentensouveränität; denn es setzt gesamtwirtschaftlich als absolut, was lediglich für einige hochkonzentrierte Märkte gilt. Dennoch ist nicht zu übersehen, daß eine Theorie, die von der Produzentensouveränität ausgeht, zahlreiche Phänomene besser erklären kann als das klassische Marktmodell.
Das herkömmliche Modell erklärt beispielsweise die Asymmetrie von privatem Autoverkehr und öffentlichen Nahverkehrsmitteln aus den unterschiedlichen Verbraucherpräferenzen. Das ›revidierte‹ Modell der Produzentensouveränität hält diese Asymmetrie für das Resultat unter-

schiedlicher Machtverhältnisse in den verschiedenen Industr
Dann haben die Automobilindustrie und ihre Lobby ihre So
wirksamer ausgeübt als die Produzenten von Massenverkehrsmitt
Ein vorläufiges Fazit der geschilderten Kontroverse lautet dahe
Begriff ›Konsumentensouveränität‹ offenbar Wunschvorstellur
Wirklichkeit miteinander vermengt werden. Er enthält sowohl
sage darüber, was ist, als auch darüber, was sein sollte. Insofer
es sich bei der These vom souveränen Konsumenten nicht
empirisch überprüfbaren Satz, sondern um eine Wunschvorstellung

3.6.4 Unternehmenskonzentration und Konjunktur

Spätestens seit Marx gelten Unternehmenszusammenschlüsse als
der Not«. Im konjunkturellen Abschwung steigt die Zahl der Ins
und Konkurse. Einige Firmen stellen die Fertigung ein oder wer
der kapitalkräftigeren Konkurrenz aufgekauft (absolute Konzen
Andere Unternehmen stagnieren. Ihr Umsatzanteil bleibt hin
Umsätzen der Marktführer immer weiter zurück (relative Kor
tion). Die konjunkturelle Situation beeinflußt Stand und Entw
der Unternehmenskonzentration. Aber auch der umgekehrte Zusa
hang besteht. Der Konzentrationsprozeß hat Auswirkungen auf
samtwirtschaftliche Entwicklung, auf die Wachstumsrate des Soz
dukts, die Beschäftigungslage und die Stabilität des Preisniveaus.
Der Zusammenhang von Unternehmenskonzentration und Konj
manifestiert sich besonders deutlich in der Stagflation – in einer ko
turellen Situation also, die durch ein stagnierendes Sozialprodukt und
hohe Arbeitslosigkeit bei Inflation gekennzeichnet ist. (Stagflation =
Stagnation + Inflation.) Stagflationäre Prozesse waren bis Anfang der
siebziger Jahre unbekannt[90]. Heute sind sie in zahlreichen hochindustriellen Gesellschaften bereits die Regel. Die Stagflation kann daher nicht als
eine Art kurzfristiger Betriebsunfall der jüngsten Geschichte gedeutet
werden. Sie ist eher Resultat dauerhafter struktureller Änderungen auf
den Güter- und Faktormärkten entwickelter Industriegesellschaften. Der
Konzentrationsprozeß zwingt insbesondere Großunternehmen zu einem
bestimmten Marktverhalten, das gesamtwirtschaftlich Stagflationskrisen
wenn nicht verursacht, so doch mindestens verschärft.
Die Anwendung komplexer Technologien in kapitalintensiven Konzernen
hat die Ausreifungszeit vieler Investitionsprojekte erheblich verlängert.
Zwischen Entwicklung und Marktreife eines Produkts liegen bei Großvorhaben im Energie- und Stahlsektor, aber auch im Flugzeug- und
Automobilbau, 3 bis 10 Jahre. Die damit verbundenen finanziellen Risiken können nur verringert werden, wenn es dem einzelnen Unternehmen
gelingt, sich von den unkalkulierbaren Preisschwankungen des Marktes
unabhängig zu machen. Der ›souveräne‹ Großproduzent muß im Interesse
langfristiger kalkulierbarer Gewinne versuchen, sich vom Markt zu emanzipieren. »Die Planung in industriellen Großunternehmen verlangt eine

marktunabhängige Fixierung der Preise durch die Unternehmensleitung. Würde man – so lautet die Argumentation der Großunternehmer – die Preise den Zufälligkeiten eines unkontrollierten Marktes überlassen, würden die langfristigen Unternehmensziele gefährdet.«[91]
Nachfragerückgänge werden von den Großunternehmen dann nicht mehr mit Preissenkungen beantwortet – wie es der klassische Wettbewerbsmechanismus vorsah –, sondern mit einem Übergang zu Kurzarbeit und Entlassungen bei konstanten Preisen. Empirisch ist sogar der Stagflationsfall zu beobachten, daß trotz sinkender oder stagnierender Nachfrage die Preise erhöht werden, weil das einzelne Unternehmen mit dieser Marktstrategie seinen Gewinn konstant halten kann. In den vergangenen Jahren waren beispielsweise in der Automobilindustrie Kurzarbeit und gleichzeitige Preiskorrekturen nach oben durchaus üblich.

Der Preiswettbewerb wird systematisch aus dem Arsenal möglicher Absatzstrategien ausgeschlossen und tabuisiert. Statt dessen weicht man auf Konditionen- und Werbekonkurrenz aus, die – weil für den Konsumenten weniger durchschaubar – als ungefährlich gilt. Der Prozeß der Unternehmenskonzentration kann also zur Bildung von Marktmacht führen, die den klassischen Marktmechanismus außer Kraft setzt, die Souveränität des Konsumenten beschränkt und Arbeitslosigkeit bei steigenden Preisen erzeugt[92].

3.7 Multinationale Unternehmenskonzentration und politisches System

Daß wirtschaftliche Macht immer auch politische Macht ist, zeigt sich am deutlichsten im multinationalen Konzern. Multi- oder transnationale Unternehmen sind Konzerne, die in drei oder mehr Ländern selbständige Tochtergesellschaften unterhalten und eine weltweite Strategie betreiben[93]. Dies ist zugleich – wie zu zeigen sein wird – die Ursache ihrer besonderen wirtschaftlichen und politischen Macht. Nicht alle multinationalen Konzerne setzen diese Macht ein, und nur wenige mißbrauchen sie[94].

Die ›Multis‹ unterscheiden sich nicht nur durch ihre transnationalen Aktivitäten vom nationalen Konzern, sondern auch durch ihre Größe. Der Welt größte Unternehmen sind ausnahmslos multinationale Unternehmen. Bereits im Jahre 1970 wurde ein Sechstel des Weltsozialprodukts von multinationalen Konzernen produziert, und im Jahre 1972 entsprach die Umsatzsumme der acht größten multinationalen Konzerne den Staatsausgaben der damaligen Mitgliedstaaten der Europäischen Gemeinschaft[95]. Dieses Verhältnis dürfte sich in der Zwischenzeit zugunsten der multinationalen Unternehmen verschoben haben; denn ihre gegenwärtige Wachstumsrate ist etwa doppelt so hoch wie die Wachstumsrate aller übrigen Unternehmen. Angesichts ihrer Größe, ihrer Dynamik und ihrer globalen Strategie gelten die Multis nicht zu Unrecht als »Elefanten« (H. Arndt) der kapitalistischen Weltwirtschaft.

Tabelle 18

Die 20 größten multinationalen Konzerne im Jahr 1974

Firma	Umsatz in Mrd. DM	Veränderung gegenüber 1973	Beschäftigte
1. Exxon	108,9	+ 64 %	133 000
2. Royal Dutch/Shell	83,4	+ 86 %	164 000
3. General Motors	81,7	− 12 %	734 000
4. Ford Motor	61,2	+ 3 %	465 000
5. Texaco	60,2	+104 %	76 000
6. Mobil Oil	49,0	+ 66 %	73 000
7. British Petroleum (BP)	47,3	+148 %	68 000
8. Standard Oil (California)	44,5	+121 %	40 000
9. Gulf Oil	42,6	+ 96 %	53 000
10. General Electric	34,7	+ 16 %	404 000
11. Unilever	33,2	+ 18 %	357 000
12. IBM	32,8	+ 15 %	292 000
13. ITT	28,9	+ 10 %	409 000
14. Chrysler	28,4	− 7 %	256 000
15. Philips	24,4	+ 12 %	412 000
16. BASF	21,9	+ 38 %	111 000
17. Hoechst	20,2	+ 37 %	179 000
18. Bayer	18,9	+ 36 %	169 000
19. Du Pont	17,9	+ 31 %	137 000
20. ICI	17,9	+ 36 %	201 000
Zusammen	858,9		4 733 000

Zum Vergleich: Das Bruttosozialprodukt der Bundesrepublik Deutschland betrug 1974 995,5 Mrd. DM.
1 Dollar = 2,5897 DM (mittlerer amtlicher Frankfurter Devisenkurs 1974)
Quelle: »Süddeutsche Zeitung« vom 30./31. 8. 1975

Ein wachsender Teil des Welthandels erfolgt nicht mehr zwischen selbständigen Konzernen, sondern konzernintern, d. h. zwischen den verschiedenen Auslandsniederlassungen eines multinationalen Unternehmens. »Damit hat die Tätigkeit multinationaler Unternehmen die Struktur der internationalen Arbeitsteilung nachhaltig verändert. An die Stelle der Arbeitsteilung zwischen unabhängigen Unternehmen, koordiniert durch die Märkte, ist in zunehmendem Maße eine Arbeitsteilung innerhalb von Konzernen, koordiniert durch die Unternehmen, getreten.«[96] Paradoxerweise werden so internationale Waren- und Kapitalströme zu konzerninternen Verrechnungseinheiten.
Die singuläre Verquickung gesamtwirtschaftlicher und einzelwirtschaftlicher Aspekte im internationalen Konzern scheint nun, mehr noch als bei nationalen Unternehmen, das politische System der souveränen Nationalstaaten zu unterlaufen und eine Transformation des klassischen Staatensystems auszulösen. Das labile Verhältnis von privater Wirtschaftsmacht

und öffentlichem Interesse manifestiert sich indirekt im Bereich staatlicher Konjunktur- und Steuerpolitik, direkt in der Artikulation von Konzerninteressen gegenüber dem politisch-administrativen System. Mit Übergang zur staatlichen Beschäftigungspolitik seit der Weltwirtschaftskrise zählen das Recht auf Arbeit und die Sicherung von Vollbeschäftigung zu den wichtigsten Zielen staatlicher Wirtschafts- und Gesellschaftspolitik. Das regellose Auf und Ab der Konjunktur wird nicht mehr als unbeeinflußbares Schicksal hingenommen, sondern gilt als Herausforderung an die Politik.

Die multinationale Unternehmenskonzentration kann die staatliche Konjunkturpolitik erfolgreich unterlaufen und damit die ökonomische und politische Stabilität im betroffenen Land gefährden. Aus der langfristigen Gewinnmaximierungspolitik multinationaler Konzerne ergibt sich, daß die Produktion in Staaten mit niedrigen Kosten und hoher Produktivität, der Absatz in Ländern mit hohen Preisen zu erfolgen hat. Insbesondere in arbeitsintensiven Branchen mit hohem Lohnkostenanteil verlagern die multinationalen Unternehmen seit Jahren ihre Produktion von den hochentwickelten Industriegesellschaften in Niedriglohnländer, um von dort aus kostengünstig für den Weltmarkt produzieren zu können.

»Die steigenden Löhne in den großen westlichen Industriestaaten veranlassen deren Konzerne, einen immer größeren Teil ihrer Produktion in asiatische Niedriglohnländer zu verlagern. Und wir haben gesehen, wie amerikanische Firmen, insbesondere aus der Elektroindustrie, vor einigen Jahren dazu übergegangen sind, Produktionsstätten in Asien zu errichten, um von dort aus in die USA und andere Industrieländer zu exportieren. Europäische Herstellerfirmen haben inzwischen ebenfalls die Vorteile erkannt, die die Länder Asiens als Exportbasis bieten ... Die westdeutschen Unternehmen ... gehen auf diesem Weg voran.«[97] Tatsächlich kommen empirische Untersuchungen zu dem Ergebnis, »daß die deutsche Industrie zur Zeit einen ausgeprägten Prozeß der Internationalisierung durchläuft«[98]. Danach wollten 56 Prozent der erfaßten größeren Industrieunternehmen in den nächsten 5 Jahren den Anteil der Auslandsinvestitionen am gesamten Investitionsaufwand erhöhen. Infolge weiterer Verschiebungen der Kostenrelationen gegenüber dem Ausland werden Kostenüberlegungen eine zunehmende Bedeutung erhalten[99]. Diese Verlagerung von Produktionsstätten ins Ausland bedeutet praktisch einen Export von Arbeitsstätten[100]. Damit können multinationale Unternehmen, insbesondere in gesamtwirtschaftlichen Rezessionsphasen, Beschäftigungskrisen in einzelnen Branchen verschärfen. An dieser Problematik entzündete sich auch die Kontroverse über den geplanten Aufbau einer US-amerikanischen Produktionsstätte des VW-Konzerns in den Rezessionsjahren 1974/75.

Kurzfristig bedeutsamer als der Job-Export-Effekt multinationaler Aktivitäten sind ihre währungspolitischen Auswirkungen. Ende 1971 verfügten die multinationalen Unternehmen über liquide Mittel von über 800 Mill. DM[101], das war ein mehr als doppelt so hoher Betrag wie die Währungsreserven aller Zentralbanken. Bei der währungspolitischen

Problematik geht es insbesondere um die Möglichkeit der ›Multis‹, liquide Mittel kurzfristig und vorübergehend in andere Währungen zu transferieren. Ihr Vorteil gegenüber den nationalen Firmen besteht darin, auf die Kassenbestände von Tochtergesellschaften in anderen Ländern zurückzugreifen und ausländische Geldmärkte leichter in Anspruch nehmen zu können[102]. Da zwischen den wichtigsten Welthandelsländern Konvertibilität besteht, sind derartige Transaktionen im Regelfall problemlos. Aber selbst bei Kapitalverkehrsbeschränkungen existiert ein differenziertes Instrumentarium, das internationalen Unternehmen größere Kapitaltransfers ermöglicht. Beispielsweise können konzerninterne Warenlieferungen je nach Bedarf kreditiert oder mit Vorauszahlungen belastet werden. Benötigt beispielsweise die Muttergesellschaft liquide Mittel, kann sie den Konzerntöchtern mehr oder minder imaginäre Dienstleistungen in Rechnung stellen. »Weder ein Zoll- noch ein Finanzamt, geschweige denn eine Zentralnotenbank kann diese Preise und Gebühren auf ihre Angemessenheit prüfen ...«[103]
Umfangreiche internationale Kapitalbewegungen können nun die Bemühungen der nationalen staatlichen Wirtschaftspolitik um Stabilisierung des Binnen- und Außenwerts der Währung konterkarieren. Der Versuch der Geldpolitik, die Inflationierung des inländischen Preisniveaus mit einer Verringerung der umlaufenden Geldmenge und hohen Kreditzinsen zu stoppen, wird regelmäßig durch einströmende Auslandsgelder unterlaufen. Dazu tragen auch die multinationalen Konzerne bei. Aus der Sicht globaler Gewinnmaximierung ist es rational, Finanzmittel von Tochtergesellschaften in Niedrigzinsländern in das jeweilige Hochzinsland zu transferieren; denn dies sichert steigende Zinserträge.
Versucht die Zentralnotenbank hingegen im Konjunkturabschwung die inländische Nachfrage durch eine Politik des ›billigen Geldes‹ zu beleben, wandert ein Teil der inländischen Geldmenge in Länder mit höherem Zinsniveau ab, ohne im Inland nachfragewirksam zu werden. In beiden Fällen wird die Geldpolitik als Instrument nationaler Konjunktursteuerung praktisch lahmgelegt. Ähnliche Mechanismen erschweren den Versuch der staatlichen Wirtschaftspolitik, den Außenwert der Währung, also den Wechselkurs, zu stabilisieren. »Man kann die multinationalen Unternehmen ... zum wesentlichen Teil für das Ausmaß und die Beschleunigung einer Währungskrise verantwortlich machen, nicht jedoch für ihre Entstehung.«[104]
Auch in seinem ureigensten Bereich, der Steuer- und Finanzhoheit, wird der Nationalstaat in seiner Souveränität und Autonomie durch Gewinnverlagerungen multinationaler Konzerne beeinträchtigt. Um seine Steuerzahlungen auf erzielte Gewinne zu minimieren, muß der multinationale Konzern versuchen, die Gewinne aus Hochsteuerländern in sogenannte Steueroasen zu transferieren. Staaten mit vergleichsweise geringer oder gar keiner Besteuerung sind u. a. die Bahamas, Panama und die Antillen, die Schweiz, Liechtenstein, Luxemburg und Griechenland sowie Singapur und Hongkong. Nach den übereinstimmenden Ergebnissen verschiedener empirischer Untersuchungen wird steuerlichen Aspekten bei konzernin-

ternen Handels-, Kapital- und Dienstleistungsbeziehungen von den Unternehmen generell ein erhebliches Gewicht beigemessen[105]. Als geeignetes Mittel der Gewinn- und Steuermanipulation erweist sich die weitgehend willkürliche Fixierung sogenannter Transferpreise bei konzerninternen Güterimporten und -exporten. Des weiteren sind Variierungen der Zinssätze und Gebühren für technologisches Know-how und Managementleistungen möglich. Die Konzernzentrale berechnet Tochtergesellschaften in Hochsteuerländern überhöhte Einstandspreise und setzt nicht kostendeckende Abgabepreise fest, so daß im Extremfall bilanzmäßig keine Gewinne ausgewiesen werden und keine Gewinnsteuern zu zahlen sind.
Multinationale amerikanische Konzerne beispielsweise berechneten ihren mexikanischen Tochtergesellschaften Einstandspreise, die erheblich höher als die Weltmarktpreise waren. In Kolumbien mußte eine Tochtergesellschaft 30 % höhere Preise an die Konzernzentrale zahlen als eine unabhängige Firma[106]. Umgekehrt kann eine Auslandsniederlassung in einem Niedrigsteuerland die Produkte von anderen Konzerngesellschaften billig beziehen und zu überhöhten Preisen verkaufen, so daß bei ihr ein größerer Gewinn anfällt, der relativ niedrig versteuert wird. Derartige Manipulationen sind recht leicht durchzuführen, weil keine einheitlichen Schemata für Publizitäts- und Rechtsvorschriften existieren. Die multinationalen Konzerne brauchen daher keine vergleichbaren Weltbilanzen aufzustellen.
Befragungen in amerikanischen Weltkonzernen ergaben, daß manche Firmen bei ihren Auslandstöchtern fünf verschiedene Buchungssysteme anwenden. System eins soll die tatsächlichen Produktionskosten festhalten; System zwei ist für den örtlichen Steuerbeamten bestimmt; System drei ist für die amerikanische Körperschaftssteuer; System vier ist für weltweite Buchhaltungszwecke; System fünf für Devisengeschäfte[107]. Es braucht nicht besonders betont zu werden, daß es sich hierbei um völlig legale Vorgänge der Steuerminderung handelt, die im Gegensatz zur verbotenen Steuerhinterziehung erlaubt sind.
»Es ist ... nicht Sache der privaten Unternehmer, sondern der in Frage stehenden Staaten, sich dem unberechtigten Abfluß von Gewinnen in Steueroasen im Wege der Harmonisierung oder Vereinheitlichung ihrer Steuersysteme zu erwehren. In einem liberalen Gemeinwesen darf und soll jeder Unternehmer den ihm zustehenden Freiheitsbereich zur Kostenminderung beziehungsweise Rentabilitätserhöhung, dessen Rahmen vom Staat selbst abgesteckt wird, voll in Anspruch nehmen.«[108]
Solange die internationale Harmonisierung der Steuern aus welchen Gründen auch immer nicht möglich ist, kann die staatliche Steuerhoheit materiell durch transnationale Konzerne unterlaufen werden. »Der Augenblick, in dem Konzernplanung und Regierungsplanung am direktesten kollidieren, ist die Stunde der Steuern.«[109] Den Industrienationen mit Hochsteuersätzen werden wichtige Einnahmen entzogen, obwohl die privaten Gewinne wie die gesellschaftlichen Kosten der Produktion in diesen Ländern entstehen. Aus dem Staatshaushalt sind Ausgaben für Infrastrukturmaßnahmen, zur Verbesserung der beruflichen Bildung und zur

Beseitigung von Umweltschäden finanziert worden, die auch den multinationalen Konzernen zugute kommen, ohne daß sie dafür – im Unterschied zu nationalen Unternehmen – annähernd adäquate Steuern zahlen. Staatliche Versuche, den multinationalen Konzernen nach dem Verursacherprinzip die Folgekosten von Umweltschäden anzulasten, können von ihnen langfristig durch Verlagerung der Produktionsstätten in Länder ohne Umweltschutzgesetze beantwortet werden. Ein derartiger ›Export von Umweltschmutz‹ findet gegenwärtig bereits nach Jamaica, Korea und Taiwan statt. Häufig reicht allerdings schon der gezielte Hinweis auf mögliche Betriebsstillegungen, um Regionalpolitiker, örtliche Kaufleute, Gewerkschaften und staatliche Institutionen zum Einlenken zu bewegen. Gerade diese direkten Aktionen multinationaler Konzerne im politischen Raum vollziehen sich weitgehend im dunkeln, wenn man von spektakulären Einzelfällen absieht. Insofern lassen sich Umfang und Methodik der Interessenartikulation nur schwer abschätzen.
Empirische Untersuchungen der Geschäftstätigkeit zeigen jedoch eine auffällige Affinität multinationaler Konzerne zu Ländern mit sogenannten ›stabilen‹ politischen Verhältnissen. Zu den beliebtesten Anlageländern deutscher multinationaler Konzerne außerhalb Westeuropas und Nordamerikas zählen Brasilien, Südafrika, Spanien und Griechenland[110], Länder also, die ausnahmslos von autoritär-faschistischen Regimes regiert werden oder wurden. Sie bieten dem multinationalen Konzern die Chance, weitgehend ungestört von Gewerkschaften, Streiks, Arbeits- und Sozialgesetzen tätig zu sein.
Die Steuern und Abgaben sind in der Regel niedrig, erzielte Gewinne können problemlos ins Stammland transferiert werden. Auch hier sollte man sich jedoch vor allzu schnellen Verallgemeinerungen hüten. Wenn die politische Macht multinationaler Konzerne in Entwicklungsländern mit »schwachen Staaten« (G. Myrdal) tatsächlich immer so groß war wie behauptet, ließen sich drastische Steuererhöhungen (wie in den Erdölförderländern), ein Vorgehen der heimischen Kartellämter gegen ausländische Konzerne (wie in Brasilien) oder die Nationalisierung ganzer Wirtschaftszweige (wie in Peru oder Chile unter Allende) kaum erklären.
Auch entwickelte Industrienationen sind dem Einfluß multinationaler Lobbys ausgesetzt. Die besondere politische Problematik dieses Lobbyismus resultiert aus der Tatsache, daß die Geschäftspolitik formal nationaler Unternehmen faktisch von der ausländischen Muttergesellschaft koordiniert und gelenkt wird. In welchem Ausmaß dadurch die politische Souveränität des Gastlandes eingeschränkt wird, hängt vom quantitativen und qualitativen Gewicht multinationaler Konzerne in der Gesamtwirtschaft und in wichtigen Sektoren ab[111]. Daß diese Argumentation nicht von vornherein als Ausdruck eines irrationalen Nationalismus abgetan werden kann, demonstrieren einige jüngere Beispiele multinationaler Konzernaktivität in der Bundesrepublik. Vor einigen Jahren führte die Tatsache, daß die Töchter multinationaler Mineralölkonzerne in der

Bundesrepublik nur mit geringen Überschüssen, teilweise sogar mit Verlusten arbeiteten, im Bundeswirtschaftsministerium zu Überlegungen, ob die deutschen Tochtergesellschaften nicht subventioniert werden sollten. »Offenbar war dem Wirtschaftsministerium nicht bekannt, daß schon wenige Jahre vorher das deutsche Bundesfinanzministerium mit den Ölgesellschaften ein – illegales – Abkommen geschlossen hatte, das diesen das Recht gab, ihre Einstandspreise ... erst am Ende eines jeden Jahres festzulegen. Damit besaßen die Ölgesellschaften die Macht, jeden Pfennig ihres Überschusses nach Übersee zu transferieren.«[112]

Tatsächlich wiesen die US-amerikanischen Muttergesellschaften in den vergangenen Jahren Gewinne aus, die weit über den Gewinnen aller anderen multinationalen Gesellschaften lagen. Branchenführer Exxon gab seinen Nettogewinn 1973 mit 6,0 Mrd. DM an. Das war der höchste Gewinn, den ein Unternehmen je erzielte[113]. 1974 gelang eine weitere Gewinnsteigerung auf 8,1 Mrd. DM. Eine Liste der zehn gewinnstärksten Unternehmen der Welt zeigt dann auch die Mineralöl-Konzerne in Front (s. *Tabelle 19*). Lediglich IBM, gegen das gegenwärtig eine Klage der amerikanischen Anti-Trust-Behörde wegen Beherrschung des Computer-Marktes läuft, bildet eine Ausnahme.

Tabelle 19

Die 10 gewinnstärksten multinationalen Konzerne im Jahr 1974

Firma	Gewinn[1] in Mrd. DM	Gewinn-Rang	Umsatz in Mrd. DM	Umsatz-Rang
1. Exxon	8,1	1	108,9	1
2. Royal Dutch/Shell	7,1	2	83,4	2
3. IBM	4,8	3	32,8	12
4. Texaco	4,1	4	60,2	5
5. British Petroleum (BP)	2,9	5	47,3	7
6. Gulf Oil	2,8	6	42,6	9
7. Mobil Oil	2,7	7	49,0	6
8. Standard Oil (California)	2,5	8	44,5	8
9. General Motors	2,5	9	81,7	3
10. General Electric	1,6	10	34,7	10
Zusammen	39,1		585,1	

[1] Gewinn nach Steuern
1 Dollar = 2,5897 DM (mittlerer amtlicher Frankfurter Devisenkurs 1974)
Quelle: »Der Stern« vom 11. 9. 1975

Nach jahrelanger offiziöser Duldung sah man sich im Frühjahr 1974 von seiten der Bundesregierung genötigt, die aggressive Preispolitik der Mineralölkonzerne zu stoppen. Ablauf und Ausgang der Ereignisse sind nicht repräsentativ, zeigen aber einige Probleme des delikaten Verhältnisses Staat-multinationale Konzerne auf gesamtwirtschaftlicher Ebene. Es be-

gann mit einer konzertierten Erhöhung der Preise für Vergaserkraftstoff im April 1974. Auf eine einstweilige Verfügung des Bundeskartellamtes gegen die Mineralölkonzerne reagierten die Firmen BP und Texaco mit dem Hinweis, man werde die Preiserhöhung auf jeden Fall durchsetzen. Daraufhin überstürzten sich die Ereignisse. Das Bundeswirtschaftsministerium erklärte am 23. April 1974: »Die Bundesrepublik kann und will keine Sonderprivilegien für Unternehmen dulden, deren Sitz im Ausland liegt, die jedoch ihre Geschäfte zu einem großen Teil auf deutschen Märkten abwickeln. Die neuerliche Preiserhöhung bei Benzin ist eine echte Provokation an die Adresse des Staates selbst. Solche ›Staaten im Staate‹ können auf deutschem Boden nicht geduldet werden.« (Staatssekretär Martin Grüner, »Süddeutsche Zeitung« vom 24. 4. 1974.) Tags darauf konterten die Mineralölkonzerne durch den Vorsitzenden der Deutschen Shell AG, Johannes Welbergen, es sei durchaus möglich, daß die Mineralölgesellschaften eines Tages ihre Benzin- und Rohölimporte in die Bundesrepublik einschränken könnten (»Süddeutsche Zeitung« vom 25. 4. 1974).
Offenbar aufgeschreckt durch diese ziemlich unverhüllte Drohung, versicherte Wirtschaftsminister Friedrichs: »Wer die ungeliebten multinationalen Konzerne aus seinem Land herausgrault, heimst vielleicht emotionalen Beifall ein, aber gefährdet energieabhängige Arbeitsplätze.« (»Der Spiegel« Nr. 14 vom 1. 5. 1974, S. 54.)
Ähnliche Vorfälle haben sich auch auf Landes- und Gemeindeebene mit anderen multinationalen Konzernen ereignet. Sie wurden häufig von einer ruinösen Konkurrenz der Städte und Gemeinden um Industrieansiedlungen multinationaler Unternehmen ausgelöst. Die Gemeinden verpflichteten sich zur Übernahme sämtlicher Infrastrukturkosten und verzichteten langjährig auf Gemeindesteuern. In einzelnen Fällen wurden die Steuern bis in die neunziger Jahre erlassen. Freilich ist nicht sicher, ob die Produktionsstätten der ›Multis‹ dann noch am Standort sein werden. Die Stadt Hannover beispielsweise bot dem IBM-Konzern ihre günstig gelegene Pferderennbahn als Baugelände an, ließ Tribüne und Stallungen auf eigene Kosten abreißen, um dann von der Konzernleitung die lakonische Mitteilung zu erhalten, der technische Fortschritt habe die Halbleiter-Elemente so verkleinert, daß der geplante Bau einer Halbleiter-Fabrik hinfällig geworden sei. IBM trat ohne die Zahlung einer Konventionalstrafe vom Kauf zurück.
Dieser Vorgang wirkte eher skurril, wenn damit neben der Verschwendung von knappen Steuergeldern nicht auch die Macht zur direkten Einflußnahme auf die politischen Verhältnisse verbunden wäre.
Kein anderer Faktor wirkt sich so stark auf das Wählerverhalten aus wie wirtschaftliche Mißerfolge der Bundes-, Landes- oder Kommunalregierung. Konzertierte Preiserhöhungen vor Wahlterminen oder die Drohung, Produktionsstätten ins Ausland zu verlegen, engen den politischen Handlungsspielraum der Regierungen ein. Vollbeschäftigung hängt von der Investitionsbereitschaft privater Unternehmer ab; diese wiederum von den Gewinnerwartungen. Wirtschafts- und sozialpolitische

Maßnahmen der Regierung, die von den Unternehmern als Gefährdung vitaler Gewinninteressen angesehen werden, gleichen daher einem politischen Drahtseilakt. Der Zwang zur Rücksichtnahme auf die Interessen der Unternehmer verleiht ihnen ein weitaus höheres politisches Gewicht, als sie es aufgrund ihrer Stimmenzahl oder ihrer finanziellen Zuwendungen an Parteien hätten[114].

»Entspricht die Politik der öffentlichen Instanzen nicht ›den‹ Bedürfnissen ›der‹ Wirtschaft, dann ›entsteht‹ eine Vertrauenskrise, die die öffentlichen Instanzen hauptsächlich aufgrund der Informationen und der Kriterien der von der Vertrauenskrise betroffenen und entsprechend handelnden Wirtschaft beizulegen versuchen.«[115] Multinationale Unternehmenskonzentration verlagert das politische Gewicht der Unternehmerschaft auf die Repräsentanten von Konzernen, deren Geschäftspolitik teilweise von ausländischen Muttergesellschaften bestimmt wird. So besteht denn ein eigenartig gebrochenes Verhältnis der Regierungen und Parteien zu den multinationalen Konzernen. Sind sie auf der einen Seite an deren Kapitalkraft, technisch-organisatorischem und managueriellem Know-how interessiert, so wird auf der anderen Seite die Forderung nach vollständiger »Domestizierung« (K. Biedenkopf)[116] der multinationalen Konzerne erhoben. »In eurer Nähe (der US-amerikanischen ›Multis‹) zu leben, ist, als ob man mit einem Elefanten zusammen schliefe. Wie liebenswert und ruhig das Tier auch sein mag, immer wenn es sich herumdreht oder nur einen Laut von sich gibt, wird man unruhig.«[117] (Pierre Trudeau, kanadischer Premierminister.)

3.8 Die Zukunft der Konzentration oder Konzentration ohne Zukunft?

Es kann kein Zweifel darüber bestehen, daß der Konzentrationsprozeß zu den größten Herausforderungen für Wirtschaft, Wissenschaft und Politik in hochindustriellen Gesellschaften zählt. Nicht von ungefähr steht er im Zentrum der wichtigsten politökonomischen Theorie-Ansätze von K. Marx, J. Schumpeter, J. K. Galbraith (s. Kapitel 6). Erst in jüngster Zeit ist jedoch versucht worden, die weitere Entwicklung der Konzentration für die nächsten Jahrzehnte zu prognostizieren. Die Bundesregierung erwartet, wenn auch vorsichtig formuliert, eine weitere Zunahme der Konzentration in der Industrie auf nationaler Ebene. »In der Zeit von 1954 bis 1969 konnten die 100 größten Industrieunternehmen ihren Anteil am gesamten Industrieumsatz von etwa 34 auf rund 50 v. H. steigern... Setzte sich diese Tendenz fort, so würden 1980 nahezu drei Fünftel des Industrieumsatzes von den 100 größten Unternehmen beherrscht.«[118]

Diese tatsächliche oder vermeintliche ›Tendenz‹ zur Konzentration ist jedoch umstritten. Die Prognos AG kommt in einer Prognose der Unternehmensgrößenstruktur für die Gesamtwirtschaft bis 1985 zu dem Ergebnis: »Es gibt keine generelle Konzentrationstendenz in der deutschen Wirtschaft. Die Konzentration der Unternehmen aller Wirtschaftsbereiche wird

sich in Zukunft nicht weiter fortsetzen.«[119] Begründet wird diese Prognose mit der wachsenden Bedeutung des tertiären Sektors. Aber auch in der Industrie begünstige der Wunsch nach Berücksichtigung spezifischer Konsumentenwünsche (Individualisierung) und die Anwendung von *highly sophisticated technologies* mittlere und kleinere Unternehmen. Die Tendenz zur Dekonzentration gelte jedoch nicht für die Kapitalkonzentration. Ähnlich widersprüchlich sind die Prognosen über die Zukunft der multinationalen Konzentration. Einige Autoren sehen bereits den Untergang der multinationalen Konzerne voraus, sei es aufgrund wachsender bürokratischer Schwerfälligkeit oder zunehmender Feindseligkeiten im nationalstaatlichen Bereich[120]. Andere Verfasser schätzen, daß im Jahre 1985 200 bis 300 globale Unternehmen 80 Prozent der Produktionsanlagen in der nichtkommunistischen Welt kontrollieren werden[121]. Sollte die Internationalisierung der Produktion tatsächlich weitergehen, so dürften sich daraus unüberschaubare Konsequenzen für die bestehenden Gesellschaftssysteme, ihre Theoretiker, Ideologen und Politiker ergeben. Wer wird Eigentümer dieser ›Multis‹ sein, und wer wird ihre Manager kontrollieren?
Gegenwärtig sind Eigentumsanteile, Forschung und Management im multinationalen Konzern keineswegs international gestreut, sondern im Stammland national konzentriert. »Je höher die Vorstandsetage, desto weißer die Gesichter« (St. Hymer). Wird eine genormte Welt-Konsumgesellschaft entstehen, oder werden die transnationalen Unternehmen zum Wegbereiter eines neuen Individualismus? Wie reagieren die ›Multis‹ als Wachstumsmaschinen par excellence auf die ›Grenzen des Wachstums‹? Werden sie in einer stagnierenden Weltökonomie gleichsam wie Dinosaurier den Sprung in eine neue Qualität nicht überleben, oder sind sie besser als nationale Unternehmen in der Lage, sich den neuen Verhältnissen anzupassen?
Optimisten sehen den multinationalen Konzern als Motor weltweiter wirtschaftlicher und politischer Integration, ja als erstes substantielles Element einer konfliktfreien Weltgesellschaft. Pessimisten betrachten ihn als Krisenmacher und Ausbeuter, der Konflikte und Ungleichheiten erzeugt, wo er auftaucht. Sicher scheint lediglich, daß mit dem internationalen Konzern die Disparität zwischen ökonomischem Internationalismus und politischem Nationalismus weiter wächst. Die wirtschaftliche Entwicklung macht den souveränen Nationalstaat zum Anachronismus. Darin liegt eine Chance für die politische Integration der Welt. Ob sie genutzt wird, ist zweifelhaft. »Andere Probleme sind wichtiger und nehmen auch weiterhin mehr Zeit und Aufmerksamkeit in Anspruch. Die Kosten und Verpflichtungen, die man eingehen müßte, um das Problem des multinationalen Unternehmens zu lösen, verhindern das Engagement, solange es kein Krisenproblem ist. Und es scheint nicht so, daß die Herausforderung des multinationalen Unternehmens als ein solches angesehen wird – bis es zu spät ist.«[122]

Literaturhinweise

Das beste statistische Material über Stand und Entwicklung der Unternehmenskonzentration in der Bundesrepublik findet sich in den laufenden Tätigkeitsberichten des Bundeskartellamtes, die als Bundestagsdrucksache veröffentlicht werden. Das Kartellamt veröffentlicht nicht nur empirisches Material, sondern nimmt auch zu Ursachen und Wirkungen der Konzentration Stellung. Der neueste Bericht ist: Bericht des Bundeskartellamtes über seine Tätigkeit im Jahre 1973, BT-Drucksache 7/2250, Bonn 1974
[2] Arndt, H., Wirtschaftliche Macht. Tatsachen und Theorien, C. H. Beck'sche Verlagsbuchhandlung, München 1974
Der Verfasser ist einer der führenden deutschen Konzentrationstheoretiker. In seiner Arbeit beschreibt er verschiedene Aspekte wirtschaftlicher Macht (Macht der Banken, der Manager, der Großaktionäre, der nationalen und multinationalen Konzerne) und zeigt einige theoretische Ansätze zur Erklärung wirtschaftlicher Macht auf. Im Unterschied zu sonstigen akademischen Veröffentlichungen ist das Buch sehr flüssig und illustrativ geschrieben.
[2] Huffschmid, J., Die Politik des Kapitals. Konzentration und Wirtschaftspolitik in der Bundesrepublik, Suhrkamp Verlag, 6. Aufl., Frankfurt 1971
Huffschmids Arbeit war die erste umfassende und leicht zugängliche Publikation über die Einkommens-, Vermögens- und Kapitalkonzentration in der Bundesrepublik. Obwohl die Statistiken inzwischen veraltet sind und multinationale Konzerne nicht behandelt werden, ist das Buch wegen der Fülle des verarbeiteten Materials und seiner Interpretation lesenswert.
[1] Nawrocki, J., Komplott der ehrbaren Konzerne, Hoffmann und Campe, Hamburg 1973
Wie der Titel bereits verrät, geht es dem Autor nicht um eine wissenschaftliche Analyse des Konzentrationsprozesses, sondern um die Beschreibung der verschiedensten unternehmerischen Strategien zur Ausschaltung des Wettbewerbs. Nawrocki demonstriert an einer Fülle von Beispielen – Boykottdrohungen, Kartellabsprechungen, Preisdiktaten – die Diskrepanz zwischen Norm und Realität der sozialen Marktwirtschaft. Das Buch ist so spannend geschrieben, daß es sich teilweise wie ein Kriminalroman liest.
[1] Barnet, R. J., und Müller, R. E., Die Krisenmacher. Die Multinationalen und die Verwandlung des Kapitalismus, Rowohlt, Reinbek bei Hamburg 1975
Die Arbeit der beiden amerikanischen Autoren ist gewissermaßen das Pendant zu Nawrockis Buch über die multinationalen Konzerne. Vor dem Hintergrund US-amerikanischer Erfahrungen werden das Vorgehen multinationaler Unternehmen an zahlreichen Beispielen beschrieben und die Konsequenzen für die Entwicklungsländer, die Gewerkschaften, die Wachstumsqualität usw. angedeutet.
[1] Schaffner, H., Die Multinationalen. Ausbeuter oder Triebkraft der Weltwirtschaft? Edition Interfrom AG., Zürich 1974
Die Tatsache, daß multinationale Konzerne überwiegend kritisch untersucht werden, führt leicht zu einer gewissen Dämonisierung der ›Multis‹. Die Arbeit Schaffners bezieht bewußt eine Gegenposition, indem sie die Vorzüge multinationaler Konzerne beschreibt. Sie ist daher als Grundlage für eine Beurteilung der multinationalen Konzerne unerläßlich.

4. Vom Wachstum ohne Grenzen zu den Grenzen des Wachstums

»Nur wer im Wohlstand lebt, lebt angenehm«
(Bertolt Brecht)

Seit Beginn der industriellen Revolution war Kapitalismus mit wirtschaftlichem Wachstum identisch. Diese Identität beginnt sich aufzulösen. Stagnation, nicht Expansion beherrscht in den letzten Jahren die Szene. Verknappung der Rohstoffe und wachsende Umweltzerstörung begrenzen das Wachstum. Die Jahrzehnte ungebrochenen Fortschrittsglaubens scheinen unwiderruflich vorbei. Dieser Wandel im Output-Bereich ökonomischer Systeme wird im folgenden Kapitel behandelt. Zwei Phänomene stehen im Vordergrund:
– die Stagflation in der Bundesrepublik, d. h. die Kombination von stagnierendem Sozialprodukt und Arbeitslosigkeit und
– die Diskussion über die Grenzen des Wachstums.

4.1 Auf dem Weg in einen neuen Konservatismus?

»Die Bourgeoisie hat in ihrer kaum hundertjährigen Klassenherrschaft massenhaftere und kolossalere Produktionskräfte geschaffen als alle vergangenen Generationen zusammen... Welches frühere Jahrhundert ahnte, daß solche Produktionskräfte im Schoße der gesellschaftlichen Arbeit schlummerten«[1], schrieben Karl Marx und Friedrich Engels 1848 im Kommunistischen Manifest. Knapp 100 Jahre später stellte der liberale Ökonom Joseph Schumpeter lapidar fest: »Der Kapitalismus ist nicht nur nie stationär, sondern kann es auch nie sein.«[2]
Sozialistischen wie liberalen Ideenbewegungen ist der optimistische Glaube an die Machbarkeit und unbegrenzte Dauer des Fortschritts gemein[3]. Fortschritt wird dabei häufig mit technisch-ökonomischer Entwicklung gleichgesetzt beziehungsweise auf sie reduziert. Die Verkürzung des Fortschritts auf eine spezifische Variante wirtschaftlichen Wachstums hatte beträchtliche Folgen: Bürger, Politiker und Wissenschaftler gingen bei ihren Aktionen explizit oder stillschweigend davon aus, daß stets sein müsse, was sein sollte. Wachstum wurde zum Fetisch und zur Notwendigkeit. Das Monopol des Kapitalismus auf wirtschaftlich-technischen Fortschritt ist in den Augen einer breiten Öffentlichkeit erstmals im Jahre 1957 durch den Start des sowjetrussischen Weltraumsatelliten ›Sputnik‹ erschüttert worden. Der sogenannte Sputnik-Schock löste Zweifel an der überlegenen Wachstumsautomatik kapitalistischer Industriegesellschaften aus. Das wirtschaftliche Wachstum wurde in die Regie staatlicher Wirtschaftspolitik genommen. Die Systeme in West und Ost traten Ende der

fünfziger Jahre in eine Epoche ökonomischer Wachstumskonkurrenz ein.
Kapitalistischen und kommunistischen Gesellschaftssystemen galt fortan eine grobe statistische Kennziffer – die Zuwachsrate des Sozialprodukts – als Indikator für Fortschritt, Erfolg und Überlegenheit. Das Wachstum des Sozialprodukts »ist ein allgemeiner Index für die Vitalität und Effizienz der Nation und ihrer Fähigkeit zum Überleben; der kalte Krieg hat sich teilweise in einen Krieg verschiedener ökonomischer und politischer Systeme verwandelt«[4]. Zwar wurde vereinzelt Kritik am Wachstumsfetischismus bereits in den sechziger Jahren laut, aber nachhaltige Wirkungen in der Öffentlichkeit erzielte erst die Studie »Die Grenzen des Wachstums«[5]. Sie wurde 1971 in den Vereinigten Staaten veröffentlicht. Seither ist ein heftiger Streit über logische Struktur und prognostischen Wert dieser und ähnlicher Studien entbrannt.
Ein Teil der Kritiker versuchte nachzuweisen, daß die Stagnationsmodelle zu undifferenziert und zu pessimistisch seien. Wenn überhaupt, so würden die Grenzen des Wachstums nicht in Jahrzehnten – wie prophezeit –, sondern erst in Jahrhunderten erreicht werden. Andere Autoren wiesen darauf hin, daß die für das 21. Jahrhundert prognostizierten Verhältnisse bereits Realität seien, freilich nicht in den hochindustriellen Ländern, sondern in der Dritten Welt, in Kalkutta, Bombay oder São Paulo[6]. Weniger scharfsinnig und phantasievoll als die Kritik waren die Vermutungen darüber, was passieren könnte, wenn die Prognosen über die globalen Grenzen des Wachstums wider Erwarten zuträfen. Das immanente Interesse aller Länder an einer Überwindung von Wachstumsgrenzen dürfte zunächst der Einsicht in die Notwendigkeit des Nullwachstums im Wege stehen. Der gesellschaftliche ›Bremsweg‹ von der wirtschaftlichen Expansion zur Stagnation wird daher wahrscheinlich bestehende Konflikte verschärfen und neue aufbrechen. Es ist zweifelhaft, ob die Systeme in West und Ost diesen Prozeß ohne fundamentale Veränderung überstehen. Wenn ›Kapitalismus‹ und ›Sozialismus‹ den wirtschaftlichen Zweck ihrer Existenz – die weitere Entfaltung der Produktivkräfte – nicht mehr erreichen, dürfte ihre Überlebenschance gering sein. Gelänge es tatsächlich, im Rahmen der bestehenden Systeme ein Nullwachstum durchzusetzen, so stellt sich die Frage: ›Auf wessen Kosten?‹
Stabilisierung eines bestimmten wirtschaftlichen Niveaus bedeutet zunächst Zementierung von internationaler und nationaler Ungleichheit. Die Teilung der Welt in reiche Rohstoff- und Industrienationen und arme Entwicklungsländer würde festgeschrieben, aber auch innerhalb der Industriegesellschaften würden die Unterschiede an Einkommen und Vermögen, wirtschaftlicher Macht und politischem Einfluß zementiert. Dies ist der eigentlich revolutionäre Aspekt des Nullwachstums. Bei ständig steigendem Sozialprodukt können – zumindest theoretisch – die Ansprüche aller Gruppen auf Einkommens- und Statusverbesserung eingelöst werden. Nullwachstum dagegen heißt, daß eine Gruppe nur noch gewinnen kann, wenn eine andere verliert. Der Staat kann zusätzliche Leistungen nur noch erbringen, wenn die Privatwirtschaft auf Teile des Sozialprodukts

verzichtet, also reale Einkommensverluste hinnimmt. Lohnerhöhungen müssen durch Gewinnminderungen kompensiert werden, steigende Sozialausgaben bedingen Ausgabensenkungen in anderen Ressorts. Für den einzelnen bedeutet dies im Extremfall, daß beruflicher und sozialer Aufstieg nur noch möglich sind, wenn gleichzeitig ein entsprechender Abstieg stattfindet: Ein Studienrat, der Oberstudienrat werden will, muß einen Oberstudienrat finden, der bereit ist, Studienrat zu werden. Freiwillig dürften zu einem beruflichen und sozialen Abstieg nur wenige bereit sein.

Die Stagnation des Sozialprodukts verschärft den Verteilungskampf, das heißt den Konflikt um die Verteilung von Einkommen und Vermögen, sozialem Status und Lebenslage. Gelänge es, diese Konflikte zu kanalisieren, so wäre die gesellschaftliche Konsequenz des Nullwachstums wahrscheinlich die Etablierung einer neo-ständischen Gesellschaft mit eingeschränkter sozialer Mobilität und feudalistisch-autoritären Herrschaftsstrukturen. Ein neuer Konservatismus löste den liberalen und sozialistischen Fortschrittsglauben ab – ein Konservatismus, der den wirtschaftlichen und sozialen Status quo zur Norm gesellschaftlicher Existenz erheben müßte. Zweifellos ist dies alles Utopie. Aber sie könnte die Dimension des Problems andeuten.

4.2 Entwicklung des Sozialprodukts: vom Wachstum zur Stagflation

4.2.1 Wachstumszyklen des Sozialprodukts

Wirtschaftliches Wachstum wird in der Regel an der Veränderungsrate des Sozialprodukts gegenüber der Vorperiode gemessen. Als Sozialprodukt oder Output des ökonomischen Systems bezeichnet man den Geldwert der Güter und Dienstleistungen, die in einer Periode – zumeist in einem Jahr – in einer Volkswirtschaft erzeugt werden. Sämtliche Produkte der Volkswirtschaft, Äpfel, Autos, Generatoren, Versicherungsleistungen, Haarschnitte usw., eines Jahres werden mit ihren Marktpreisen bewertet und zu einer Größe addiert. Die Höhe des Sozialprodukts soll somit Maßstab für die gesamte Jahresleistung des ökonomischen Systems sein.

Um den realen Zuwachs der volkswirtschaftlichen Produktion ermitteln zu können, müssen Preisänderungen ausgeschaltet werden. Zu diesem Zweck werden die Güter und Dienstleistungen der laufenden Produktion jeweils mit den Preisen eines Basisjahres (derzeit in der Bundesrepublik 1962) bewertet. Das Sozialprodukt zu den konstanten Preisen eines Basisjahres wird als reales, das Sozialprodukt zu jeweiligen Preisen als nominales Sozialprodukt bezeichnet. Je größer der inflatorische Prozeß, desto mehr weichen reales und nominales Sozialprodukt voneinander ab. Problematisch ist am Sozialproduktkonzept zunächst[7] die Tatsache, daß nur mit Marktpreisen bewertete Leistungen in die Berechnung eingehen. Nicht

mitgezählt werden deshalb die Dienstleistungen im Haushalt, obwohl sie einen wesentlichen Teil des ökonomischen Outputs ausmachen.
Die Zubereitung von Speisen, die Bewirtung von Gästen, die Erziehung von Kindern in der Familie gilt im Sinne des Sozialproduktkonzepts als unproduktiv. »Wer Schweine mästet, ist produktiv, wer Kinder erzieht, nicht« (F. List). Schwierigkeiten entstehen auch bei der Einbeziehung von Gütern und Diensten, die keine Preise haben, weil sie nicht auf Märkten gehandelt werden. Hierzu zählt vor allem der große und ständig wachsende Bereich staatlicher Leistungen. Rehabilitationszentren, Universitäten und Straßen haben keine Marktpreise, und dennoch ist ihr direkter oder indirekter Beitrag zum Wachstum des Sozialprodukts erheblich. Da eine Bewertung der staatlichen Outputs nicht möglich ist, behilft man sich, indem man die finanziellen Entgelte für die staatlichen Inputs, insbesondere Löhne und Gehälter von Staatsbediensteten, mißt und einen fiktiven Zusammenhang zwischen Input und Output herstellt.
Eine Erhöhung der Gehälter im öffentlichen Dienst um 6 Prozent geht also als 6prozentiges Wachstum der Staatsleistungen in das Sozialprodukt ein, wobei das tatsächliche Wachstum erheblich über oder unter diesem Wert liegen kann. Im übrigen sagen Statistiken nur etwas über die Entwicklung des Sozialprodukts, nichts über seine Zusammensetzung aus. »Es ist nicht ersichtlich, ob mehr Autos, Modeartikel, Fernsehgeräte, Rüstungsgüter usw. produziert werden oder mehr Schulen, Krankenhäuser, Straßen usw. Außerdem kann aus den Zuwachsraten nicht abgelesen werden, wem die zusätzlich produzierten Güter und Dienstleistungen zugute kommen.«[8]

Tabelle 20

Das Wachstum des Sozialprodukts im Deutschen Reich bzw. in der Bundesrepublik Deutschland von 1925—1974 (in Preisen von 1962)

Jahr	Insgesamt (in Mrd. DM)	Pro Kopf der Bevölkerung in DM
1925	90,9	2329
1930	105,4	2614
1935	113,6	2740
1939	162,7	3783
1949	123,6	2677
1955	225,6	4584
1960	328,6	5928
1965	421,0	7182
1970	529,4	8729
1973[1]	593,8	9581
1974[1]	596,3	9612

[1] vorläufig
Für 1974: BMWI-Leistung in Zahlen '74, a. a. O., S. 42 f.
Quelle: Braun, G., Funkkolleg Sozialer Wandel, Studienbegleitbrief 3, Tübingen 1974, S. 20

Bereits diese rein technischen Anmerkungen zeigen, daß das Sozialprodukt bestenfalls als grober Anhalt für den Output des ökonomischen Systems gelten kann. Unter diesem Vorbehalt sind auch die folgenden Ausführungen zu sehen.

Im langfristigen Trend der letzten fünfzig Jahre zeigt sich deutlich das starke Wachstum des Sozialprodukts (vgl. *Tabelle 20*). Es hat sich absolut mehr als versechsfacht und ist infolge der Bevölkerungsentwicklung pro Kopf um knapp das Vierfache gestiegen.

Während in der ersten Hälfte des Untersuchungszeitraums von 1925 bis 1949, insbesondere wegen des Krieges, nur ein geringfügiges Wirtschaftswachstum zu verzeichnen war, ›explodiert‹ die Entwicklung seit 1949 förmlich. Besonders bemerkenswert ist dabei, daß im Fünf-Jahres-Vergleich das Sozialprodukt stetig um etwa 100 Mrd. DM wächst.

Diese Zahlen suggerieren einen störungsfreien, kontinuierlichen Wachstumsprozeß seit der Währungsreform. Eine Analyse der jährlichen Veränderungsraten des Sozialprodukts seit 1950 zeigt deutlich zyklische Bewegungen (s. *Schaubild 6*). Danach lassen sich in der Nachkriegszeit 5 Wachstumszyklen unterscheiden (1951–1955; 1955–1960; 1960–1964; 1964–1969; 1969–1973). Bemerkenswert ist zunächst die Regelmäßigkeit der Schwankungen. Der durchschnittliche Zeitabstand zwischen Perioden der Hochkonjunktur beträgt 4–5 Jahre. Weiterhin ist im Trend eine deutliche Abwärtsbewegung zu beobachten. Das Wachstum verlangsamt sich. In der Dekade von 1950–1960 war eine durchschnittliche jährliche Wachstumsrate von 7,8 Prozent zu verzeichnen, im Zeitraum von 1960 bis 1970 betrug sie 4,9 Prozent[9]. Diese Prozentzahlen sagen jedoch nichts über das absolute Wachstum aus. Die Verringerung der Zuwachsraten mit

Schaubild 6 Wachstumsraten des Bruttosozialprodukts in der Bundesrepublik Deutschland von 1950–1975

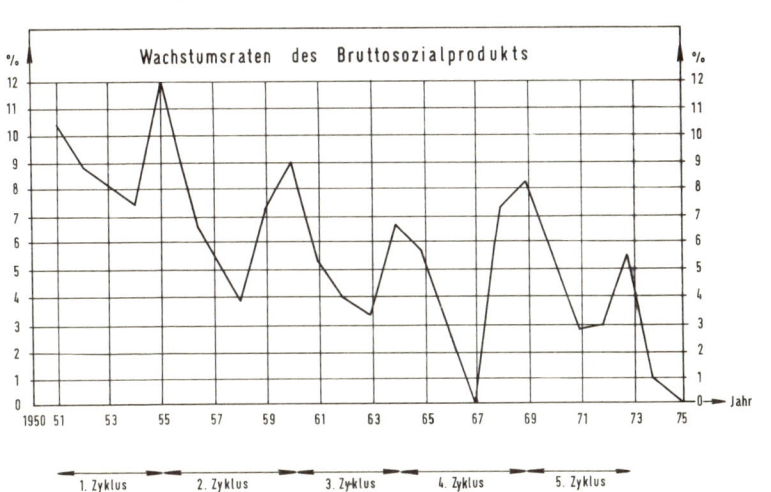

steigendem Ausgangsniveau ist quasi ein ›natürlicher‹ mathematischer Vorgang! Tatsächlich ist das Sozialprodukt in beiden Dekaden 1950–1960 und 1960–1970 jeweils um ca. 200 Mrd. DM gestiegen (vgl. *Tabelle 20*).
In einem Zeitraum von knapp 10 Jahren (1950–1960) gelang es darüberhinaus, die Arbeitslosenquote auf ein bislang unerreicht niedriges Niveau von unter 1 Prozent zu drücken (s. *Tabelle 21*).
Allerdings wurde dieser Erfolg mit einem schleichenden inflatorischen Prozeß erkauft, der sich nach Erreichen der Vollbeschäftigungsgrenze im Jahre 1960 zu beschleunigen begann. Eine schwerwiegende Ausnahme von dieser Entwicklung war die Rezessionsperiode 1966/67. In ihr verringerte sich erstmals das Sozialprodukt geringfügig, die Inflationsrate sank, während die Arbeitslosenquote kurzfristig auf über 2 Prozent stieg. Auf dem Höhepunkt der Krise im Mai 1967 betrug die Zahl der Arbeitslosen 636 000[10]. Da es überraschend schnell gelang, die Rezession zu überwinden, erschien dieser Konjunktureinbruch lediglich als eine Art Betriebsunfall der Nachkriegsgeschichte. Insgesamt war die wirtschaftliche Situation im langfristigen Trend durch ein sich verlangsamendes Vollbeschäftigungswachstum mit schleichender Inflation gekennzeichnet.
In Abweichung von der langfristigen Entwicklung herrschte in den einzelnen Wachstumszyklen jede nur denkbare Kombination volkswirtschaftlicher Größen: Hohe Wachstumsraten mit starken Preissteigerungen (1951, 1973) und mit geringen Preiserhöhungen (1955, 1960, 1968/69); hohe Inflationsraten mit großer Arbeitslosenquote (1951/1974/1975) und mit niedriger Arbeitslosenquote (1971/72); hohe Arbeitslosigkeit mit großen Wachstumsraten (1951/55, 1968) und mit geringem Zuwachs des Sozialprodukts (1974/75). Kein Wunder also, daß angesichts der verwirrenden Vielfalt möglicher Systemzustände von Politik wenig, von Magie viel die Rede war[11].

4.2.2 Die Bundesrepublik in der Stagflation

4.2.2.1 Zum Begriff der Stagflation

Bis Anfang der siebziger Jahre hatte sich die gesamtwirtschaftliche Entwicklung trotz zyklischer Schwankungen im großen und ganzen nach der Logik des Konkurrenzsystems vollzogen. Hohe Inflationsraten galten als Ausdruck der Prosperität. Ihre Begleiterscheinungen waren in der Regel große Steigerungen des Sozialprodukts und Vollbeschäftigung. Ein Rückgang der Beschäftigung dagegen führte zu sinkenden Inflations- und Wachstumsraten.
Noch 1966/67 entsprach der Konjunktureinbruch in der Bundesrepublik diesem Mechanismus. Nachfrageverringerungen auf breiter Front trieben zahlreiche Unternehmen in die Verlustzone. Übergang zu Kurzarbeit und Massenentlassungen waren die Folgen. Zugleich versuchten die Unternehmen durch partielle Preissenkungen ihre Umsätze zu erhöhen. Die Inten-

sivierung des Preiswettbewerbs manifestierte sich in deutlichen Preisberuhigungen während der Rezession (s. *Tabelle 21*).

Tabelle 21

Veränderungsraten des Sozialprodukts, des Preisniveaus und der Arbeitslosenquote in der Bundesrepublik Deutschland von 1950–1975

Jahr	Wachstumszyklus	Zuwachsrate des Sozialprodukts (real, gegenüber Vorjahr)	Preisindexrate[1] (in % gegenüber Vorjahr)	Arbeitslosenquote[2] (in Jahresdurchschnittswerten)
1950		–	–	10,4
1951		10,4	7,9	9,1
1952		8,9	2,0	8,5
1953	1. Zyklus	8,2	–1,7	7,6
1954		7,4	0,1	7,1
1955		12,0	1,6	5,2
1956		7,3	2,5	4,2
1957		5,7	2,2	3,5
1958	2. Zyklus	3,7	2,0	3,6
1959		7,3	1,1	2,5
1960		9,0	1,4	1,3
1961		5,4	2,3	0,9
1962		4,0	2,9	0,7
1963	3. Zyklus	3,4	3,1	0,9
1964		6,7	2,4	0,8
1965		5,6	3,4	0,7
1966		2,9	3,5	0,7
1967	4. Zyklus	–0,2	1,5	2,1
1968		7,3	1,3	1,5
1969		8,2	2,0	0,8
1970		5,8	3,2	0,7
1971		2,7	5,1	0,8
1972	5. Zyklus	2,9	5,3	1,1
1973		5,3	6,9	1,2
1974		0,4	7,0	2,6
1975[3]		–3,0	6,0	4,0

[1] Lebenshaltung eines 4-Personen-Arbeitnehmerhaushalts mit mittlerem Einkommen des alleinverdienenden Haushaltsvorstands
[2] Anteil der Arbeitslosen an den abhängigen Erwerbspersonen
[3] geschätzt
Quelle: Für 1950–1972, v. Arnim, H. H., Volkswirtschaftspolitik..., a. a. O., S. 150 f. Für 1973–1974, Eckwerte der Bundesregierung, »Süddeutsche Zeitung« vom 9. 6. 1975. Für 1975: Sondergutachten des Sachverständigenrats, »Süddeutsche Zeitung« vom 19. 8. 1975.

Seit 1970/71 scheint dies alles nicht mehr zu gelten. »Inflation bei gleichzeitigem Ansteigen der Arbeitslosigkeit und zunehmenden Stagnationserscheinungen ist in den letzten Jahren zum beherrschenden Problem der Wirtschaftspolitik in fast allen westlichen Ländern geworden.«[12] Trotz wachsender Arbeitslosigkeit und geringer Zuwachsraten des Sozialprodukts gingen die Preise nicht nur nicht zurück, sondern sie stiegen schneller als je zuvor. Dieses neue Phänomen ist als Stagflation bezeichnet worden, einer Kombination aus den englischen Begriffen ›stagnation‹ und ›inflation‹. Danach ist Stagflation eine Phase »fortgesetzter Inflation unter Bedingungen stagnierender Erzeugung und wachsender Beschäftigungslosigkeit«[13]. Erstmals 1969/70 in den USA und Großbritannien beobachtet, zeigten sich 1970/71 auch in der Bundesrepublik die ersten Stagflationserscheinungen. Die Arbeitslosenquote begann deutlich von 0,7 Prozent im Jahre 1970 auf 4 Prozent im Frühjahr 1975 zu steigen (vgl. *Tabelle 21*). Sie erreichte ihren Höhepunkt im März 1975 mit knapp 1,1 Millionen Arbeitslosen. Im selben Zeitraum beschleunigte sich die Inflationsrate von 3,2 auf knapp 7 Prozent. Erst für das 2. Halbjahr 1975 wird ein Rückgang der Preisindexrate erwartet. Zugleich verlangsamte sich das Wachstum des Sozialprodukts, vom Zwischenboom des Jahres 1973 abgesehen, von 5,8 auf 0 Prozent. Damit hatte die Bundesrepublik, allerdings unfreiwillig, das vielerorts geforderte Nullwachstum realisiert.

4.2.2.2 Ursachen der Stagflation

Nicht zuletzt aufgrund der Neuartigkeit des Phänomens existiert eine geschlossene Theorie der ›Stagflation‹ bislang nicht. Es gibt lediglich eine Reihe konkurrierender Erklärungsansätze mit unterschiedlichem Plausibilitätsgrad. Die traditionellen inflationstheoretischen Erklärungen gehen von der These aus, daß sich die Preise aus dem Zusammenspiel von Angebot und Nachfrage bilden. Entsprechend ist das Gesamtpreisniveau einer Volkswirtschaft von den gesamtwirtschaftlichen Angebots- und Nachfragebeziehungen abhängig. »Eine systematische Inflationserklärung kann und muß dann sowohl an der Nachfrage- wie auch an der Angebotsseite anknüpfen.«[14]

Das Konzept der Nachfrageinflation stand lange Zeit im Vordergrund der inflationstheoretischen Überlegungen. Allgemeine Preissteigerungen, so die Vorstellung, treten dann auf, wenn eine Erhöhung der geldmäßigen Nachfrage auf ein gesamtwirtschaftliches Güter-Angebot (= Output) trifft, das aufgrund vollbeschäftigter Produktionsfaktoren nicht im gleichen Maß ausgedehnt werden kann. Die Konkurrenz der Nachfrager führt so lange zu Preissteigerungen, bis das – teurer gewordene – Angebot der Nachfrage entspricht[15].

Offenbar ist die herkömmliche Theorie der Nachfrageinflation (sogenannte *demand-pull-inflation*) zur Erklärung der Stagflation ungeeignet; denn für sie ist gerade die Unterbeschäftigung der Produktionsfak-

toren typisch.»Jeder Versuch einer Erklärung der Stagflation muß mit der Feststellung beginnen, daß es andere Kräfte als Übernachfrage geben muß, die das Preisniveau erhöhen. Sonst könnte es bei abnehmender Produktion und Beschäftigung keinen unverminderten Preisauftrieb geben.«[16]
Über die Existenz ›anderer Kräfte‹ als Übernachfrage gibt es eine Reihe von Theoremen, die sich unter dem Begriff der ›Anbieterinflation‹ zusammenfassen lassen. Die angebotsorientierten Inflationstheorien sehen die Ursache für einen Anstieg des Preisniveaus in einseitigen Preiserhöhungen auf der Angebotsseite. Diese Preispolitik kann auf Kostensteigerungen, etwa der Lohnkosten, Zinskosten, Kostensteuern, Rohstoffkosten, basieren (sogenannte *cost-push-inflation*). Das Preisniveau steigt, weil Kostenerhöhungen von den Unternehmen in den Preisen weitergewälzt werden.
Die bekannteste Variante dieser Kosteninflation ist die sogenannte Lohn-Preis-Spirale, wobei häufig übersehen wird, daß vermeintlicher Druck der Lohnkosten eine ausgezeichnete Legitimation für autonome Gewinnerhöhungen sein kann (sogenannte *profit-push-inflation*). »Die übliche begriffliche Gleichsetzung von Anbieter- mit Kosteninflation ist irreführend, weil sie die Inflationsursache willkürlich einer der Anbietergruppen, den Arbeitnehmern, anlastet. Da sich Preise jedoch aus Kosten und Profiten zusammensetzen, kann eine Anbieterinflation sowohl von Lohnkostensteigerungen (Lohninflation) als auch Gewinnerhöhungen (Gewinninflation) ausgelöst werden.«[17] In beiden Fällen werden allgemeine Preiserhöhungen trotz rückläufiger Nachfrage am Markt durchgesetzt. »Wenn also festzustellen ist, daß Anbieter Preiserhöhungen auch bei Nachfragemangel und unter Inkaufnahme weiterer, durch die Preiserhöhungen bewirkter Absatzeinbußen vornehmen und Gewerkschaften zugleich hohe Lohnsteigerungen trotz sinkender Beschäftigung durchsetzen, dann ist damit auch das Zustandekommen einer Stagflation erklärt.«[18]
Dieser lapidare Schluß läßt allerdings einige wichtige Fragen unbeantwortet. Wenn autonome Lohn- und Gewinnerhöhungen tatsächlich Ursache der Stagflation sind, so bleibt ungeklärt:

1. Warum Arbeitnehmer und Unternehmer trotz erkennbarer existentieller Auswirkungen steigende Einkommensansprüche auch in der Stagnation verwirklichen wollen.
2. Warum diese Einkommensansprüche jenseits der herkömmlichen Marktmechanik durchgesetzt werden.
3. Welche Rolle der Staat in stagflatorischen Prozessen spielt.

Eine Antwort auf diese weiterreichenden Fragen ist nur möglich, wenn die Stagflation als Ergebnis eines komplexen Bündels politischer, sozialer und ökonomischer Faktoren interpretiert wird. Eine wichtige Ursache der Stagflation ist danach die Konkurrenz organisierter Gruppen um einen steigenden Anteil am Sozialprodukt. Ihr Ergebnis ist ein Verteilungskampf, der permanent die reale Kapazität des ökonomischen Systems überfordert.

Mit dieser Anspruchsinflation »wird eine Situation charakterisiert, in der die Summe aller (durchgesetzten) nominellen Ansprüche an das Sozialprodukt schneller steigt als die reale Produktion«[19]. Im Grunde genommen wird damit die Schlichtung des Konflikts um Einkommens- und Vermögensanteile dem mehr oder weniger anonymen Inflationsprozeß überantwortet[20].
Aus dieser Perspektive ist die Inflation eine nachträgliche Korrekturinstanz, die den Versuch, gruppenindividuelle Vorteile durchzusetzen, mit den ›sozialen Kosten‹ des Geldwertschwundes ahndet. »Dieser Kollektivbetrug geht für gewisse Gruppen erfolgreich aus, während er sich für andere Gruppen als Selbstbetrug entpuppt.«[21]
Die Anspruchsinflation kann auf Gewerkschaftsseite durch Lohnforderungen in Gang gesetzt werden, die über den Zuwachsraten der Arbeitsproduktivität liegen. Ziel der Gewerkschaftsstrategie ist die Verbesserung der verteilungspolitischen Position ihrer Mitglieder. Dabei existiert innerhalb und zwischen den Arbeitnehmerorganisationen eine intensive Konkurrenz um die vorderen Plätze auf der Lohnskala. Als Orientierungsdaten für die Höhe der Lohn- und Gehaltsforderungen gelten die Lebenshaltungskosten, die Gewinnsituation und die Entwicklung der Produktivität.
Das Ergebnis der Tarifauseinandersetzungen zwischen den Arbeitsmarktverbänden ist jedoch ökonomisch indeterminiert, d. h. es hängt von außerökonomischen Machtfaktoren ab. Dazu zählen Zahl, Organisationsgrad und Streikbereitschaft der Mitglieder, das Verhandlungsgeschick der Funktionäre, der Widerstand der Unternehmer und die Reaktionen der Öffentlichkeit[22]. Das Resultat dieser komplexen Verhandlungssituation ist in jedem Fall eine, wenn auch unterschiedlich hohe Steigerung der Löhne und Gehälter. Selbst bei gesamtwirtschaftlichem Nullwachstum und wachsender Arbeitslosigkeit sinken die Löhne nicht. Sie bleiben nicht einmal konstant, sondern steigen häufig besonders stark, damit die in der Stagflation progressiv wachsenden Lebenshaltungskosten ausgeglichen werden können. Diese Starrheit der Geldlöhne nach unten ist primär zu erklären aus der Marktmacht der Gewerkschaften auf dem Arbeitsmarkt. Die Konkurrenz ist hier durch die Bildung eines bilateralen Monopols der Tarifvertragsparteien ausgeschaltet. Der klassische Angebots- und Nachfrage-Mechanismus funktioniert nicht mehr.
Die gewerkschaftsinduzierte Anspruchsinflation hat ihr Korrelat in der inflatorischen Preisadministration der Unternehmer. Unter administrativen Preisen sind dabei Preise zu verstehen, die weitgehend unabhängig von den jeweiligen Marktgegebenheiten autonom festgesetzt werden[23]. Wesentliche Voraussetzung für die Möglichkeit zur Preisadministration ist die Existenz von Wettbewerbsbeschränkungen; denn bei intensiver Konkurrenz müssen die Unternehmen, um zu überleben, Nachfragerückgänge mit Preissenkungen beantworten. Administrative Preise lassen sich auf Konkurrenzmärkten nicht durchhalten. Wettbewerbsbeschränkungen sind vor allem auf hochkonzentrierten Märkten mit wenigen Großanbietern möglich (vgl. auch Abschnitt 3.6.3 ›Unternehmenskonzentration und

Wettbewerb‹). Sie resultieren aus einer monopolistischen Markstellung, vertraglichen Absprachen oder aus stillschweigenden Verhaltenskoordinationen, wie etwa Preisführerschaft, ›Frühstückskartellen‹ und Marktinformationssystemen. Empirisch ist daher eine asymmetrische Starrheit der Preise zu beobachten[24]. Die Preise sind nach oben flexibel, nach unten starr (sogenannter Einklinkeffekt)[25]. Beide Arten der Anspruchsinflation, die gewerkschafts- und die unternehmerinduzierte Inflation, sind Resultat langfristiger, machtbedingter Änderungen auf den Märkten. »Nicht das eherne ökonomische Gesetz von Angebot und Nachfrage bestimmt die Höhe von Löhnen und Preisen, sondern die wirtschaftliche und politische Macht der Gewerkschaften und Unternehmen.«[26]
Wenn aber die Stagflation Ausdruck dauerhafter Strukturwandlungen in hochindustriellen Gesellschaften ist, dann versagen die traditionellen Maßnahmen kurzfristiger Konjunktursteuerung. Damit ist die Rolle des Staates im stagflatorischen Prozeß angesprochen. Er ist nicht Sachwalter eines irgendwie objektivierbaren Gemeinwohls, der über den Interessengruppen thront, sondern selbst Marktpartei und Mitkonkurrent um knappe ökonomische Ressourcen. Theoretisch setzt der Staat seine Ansprüche auf einen Teil des Sozialprodukts gegenüber anderen Interessenten mit Hilfe von Zwangsabgaben durch. Er erhebt Steuern und finanziert damit seine Ausgaben.
Da die Parteien alle vier Jahre bei Wahlen um die Stimmen der Bürger konkurrieren, müssen sie – um eine maximale Stimmenzahl auf sich zu vereinigen – den Wählergruppen ein Minimum an Belastungen offerieren. Dies gilt unter der empirisch belegbaren Annahme[27], daß ökonomische Faktoren bei der Entscheidung des Wählers eine wichtige Rolle spielen. Für Regierung und Opposition ist es daher aus der Perspektive einer kurzfristigen Stimmenmaximierungsstrategie rational, die Steuerbelastungen möglichst niedrig und die Staatsausgaben möglichst hoch anzusetzen. Unumgängliche Steuern sollten möglichst unmerklich erhoben werden, daher eine Präferenz für indirekte Steuern; staatliche Leistungen sollten dem einzelnen Bürger direkt zugute kommen, daher die Bevorzugung von direkten Konsumtransfers gegenüber öffentlichen Investitionen. In jedem Fall ist das Ergebnis dieser politischen Strategie eine ›systemimmanente‹ Tendenz zu defizitären Staatshaushalten, die den stagflatorischen Prozeß weiter anheizen.
Damit wird der Staat neben Gewerkschaften und Unternehmen zum dritten Motor der Anspruchsinflation. Die politischen Ursachen der Inflation deuten auf einen Strukturdefekt demokratischer Herrschaftssysteme hin; denn nicht Unkenntnis oder Irrationalität der Politiker, sondern gerade rationale Verfolgung ihrer Interessen führt zu »einer langfristigen, systematischen Vorliebe des politischen Entscheidungsprozesses für inflationäre Entwicklungen«[28]. Die Parteikonkurrenz zwingt zur Konzentration auf kurzfristige Erfolge unter Vernachlässigung der langfristigen Wirkungen politischer Entscheidungen. Daraus resultiert eine systematische Neigung zur Unterschätzung der sozialen Kosten von Preissteigerungen. Die Konkurrenz divergierender Interessen um steigende An-

teile am Sozialprodukt wird damit zur zentralen Determinante schleichender Inflation. »Wird der Verteilungskampf selbst bei Stagnation oder Rezession weitergeführt, so ist das Ergebnis Stagflation.«[29]

4.2.2.3 Stagflation und politisches System

Die wirtschaftlichen Wirkungen der Stagflation sind offenkundig. Wachsende Arbeitslosigkeit, sinkende Kapazitätsauslastung, stagnierende Wirtschaftstätigkeit und steigende Lebenshaltungskosten gelten als typische Indikatoren stagflatorischer Prozesse. Weitgehend unbekannt sind hingegen die politischen Effekte der Stagflation, obwohl gerade von Politikern immer wieder ein Zusammenhang zwischen wirtschaftlicher und politischer Stabilität hergestellt wird. Analytisch sind die Auswirkungen der Stagflation auf den Output des politischen Systems und auf seine Input-Elemente zu unterscheiden.
Auf der Output-Seite ist etwa folgende Entwicklung zu erwarten: Mit sinkenden Gewinnen und steigenden Arbeitslosenzahlen verringern sich die Lohn- und Einkommensteuerzahlungen. Vorausschätzungen der Steuereinnahmen müssen nach unten korrigiert werden. Langanhaltende Steuerausfälle vergrößern das Defizit im Budget und treiben den Staat in eine Finanzkrise. Zugleich beschneidet die Inflation die realen Zuwächse der staatlichen Leistungen. »Die Entwicklung der Einnahmen- und Ausgabenseite staatlicher Budgets führt somit tendenziell zu zunehmenden Finanzierungsschwierigkeiten und stellt daher eine der zentralen Grenzen staatlicher Politik dar.«[30]
In dieser Situation steht der Staat vor dem Dilemma, entweder die Steuern zur Kompensation der Einnahmeausfälle erhöhen oder auf die Durchführung von Reformprogrammen verzichten zu müssen. Der Versuch, sich zusätzliche Einnahmen durch ein ›Drehen an der Steuerschraube‹ zu verschaffen, gleicht einem politischen Drahtseilakt und verschärft zudem die wirtschaftliche Krise. Konsequenterweise bleibt als Ausweg nur eine Verringerung der staatlichen Leistungen. Da eine Senkung der laufenden Ausgaben die Proteste betroffener Wählergruppen auslöst, erweisen sich Ausgabeneinschränkungen im investiven Bereich – etwa im Bildungssektor, bei der Städtesanierung oder Entwicklungshilfe – als Ausdruck sogenannter Politik der Vernunft. Stagflation scheint somit zwangsläufig zur Reduzierung des politischen Outputs insbesondere bei investiven Reformprogrammen zu führen. Stagflation verfestigt den gesellschaftlichen Status quo.
Diese Hypothese über den Zusammenhang zwischen ökonomischen Faktoren und politischem Output scheint eine gewisse Plausibilität für sich zu haben, mehr aber nicht. »Der empirische Nachweis über die Größe des Zusammenhangs, die Intensität und die Dauerhaftigkeit, sogar die Richtung ist bisher auf keiner Ebene überzeugend dargestellt worden.«[31]
Auf der Input-Seite gibt es hingegen für die Bundesrepublik einige Untersuchungen über den Zusammenhang zwischen ökonomischen Variablen

und dem Wählerverhalten[32]. Sie kommen übereinstimmend zu dem Ergebnis, daß eine positive Korrelation zwischen wirtschaftlicher und politischer Stabilität besteht. Wirtschaftliches Wachstum bei Vollbeschäftigung und niedrigen Inflationsraten bewirkt »soziale Befriedung und damit politische Entradikalisierung und Integration«[33]. Das Parteisystem stabilisiert sich. Die jeweilige Regierung erhält aufgrund der störungsfreien wirtschaftlichen Entwicklung einen Stimmenbonus bei den Wählern. (*You can't beat the boom.*) Entscheidend ist dabei nicht die tatsächliche wirtschaftliche Situation, sondern ihre subjektive Wahrnehmung durch den Bürger.

Schaubild 7   Beurteilung der wirtschaftlichen Lage und NPD-Präferenzen der Wähler

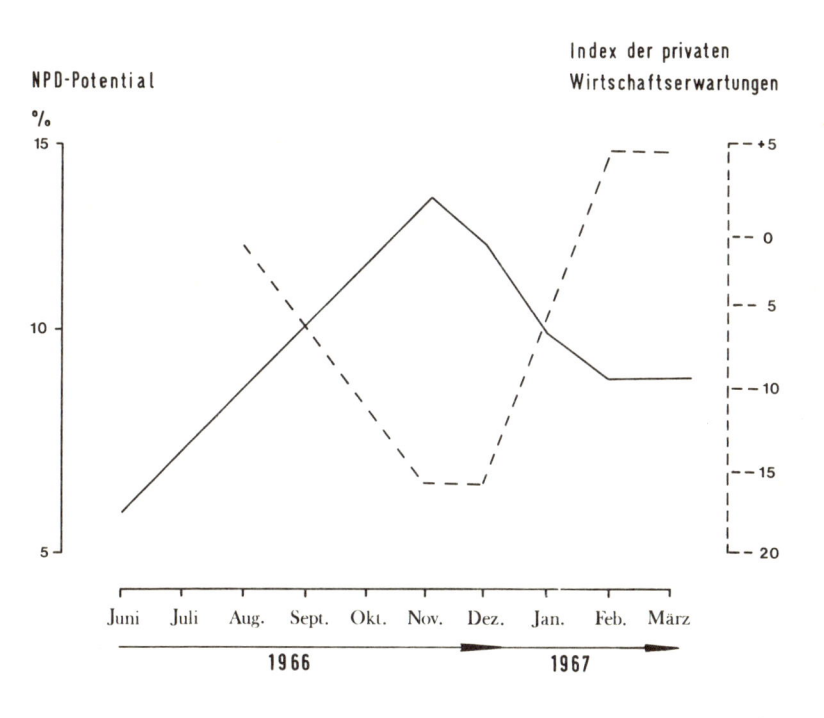

Quelle: Kaltefleiter, W., Wirtschaft und Politik in Deutschland, 2. Aufl., Köln und Opladen 1968, S. 170

Über den uns interessierenden Zusammenhang zwischen ökonomischer Krise und dem Verhalten der Wähler liegen hingegen widersprüchliche Aussagen vor. Analysen des Wahlverhaltens in der Rezession 1966/67 kommen zu dem Ergebnis, daß die konjunkturelle Entwicklung ein wesentlicher Bestimmungsfaktor der Wahlentscheidung war. Die Beeinträchtigung der wirtschaftlichen Sicherheit löste in der Wählerschaft zwei Reaktionen aus:

1. Ein Teil der Wähler wechselte von der Regierungs- zur Oppositionspartei; d. h. er ging zur Opposition *im* System.
2. Ein anderer Teil der Wählerschaft wechselte zur außerparlamentarischen Oppositionspartei; d. h. zur Opposition *zum* System.

Der Swing im parlamentarischen System brachte der oppositionellen SPD in den Landtagswahlen 1966/67 erhebliche Stimmengewinne und führte schließlich zur Bildung der Großen Koalition aus CDU/CSU und SPD.
Die Opposition zum parlamentarischen System manifestierte sich im Zulauf zur rechtsradikalen NPD. »Generell zeigt ... sich eine deutliche Korrelation zwischen NPD-Sympathie und der wirtschaftlichen Erwartungskurve.«[34] Auf dem Höhepunkt der Rezession näherte sich das Wählerpotential der NPD der 15-Prozent-Grenze (vgl. *Schaubild 7*), wobei die Zahl möglicher Wechselwähler auf etwa 35–40 Prozent beziffert wird[35]. Nicht alle von ihnen waren NPD-Sympathisanten.
Die pessimistische Lehre aus dem Konjunktureinbruch 1966/67 lautete, daß wirtschaftliche Instabilität nicht nur die jeweilige Regierung gefährdet – dies wäre ein normaler parlamentarischer Vorgang –, sondern auch das gesamte politische System[36]. »Die Ausgangsthese von dem Schönwettercharakter des deutschen Regierungssystems ist von Kritikern gelegentlich als überspitzt bezeichnet worden ... Die Wahlergebnisse der Jahre 1966/67 haben jedoch diese Skepsis bestätigt.«[37]
Mit Beginn der Stagflation 1970/71 verschlechterte sich die gesamtwirtschaftliche Situation in der Bundesrepublik. Insbesondere die Entwicklung an der Preisfront verlief ungünstiger als in der Rezession 1966/67. Folglich hätte nach den geltenden Hypothesen die Bundestagswahl 1972 von den Regierungsparteien SPD und FDP nicht gewonnen werden dürfen[38]. Außerdem waren die Stimmenanteile der außerparlamentarischen Parteien sehr viel geringer, als nach den Erfahrungen der vorangegangenen Rezession zu erwarten war. Dieses unerwartete Ergebnis läßt sich mit vier bislang unbestätigten Hypothesen von unterschiedlicher Plausibilität erklären.

1. Ökonomische Faktoren haben keinerlei Auswirkungen auf das Wahlverhalten.
2. Ökonomische Faktoren haben Auswirkungen auf das Wahlverhalten, sind aber vom Wähler vor der Bundestagswahl 1972 nicht oder nicht richtig wahrgenommen worden.
3. Ökonomische Faktoren haben Auswirkungen auf das Wahlverhalten. Sie sind auch erkannt worden. Wahlentscheidungen sind jedoch komplexe Vorgänge, bei denen nichtwirtschaftliche Sach- und Personalfragen eine wichtige Rolle spielen. Die Wirtschaftskrise ist von ostpolitischen Sachfragen und der Persönlichkeit Willy Brandts überspielt worden.
4. Die ökonomische Krise ist nicht nur überspielt worden, sondern es hat auch seit 1966/67 ein sozialer Lernprozeß stattgefunden, der ihre Bedeutung für die Wahlentscheidung vermindert hat. Die Sensibilität

der Wählerschaft gegenüber inflatorischen Prozessen und Arbeitslosigkeit hat abgenommen. Dies gilt um so mehr, als in der Bundesrepublik ein umfangreiches soziales Auffangnetz existiert, das die Verringerung des Konsumstandards nach unten begrenzt. Der ungewohnte Gleichmut, mit dem die gegenwärtige Stagflation von deutschen Wählern aufgenommen wird, dürfte nicht zuletzt in der Höhe der staatlichen Transferleistungen begründet sein, die beim Ausscheiden aus dem Arbeitsverhältnis fällig und verbrieft sind[39].

Damit könnte sich die These vom einfachen Kausalzusammenhang zwischen Stagflation und politischer Instabilität als Teilwahrheit entpuppen. Die Fixierung der Politik auf forciertes Wirtschaftswachstum und der Verzicht auf Reformprogramme in der Stagflation wären dann nicht mehr politisches Krisenmanagement, sondern Ausdruck gesellschaftspolitischen Immobilismus.

4.3 Grenzen des Wachstums: von der Ökonomie zur Ökologie

4.3.1 Wirtschaftswachstum und Umweltkrise

Es mutet wie eine Ironie der Geschichte an, daß ausgerechnet in dem Augenblick, als die westlichen Industrienationen in eine Phase der Stagnation gerieten, zahlreiche Studien erschienen, die das Ende des Wachstums zum Ziel der Menschheit erklärten. Freilich sollte das Ende des Wachstums freiwillig und erst in einem Zeitraum von einhundert Jahren erfolgen. Die Koinzidenz von Utopie und Realität ist der Utopie nicht gut bekommen. Wie es scheint, hat man die Warnungen dieser Studien zu den Akten gelegt und ist zur Tagesordnung übergegangen.

Dies war vor wenigen Jahren noch anders. Anfang der siebziger Jahre versprach die Umweltkrise zum beherrschenden Thema der Zukunft zu werden. Zu diesem Zeitpunkt wurde das Problem der Umweltzerstörung von den Massenmedien in der Bundesrepublik aufgegriffen. Fernsehberichte über Fischsterben in Rhein und Bodensee erschienen, Giftmüllskandale wurden aufgedeckt. Die Parlamente nahmen sich der Umweltprobleme an, verabschiedeten entsprechende Programme oder diskutierten sie zumindest. Umweltschutzbeauftragte wurden ernannt und Bürgerinitiativen zur Erhaltung der natürlichen Umwelt gegründet.

Angesichts der allgemeinen Umwelteuphorie warnten Wissenschaftler bereits 1972: »Es besteht die Gefahr, daß – wenn die Umwelt als Thema ihre Aktualität verloren hat – in der breiten Masse der Bevölkerung die gleiche Skepsis entsteht, wie sie heute gegenüber Entwicklungshilfe und Ausgaben für Hochschulen zu beobachten ist. Die Popularisierung des Umweltschutzgedankens ist heute zu einem guten Teil kommerziell geworden; seine Unterstützung dürfte bei den wenigsten aus lauterem Herzen kommen. Seltsamerweise wird er von den Kreisen gefördert, die vor kurzer Zeit noch maßgeblich an der Zerstörung der Umwelt beteiligt waren (und teilweise noch sind).«[40]

Spätestens seit der Stagflationskrise scheint sich diese Warnung dramatisch zu bestätigen. Angesichts hautnaher Probleme wie Inflation und Arbeitslosigkeit sind Fragen des Umweltschutzes an den Rand der politischen Diskussion gedrängt worden, und so manche Bürgerinitiative zur Erhaltung der natürlichen Umwelt gilt heute bereits als Anachronismus. Vielleicht gerade wegen der Verdrängung von Umweltschutzproblemen dürften sie zu den wichtigsten Aufgaben der Zukunft zählen. Wenn beispielsweise die These einiger Experten[41] stimmt, die Entscheidung zugunsten der umfassenden Nutzung von Atomenergie sei bereits gefällt worden, ohne daß die damit verbundenen ökologischen Langzeitwirkungen auch nur annähernd überschaubar sind, so ist dies ein Beleg für die unveränderte Dringlichkeit des Umweltschutzes.

Unter Umwelt wird allgemein der artspezifische Lebensraum verstanden, den ein Organismus braucht, um existieren zu können (J. V. Uexküll). Entsprechend braucht auch das Lebewesen ›Mensch‹ eine seinen biologischen Bedürfnissen angepaßte typische Umwelt, um zu überleben. Das Verhältnis des Menschen zu seiner intakten Umwelt wird auch als ›humanökologisches Gleichgewicht‹ bezeichnet, »das als dynamisches System gegenseitiger Abhängigkeiten äußerst komplizierte biologisch-physische Vorgänge im Raum und in der Bevölkerung einschließend zu interpretieren ist, bei deren Dynamik auch psychische Faktoren eine Rolle spielen können«[42].

Insofern erscheint es zulässig, den vagen Begriff der Umwelt so weit zu fassen, daß er die gesamten Existenzbedingungen einschließt, die das Leben des Menschen, seine Entwicklung und seine Lebenserwartungen beeinflussen. Bis vor kurzer Zeit konnten die Beziehungen zwischen den ökonomischen Aktivitäten des Menschen und seiner natürlichen Umwelt vernachlässigt werden. Es handelte sich um ein *offenes* System, in dem der natürliche Produktionsfaktor Boden in Form von nicht reproduzierbaren Rohstoffen, aber auch Inputs wie reines Wasser und saubere Luft der natürlichen Umwelt entnommen und im Produktionsprozeß eingesetzt wurden (s. *Schaubild 8*).

Schaubild 8 Offenes System der Ökonomie-Ökologie-Beziehungen

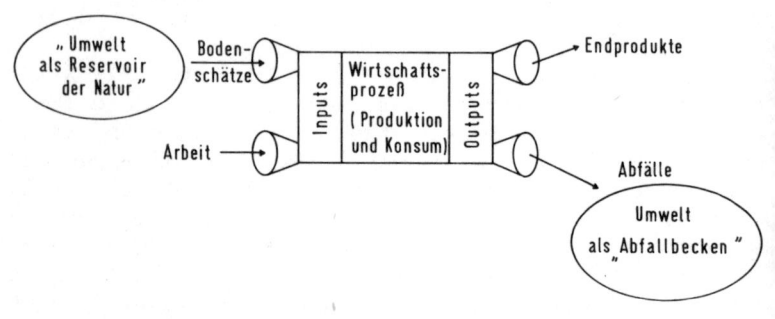

Quelle: Frey, Bruno S., Umweltökonomie, Göttingen 1972, S. 15

In diesem Prozeß werden die Input-Faktoren in Güter und Dienstleistungen umgewandelt und konsumiert. Bei Produktion und Konsum entstehen als Nebenprodukte Schadstoffe und Abfälle, z. B. Schwefeldioxyd, Kohlendioxyd, Staub usw. Sie belasten die natürliche Umwelt. »Die an die Umwelt abgegebenen Abfallmengen werden von den verschiedenen Medien der Umwelt – Atmosphäre, Boden, Wasser – aufgenommen, teilweise abgebaut, akkumuliert, an andere Orte transportiert oder in ihrer Struktur geändert.«[43]

Das Ökonomie-Ökologie-System ist solange ein offenes System, wie die schädlichen Nebenprodukte der Wirtschaftstätigkeit nicht ihrerseits auf die ökonomischen Inputs – Boden, Arbeit und Kapital – zurückwirken und ihre Qualität und Quantität beeinträchtigen. Genau dieses Stadium wurde Ende der sechziger Jahre in den industriellen Ballungszentren der Welt erreicht. Die Aufnahmekapazität und Absorptionsfähigkeit der natürlichen Umwelt für Schadstoffe war erschöpft. Seither ist die vormals unbegrenzte Selbstreinigungskraft von Wasser, Erde und Luft nicht mehr selbstverständlich. Damit wurde die Endlichkeit der Welt erstmals auch den Ökonomen offenbar. »Mit dem Auftreten der Umweltschäden in großem Umfang erweist sich die Vorstellung, die wirtschaftliche Aktivität könne beliebig viel von der Umwelt beziehen und wieder an sie abgeben, als trügerisch. Die Umwelt als ›Mülltonne‹ ist überlastet (d. h. sie kann sich nicht mehr vollständig regenerieren) und beeinflußt damit die Umwelt als ›Naturreservoir‹.«[44] Die hochindustriellen Systeme befinden sich in einer Phase der Überindustrialisierung. In ihr wird weiteres wirtschaftliches Wachstum mit langfristig lebensbedrohender Umweltzerstörung erkauft.

Schaubild 9 Geschlossenes System der Ökonomie-Ökologie-Beziehungen

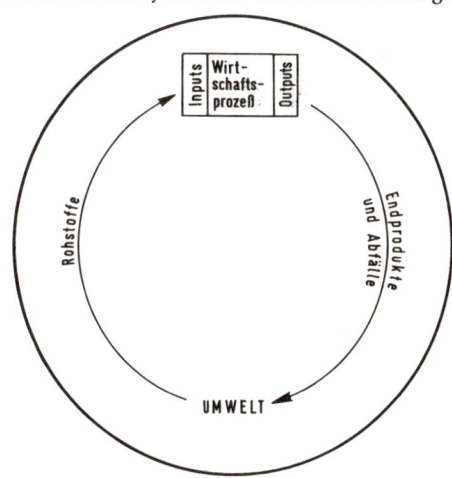

Quelle: Frey, Bruno S., Umweltökonomie, Göttingen 1972, S. 16

Das Ökonomie-Ökologie-System ist kein offenes System mehr. Die Wirtschaft bildet mit der natürlichen Umwelt einen *geschlossenen* Kreislauf (vgl. *Schaubild 9*).
Der amerikanische Wirtschaftswissenschaftler Kenneth Boulding hat daher die Erde mit einem Raumschiff verglichen: Das Raumschiff ›Erde‹ ist ein endliches System, das außer Sonnenenergie keine Ströme von der Außenwelt empfängt oder an sie abgibt. Die Vorräte an Bord sind begrenzt, aber die Zahl der Astronauten nimmt stark zu. Das Wachstum der Produktion verursacht immer größere Abfallmengen und Schadstoffe. Sie müssen im Raumschiff selbst untergebracht werden und beeinträchtigen dort die Lebensbedingungen. Hieraus folgt, daß die Menschheit langfristig nur überleben kann, wenn die Abfälle nicht dauernd zunehmen[45].

4.3.2 Ursachen der Umweltkrise

Die Ursachen der Umweltkrise sind vielfältig und noch nicht abschließend geklärt. Allgemein werden drei Ursachenkomplexe unterschieden, die sich teilweise ergänzen. Danach gilt als ›eigentlicher‹ Grund für die Umweltzerstörung:
– eine Wertkrise
– eine Systemkrise
– oder eine Wachstumskrise.
Als Wertkrise wird von einigen Autoren die Tatsache angesehen, daß entscheidende Elemente der protestantischen Ethik wie Erfolgsstreben, Leistungsprinzip und ökonomisch-rationale Lebensführung das Wertsystem hochindustrieller Gesellschaften trotz gegenteiliger Postulate unverändert beherrschen[46]. Die Folge wachsenden Anspruchs- und Erfolgsstrebens ist eine zunehmende Diskrepanz zwischen geforderten Werten und realer Verhaltensorientierung. Zwar werden als humane und soziale Grundwerte Freiheit, Gleichheit, Gerechtigkeit, Entfaltung der Persönlichkeit, Nächstenliebe usw. deklamatorisch hervorgehoben, faktisch wird aber das Individuum ökonomisch konditioniert.
Die kommerzialisierte Bedürfnis- und Konsumausweitung stabilisiert implizit Werte wie Arbeit, Leistung und Erfolg. Die Kluft zwischen Norm und Wirklichkeit wird besonders deutlich, wenn man die gesellschaftliche Wertschätzung und Behandlung von ökonomisch nicht leistungsfähigen Individuen und Gruppen betrachtet. Das ökonomisch ausgerichtete und kaum reflektierte Wertsystem zählt zu den Fundamenten der Quasi-Automatik ständigen Wirtschaftswachstums; auch und vor allem in überindustrialisierten Gesellschaften. »Das Dominieren der ökonomischen Werte im Rahmen des Wertesystems der wachsenden Industriegesellschaft... bedroht in zunehmendem Maße durch Begünstigung quantitativer Wachstumsprozesse die natürliche Umwelt, die Gesundheit und schließlich die Zukunft des Menschen.«[47]

Die Begründung der Argumentation liegt auf normativer Ebene. Die gesellschaftliche Konsequenz ist der Ruf nach einer neuen Ethik. Die Wachstums- und Umweltkrise kann durch die Veränderung jenes Wertesystems gemeistert werden, das die Menschheit in die Sackgasse geführt hat. Die grundlegenden Wertorientierungen, Verhaltensnormen und Herrschaftsverhältnisse müssen sich im Interesse eines Überlebens der Menschheit verändern. Ein erster Schritt in diese Richtung ist die Zurückstufung ökonomisch-wachstumsorientierter Werte auf den Rang instrumenteller Werte. »Eine Schlüsselstellung bezüglich der Reproduktion und Veränderung von Wertorientierungen nimmt der Bereich Bildung, Erziehung und Ausbildung ein.«[48] Er hat als wichtige Sozialisationsagentur die historisch-kulturelle Relativität von Wertsystemen aufzuzeigen und kritisch reflexive Distanz gegenüber sozio-kulturellen Werten und Normen zu vermitteln.

Kritiker haben gegen die These von der Wertkrise als eigentlicher Ursache der Wachstums- und Umweltkrise vor allem drei grundsätzliche Argumente vorgebracht: Wenn tatsächlich trotz fortgeschrittener Säkularisierung entscheidende Elemente des protestantischen Wertsystems überdauert haben, so ist damit nicht erklärt, warum Umweltzerstörung auch in Teilen der Welt zu beobachten ist, in denen der Protestantismus nie eine Rolle gespielt hat, z. B. in Japan und den städtischen Ballungszentren Indiens und Brasiliens. Häufig verlagern Vertreter der Wertkrise, insbesondere in der Populärliteratur, die Argumentation auch auf eine rein individualistische Ebene, ohne gesellschaftliche Faktoren zu berücksichtigen. Typisch für diese Analysen ist die individualistisch-organische Redeweise vom ›Selbstmord‹ der Menschheit[49].

Die These vom Menschen als einem lärm- und müllproduzierenden Wesen, dem es an ›Umweltethik‹ mangele, ist zu einfach, um der Komplexität gesellschaftlicher Mechanismen gerecht zu werden. Oft entspringt die Forderung nach neuen Werten einer undifferenzierten Ablehnung der modernen technisierten Gesellschaft. Dabei werden die gesellschaftlichen Konsequenzen etwaigen ökonomischen und technischen Rückschritts nicht gesehen oder zumindest unterschätzt. Selbst wenn man sich diesen grundsätzlichen Einwänden nicht anschließt, bleibt immer noch die praktische Frage, ob das Bildungssystem als eine Art Krisenmanager den geforderten Wertewandel (in welcher Richtung?) einzuleiten vermag. Bislang gilt immer noch, daß die Schule insgesamt schwächer ist als ihre Umwelt.

Eine neomarxistische Gegenposition vertritt die Auffassung, die Umweltzerstörung sei nicht Ergebnis einer Wertkrise, sondern zwangsläufige Folge der kapitalistischen Produktionsweise. Die Umweltkrise ist Krise des kapitalistischen Systems – oder, wie auch formuliert wird: »Durch das Profitmotiv in die Katastrophe.«[50] Kapitalistische Wirtschafts- und Gesellschaftssysteme sind durch Privateigentum an Produktionsmitteln und Warenproduktion für den Markt gekennzeichnet. Der dauernde Zwang zur Profitmaximierung führt zu einer ›Privatisierung‹ der Umwelt. Um seine privatwirtschaftlichen Kosten zu senken bzw. seine Erträge zu erhöhen, muß der kapitalistische Unternehmer versuchen, teure

Produktionsfaktoren durch die Ausbeutung des kostenlosen Gutes ›natürliche Umwelt‹, Wasser, Boden, Atmosphäre, zu ersetzen.
Konsequenterweise werden immer weitere Teile der Natur als kostenloser Produktionsfaktor (z. B. sauberes Wasser) oder als unentgeltliche Müllhalde in den Produktionsprozeß einbezogen. »Ist einmal ... der ›Stoffwechsel zwischen Gesellschaft und Natur‹ (Produktion) als historisch veränderlicher Prozeß erkannt, so kann die zunehmende Zerstörung der Umwelt aus den Gesetzmäßigkeiten der Produktion hergeleitet werden ... In diesem Sinne ist schon der Begriff ›Umwelt‹ charakteristisch für die zunehmende Durchsetzung der Verwertungsperspektive: ›Unaufhaltsam ist der Aufstieg dieses Ungetüms, ihm wird Natur zur Ware, selbst die Luft verkäuflich.«[51] (B. Brecht). So wurde die Umwelt im Prozeß der Industrialisierung zum Abfallkübel der privatkapitalistischen Akkumulation. Immer weniger gilt sie als Umwelt aller Menschen, immer mehr wird sie im Interesse der Profitmaximierung privatisiert[52].
In der Phase des Spätkapitalismus tritt an die Seite der produktionswirtschaftlichen Umweltzerstörung der umweltbedrohende Vergeudungskonsum von Verpackungsmaterialien, Einwegflaschen usw. Dem Verbraucher wird die Umweltkrise dann als Konsequenz seiner eigenen Unersättlichkeit eingeredet[53]. In Wahrheit handelt es sich nur um einen systemimmanenten Versuch, die zunehmenden Verwertungsschwierigkeiten des Privatkapitals durch Konsummanipulation vorübergehend aufzufangen. Die Umweltkrise kann daher nach neomarxistischer Auffassung nur durch Abschaffung des Privateigentums an Produktionsmitteln behoben werden, denn sie ist das Ergebnis des Grundwiderspruchs zwischen gesellschaftlicher Produktion und privater Profitaneignung im Kapitalismus.
Eine Kritik des neomarxistischen Erklärungsansatzes muß davon ausgehen, daß der aufgezeigte Zusammenhang zwischen einzelwirtschaftlichem Ertragskalkül und Ausbeutung der kostenlosen Umwelt prinzipiell nicht zu bestreiten ist. Bestreitbar ist jedoch, ob es sich dabei um einen Defekt handelt, der nur in kapitalistischen Systemen auftritt. Auch sozialistische Planwirtschaften sehen sich mit dem Problem wachsender Umweltzerstörung konfrontiert[54]. »Die meisten sowjetischen Großstädte leiden unter Luftverschmutzung. Über Tiflis ... hängt rund das halbe Jahr Smog ... Leningrad hat 40 % weniger Tageslicht als das nahegelegene Pawlowsk ... und in verschiedenen armenischen Städten, z. B. Kirow, übersteigt der Kohlendioxydgehalt der Luft die vom Gesundheitsministerium als noch zulässig bestimmte Maximalhöhe ... Im Mündungsbereich der Wolga wurde (durch Wasserverschmutzung) nahezu der gesamte Fischbestand ausgerottet und damit das ökologische Gleichgewicht empfindlich gestört. Da sich durch die Vernichtung eines Großteils der Fische die Moskitos schlagartig vermehrten, ist das Gebiet heute zudem malariaverseucht.«[55]
Da nach marxistischer Arbeitswertlehre Boden, Wasser und Atmosphäre *ex definitione* keinen Wert haben, wird auch in sozialistischen Systemen die Umwelt nicht bewertet und demzufolge systematisch ausgebeutet. Es gibt zudem Anzeichen, daß die Umwelt in Planwirtschaften entsprechend

stärker belastet wird[56], weil die Leistungsfähigkeit der eingesetzten Technologie unter der vergleichbarer Verfahren in kapitalistischen Ländern liegt. In allen Systemen, die sich an dem Kriterium ökonomischer Rationalität orientieren, besteht die Tendenz, die betriebliche Kalkulation auf Kosten der natürlichen Umwelt zu verbessern. Die kapitalistische wie die sozialistische Philosophie des industriellen Güterwachstums setzen die Prämien auf die Ökonomie, und nicht auf die Ökologie. Diese Philosophie »ist inzwischen sowohl in ihrer westlichen wie in ihrer östlichen Version problematisch geworden. Warum? Einfach deshalb, weil die Wirtschafts-Welt so groß und die Um-Welt so klein geworden ist, daß es kein Niemandsland mehr zwischen diesen beiden Welten gibt und die eine nur auf Kosten der anderen zunehmen bzw. intakt gehalten werden kann«[57].
Damit ist angedeutet, daß es sich bei der Umweltzerstörung möglicherweise um eine systemunabhängige Folgeerscheinung globaler Wachstumsprozesse handelt. Die Vertreter der These, die Umweltkrise sei in Wahrheit eine Wachstumskrise, verweisen auf eine Reihe weltweiter Trends, die exponentiellen, d. h. sich beschleunigenden Charakter haben. Hierzu zählen die Entwicklung der Bevölkerung, der Verbrauch von Rohstoffen und Nahrungsmitteln, das Wachstum der Kapitalakkumulation, die Entwicklung des Weltsozialprodukts, die Rate der Verstädterung usw. Ihr Ergebnis ist insgesamt eine Zerstörung der natürlichen Umwelt. Warum allerdings diese Wachstumsverläufe sich beschleunigen bzw. welche originären Ursachen das Wachstum hat, bleibt – anders als bei den Wert- und den Systemtheoretikern – ungeklärt. Die Symptome werden beschrieben, vor der Komplexität der Ursachen resigniert man.

4.3.3 Die Studien des Club of Rome über die Grenzen des Wachstums

Zu den aufsehenerregendsten Arbeiten, die eine Zerstörung des ökologischen Gleichgewichts aus weltweiten Wachstums- und Industrialisierungsprozessen ableiten, zählen die Studien des Club of Rome[58]. Der Club of Rome ist eine internationale Vereinigung von Wissenschaftlern und Politikern aus 25 Ländern. Er hat sich zum Ziel gesetzt, künftige Probleme der Menschheit aufzuzeigen und die Bereitschaft der politischen und wirtschaftlichen Entscheidungsträger zu ihrer Lösung bereits heute zu wecken. Der Club of Rome geht dabei davon aus, »daß das Kurieren an einzelnen Symptomen, ohne sie jeweils im großen Zusammenhang mit der Gesamtproblematik zu sehen, letztlich die Menschheitskrise nur verschärfen wird«[59].
In ihrer ersten Studie »Die Grenzen des Wachstums« von 1972 versuchen die Wissenschaftler nachzuweisen, daß der globale Entwicklungs- und Industrialisierungsprozeß in schätzungsweise einem Jahrhundert an absolute Wachstumsgrenzen stoßen wird, und damit gleichsam den ›Kollaps‹ des Weltsystems hervorruft. Ausgangspunkt der Analyse ist die Konstruktion eines Weltmodells; d. h. die gesamte Welt wird als homogene Einheit

betrachtet. Von den erheblichen Ungleichheiten zwischen den einzelnen Ländern und Regionen der Erde wird abstrahiert. Die Grundidee der Studie läßt sich nun auf fünf relativ einfache Schritte zurückführen:
1. Die Entwicklung der Welt wird im Modell auf fünf Hauptvariable, sogenannte Trends mit weltweiter Wirkung, reduziert. Es handelt sich dabei um
   - die *Bevölkerungszunahme*, da die Geburtenrate die Sterberate übersteigt;
   - die *steigende Nahrungsmittelproduktion*, da die wachsende Weltbevölkerung zusätzlichen Bedarf an Nahrungsmitteln hat;
   - den *Industrialisierungsprozeß*, da bei zunehmender Mechanisierung der Produktion die Neuinvestitionen größer sind als die nutzungsbedingten Abschreibungen;
   - den wachsenden Verbrauch an *nichtregenerierbaren Rohstoffen*, da steigende Nahrungsmittelerzeugung und Industrialisierung entsprechende Rohstoffe und Bodenschätze benötigen;

Schaubild 10 Standardverlauf des Weltmodells

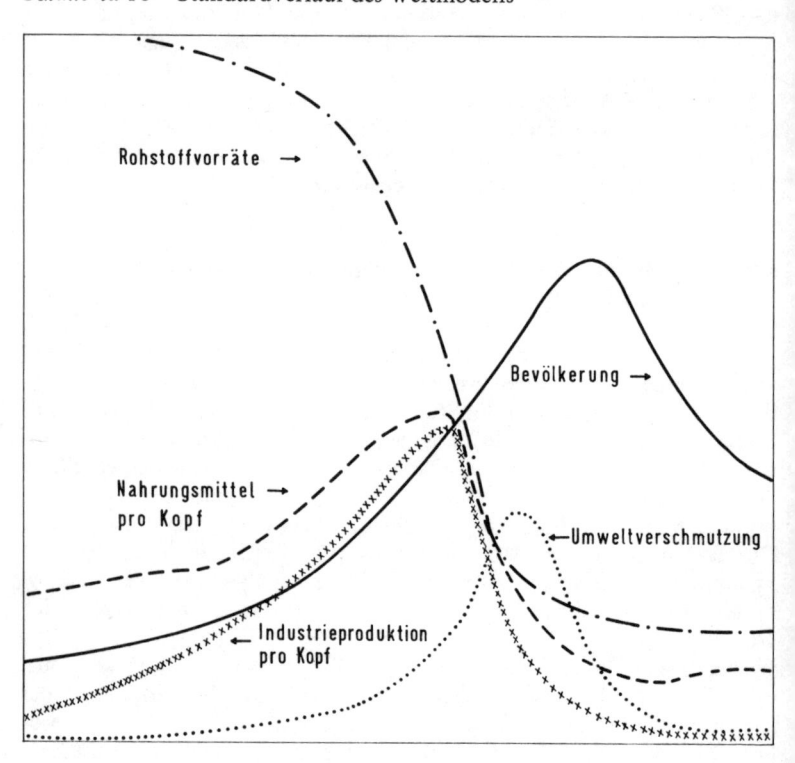

Quelle: Meadows, D., u. a., Die Grenzen des Wachstums, Reinbek b. Hamburg 1973, S. 113

– die zunehmende *Umweltverschmutzung* infolge wachsender Bevölkerung, Nahrungsmittelproduktion und Industrialisierung (vgl. *Schaubild 10*).
2. Die relevanten Trends werden durch ein kompliziertes System von Gleichungen, in denen die verschiedenen Wechselbeziehungen zum Ausdruck kommen, zu einem dynamischen Modell komplexer Systeme verknüpft. Ihm »liegt die Erkenntnis zugrunde, daß die Struktur eines Systems – also die vielfältigen Verflechtungen zwischen den einzelnen Komponenten, die Wechselwirkungen und die dabei auftretenden Zeitverzögerungen – für das Verhalten des Gesamtsystems oft von gleicher Bedeutung ist wie die einzelnen Faktoren, aus denen es sich zusammensetzt«[60].
3. Unter Annahme eines exponentiellen Wachstums der ausgewählten Größen wird dann die Entwicklung im ›Raumschiff Erde‹ mit Hilfe verschiedener Computer-Durchläufe simuliert. Bei exponentiellem Wachstum nimmt die Zuwachs*rate* konstant zu, z. B. mit 10 Prozent. Exponentielles Wachstum ist deshalb so trügerisch, weil schon bei relativ geringen Wachstumsraten in kurzer Zeit astronomische Zahlen erreicht werden[61] (s. *Schaubild 11*).
4. Rohstoffe und Aufnahmefähigkeit der Umwelt für Abfälle sind begrenzt. Infolgedessen ist es nur eine Frage der Zeit, wann bei exponentieller Expansion das Weltsystem entweder wegen Rohstoffmangels oder wegen totaler Zerstörung der Umwelt zusammenbricht.

Schaubild 11   Lineares, exponentielles und organisches Wachstum

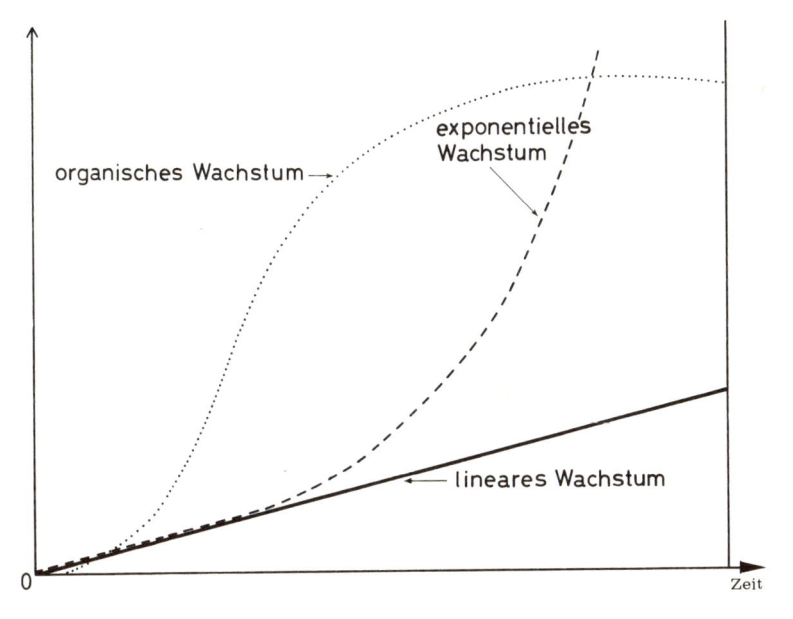

Je nachdem, welche alternativen Annahmen bei den fünf Haupttrends gemacht werden, kollabiert das System früher (im Jahre 2050) oder später (im Jahre 2100). Den sogenannten Standardverlauf des Weltmodells zeigt *Schaubild 10*. Er basiert auf der Annahme, daß keine größeren Veränderungen physikalischer, wirtschaftlicher und sozialer Zustände eintreten, also die Entwicklung in gleichen Tendenzen verläuft, wie sie sich seit 1900 abzeichnet. Nahrungsmittelerzeugung, Industrieproduktion und Bevölkerungszahl steigen exponentiell, bis die rasch schwindenden Rohstoffvorräte zum Zusammenbruch des industriellen Wachstums und – mit zeitlicher Verzögerung – zum steilen Abfall der Bevölkerungskurve führen. Entscheidend für die Beurteilung des Weltmodells ist dabei, daß der Kollaps *zwangsläufig* erfolgen muß – und daß er eine Konsequenz des sogenannten Fortschritts ist. Im Vergleich zu früheren Weltkrisen »steuert die Völkerfamilie einer Krise zu, die sich nicht nur in ihrer Ausdehnung, sondern auch in ihrem Charakter wesentlich von früheren unterscheidet, und zwar in dem Sinne, daß sie nicht von bösen Menschen und Mächten verursacht, sondern durch Entwicklungen herbeigeführt wird, die wir vielfach auch heute noch als Ausdruck menschlichen Fortschritts, ja als Sieg über die den Menschen gesetzten natürlichen Beschränkungen und Grenzen empfinden«[62].

5. Das exponentielle Wachstum kann deshalb nicht unbegrenzt weitergehen. Der Zusammenbruch läßt sich durch bewußten Übergang zu einem Zustand weltweiten Gleichgewichts verhindern. »Nach der einfachstmöglichen Definition ist das ein Zustand mit im wesentlichen stabilen Zahlen für Bevölkerung und Kapital, in dem Faktoren für Wachstum und Schwund sorgfältig gegeneinander ausgewogen sind.«[63] Dieses Gleichgewicht kann nur erreicht werden, wenn das exponentielle Wachstum der fünf Hauptvariablen sehr bald drastisch gedrosselt wird. Ab 1975 muß die Weltbevölkerung durch ›Gleichsetzung‹ (!) der Geburten- mit der Sterberate konstant gehalten werden; die Industrieproduktion ist auf dem Stand von 1975 einzufrieren; Umweltverschmutzung und Rohstoffverbrauch sind auf ein Viertel des Wertes von 1970 zu reduzieren[64]. In dieser Welt stationären Gleichgewichts gibt es kein Wachstum der Bevölkerung, des Sozialprodukts und der Kapitalakkumulation mehr, dafür aber – wie in J. Fourastiés tertiärer Zivilisation (vgl. Kapitel 2) – kulturelle Entwicklung und Gleichberechtigung. »Besonders jene Beschäftigungen, die viele als besonders erstrebenswerte und befriedigende Tätigkeiten einstufen, wie Erziehung und Schulung, Ausübung von Musik, Religion, wissenschaftliche Grundlagenforschung, Sport und soziale Kontaktpflege, könnten sich schrankenlos entwickeln ... Eines der in unserer Gesellschaft gern geglaubten Märchen ist die Behauptung, daß die Fortdauer des Wachstums zu einer stärkeren menschlichen Gleichberechtigung führen müsse ... Eine weitere Barriere gegen die Gleichberechtigung – das Versprechen auf Wachstum – könnte nicht mehr länger aufrechterhalten werden.«[65]

Im Jahre 1974 legte der Club of Rome dann seine zweite Studie »Menschheit am Wendepunkt« vor. In ihr werden einige wesentliche Modifikationen des Weltmodells vorgenommen und ein Teil der Kritik an der ersten Studie beantwortet. Das homogene Modell der Welt wird aufgegeben. Die Erde wird nicht mehr als ein einförmiges, mechanistisches Gebilde betrachtet, sondern als ein System, das sowohl regional als auch funktional in Sub-Systeme auszudifferenzieren ist. Die Aufteilung in zunächst 10 Regionen nach wirtschaftlichen, politischen und kulturell-historischen Gesichtspunkten wird dann in drei Welten zusammengefaßt[66].
- die *entwickelte Welt* (Regionen: Nordamerika, Westeuropa, Japan, Australien und Südafrika)
- die *sozialistische Welt* (Regionen: Osteuropa einschließlich Sowjetunion und China/Nordkorea)
- die *nicht-industrialisierte Welt* (Regionen: Lateinamerika, Nordafrika und Mittlerer Osten, Tropisches Afrika, Südasien).

Funktional erfolgt eine Ausdifferenzierung in ein Mehrebenen-Modell mit den fünf Sub-Systemen:
- *Umwelt-System* (geophysikalische und ökologische Zustände und Prozesse);
- *Technologie-System;*
- *Demo-ökonomisches System* (Bevölkerung und Wirtschaft)
- *Sozio-politisches System*
- *Individual-System* (Werte und Normen).

Die regionalen Sub-Systeme bestehen jeweils aus diesen fünf funktionalen Unter-Systemen, die aufeinander aufbauen und untereinander in Austauschbeziehungen stehen. Diese Differenzierung des Welt-Modells hat nun in zweierlei Hinsicht überraschende Konsequenzen. Zunächst wird die physische Obergrenze, bei deren Überschreitung das System zusammenbricht, nicht überall gleichzeitig erreicht werden. »Anstelle eines allgemeinen Weltkollapses werden sich in den verschiedenen Regionen zu verschiedenen Zeiten, teils lange vor der Mitte des nächsten Jahrhunderts, Zusammenbrüche unterschiedlicher Natur und aus unterschiedlichen Gründen einstellen.«[67] Auch der kurzfristige Übergang zum Nullwachstum bei Bevölkerung, Industrieproduktion und Sozialprodukt ist nicht mehr notwendig. Statt dessen wird der Verzicht auf undifferenziertes, exponentielles Wachstum gefordert und sogenanntes organisches Wachstum propagiert.

Organisches Wachstum ist ortsspezifisches, dem jeweiligen Sub-System angepaßtes Wachstum, bei dem die Zuwachsraten ab einem bestimmten Entwicklungsniveau abnehmen (vgl. *Schaubild 11*). Das System tendiert langfristig zu stationärem Zustand. »Nur organisches, wohl auf den jeweiligen Wirtschafts- und Sozialzustand der Regionen abgestimmtes Wachstum bietet die Voraussetzungen für die Bewältigung der Weltkrisen. Undifferenzierter Wildwuchs wird dagegen die Folge regionaler Katastrophen nur beschleunigen.«[68]

Wie in seiner ersten Studie bleibt der Club of Rome jedoch dabei, daß die gegenwärtigen Krisen des Weltsystems keine vorübergehenden Er-

scheinungen sind, sondern die unausweichliche Konsequenz der Grundrichtung unserer historischen Entwicklung. Die Lösung dieser Krise sei nur langfristig und auf globaler Ebene möglich. »Um die düsteren Vorhersagen tatsächlich wahrzumachen, gibt es kein geeigneteres Mittel, als die Sturmzeichen der Zeit geflissentlich zu übersehen und so weiterzumachen wie bisher.«[69]
Kaum eine Veröffentlichung der vergangenen Jahre hat soviel kritiklose Zustimmung und offene Ablehnung erfahren wie die Studien des Club of Rome[70]. Für eine Gruppe von Kritikern sind die Studien *science fiction* auf gehobenem Niveau und daher keiner ernsthaften Auseinandersetzung wert. Nach dieser Auffassung wird mit pseudowissenschaftlichen Methoden eine Weltuntergangsstimmung erzeugt, die sich positiv lediglich auf die Verlagshonorare der Autoren ausgewirkt habe.
Eine zweite, relativ große Gruppe von Sozialwissenschaftlern ist darangegangen, Prämissen und Ergebnisse des Weltmodells kritisch zu durchleuchten. »Dahinter steht die sicherlich zutreffende Ansicht, daß die Umweltprobleme zwar nicht gerade eine Weltuntergangsstimmung rechtfertigen, aber doch außerordentlich ernst zu nehmen sind.«[71] Dieser Gruppe fiel der Nachweis nicht schwer, daß die Reduktion der Welt auf die fünf beschriebenen weltweiten Trends nicht haltbar ist. Besonders scharf wurde die Annahme eines exponentiellen Wachstums der Hauptvariablen kritisiert. Die Verfasser der Studien hätten damit Entwicklungen, die nur für einige der Variablen in der ersten Hälfte des 20. Jahrhunderts annäherungsweise gegolten haben, unzulässig verallgemeinert und unkritisch in die Zukunft verlängert.
Ein weiterer Ansatzpunkt der Kritik ist der technologische Pessimismus, der insbesondere in den »Grenzen des Wachstums« zum Ausdruck kommt. Während in allen anderen Bereichen ein exponentielles Wachstum prognostiziert wird, bleibt die Technik in den nächsten hundert Jahren auf dem Stand von 1970 stehen. Dazu wird lediglich festgestellt: »In unserem Weltmodell gibt es keine variable Größe für Technik oder Technologie. Wir sahen keine Möglichkeit, die dynamischen Wirkungen technologischer Entwicklungen generell zu formulieren und festzulegen.«[72] Zweifellos ist die Prognose technologischer Entwicklungslinien schwierig. Aber gerade vom technologischen Innovationspotential sind in Zukunft wesentliche Beiträge zur Lösung der Umweltprobleme zu erwarten (z. B. Ersatzgüter für nicht regenerierbare Rohstoffe, umweltfreundliche Produkte und Produktionsverfahren).
Der technologische Pessimismus kontrastiert merkwürdig mit einem sozialen Optimismus. In den »Grenzen des Wachstums« wird zu sozialen Problemen lediglich ausgeführt: »Wir wollen von den besten sozialen Bedingungen ausgehen.«[73] Die Studie läßt also die gewaltigen und weiter wachsenden Ungleichheiten und Unterschiede innerhalb und zwischen den Ländern außer Betracht: »Ein konfliktfreies Modell einer in Wirklichkeit konfliktzerrissenen Welt.«[74]
Im regionalisierten Modell der »Menschheit am Wendepunkt« wird diese Kritik nur teilweise ausgeräumt. Zwar wird wiederholt auf die Ungleich-

heit zwischen nördlicher und südlicher Hemisphäre hingewiesen, ihre Ursachen aber bleiben weitgehend im dunkeln. Kriege, Waffenhandel, atomares Wettrüsten werden bewußt ausgeklammert. Auch die Vision einer künftigen klassenlosen Gesellschaft bei Nullwachstum erscheint ziemlich idealistisch. Eher dürfte eine Verschärfung der Klassengegensätze zu erwarten sein. Was trotz aller Kritik bleibt, ist der methodische Versuch, die gängigen partial-analytischen Forschungsstrategien durch ein Totalmodell zu ergänzen bzw. zu ersetzen. Seine Stärke liegt in der Vermittlung von Zusammenhängen und Wechselbeziehungen, die sonst allzuleicht übersehen werden[75].

Es bleibt auch das unbestreitbare Verdienst, einer breiten Weltöffentlichkeit nachdrücklich ins Bewußtsein gerufen zu haben, daß im ›Raumschiff Erde‹ mit seiner endlichen Oberfläche mit endlichen Vorräten und endlichen Belastbarkeiten ein unendliches exponentielles Wachstum unmöglich ist. Die Kritik an der mangelnden Wissenschaftlichkeit der Studien des Club of Rome geht daher fehl. Die Studien wollen keine empirisch überprüfbaren Prognosen aufstellen. Es handelt sich bei ihnen um »negative Utopien« (G. Picht), die – vereinfacht formuliert – aufzuzeigen versuchen, was passieren könnte, wenn nichts passiert. Ihr Ziel ist es, eine Zukunft zu entwerfen, die verhütet werden soll.

Aus dieser Funktion ergibt sich eine paradoxe Konsequenz. Wenn die Studien des Club of Rome die beabsichtigten Wirkungen erzielten – nämlich die Weltgesellschaft am Selbstmord zu hindern –, wären ihre Voraussagen widerlegt. Treten die Voraussagen aber ein, waren die Studien wertlos, weil sie die beabsichtigten Wirkungen nicht erreichten.

4.4 Vom Lebensstandard zur Lebensqualität

Unter dem Eindruck der Studien des Club of Rome veröffentlichten zwei deutsche Wissenschaftler im Mai 1973 einen Vergleich der Zuwachsraten des Sozialprodukts und der ›Lebensqualität‹ in der Bundesrepublik[76]. Die Ergebnisse waren verblüffend. Bedeuteten von 1955 bis 1960 zehn Prozent Wachstum des Sozialprodukts noch 7,4 Prozent mehr Lebensqualität, so waren es 1960 bis 1965 nur noch 5,8 und 1965 bis 1970 nur noch 4,7 Prozent. Die Identität von materiellem Lebensstandard und Qualität des Lebens beginnt sich mit wachsendem wirtschaftlichem Entwicklungsniveau einer Gesellschaft aufzulösen. Der Vorteil, den der einzelne vom Wachstum des Sozialprodukts hat, nähert sich rasch der Nullgrenze[77]. Im Extremfall kann wachsendes Sozialprodukt mit sinkender Lebensqualität einhergehen[78]. Damit scheint das traditionelle Sozialprodukt-Konzept als Maßstab für die individuelle und gesellschaftliche Wohlfahrt überholt.

Als abstrakte Summe der jährlichen Güterproduktion werden von ihm insbesondere Umweltschäden (= sogenannte gesellschaftliche Kosten), die Wohlfahrtseinbußen darstellen, nicht abgezogen. Mehr noch: sofern Umweltschäden Aufwendungen verursachen, gehen sie als Dienstleistungen

(Filteranlagen, Anlagen zur Müll- und Abfallbeseitigung usw.) in das Sozialprodukt ein und vergrößern es. »Das Bruttosozialprodukt wächst, wenn immer mehr Abfälle die Umwelt belasten. Und es wächst noch einmal, wenn wir Mittel einsetzen, um Umweltschäden zu beseitigen. Es wächst, wenn der Lärm in unseren Städten zunimmt. Und es wächst noch einmal, wenn wir Lärmschutzanlagen anbringen. Es wächst, wenn der Verbrauch von Medikamenten, Drogen und Alkohol zunimmt. Und es wächst noch einmal, wenn die durch Medikamente, Drogen oder Alkohol Geschädigten behandelt werden müssen.«[79]

Die erste Konsequenz aus den offensichtlichen Mängeln des Sozialproduktkonzeptes war, daß die nur scheinbar exakte Gleichung Zuwachsrate des Sozialprodukts = Lebensstandard = Lebensqualität problematisiert wurde. Die zweite Konsequenz war, den unzulänglichen statistischen Indikator Sozialprodukt durch einen besseren zu ersetzen, der Wohlbefinden, Wohlfahrt oder – nach einer Wortschöpfung von J. K. Galbraith – ›Lebensqualität‹ exakter widerspiegelt.

Tatsächlich sind in jüngster Zeit zahlreiche Versuche in dieser Richtung unternommen worden[80]. Dabei zeigte sich bald, daß – sieht man einmal von den grundsätzlichen Einwänden ab, wie Qualität überhaupt gemessen werden könne – die Konstruktion einer einzigen Größe ›Wohlfahrtsprodukt‹ unmöglich ist. Sie »... würde eine eindimensionale (monetäre) Bewertung der sozialen Kosten der Umweltverschlechterung, der Freizeitvermehrung, der Qualitätsverbesserung von Produkten, des staatlichen Outputs, der privaten Haushaltsproduktion u. a. erfordern, die in Ermanglung objektiver Maßstäbe prinzipiell einen willkürlichen Charakter hätte.«[81] Infolgedessen wurden Systeme mit zahlreichen gesellschaftlichen Kennziffern (= soziale Indikatoren) entwickelt. Ihr Ziel ist es, Urteile über Zustand und Veränderung gesellschaftlicher Problembereiche zu erleichtern oder erst möglich zu machen. Hierzu zählen im geplanten Indikatorensystem für die Bundesrepublik Deutschland[82] die Bereiche:

– *Gesundheit* (Indikator z. B. Krankenhausbetten pro 1000 Einwohner)
– *Bildung* (Indikator z. B. Schüler je Lehrer)
– *Erwerbstätigkeit* (Indikator z. B. Wochenarbeitszeit)
– *Einkommen* (Indikator z. B. verfügbares Einkommen der privaten Haushalte)
– *Verbrauch und materieller Lebensstandard* (Indikator z. B. langlebige Gebrauchsgüter in privaten Haushalten)
– *Physische Umwelt* (Indikatoren z. B. Lärmbekämpfung, Qualitätsmerkmale des Wohnungsbaus)
– *Soziale Umwelt* (Indikator z. B. Zufriedenheit am Arbeitsplatz)
– *Beteiligung* (Indikator z. B. Beteiligung bei Wahlen)
– *Rechtspflege* (Indikator z. B. Straftaten je 100 000 Einwohner).

Diese bunte Mischung von Kennziffern läßt zunächst die Frage der Gewichtung einzelner Indikatoren außer acht. Vergrößert sich beispielsweise die Lebensqualität mehr, wenn die Zahl der Krankenhausbetten um 20 pro 1000 Einwohner vergrößert oder die Zahl der Schüler pro Lehrer um

zwei gesenkt wird? Außerdem werden in der Regel die Inputs der verschiedenen Bereiche – nicht jedoch die für den Bürger wichtigeren Outputs gemessen. »Mich interessiert weniger die Zahl der Ärzte pro 1000 Einwohner als der Gesundheitszustand der Menschen. Mich interessiert erst recht nicht die Zahl der Rechtsanwälte pro 1000 Einwohner, sondern die Frage, welcher Anteil der Bürger glaubt, man könne in diesem Staat sein Recht finden.«[83]
Die – erzwungene – Abkehr vom Wachstumsfetischismus unter der Leitformel ›Lebensqualität‹ ist nicht ohne Kritik geblieben. Aus neomarxistischer Sicht ist ›Lebensqualität‹ eine Programmanalyse ohne Gegner, die bereits durch die Vermessung der verschiedensten Lebensbereiche der Illusion aufsitzt, die Mechanismen der Ausbeutung im Spätkapitalismus zu beseitigen[84]. Konservativen hingegen gilt ›Lebensqualität‹ als weiterer Schritt in Richtung auf den Sozialismus und die total kontrollierte Gesellschaft von 1984[85].
Eine denkbare Konsequenz aus der Diskussion über die Grenzen des Wachstums und die Qualität des Lebens deutet der Religionsphilosoph Georg Picht an: »... die bisherige Richtung des technisch-industriellen Prozesses kann nicht fortgesetzt werden, und wenn wir dies erkennen, müssen wir alle Überzeugungen begraben, an denen sich unsere westliche Zivilisation in den letzten zweihundert Jahren berauscht hat.«[86]

Literaturhinweise

Zum Problem der Stagflation liegen bisher nur Veröffentlichungen in Fachzeitschriften vor. Probleme von Wachstum, Konjunktur, Arbeitslosigkeit und Inflation werden behandelt in:
[2] Bolz, K. (Hrsg.), Ist Inflation unser Schicksal? Goldmann-TB-Verlag, München 1972
In dieser Arbeit sind einige Aufsätze zusammengestellt, die sich insbesondere mit der schleichenden Inflation und den Möglichkeiten ihrer Bekämpfung im Rahmen der Stabilitätspolitik beschäftigen. Die Beiträge setzen in der Regel einige (wenige) volkswirtschaftliche Grundkenntnisse voraus.
[2] Bolz, K. (Hrsg.), Sind die Wirtschaftskrisen überwunden? Goldmann-TB-Verlag, München 1972
Die Aufsatzsammlung beschäftigt sich – entgegen dem Titel – nicht mit empirischen Untersuchungen von Konjunktur- und Wachstumszyklen. Es werden vielmehr die Grundlagen, Ziele und Instrumente staatlicher Wachstums- und Beschäftigungspolitik dargestellt.
Zum Problem der ›Grenzen des Wachstums‹ ist unverändert die Ausgangsstudie des Club of Rome wichtig:
[1] Meadows, D., u. a., Die Grenzen des Wachstums, Rowohlt-TB-Verlag, Reinbek b. Hamburg 1973
Die Meadows-Studie enthält das erste Weltmodell des Club of Rome. Sie ist trotz der zahlreichen Modellabläufe und Trends leicht verständlich und daher für den Einstieg in den diskutierten Problemkreis geeignet.
[2] v. Nussbaum, H. (Hrsg.), Die Zukunft des Wachstums, Bertelsmann-Universitäts-Verlag, Düsseldorf 1973
Das Buch enthält eine Reihe von Aufsätzen, die sich kritisch mit der Studie

»Die Grenzen des Wachstums« beschäftigen. Die neomarxistische Kritik wird von G. Kade »Wirtschaftswachstum und Umweltschutz im Kapitalismus« und von J. Galtung »Wachstumskrise und Klassenpolitik« vorgebracht. Die mangelnde Berücksichtigung der Entwicklungsländer kritisiert G. Myrdals »Ökonomie einer verbesserten Umwelt«.

Zum Problem der Lebensqualität ist das neueste Buch von E. Eppler aufschlußreich.

[1] Eppler, E., Ende oder Wende, Von der Machbarkeit des Notwendigen, Kohlhammer-Verlag, Stuttgart 1975

Der ehemalige Bundesminister für wirtschaftliche Zusammenarbeit hat den Begriff ›Lebensqualität‹ in die politische Diskussion der Bundesrepublik eingebracht. In seinem Buch beschäftigt er sich im ersten Teil mit Fragen der Wachstumsgrenzen und der Lebensqualität. Im zweiten Teil behandelt der Autor ausgewählte Problembereiche der Politik (Finanzpolitik, Strukturpolitik, Entwicklungspolitik, Gesundheits- und Bildungspolitik).

5. Vom Nachtwächter- zum Planungsstaat

»Je besser der Staat eingerichtet ist, desto matter die Menschheit.«
(Friedrich Nietzsche)

Die Dynamik des ökonomischen Systems vollzieht sich überwiegend nach den Gesetzmäßigkeiten einzelwirtschaftlichen Rationalkalküls. Daß individuelle Profitmaximierung nicht automatisch ein Maximum an gesellschaftlicher Wohlfahrt bedeutet, zeigt sich an der Existenz unterprivilegierter Gruppen, an Stagflation und Umweltkrise.
In diesem Kapitel werden die Versuche des politisch-administrativen Systems am Beispiel der Wettbewerbs- und der Stabilitätspolitik analysiert, marktwirtschaftliche Prozesse zu korrigieren und zu steuern. Im Mittelpunkt der Untersuchung stehen also die Output-Leistungen des politischen Systems.

5.1 Der Staat — Machtapparat oder Apparat ohne Macht?

Vom legendären Ausspruch Ludwigs XIV. »Der Staat bin ich« bis zur Auskunft der zeitgenössischen Regierungslehre »Der Staat sind wir« ist ein langer Weg. Dabei zählt die Frage nach Wesen und Aufgaben des Staates unverändert zu den strittigsten Themen der politischen Ökonomie.
Konservative Autoren sehen in Zeiten angeblich allgemeinen Werteverfalls die Einheit und Substanz des ›sittlichen Organismus‹ Staat durch partikulare Interessen bedroht. Der ungezügelte Pluralismus weiche die Staatlichkeit auf und mache den Staat zum ohnmächtigen Spielball egoistischer Gruppeninteressen. Wohlfahrtsstaatliche Daseinsvorsorge habe sich daher auf die »Vorsorge für das Alltägliche« (E. Forsthoff) zu beschränken, etwa Sozialversicherung und öffentliche Versorgungsbetriebe; denn gerade eine kluge Begrenzung von staatlicher Macht und Herrschaft garantiere die Erhaltung und Stabilisierung von Macht und Herrschaft[1]. Insgesamt müsse dem Staat als höherrangigem Hüter des Gemeinwohls durch Weckung von »Staatsgesinnung als Grundlage der Gehorsamsbereitschaft«[2] wieder Anerkennung verschafft werden. Für Marxisten ist der Staat im Spätkapitalismus nur Herrschaftsinstrument des Monopolkapitals. Im Rahmen der bürgerlichen Rechtsordnung fällt ihm die Aufgabe zu, die Gesetze der kapitalistischen Reproduktion zu sichern. Mit weiterem tendenziellen Fall der Profitrate sieht sich der spätkapitalistische Staat zunehmend gezwungen, ein umfangreiches Krisenmanagement im Interesse des Kapitals zu betreiben, beispielsweise Bildungs- und Technologiepolitik, Subventionierung notleidender Industriezweige und globale

Steuerung des Wirtschaftsprozesses. Neben die Garantie des kapitalistischen Reproduktionsprozesses tritt als neue Funktion des bürgerlichen Staates die permanente Regulierung der Reproduktion. Das Wesen des Staates wird hierdurch jedoch nach Auffassung einiger neomarxistischer Autoren[3] nicht verändert. »Der Machtapparat und die staatlichen Funktionen der Sicherung der kapitalistischen Produktionsweise bleiben von den neuen Institutionen und Funktionen unangetastet.«[4] Als Ausdruck der Herrschaft von Menschen über Menschen werde der bürgerliche Staat im Zuge der Aufhebung des Privateigentums an den Produktionsmitteln absterben. »Die Art und Weise, in der sich dieser Prozeß vollziehen wird, muß noch gefunden werden.«[5]

Richtig scheint an dieser Auffassung zu sein, daß der konservative Dualismus von Staat und Gesellschaft sich in hochindustriellen Systemen nicht mehr aufrechterhalten läßt. »Die Voraussetzungen eines solchen Dualismus sind ... im demokratischen und sozialen Staat der Gegenwart entfallen. ›Gesellschaftliches‹ Leben ist ohne die organisierende, planende, verantwortliche Gestaltung durch den Staat nicht mehr möglich. Umgekehrt konstituiert sich der demokratische ›Staat‹ erst in ›gesellschaftlichem‹ Zusammenwirken.«[6] Der Staat wird mit wachsender Planung und Steuerung des Wirtschaftsprozesses gleichsam vergesellschaftet. Er wird in pluralistischen Gesellschaften zum demokratischen Gemeinwesen, in dem die Trennung von Staat und Gesellschaft aufgehoben ist: ›Der Staat sind wir.‹ Ob damit der Staatsapparat durch gesellschaftliche Gruppen ›privatisiert‹ oder die Gesellschaft umgekehrt zunehmend verstaatlicht wird, ist unverändert umstritten.

5.2 Staatswirtschaft in säkularer Entwicklung

5.2.1 Vom Ordnungs- zum Leistungsstaat

Nachdem der Staat zu Beginn des 19. Jahrhunderts Geburtshelfer des Konkurrenz-Kapitalismus gewesen war, zog er sich auf selbstgesteckte Grenzen zurück. Die Expansion der industriellen Erzeugung wurde dem souveränen Wirtschaftsbürger überantwortet. ›Die‹ Wirtschaft, die bisher stets untergeordneter, eingebetteter Bestandteil des sozialen Lebens gewesen war, begann einen Primat gegenüber dem Sozial-, Werte- und Politiksystem durchzusetzen[7]. Dem Staat wurde eine ›Nachtwächterrolle‹ (Lassalle) zugewiesen. Seine Hauptaufgabe war es, den Bestand der bürgerlichen Wirtschaftsgesellschaft durch Aufrechterhaltung von Ruhe und Ordnung zu sichern. »Dieses Mindestmaß an staatlicher Aktivität bedeutete eine nur geringe Inanspruchnahme der volkswirtschaftlichen Produktivkräfte durch den Staat, von dem seinerzeit viele glaubten, sein Handeln sei unproduktiv und würde die im freien Spiel der (Markt-)Kräfte entstehende Harmonie der Interessen stören.«[8]

Der Sieg des staatsfreien Konkurrenzkapitalismus brachte einen bis dahin unbekannten Anstieg der Produktion einerseits und des Massenelends

andererseits. Eine Zwei-Klassen-Gesellschaft entstand, in der die Eigentümer der Maschinen das ›oben‹, die Eigentümer der Ware Arbeit das ›unten‹ bildeten. Die ›soziale Frage‹, wie sie später etwas beschwichtigend genannt wurde, war es denn auch, die den Wiedereintritt des Staates in den Wirtschaftsprozeß einleitete. Mit der monarchischen Wohlfahrtsbürokratie der Wilhelminischen Ära wurde der erste entscheidende Schritt vom liberalen Nachtwächterstaat zum sozialen Interventionsstaat vollzogen. Der Aufbau des Sozialversicherungssystems, imperiale Rüstungspolitik, steigende Infrastrukturinvestitionen und die »bewußte Kontrolle der sozialanarchischen Dynamik der Industrie«[9] waren Indizien für das Wachstum staatlicher Interventionen.
In einem Prozeß kumulativer Verursachung wurde die historische Tendenz zu steigenden Staatseingriffen durch die Folge schwerer internationaler Krisen seit dem Ersten Weltkrieg beschleunigt. Auf ihrem Höhepunkt, der Weltwirtschaftskrise, sanken Erzeugung und Einkommen in einem Tempo, wie man es noch nicht erlebt hatte. Die industrielle Produktion betrug 1932 im Deutschen Reich nur 53 % der Erzeugung des Jahres 1929. In den beiden Wintern 1931/32 und 1932/33 überstieg die Zahl der Arbeitslosen 6 Millionen[10].
Die soziale Frage des 19. Jahrhunderts konnten die Staaten Westeuropas mit punktuellen Interventionen zwar nicht lösen, aber doch mildern. Die konjunkturelle Frage des 20. Jahrhunderts zwang die Regierungen, eine aktive Wirtschafts- und Gesellschaftspolitik zu betreiben, die sich in den sechziger Jahren zur umfassenden Steuerung der sozio-ökonomischen Entwicklung ausweitete (s. Abschnitt 5.3). Im historischen Ablauf fielen dem Staat auf diese Weise immer neue Aufgaben zu, die zusätzlich zu bewältigen waren. »Die staatlichen Eingriffe im Bereich der Wettbewerbs-, Stabilitäts- und Strukturpolitik belegen diese Zunahme an öffentlichen Aufgaben ebenso deutlich wie die Aktivitäten der öffentlichen Hand im Gesundheits-, Bildungs-, Energie-, Verkehrssektor und in anderen Infrastrukturbereichen sowie – in jüngster Zeit – zur Eindämmung der Umweltverschmutzung.«[11] Vergleicht man die öffentlichen Aufgaben des Ordnungsstaates im Konkurrenz-Kapitalismus mit den Aktivitäten des gegenwärtigen Leistungsstaates, so ist eine Funktionsanhäufung unverkennbar.

5.2.2 Entwicklung der Staatsausgaben

Hinweise[12] auf den wachsenden ökonomischen Output des politischen Systems ergeben sich aus der säkularen Entwicklung der Staatsausgaben. Unter staatlichen Ausgaben werden dabei die Aufwendungen aller Gebietskörperschaften (Bund, Länder und Gemeinden) verstanden. Nach der Systematik der volkswirtschaftlichen Gesamtrechnung sind die Ausgaben der öffentlichen Unternehmen (Bahn, Post etc.) darin nicht enthalten.
Eine Analyse der langfristigen Entwicklung der sogenannten Staatsquote,

d. h. des Verhältnisses von Staatsausgaben zum Bruttosozialprodukt, ergibt zunächst einen deutlichen Anstieg des Staatsanteils am Bruttosozialprodukt. Zwischen einem Viertel und einem Drittel des Bruttosozialprodukts werden vom Staat beansprucht, der Rest ist privater Wirtschaftstätigkeit vorbehalten. Moderne Industriegesellschaften sind *mixed economies,* in denen privatwirtschaftliche und staatswirtschaftliche Aktivitäten nebeneinander existieren. »Wir leben in einer gemischten Wirtschaftsordnung, in der der Staat nicht nur auf die qualitativen Formen Einfluß nimmt, sondern auch unaufhörlich unmittelbar in den quantitativen Ablauf, den Prozeß eingreift.«[13]

Die Entwicklung der Staatsquote zeigt, daß die öffentlichen Ausgaben in der Vergangenheit nicht stetig gewachsen sind (s. *Tabelle 22*). Man kann vielmehr feststellen, daß die Expansion treppenförmig verlaufen ist (Anstieg 1910–1925; 1930–1938). »Auf lange Perioden eines nahezu konstanten oder gar rückläufigen Anteils am Bruttosozialprodukt folgten meist schubartige Niveauverlagerungen, welche mit Kriegen und sozialen Umwälzungen positiv korreliert sind. Im weiteren steht fest, daß die öffentlichen Ausgaben in Phasen raschen wirtschaftlichen Wachstums (z. B. nach dem Zweiten Weltkrieg) weniger rasch expandierten als in den Zeiten geringer oder stagnierender wirtschaftlicher Aktivität.«[14] Diese Aussage

Tabelle 22

Entwicklung der Staatsquote von 1872—1973 im Deutschen Reich bzw. in der Bundesrepublik Deutschland

Jahr	Staatsquote
1872	12,2
1881	8,7
1891	9,9
1900	10,3
1910	12,3
1925	20,6
1930	24,7
1938	34,0
1950	27,7
1955	26,4
1960	28,4
1965	32,2
1970	28,5
1973	30,5

Quelle: Für 1872–1960 Recktenwald, H. G., Staatswirtschaft in säkularer Entwicklung, in: Hamburger Jb. für Wirtschafts- und Gesellschaftspolitik, 15. Jahr, 1970, S. 137. Bei Zahlen für 1872–1910 wurde die durchschnittliche Differenz von 2 Prozent zwischen Nettosozialprodukt zu Marktpreisen und Bruttosozialprodukt substrahiert. Für 1970–1973 eigene Berechnungen nach: BMWI, Leistung in Zahlen '73, a. a. O.

wird durch die Entwicklung in der Bundesrepublik bestätigt (s. *Schaubild 12*). Die Staatsquote, die im übrigen jährlich stark schwankt, erreichte ihren Höhepunkt mit 32,2 Prozent in der Rezession 1966/67, als die Ausgaben der öffentlichen Hände stark expandierten (Investitionsprogramme zur Konjunkturankurbelung).

Schaubild 12   Die Staatsquote der Bundesrepublik Deutschland
1951–1970 (1985)

Staatsausgaben in v.H.
des Brutto-Sozialprodukts

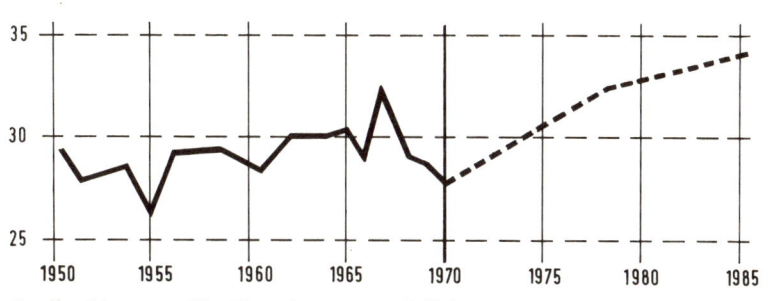

[Diagramm: Staatsquote 1950–1985, schwankend um 30 %, Höhepunkt ca. 32 % um 1966/67, Prognose ansteigend bis ca. 34 % in 1985]

Quelle: Littmann, K., Finanzierung von kollektiven Gütern, in: Aufgabe Zukunft, Bd. 7: Qualitatives Wachstum, Frankfurt/M. 1973, S. 16

Interessant ist weiterhin, daß die säkulare Tendenz zum Wachstum des Staatsanteils für die Bundesrepublik nicht zu gelten scheint. »Wie immer man die Staatsquote auch messen mag, sie stagniert in den beiden letzten Dekaden.«[15] Da es Anzeichen dafür gibt, daß die Kosten der öffentlichen Leistungen stärker steigen als die Preise privater Güter und Dienste (z. B. wegen der niedrigen Produktivität im Staatssektor), ist die Versorgung mit öffentlichen Leistungen real wahrscheinlich sogar gesunken[16].

Die bis 1985 prognostizierten Werte sehen zwar einen kontinuierlichen Anstieg der Staatsquote von 1975 30,6 Prozent auf 1985 33,9 Prozent vor, sind allerdings bereits jetzt Makulatur; denn diese Prognose wurde unter der Annahme eines durchschnittlichen Wachstums des realen Bruttosozialprodukts von jährlich 5,0 Prozent im Zeitraum von 1975–1985 erstellt[17]. Dieser Wert dürfte sich selbst bei Überwindung der Stagflation und Energiekrise auch nicht annähernd realisieren lassen. Infolgedessen ist mit einer nennenswerten Veränderung der Staatsquote auch in Zukunft nicht zu rechnen.

Im Zuge der langfristigen Entwicklung der Staatsausgaben haben sich bedeutende Strukturwandlungen innerhalb der Gesamtausgaben vollzogen (s. *Tabelle 23*). Überdurchschnittliche Steigerungsraten waren in der Bundesrepublik im Bildungssektor (Schul- und Hochschulwesen sowie Forschung), im Bereich der sozialen Infrastruktur (Gesundheit, Sport- und Erholung), in der Verkehrsinfrastruktur und bei den kommunalen Gemeinschaftsdiensten zu verzeichnen. Unterdurchschnittlich wuchsen die

Ausgaben im Bereich des Wohnungswesens, der sozialen Sicherung, der staatlichen Wirtschaftsförderung und – für viele überraschend – im Verteidigungssektor.

Tabelle 23

Entwicklung der Staatsausgaben nach Ausgabenbereichen (in Mrd. DM) zu laufenden Preisen

	1950	in %	1971	in %	Steigerungsrate in %
Bruttosozialprodukt zu Marktpreisen	98,0		760,7		676
Staatsausgaben (insgesamt)	28,1	100	225,3	100	702
Öffentliche Sicherheit und Rechtsschutz	1,1	4,0	9,2	4,1	736
Verteidigung	4,6	16,7	22,7	10,1	393
Schulwesen	1,6	6,0	23,1	10,2	1 344 (3)
Hochschulen und Forschung	0,4	1,5	12,4	5,5	3 000 (1)
Kultur, Kirchl. Angelegenheiten	0,3	1,1	2,4	1,1	700
Soziale Sicherung	7,5	27,0	45,1	20,0	501
Gesundheit, Sport und Erholung	1,0	3,6	12,6	5,6	1 160 (5)
Wohnungswesen u. Raumordnung	2,8	10,1	4,7	2,1	68
Kommunale Gemeinschaftsdienste	0,6	2,1	7,8	3,5	1 200 (4)
Wirtschaftsförderung	1,9	6,9	12,1	5,6	537
Verkehrs- und Nachrichtenwesen	1,2	4,5	19,8	8,8	1 550 (2)
Übrigen Aufgabenbereiche	4,6	16,5	53,2	23,6	1 056

Quelle: Eigene Berechnungen nach: Presse- und Informationsamt der Bundesregierung (Hrsg.), Gesellschaftliche Daten 73, Bonn 1974, S. 272 f.

Dieses Ergebnis scheint sowohl die These vom sozialen Wohlfahrtsstaat zu relativieren als auch die Behauptung, der sogenannte militärisch-industrielle Komplex übernehme im spätkapitalistischen Rüstungsstaat wachsende Stabilisierungsfunktionen. Vielmehr scheint sich aus dem differenzierten Wachstum der Staatsausgaben in den verschiedenen Leistungsbereichen der Trend zu einer Lern- und Freizeitgesellschaft ablesen zu lassen.

5.2.3 Determinanten staatswirtschaftlicher Tätigkeit

Trotz der Fülle an statistischem Material existieren bisher keine empirisch gesicherten Theorien der staatswirtschaftlichen Entwicklung. Unverändert dominieren normative Staatstheorien, die den Staat *a priori* als Klassenstaat (marxistische Ansätze) oder als Vertreter des Allgemeinwohls (konservative Ansätze) betrachten und daraus abzuleiten versuchen, welche Funktionen er wahrnehmen *sollte*. Die Antwort auf die entscheidende Frage, welche Determinanten die staatswirtschaftliche Entwicklung tat-

sächlich bestimmen, in welcher Stärke und in welcher Situation, ist völlig offen. Auch die Kontroverse darüber, ob wirtschaftlich-technischen oder politischen Einflußgrößen in diesem Prozeß grundlegende Bedeutung zukommt, hält nach wie vor an[18].
Generell lassen sich die Determinanten staatswirtschaftlicher Tätigkeit in drei große Kategorien einteilen:
1. Demographische Faktoren
2. Ökonomisch-technische Faktoren
3. Politisch-institutionelle Faktoren.
Zu den demographischen Faktoren zählen Aufbau und Wachstum der Bevölkerung, Siedlungsdichte und Grad der Verstädterung. Mit Verschlechterung der Alterspyramide und mit zunehmender Urbanisierung fallen steigende Staatsausgaben in der sozialen Infrastruktur (Krankenhäuser, Altersheime, Kindergärten) und in der Verkehrsinfrastruktur an. Besonders bedeutsam ist dabei die Tatsache, daß oberhalb eines optimalen Verstädterungsgrades die gesellschaftlichen Folgekosten privater Wirtschaftstätigkeit überproportional ansteigen. Beispielsweise sind die Umweltschäden von Industrieansiedlungen in dicht bevölkerten Wohngegenden sehr viel größer als im ländlichen Raum. Entsprechend steigen die staatlichen Aufwendungen zur Beseitigung von Umweltschäden in Ballungsräumen überdurchschnittlich.
Bei den ökonomisch-technischen Determinanten staatswirtschaftlicher Tätigkeit spielt die wachsende Kapitalintensität technischer und wissenschaftlicher Großprojekte eine besondere Rolle. Im Eisenbahn- und Flugzeugbau, bei der Entwicklung der Weltraumfahrt und bei der Nutzung der Kernenergie ist die Aggregatgröße so stark gewachsen, daß diese Projekte die Kapitalkraft selbst großer Unternehmenseinheiten übersteigen. Der Staat hat, will er in der internationalen Konkurrenz mithalten, für die Finanzierung von Forschungs- und Entwicklungsvorhaben und industriellen Großanlagen einzustehen. Er wird damit praktisch in Tätigkeitsbereiche hineingezogen, die der private Marktapparat nicht ausfüllen kann oder will.
Daneben scheint die Nachfrage des Wählers nach staatlichen Leistungen mit wachsendem Lebensstandard überproportional zu steigen. Mit zunehmender Sättigung existentieller Bedürfnisse (Nahrung, Kleidung, Wohnung) konzentriert sich die Nachfrage auf Produkte im tertiären Sektor ›Staat‹. So ist der Bedarf an Bildungseinrichtungen, Umweltschutz und Städteplanung in den letzten Jahren an vordere Stelle der Wählerpräferenzen gerückt[19].
Diese Bedürfnisse können über den politischen Wahlmechanismus, vor allem aber über Interessenverbände und Bürgerinitiativen artikuliert werden. Politisch-institutionelle Einflüsse auf die Staatsausgaben resultieren aus der Struktur demokratischer Herrschaftssysteme und der systemimmanenten Logik des bürokratischen Apparates. Der Versuch der konkurrierenden Parteien, den Wettbewerb um die Wählergunst durch Wahlgeschenke zu beeinflussen, begünstigt eine diskontinuierliche Expansion der öffentlichen Ausgaben – vor Landtags- und Bundestagswahlen öffnen

sich die Staatskassen, nach den Wahlen versucht man, die Ausgaben einzudämmen. »Die parlamentarische Ausgabenfreudigkeit wirkt insbesondere vor Wahlterminen deutlich auf das Volumen der Staatsausgaben ein. Manche Ausgabenentscheidungen erscheinen geradezu als Kaufpreis für zukünftige Wählerstimmen.«[20]
Die skizzierte Tendenz zur Ausgabensteigerung wird nun durch Ressortstruktur und hierarchischen Aufbau der Ministerialbürokratie eher verstärkt als gebremst. Etwaige Ausgabenkürzungen erzeugen so starke bürokratieinterne und -externe Widerstände, daß in der Regel von vornherein darauf verzichtet wird. Intern werden geplante Ausgabenverringerungen von der Bürokratie mit dem Hinweis auf sogenannte unabweisbare Mehranforderungen unterlaufen, da die Verfügungsgewalt über maximale Haushaltsmittel Statuserhalt und Karriereerfolg des Beamten sichern. Extern reagiert die jeweilige Klientel des betroffenen Ministeriums, die von den ministeriellen Ausgaben profitiert, mit Hinweisen auf ihren sozialen Besitzstand und der Drohung, die Opposition zu wählen.
Das Ergebnis ist ein irreversibler Prozeß staatlicher Ausgabenexpansion, in dem der jeweilige Status quo – also der des vorigen Jahres – als Basisansatz für künftige Mehranforderungen dient. Die beschriebenen Determinanten der staatswirtschaftlichen Tätigkeit deuten auf stetige Erhöhung des Staatsanteils am Sozialprodukt hin, denn es handelt sich dabei überwiegend um langfristig und regelmäßig wirkende Faktoren.
Tatsächlich zeigt die Staatsquote im säkularen Trend seit 1872 jedoch sprunghafte Niveauerhöhungen vor allem in Kriegs- und Krisenzeiten (vgl. *Tabelle 22*), um dann seit 1950 praktisch zu stagnieren. Dieser Prozeß läßt sich plausibel mit der Hypothese erklären, daß die Staatsausgaben außer von den genannten Faktoren auch vom Steueraufkommen einer Volkswirtschaft abhängen. »Die Regierungen müssen bei ihren ... Entscheidungen auf die Vorstellungen der Bürger über wünschenswerte öffentliche Ausgaben und die erträgliche Steuerlast Rücksicht nehmen.«[21]
Die steuerliche Belastung des Wählers wird damit zum strategischen Engpaß staatlicher Aktivität (vgl. auch Abschnitt 4.2.2). In Zeiten kontinuierlicher Wirtschaftsentwicklung dominiert beim Wähler der Wunsch nach unveränderter Steuerlast, so daß die steuerliche Finanzierung einer steigenden Staatsquote mit konstanter Regelmäßigkeit am Steuerwiderstand des Wählers scheitert. Noch größer ist die Sensibilität in Phasen der Stagflation. Steuererhöhungen werden mit nachlassender Investitionstätigkeit, Verlagerung von Produktionsstätten ins Ausland oder Arbeitsniederlegungen beantwortet.
Die Reaktion der Spitzenverbände der gewerblichen Wirtschaft auf die Reformvorschläge zur beruflichen Bildung – sie laufen praktisch auf eine Art ›Ausbildungsstreik‹ hinaus – zeigen den Erfindungsreichtum der großen Steuerzahler und die Ohnmacht des Staates. Steuerreformen, deren ursprüngliche Intention die Erhöhung der Steuereinnahmen war, lassen sich dann nur noch über Steuersenkungen durchführen, wie das Schicksal der Steuerreform 1974/75 in der Bundesrepublik zeigt.

Lediglich in extremen Krisenzeiten, insbesondere in Kriegen, scheint der Wähler umfangreichere Steuererhöhungen zu akzeptieren[22]. Wenn es buchstäblich um das nackte Überleben geht, ist man offenbar bereit, auf private Einkommensanteile zugunsten des Staates zu verzichten. Während der Krise »werden den Regierungen Verpflichtungen auferlegt, die sie auch in den folgenden normalen Zeiten zu erfüllen haben. Dazu gehören vor allem die Kriegsfolgelasten, welche eine gegenüber der Vorkriegszeit erhöhte Steuerbelastung rechtfertigen. Auf die Dauer wird jedoch ein Teil der Kriegsfolgelasten abgebaut, so daß ein Spielraum zur Durchführung von Ausgabenprogrammen entsteht, die früher infolge des Steuerwiderstandes nicht realisierbar waren«[23].

Damit bewahrheitet sich auf makabre Weise jener landläufige Spruch, der Krieg sei der Vater aller Dinge. Er ist nach den bislang vorliegenden empirischen Untersuchungen[24] die wichtigste Ursache für den diskontinuierlichen Anstieg des Staatsanteils am Sozialprodukt. »Zwar gibt es Erscheinungen, die ein zwangsläufiges Resultat von endogen wirkenden Kräften bilden, aber sie reichen nicht aus, um die gewaltige Expansion der Staatswirtschaft in den späten kapitalistischen Phasen hinlänglich zu erklären. Denn ebenso bedeutsam sind die historischen Einmaligkeiten, die dem staatlichen Wachstum kräftige Impulse und sprunghafte Veränderungen gegeben haben, wie namentlich die kriegerischen Ereignisse der letzten Jahrhunderte.«[25]

Bei stetiger wirtschaftlicher und politischer Entwicklung gelingt es der Regierung nur gegen zähen Widerstand der betroffenen Interessen und unter dem Risiko, entweder eine Wirtschaftskrise zu produzieren oder abgewählt zu werden, Steuererhöhungen durchzusetzen. In diesem Dilemma liegt es nahe, sich notwendige Einnahmen durch eine Flucht nach vorn in eine forcierte Wachstumspolitik zu verschaffen. Der Hintergedanke ist dabei, daß mit wachsendem Volkseinkommen automatisch die Steuereinnahmen auch ohne Erhöhung der Steuersätze steigen.

Doch damit begibt sich die Regierung in einen Teufelskreis. Sie ist langfristig gezwungen, wachsende Teile ihres Budgets für die Beseitigung von Folgeschäden des – von ihr – stimulierten Wirtschaftswachstums aufzubringen. Infolgedessen ist nicht verwunderlich, daß der schwedische Nationalökonom Gunnar Myrdal die säkulare Entwicklung zum Interventionsstaat so kommentiert: »In gleichem Maße, wie die öffentlichen Eingriffe ... häufiger und schwerwiegender wurden ... ergaben sich immer öfter Situationen, die sich durch äußerste Verwicklung, Widersprüche und Verwirrung auszeichneten.«[26]

5.3 Wirtschaftspolitik zwischen Utopie und Anpassung

5.3.1 Vom punktuellen Interventionismus zur aktiven Politik

Die Erhöhung des Staatsanteils am Sozialprodukt war notwendige, aber nicht hinreichende Bedingung für den Übergang zur aktiven Wirtschafts- und Gesellschaftspolitik. Sie verschaffte dem Staat zunächst das ökonomische Potential, um mit einiger Aussicht auf Erfolg das ökonomische System steuern zu können. Nur wenn die Staatsausgaben, z. B. Subventionen an bestimmte Wirtschaftszweige, einen bestimmten Umfang überschreiten, lassen sich damit die beabsichtigten Wirkungen erzielen. Zudem zeigte sich, daß die nachträgliche Korrektur unerwünschter Markteffekte kurzfristig erfolgreich war, langfristig aber unübersehbare Nebenwirkungen auslöste.

Ein besonders gutes Beispiel dafür boten – und bieten – die staatlichen Interventionen im Agrarsektor. Um den landwirtschaftlichen Erzeugern steigende Einkommen zu sichern – und ein überwiegend konservatives Wählerpotential zu erhalten – wurden auf verschiedenen wichtigen Agrarmärkten staatliche Mindestpreise festgelegt. Da diese Preise, um ihren Zweck zu erfüllen, oberhalb des Marktpreises liegen mußten, ging zunächst die Nachfrage zurück. Zugleich erhöhten die Bauern kräftig ihre Produktion, um bei nunmehr künstlich hochgesetzten Mindestpreisen ihre Einkommenssituation zu verbessern. Rückgang der Nachfrage und Expansion des Angebots brachten die Agrarmärkte aus dem Gleichgewicht. Es entstanden hohe Angebotsüberschüsse, ohne daß die Preise wegen der staatlichen Preisfixierung sanken. Die Überschüsse wurden vom Staat aus den Markt genommen.

Bei Milch beispielsweise ging man dazu über, die Überschüsse zu Butter zu verarbeiten – mit der Konsequenz, daß nunmehr der Buttermarkt infolge des Angebotdrucks aus dem Gleichgewicht geriet. Um Preisstürze bei Butter zu verhindern, die die Einkommenserhöhungen bei Milch zunichte gemacht hätten, wurden auf dem Buttermarkt Mindestpreise eingeführt. Die Folge waren unverkäufliche Butterbestände. Es wurden Kühlhäuser gebaut, und als deren Lagerkapazitäten erschöpft waren, warf man die Butter zu Schleuderpreisen auf den Weltmarkt. Daraufhin sanken die Weltmarktpreise für Butter – mit der Konsequenz, daß zahlreiche Entwicklungsländer über sinkende Deviseneinnahmen bei ihren Butterexporten zu klagen begannen usw.

An diesem Beispiel zeigt sich deutlich, wie punktuelle Interventionen in einem bestimmten Bereich unkalkulierbare Folgewirkungen auslösen, die ihrerseits weitere Staatsinterventionen nach sich ziehen. Das Ergebnis ist eine selbst für den Experten nicht mehr durchschaubare Vielfalt von Gesetzen, Verordnungen, Prämien, Subventionen und Auflagen. Der unkoordinierte Staatsinterventionismus ist nicht nur teuer, weil er Probleme nicht antizipiert, sondern nachträglich korrigiert, er ist langfristig auch systembedrohend. Eine derartige Situation kann sich immer dann einstellen, wenn die unerwünschten Nebeneffekte einer Maßnahme nicht mehr zu kontrollieren sind.

Aus dieser Entwicklung resultieren ein Zwang zur Koordination der staatlichen Interventionen und die Notwendigkeit, eine aktive Wirtschafts- und Gesellschaftspolitik zu betreiben. Unter aktiver Politik ist dabei ein System von Maßnahmen zu verstehen, welches die sozio-ökonomische Entwicklung nach bestimmten Zielvorstellungen zu steuern und zu gestalten versucht. Mit anderen Worten: Aktive Politik paßt sich nicht – wie

der punktuelle Interventionismus – blind an vermeintliche sozio-ökonomische Sachzwänge an, sondern will den Gang der Dinge beeinflussen.
Die staatliche Wirtschaftspolitik läßt sich dabei analytisch in drei große Bereiche einteilen:
- *Die Input-Politik.* Sie setzt an den Input-Faktoren des ökonomischen Systems an und umfaßt u. a. die Bodenpolitik, die Arbeitsmarktpolitik, die Bildungspolitik, die Forschungs- und Technologiepolitik.
- *Die Steuerungs- und Lenkungspolitik.* Sie versucht die Funktionsfähigkeit des Wettbewerbsmechanismus herzustellen und gegen Monopolisierungstendenzen zu schützen. Die Steuerungspolitik wird auch als Wettbewerbs- oder Antimonopolpolitik bezeichnet.
- *Die Output-Politik.* Ihr Ziel ist es, das Sozialprodukt auf Vollbeschäftigungsniveau zu stabilisieren. Die Outputpolitik ist also Stabilitätspolitik.

Am Beispiel der Wettbewerbs- und der Stabilitätspolitik sollen im folgenden einige Schwierigkeiten und Probleme aktiver Wirtschaftspolitik in der Bundesrepublik demonstriert werden.

5.3.2 Probleme der Wettbewerbspolitik

Die Konzeption der Sozialen Marktwirtschaft in der Bundesrepublik übernahm zunächst die zentrale Idee des Neoliberalismus, wonach die Wettbewerbsordnung nicht naturgegeben (*ordre naturel*), sondern nur tendenziell vorhanden sei[27]. Der Neoliberalismus hatte aus dieser Erkenntnis gefolgert, daß der Wettbewerb als ›staatliche Veranstaltung‹ organisiert und durch eine scharfe Antimonopolpolitik gegen immanente Verfallstendenzen geschützt werden müsse. Ein starker Staat sollte Monopole, Kartelle und marktbeherrschende Unternehmen zerschlagen bzw. zu wettbewerbsanalogem Verhalten zwingen. Alle Wirtschaftszweige mit unvermeidlicher Monopolstruktur, sogenannte natürliche Monopole, seien zu sozialisieren.

Die Vertreter der Sozialen Marktwirtschaft übernahmen zwar die neoliberale Idee vom staatlich geschützten Wettbewerb, konnten die politischen Konsequenzen daraus allerdings erst relativ spät und nur unzulänglich ziehen. Zwar wurde der erste Entwurf eines Gesetzes gegen Wettbewerbsbeschränkungen – es wird manchmal auch verkürzt als Kartellgesetz bezeichnet – bereits 1952 vorgelegt, aber ohne auf große Begeisterung zu stoßen. Die Intensität der Konkurrenz schien weiten Kreisen der Wirtschaft in einem bis dahin traditionell wettbewerbsfeindlichen Land[28] ohnehin bedenklich groß. »Aus diesem Grunde sollte es keinen Kenner der Nationalökonomie oder Soziologie überraschen, daß der Bundesverband der Deutschen Industrie (B.D.I.) gegenüber dem Versuch des damaligen Wirtschaftsministers Ludwig Erhard und seinem politischen Gefolge (in diesem Fall vermutlich nur eine Minderheit seiner eigenen Partei) ... eine aktive Kartellpolitik gesetzlich zu verankern, in entschiedener Ablehnung verharrte.«[29]

Ein jahrelanges Tauziehen zwischen Exekutive, Parlament und Interessengruppen begann. Der B.D.I. setzte dabei sein gesamtes Arsenal ein. Zu den Aktivitäten während des Gesetzgebungsverfahrens zählten nach eigenen Angaben:
1. »Zahlreiche Gutachten, insbesondere die von Professor Isay, Peter, Vershoven und Forsthoff;
2. viele hundert Artikel und Abhandlungen in Zeitungen und Zeitschriften, ferner zahlreiche Schriften;
3. eine Unzahl von Veranstaltungen, Diskussionen und vor allem Sitzungen und Besprechungen mit Abgeordneten;
4. Ausarbeitung von Einzelvorschlägen zum Gesetz, deren Anzahl Legion ist.«[30]

Im Verlauf der Verhandlungen konnte Ludwig Erhard mit wiederholten Rücktrittsdrohungen dann 1957 – 9 Jahre nach Gründung der Bundesrepublik – die Verabschiedung des Gesetzes gegen Wettbewerbsbeschränkungen (GWB) durchsetzen. Kurz zuvor hatten Vertreter des Bundeswirtschaftsministeriums mit Funktionären des Bundesverbandes der Deutschen Industrie einen Kompromiß ausgearbeitet, der dem verabschiedeten Gesetz zugrunde liegt[31].

Es überrascht daher nicht, daß die Maschen des neuen »Grundgesetzes der Wirtschaftsordnung« (L. Erhard) recht groß und nur lose geknüpft waren. Zwar sind nach dem GWB Kartelle grundsätzlich verboten, jedoch nicht ohne zahlreiche Ausnahmen. Sogenannte Rabattkartelle, Strukturkrisenkartelle, Rationalisierungskartelle, Spezialisierungskartelle, Ausfuhrkartelle, Typisierungs- und Normungskartelle u. a. sind erlaubt. Dies schreibt der B.D.I. seinem Einfluß zu: »Begriffe wie das Rabattkartell, das Strukturkrisenkartell, Typisierungs- und Normungskartell ... und vieles andere sind Neuschöpfungen, die wir erstmalig in die Debatte geworfen haben.«[32] Zudem sind ganze Wirtschaftsbereiche vom Kartellverbot ausgenommen: Verkehrswirtschaft, Kreditgewerbe (einschließlich Bausparkassen), Land- und Forstwirtschaft, Versicherungswirtschaft, Elektrizitäts-, Gas- und Wasserwirtschaft.

Erweist sich damit das Kartellverbot als »löchriger Käse«[33], so sind im endgültigen Gesetzestext Maßnahmen gegen wettbewerbsbeschränkende Unternehmenszusammenschlüsse überhaupt nicht vorgesehen. »Die bedeutendste Schwäche des Kartellgesetzes ist vermutlich das Fehlen einer Bestimmung, die es ermöglichen würde, unter bestimmten Bedingungen Fusionen von Unternehmen zu verhindern ... Der ursprünglich von der Regierung unterbreitete Gesetzentwurf hätte dem Kartellamt das Recht eingeräumt, gegen Unternehmenszusammenschlüsse Einspruch zu erheben. Dieser Vorschlag wurde jedoch von der Mehrheit des Bundestages abgelehnt.«[34] Ein weiterer empfindlicher Mangel des Gesetzes ist die sogenannte Mißbrauchsaufsicht bei marktbeherrschenden Unternehmen. Danach wird nicht, wie ursprünglich vorgesehen, die Entstehung marktbeherrschender Unternehmen verboten, sondern lediglich die sogenannte mißbräuchliche Ausnutzung marktbeherrschender Stellungen mit Bußgeldern geahndet.

Zu diesem Mißbrauchsprinzip hatte der neoliberale Ökonom Walter Eucken bereits 5 Jahre vor Verabschiedung des GWB festgestellt: »Eine Monopolkontrolle, die sich gegen den sogenannten ›Mißbrauch‹ wirtschaftlicher Machtstellung wendet, scheitert. Der Begriff des ›Mißbrauchs‹ ist nicht exakt zu definieren. Die Machtkörper gewinnen bekanntlich ihrerseits einen großen politischen Einfluß in einem Staat, in dem sie zu wuchern beginnen. Der Staat wird dadurch selbst unfähig, die Monopolkontrolle wirksam durchzuführen. Nicht in erster Linie gegen die Mißbräuche vorhandener Machtkörper sollte sich die Wirtschaftspolitik wenden, sondern gegen die Entstehung der Machtkörper überhaupt. Sonst besitzt sie keine Chance, mit dem Problem fertig zu werden.«[35]
Tatsächlich ist es dem zuständigen Kartellamt weder gelungen, eindeutig zu ermitteln, wann eine marktbeherrschende Stellung vorliegt, noch konnte es exakt festlegen, was ihre ›mißbräuchliche Ausnutzung‹ konkret besagt. Die politische Konsequenz dieser Rechtsunsicherheit war der weitgehende Verzicht auf jegliche Wettbewerbspolitik und damit praktisch ein Rückfall in das *laisser-faire-laisser-aller* des Nachtwächterstaats[36].
Der Konzentrationsprozeß ging unaufhaltsam weiter – mit der Folge, daß die Bundesrepublik sich in Europa sowohl hinsichtlich der Beschleunigung der Unternehmenskonzentration als auch hinsichtlich des Konzentrationsgrades in einer Spitzenposition befindet[37]. Europäische Entwicklungen waren es denn auch, die Ende der sechziger Jahre die »Regulierungsabstinenz«[38] des Staates im Bereich der Wettbewerbspolitik beendeten. Zunächst allerdings in einer von den Vätern dieser Politik kaum gewünschten Richtung.
Aus der empirisch fragwürdigen These von der technologischen Überlegenheit des Großkonzerns hatte man gefolgert, nur eine staatliche Förderung der Konzentration kleinerer und mittlerer Unternehmen könne – etwa durch Steuererleichterungen – die internationale Konkurrenzfähigkeit der deutschen Industrie sichern[39]. In offiziellen Verlautbarungen war immer häufiger von einer Konzentrationspolitik, statt von einer Wettbewerbspolitik die Rede. Zugleich sollten jedoch Zusammenschlüsse von Großkonzernen, die zusammen mindestens 500 Mio. Umsatz haben, vom Kartellamt untersagt werden können (sogenannte vorbeugende Fusionskontrolle), da Ballungen wirtschaftlicher Macht vorstellbar seien, »die allein wegen ihrer Größe nicht akzeptabel wären«[40].
Der Versuch, in einer Art Zangenbewegung die Konzentration kleiner Unternehmen zu fördern und den Konzentrationsprozeß bei Großkonzernen zu stoppen, stieß bereits 1968 auf Kritik. »Der Bundeswirtschaftsminister hat ... von einer Symmetrie zwischen Konzentration und Kontrolle von Marktmacht gesprochen. Ich halte diese Symmetrie für eine Fiktion ... Es gibt Gründe, die es zumindest zweifelhaft erscheinen lassen, ob wir unsere Wirtschaftspolitik zu einem erheblichen Umfang auf der Prämisse aufbauen sollten, daß eine weitere Konzentration in der Wirtschaft unabwendbar, aus Gründen des technologischen und gesellschaftlichen Fortschritts auf jeden Fall notwendig und deshalb zu fördern sei.«[41]

Demgegenüber wurden von seiten des Bundesverbandes der Deutschen Industrie und auch von den Einzelgewerkschaften im DGB eine Konzentrationsförderung aus Gründen der internationalen Wettbewerbsfähigkeit rückhaltlos begrüßt. Eine Konzentrationskontrolle von Großunternehmen, so der B.D.I., greife jedoch unmittelbar in die Wirtschaftsordnung ein und bedeute einen unerträglichen Staatsdirigismus[42]. Immerhin gelang es gegen den Widerstand wichtiger Verbände mit Wirkung vom 1. Januar 1974 eine Novellierung des GWB von 1957 zu verabschieden. Die bedeutsamsten Erweiterungen sind die Einführung einer Zusammenschlußkontrolle bei Großunternehmen und das Recht des Kartellamtes, die mißbräuchliche Ausnutzung einer marktbeherrschenden Stellung nunmehr verbieten zu können.

Der erste größere Versuch des Kartellamtes, mit dem novellierten Gesetz Wettbewerbspolitik zu betreiben, scheiterte allerdings an dem schwammigen Begriff des Mißbrauchs marktbeherrschender Stellungen. Ein Anhörungsverfahren gegen die Mineralölkonzerne Texaco, BP, Gelsenberg, Veba, Shell und Esso im Frühjahr 1974 wegen Verdachts auf mißbräuchliche Ausnutzung einer marktbeherrschenden Stellung – die Konzerne hatten praktisch kollektiv die Benzinpreise heraufgesetzt – endete wie das ›Horneberger Schießen‹. Wie nicht anders zu erwarten, bestritten die Gesellschaften, eine marktbeherrschende Stellung innezuhaben oder mißbräuchlich überhöhte Preise zu fordern. Das Gegenteil zu beweisen, mißlang dem Kartellamt; denn dazu wäre Einblick in die konzerninternen Verrechnungspreise und Bilanzen der ausländischen Muttergesellschaften notwendig gewesen; denn »in aller Regel (befinden sich) wichtige Dokumente, deren Kenntnis für eine wirksame Mißbrauchsaufsicht notwendig ist, nicht bei den inländischen Tochterunternehmen«[43].

Da eine wirksame nationale Kontrolle der Marktmacht multinationaler Konzerne gegenwärtig nicht möglich ist, bleibt lediglich der Appell an das Wohlverhalten: »Die multinationalen Unternehmen wären gut beraten, wenn sie ... einen Verhaltenskodex aufstellten, ihn als für sie verbindlich bekanntgäben und im Fall begründeten Verdachts, daß sie sich nicht danach richteten, bereit wären, vor nationalen oder internationalen Institutionen den Nachweis zur Widerlegung des Verdachts zu führen.«[44]

So scheint es das Schicksal der deutschen Wettbewerbspolitik zu sein, daß mühsam durchgesetzte Fortschritte bei der Kontrolle von Marktmacht mindestens um ein Jahrzehnt zu spät kommen[45].

Ein eher ironisches Fazit aus der Ohnmacht aktiver Wettbewerbspolitik zieht der österreichische Nationalökonom Erich Streißler: »Eine rabiate Antimonopolgesetzgebung hat einen Vorteil: nützt sie zwar kaum, so schadet sie andererseits auch wenig, und vielleicht bedarf die Wirtschaftsverfassung neben ihrem effizienten Teil auch ihres würdevollen Teils. Vielleicht ist das Gesetz gegen Wettbewerbsbeschränkungen der würdevolle Teil der deutschen Wirtschaftsverfassung, der Teil der großen Geste, des edlen Gedankens und der schönen Sonntagsrede.«[46]

5.3.3 Probleme der Stabilitätspolitik

Die Hilflosigkeit der Wettbewerbspolitik gegenüber einem quasi autonom voranschreitenden Konzentrationsprozeß scheint mit der Ohnmacht der Stabilitätspolitik gegenüber Inflation und Arbeitslosigkeit zu korrespondieren. Aus den Erfahrungen der Weltwirtschaftskrise hatte man die Erkenntnis ziehen müssen, daß das freie Spiel von Angebot und Nachfrage aus sich selbst heraus keineswegs automatisch zu gesamtwirtschaftlich befriedigenden Ergebnissen führt. Arbeitslosigkeit, Inflation und Wachstumsschwankungen sind typische Phänomene marktwirtschaftlicher Systeme[47].

Der Grund dafür liegt auf der Hand. Investitions- und Konsumentscheidungen werden in diesen Systemen von einer Vielzahl mehr oder weniger autonomer Unternehmer und Verbraucher getroffen. Es wäre purer Zufall, wenn die Summe dieser Einzelentscheidungen gerade zur Vollauslastung des volkswirtschaftlichen Produktionsapparates bei stabilem Preisniveau führen würde. Da sich die Konsumnachfrage relativ stetig entwickelt, löst in erster Linie eine verminderte Investitionsnachfrage der Unternehmen konjunkturelle Krisen aus. Erwartet ein einzelnes Unternehmen Nachfragerückgänge, so wird es die eigene Investitionstätigkeit einschränken und Arbeiter entlassen. Bei einem Zusammentreffen von mehreren bzw. vielen gleichen Entscheidungen vieler Investoren ist das Resultat ein Nachfrageausfall auf breiter Front und konjunkturelle Arbeitslosigkeit[48].

Die Notwendigkeit einer staatlichen Intervention bestand in den beiden ersten Jahrzehnten nach dem Zweiten Weltkrieg nicht. In den ›goldenen Zeiten‹ der Sozialen Marktwirtschaft wuchs das Sozialprodukt stark; die Massenarbeitslosigkeit der Nachkriegszeit wurde relativ schnell beseitigt, lediglich die Rate der Geldentwertung begann bereits Ende der fünfziger Jahre unaufhaltsam zu steigen (vgl. *Tabelle 21*). Bei etwaigen Fehlentwicklungen vertraute man auf die Instrumente des Gesetzes gegen Wettbewerbsbeschränkungen und ein umfassendes Bündel staatlicher Interventionen, deren Ziel vornehmlich darin bestand, die private Investitionstätigkeit, etwa durch steuerliche Erleichterungen und Abschreibungsvergünstigungen, zu fördern. Erst als in der Rezession 1966/67 das Sozialprodukt stagnierte und die Zahl der Arbeitslosen in kurzer Zeit auf knapp 700 000 anstieg – begleitet von einem erheblichen Zuwachs an NPD-Wählern – wurden von allen Seiten Forderungen nach staatlicher Stabilisierung der Beschäftigung und der Preisentwicklung laut.

Nach Bildung der Großen (Krisen-)Koalition aus SPD und CDU/CSU gelang es mit dem Gesetz zur Förderung der Stabilität und des Wachstums der Wirtschaft (kurz Stabilitätsgesetz) vom 8. 6. 1967 die gesetzlichen Grundlagen für eine aktive Stabilitätspolitik zu schaffen. Im Gegensatz zum GWB stieß das Stabilitätsgesetz auf allgemeine Zustimmung, was angesichts der schwierigen Wirtschaftslage nicht weiter verwunderlich war[49]. »Selten ist eine grundlegende Änderung des wirtschaftlichen Kurses mit soviel Vorschußlorbeeren bedacht worden. Die Mehrzahl der deut-

schen Ökonomen glaubte, in diesem Gesetz endlich die solange geforderte ›Rationalisierung der Wirtschaftspolitik‹ zu finden.«[50] Die Väter des Gesetzes (Karl Schiller und Franz Josef Strauß) sprachen vom historischen Übergang von der »naiven« zur »aufgeklärten« Marktwirtschaft.
Der Grundgedanke der Stabilitätspolitik beruht auf der Überlegung, daß es Aufgabe der staatlichen Politik ist, durch bestimmte Datensetzung gesamtwirtschaftliche Ungleichgewichte zu vermeiden oder Fehlentwicklungen zu korrigieren. Ziel des Stabilitätsgesetzes ist es, »im Rahmen der marktwirtschaftlichen Ordnung gleichzeitig zur Stabilität des Preisniveaus, zu einem hohen Beschäftigungsstand und außenwirtschaftlichem Gleichgewicht bei stetigem und angemessenem Wirtschaftswachstum beizutragen«[51]. Der Versuch, diese Ziele des sogenannten magischen Vierecks im einzelnen zu definieren und zu quantifizieren, erweist sich im Einzelfall als problematisch, weil Begriffe wie »hoher Beschäftigungsstand« und »angemessenes Wirtschaftswachstum« von den verschiedenen Parteien und Interessengruppen unterschiedlich interpretiert werden. »Die aktuelle inhaltliche Ausfüllung der Zielkomponenten im Detail kann nicht Gegenstand einer allgemeinen ... gesetzlichen Regelung sein, sondern muß jeweils den politischen Instanzen überlassen bleiben.«[52]
In ihrem Jahreswirtschaftsbericht 1968, dem ersten nach Erlaß des Stabilitätsgesetzes, setzte die damalige Bundesregierung in einer Projektion der Wirtschaftsentwicklung bis 1971 Preisniveaustabilität mit Konstanz des Preisindex für die Lebenshaltung gleich. Hoher Beschäftigungsgrad wurde als Vorliegen einer jahresdurchschnittlichen Arbeitslosenquote von 0,8 Prozent, angemessenes Wirtschaftswachstum als jährliche Zuwachsrate des realen Bruttosozialproduktes von 4 Prozent definiert[53]. Die staatlichen Instrumente zur Verwirklichung dieser – nunmehr quantifizierten – Ziele sind im Stabilitätsgesetz auf eine Beeinflussung der gesamtwirtschaftlichen Nachfrage, z. B. der Nachfrage nach Konsum- und Investitionsgütern, ausgerichtet (sogenannte Globalsteuerung oder auch Demand Management). Bei Abschwächung der allgemeinen Wirtschaftstätigkeit soll die gesamtwirtschaftliche Nachfrage belebt werden, z. B. durch Steuersenkungen. Bei einer Expansion der Nachfrage über die Vollbeschäftigungsgrenze hinaus ist der Wirtschaftsprozeß durch Abschöpfung des Nachfrageüberhangs, etwa durch stillzulegende Steuererhöhungen, zu stabilisieren.
Tatsächlich gelang es zunächst mit diesem »modernsten Instrumentarium der Welt« (K. Schiller) die Rezession 1967/68 zu überwinden und Vollbeschäftigung wiederherzustellen. »Die positive Beurteilung des Stabilitätsgesetzes schien gerechtfertigt.«[54] Konfrontiert man allerdings die angestrebten Zielwerte der Stabilitätspolitik 1967 bis 1971 mit den tatsächlichen Werten, so ist festzustellen, daß in keinem Jahr die stabilitätspolitischen Ziele verwirklicht wurden.
»Mißt man die Globalsteuerungspolitik der Jahre 1967–1971 an den in den amtlichen Zielprojektionen niedergelegten Erfüllungsgraden der makroökonomischen Ziele, so kann man ihr nicht testieren, daß sie dem selbst gesetzten Anspruch einer ›Wirtschaftspolitik nach Maß‹ gerecht

Tabelle 24

Vergleich der Ziel- und der Ist-Werte der Stabilitätspolitik 1968—1971

Jahr		1968	1969	1970	1971
Wachtumsrate des	Ziel	4,0	4,0	4,0	4,0
Sozialprodukts (real)	Ist	7,3	8,2	5,8	2,7
Preisindexrate	Ziel	0	0	0	0
	Ist	1,3	2,0	3,2	5,1
Arbeitslosenquote	Ziel	0,8	0,8	0,8	0,8
	Ist	1,5	0,8	0,7	0,8

Quelle: Vgl. Quelle Tabelle 21 (S. 119)

geworden ist. Ein Vergleich der projektierten Werte mit den realisierten zeigt bemerkenswerte Abweichungen zwischen dem, was als politisch gewollt herausgestellt wurde, und dem, was man tatsächlich erreichte.«[55]

Die Konsequenz aus diesem Scheitern der rationalen Wirtschaftspolitik wurde dann bereits 1972 von den verantwortlichen Wirtschaftspolitikern gezogen. Sie lautete ähnlich wie bei der Wettbewerbspolitik: Anpassung der Politik an die normative Kraft des Faktischen. Das heißt praktisch: Korrektur der angestrebten Preisindex- und Arbeitslosenrate nach oben, also Verschlechterung der ursprünglichen Zielvorstellungen. Für den Fünfjahreszeitraum 1972–1976 wurde im Jahreswirtschaftsbericht 1972 nunmehr eine jahresdurchschnittliche Zuwachsrate des Preisindex von 2,5 bis 3 Prozent angestrebt, »*beziehungsweise für unvermeidbar gehalten*«[56]. Die Arbeitslosenquote sollte zwischen 0,7 bis 1,2 Prozent liegen; das Wirtschaftswachstum zwischen 4 und 4,5 Prozent betragen. Auch in dieser zweiten Phase der ›aufgeklärten Marktwirtschaft‹ wurden die revidierten und mit relativ großen Bandbreiten versehenen Zielwerte der Stabilitätspolitik nicht erreicht. Die Abweichungen waren eher noch größer als in der ersten Phase 1967–1971.

Tabelle 25

Vergleich der Ziel- und der Ist-Werte der Stabilitätspolitik 1972—1976

		1972	1973	1974	1975	1976
Wachstumsrate des	Ziel	4,0–4,5	4,0–4,5	4,0–4,5	4,0–4,5	4,0–4,5
Sozialprodukts (real)	Ist	2,9	5,3	0,4	−3,0	
Preisindexrate	Ziel	2,5–3,0	2,5–3,0	2,5–3,0	2,5–3,0	2,5–3,0
	Ist	5,3	6,9	7,0	6,0	
Arbeitslosenquote	Ziel	0,7–1,2	0,7–1,2	0,7–1,2	0,7–1,2	0,7–1,2
	Ist	1,1	1,2	2,6	4,0	

Quelle: Vgl. Quelle Tabelle 21 (S. 119)

Die Ursachen des Versagens der Stabilitätspolitik sind umstritten. Einigkeit besteht lediglich darin, daß eine monokausale Erklärung kaum möglich ist. Es spielen zu viele Faktoren – das Verhalten der öffentlichen Hand, der Tarifvertragsparteien, der Konsumenten und außenwirtschaftliche Prozesse wie beispielsweise die Rohstoffverteuerung – eine Rolle.
Die Frage nach den Gründen der Fehlentwicklung wird meist mit dem Hinweis auf stabilitätspolitische ›Bedienungsfehler‹ beantwortet, mit anderen Worten: Die Stabilitätspolitik ist gut, nur die dafür verantwortlichen Politiker sind inkompetent. »Überall und zu allen Zeiten waren die Regierungen die Hauptursache der Geldentwertung.«[57] Tatsächlich ist es nicht schwer, nachträglich festzustellen, was vorher hätte anders gemacht werden sollen. Diese *ad-hoc*-Erklärungen sind jedoch vom theoretischen Standpunkt aus unbefriedigend. Sie suggerieren, es handele sich um prinzipiell vermeidbare Fehler, die im wesentlichen dem zuständigen Minister anzulasten seien[58]. Damit wird der Zugang zu der wichtigeren Frage verstellt, ob nicht Stabilitätspolitik in hochindustriellen Gesellschaften von vornherein zum Scheitern verurteilt ist. In der Tat gibt es Hinweise darauf, daß Stabilitätspolitik nur begrenzte Erfolgschancen haben kann, weil sie lediglich am Symptom kuriert, wichtige Ursachen des Problems aber ausspart. Geht man nämlich davon aus, daß die Stagflation primär Ergebnis langfristiger, machtbedingter Änderungen auf den Märkten hochindustrieller Gesellschaften ist, so greifen kurzfristige Maßnahmen zur Stabilisierung des Wirtschaftsprozesses nicht mehr.
Die Konzentration auf den Gütermärkten, aber auch das zweiseitige Monopol der Tarifvertragsparteien auf dem Arbeitsmarkt unterlaufen das freie Spiel des marktwirtschaftlichen Preis-Lohn-Mechanismus und ersetzen es langfristig durch geplante Preise und Löhne. Damit beginnt sich ein Teufelskreis zu drehen. Verkürzt formuliert: Marktmacht führt zur Stagflation, Stagflation fördert die Konzentration. Weil die Wettbewerbspolitik praktisch gescheitert ist, muß die Stabilitätspolitik scheitern. »So können z. B. Unternehmen, die nicht im wirksamen Wettbewerb stehen, ihre Preise auch dann erhöhen, wenn durch eine staatliche Politik der Nachfragebegrenzung ein Druck auf die Preise ausgeübt worden ist. Diese Preispolitik ist die Folge einer Marktsituation, in der Angebot und Nachfrage nicht mehr wettbewerblich kontrolliert werden.«[59] In dieser Situation unterläuft die autonome unternehmerische Preispolitik die staatliche Stabilitätspolitik. Zudem korrespondiert mit der offenen preispolitischen Flanke auf den Gütermärkten die offene lohnpolitische Flanke auf den Arbeitsmärkten. Schützt der Hinweis auf privatwirtschaftliche Preisautonomie die Unternehmen vor – in ihrer Nützlichkeit umstrittenen – Markt- und Preiskontrollen, so bildet die grundgesetzlich verbürgte Tarifautonomie (Art. 9 Abs. 3 GG) ein Bollwerk gegen staatliche Lohnkontrollen. Vorsichtige staatliche Versuche, den Unternehmen und den Gewerkschaften »gläserne Taschen«[60] umzuhängen, d. h. die Transparenz des Preis- und des Lohnbildungsmechanismus zu erhöhen, werden denn auch unisono als systemfremder Staatsdirigismus klassifiziert. So

scheint die Stabilitätspolitik das Schicksal der Wettbewerbspolitik zu teilen. Angetreten, den Wirtschaftsprozeß nach gesamtwirtschaftlichen Zielen zu steuern, wird sie auf den Appell an Einsicht und Wohlverhalten der Beteiligten zurückgeworfen. »Je größer Rationalität und Einsicht in den autonomen Gruppen sind..., um so mehr kann er (der Staat) sich künftig in einen Aufklärungs- und Orientierungsstaat verwandeln.«[61] Oder prophetischer formuliert: »Für die Zukunft der Marktwirtschaft ist ganz wesentlich, daß der Versuch, die autonomen Gruppen rational zu beeinflussen, nicht aufgegeben wird.«[62]

5.3.4 Zusammenfassung

Am Beispiel der Wettbewerbs- und der Stabilitätspolitik konnte gezeigt werden, daß die Handlungsspielräume des politisch-administrativen Systems sehr viel kleiner sind, als in der öffentlichen Diskussion gemeinhin angenommen wird. Die wirtschaftliche Entwicklung verläuft anscheinend nach systemimmanenter Eigengesetzlichkeit. Politischen Kurskorrekturen sind enge Grenzen gesteckt. Überspitzt formuliert: Beim Ritt des Staates auf dem Tiger Ökonomie scheint ziemlich eindeutig, wer Tempo und Ziel der Reise bestimmt.

5.4 Restriktionen aktiver Wirtschaftspolitik

5.4.1 Äußere und innere Restriktionen der Wirtschaftspolitik

Die Analyse einiger Probleme aktiver Wettbewerbs- und Stabilitätspolitik hat die Restriktionen staatlicher Steuerung sozio-ökonomischer Entwicklungen eher punktuell und unsystematisch aufgezeigt. Analytisch lassen sich die Restriktionen aktiver Wirtschafts- und Gesellschaftspolitik in innere und äußere Beschränkungen aufteilen[63]. Äußere Beschränkungen aktiver Politik ergeben sich aus der gesellschaftlichen Umwelt von Regierung und Ministerialbürokratie, innere Beschränkungen resultieren aus der internen Struktur des politisch-administrativen Steuerungssystems. Zusammengenommen stellen sie jene systemimmanenten Grenzen politischer Gestaltungsmöglichkeit dar, die das ›Machbare‹ in der Politik anzeigen, das von Politikern gelegentlich unterschätzt und von Wissenschaftlern häufig überschätzt wird.

5.4.2 Äußere Restriktionen der Wirtschaftspolitik

5.4.2.1 Wirtschaftspolitik und Staatsverfassung

Rechtliche Beschränkungen aktiver Politik ergeben sich unmittelbar aus der Verfassung, dem Staatsaufbau und dem internationalen Rechtssystem. Das Grundgesetz weist der Regierung bestimmte engumgrenzte Kompetenzen zu und sichert den Bürger mit einem Katalog verfassungsmäßig garantierter Grundrechte vor direktem staatlichen Zugriff, z. B. durch Garantie der freien Wahl des Berufs, des Arbeitsplatzes und der Ausbildungsstätte; Garantie des Eigentums, des Erbrechts und der Koalitionsfreiheit[64]. Dadurch soll nach allgemein bejahter Absicht des Verfassungsgebers ein Umschlagen von der aktiven Steuerung sozio-ökonomischer Prozesse zur totalitären Herrschaft über das Individuum verhindert werden.

Die verfassungsrechtlichen Beschränkungen aktiver Politiker bestehen also aus wohlerwogenen Gründen. Sie sollen ein ausgewogenes System von *checks and balances* sichern, um dem Bürger ein hohes Maß an individuellen Freiheitsrechten zu garantieren. Insofern sind derartige Restriktionen der Staatsmacht für demokratische Systeme überlebenswichtig. Durch sie werden aus dem Instrumentenkasten staatlicher Wirtschafts- und Gesellschaftspolitik von vornherein jene Maßnahmen ausgeschlossen, die den Prinzipien des demokratischen Rechts- und Sozialstaates widersprechen.

Auch der föderative Staatsaufbau nach Bund, Ländern und Gemeinden und die Garantie kommunaler Selbstverwaltung führen zu einer Einengung wirtschaftlicher Handlungsspielräume der Zentralinstanz. »Wegen des partikularen Eigeninteresses der Länder und Gemeinden, ihre politische Autonomie im örtlichen Wirkungsbereich zu erhalten, wird eine ausgewogene, flächenübergreifende Wirtschaftspolitik des Bundes erschwert. Die Gliedstaaten und Gemeinden... sehen insbesondere ihre weitgehend autonome Haushaltsgebung mit Recht als Garantie für die Wahrung ihrer Selbständigkeit an und werden versuchen, einen dieses Recht beschneidenden Kompetenzzuwachs der Zentralgewalt zu verhindern.«[65]

Im Zuge der europäischen Integration sind wichtige wirtschaftspolitische Kompetenzen auf supranationale Organe übertragen und dem direkten Zugriff der nationalen Politik entzogen worden. Mit dem schrittweisen Übergang von der Zoll- zur Wirtschaftsunion in der Europäischen Gemeinschaft ist die Agrarpolitik internationalisiert worden. Ansätze zu einer Koordinierung der Politik bestehen im Bereich der Stabilitätspolitik, der Industrie-, Verkehrs- und Sozialpolitik. Darüber hinaus existiert ein voll ausgebildetes und funktionierendes Wettbewerbsrecht, das für den Integrationsraum verbindlich ist. In all diesen Fällen ist die Autonomie der nationalstaatlichen Instanzen bei der Durchführung aktiver Wirtschaftspolitik formal begrenzt. »Denn die bisherigen europäischen Einigungsprozesse haben zwischen den Mitgliedstaaten ein System gegenseitiger Rechte und Pflichten aufgebaut, das die Mitgliedstaaten politisch und rechtlich bindet und diese Bindung auch institutionell vor allem über das Bestehen gemeinsamer Hoheitsorgane verfestigt.«[66]

5.4.2.2 Wirtschaftspolitik und Interessenpluralismus

Obwohl nach dem Urteil des Bundesverfassungsgerichts die Konzeption der Sozialen Marktwirtschaft keineswegs die Verfassung für sich mono-

polisieren kann, besteht doch in wichtigen Fragen der Wirtschaftsordnung ein politischer Konsens, den die Wirtschaftspolitik bei ihren Maßnahmen zu respektieren hat. Die Diskussion über die – nach dem Grundgesetz prinzipiell mögliche – Sozialisierung der Banken und Tochtergesellschaften multinationaler Konzerne, über die Überführung von Grund und Boden in kommunales Eigentum usw. zeigt, daß aktive Wirtschaftspolitik ihre Grenzen an betroffenen Privatinteressen finden kann. Der Grad privaten Widerstandes gegen belastende wirtschaftspolitische Maßnahmen ist dabei unmittelbar abhängig von der Konfliktfähigkeit der jeweiligen Gruppen. »Konfliktfähigkeit beruht auf der Fähigkeit einer Organisation bzw. der ihr entsprechenden Funktionsgruppe, kollektiv die Leistung zu verweigern bzw. eine systemrelevante Leistungsverweigerung glaubhaft anzudrohen.«[67]
Wenn eine Gruppe die Möglichkeit hat, Teilkrisen des Systems zu erzeugen, verfügt sie über Veto-Macht bei geplanten wirtschaftspolitischen Maßnahmen. In hochindustriellen Gesellschaften, die vor allem auf Leistung und Wirtschaftswachstum angelegt sind, ist insbesondere die angemessene Berücksichtigung von Lohn- und Gewinninteressen für die Regierung unumgänglich. Eine Wirtschaftspolitik, die diesen Sachverhalt übersieht, läuft Gefahr, ihr Konto zu überziehen. Sie scheitert im Extremfall an der kollektiven Leistungsverweigerung autonomer Teil-Gruppen der Gesellschaft, etwa am Generalstreik der Arbeitnehmer oder am Investitionsstreik der Unternehmer. Der französische Soziologe Raymon Aron formuliert: »Es versteht sich von selbst, daß in einem Regime, das auf dem Privateigentum der Produktionsmittel gründet, die Maßnahmen, die durch die Gesetzgeber und die Minister getroffen werden, nicht in grundsätzlicher Opposition zu den Interessen der Eigentümer stehen werden.«[68]
Die notwendige Rücksichtnahme demokratischer Regierungen auf die organisierten Interessen konfliktfähiger Gruppen – sei es der Bauern, der Industrie, oder der Arbeitnehmerschaft – kann zu einer Beschränkung der Politikinhalte führen. Da sich eine Reformpolitik mit der Macht dieser Interessengruppen auseinandersetzen muß, erweist sich im Konfliktfall der staatliche Rückgriff auf das bewährte Klientelverhältnis zwischen Regierung, staatlicher Administration und Verbandsfunktionären als geeignetes Mittel, weiterreichende Loyalitätskrisen zu verhindern. »Die Verbände sind heute Ausdruck unserer gruppenhaft aggregierten Gesellschaft. Wie die Erfahrung zeigt: Wer zu diesen Aggregaten, zu diesen organisierten Gruppen in ein grundsätzlich negatives Verhältnis gerät, der kann schließlich in dieser Gesellschaft nicht mehr regieren. Das kennen wir aus der Erfahrung.«[69] Damit wächst die Gefahr, daß nicht organisierte oder nicht konfliktfähige Interessen systematisch aus der Politik ausgeblendet werden.
Schwerer bzw. nicht unmittelbar organisierbar sind insbesondere Lebensbedürfnisse, die nicht einer einzelnen Gruppe, sondern der Gesamtheit der Individuen zuzuordnen sind. Kollektive Interessen und Bedürfnisse etwa nach besseren öffentlichen Verkehrssystemen, Schul- und Ausbildungseinrichtungen, sowie Umweltschutz sind offenbar schlecht oder gar nicht zu

organisieren. Sollte es tatsächlich gelingen, das Interesse der ›Allgemeinheit‹ an mehr oder besseren Kollektivgütern zu artikulieren und zu organisieren, so sind derartige (Bürger-)Aktionen in der Regel von kurzer Dauer und stark von unmittelbaren Erfolgen abhängig, im übrigen aber in Organisationsgrad und Finanzkraft straff organisierten privaten Interessenverbänden unterlegen. Wenn auch die Grenzen zwischen privaten und kollektiven Interessen fließend und veränderbar sind, so scheinen doch in pluralistischen Demokratien kollektive Bedürfnisse strukturell gegenüber privaten Interessen unterrepräsentiert zu sein. Auf diesem Sachverhalt basiert das Schlagwort von der »öffentlichen Armut und dem privaten Reichtum« (J. K. Galbraith).

Weiterhin ist die Tatsache zu berücksichtigen, daß auch innerhalb der privaten Interessensphäre ungleiche Chancen zur Artikulation des eigenen Interesses bestehen. Der Teufelskreis von niedriger sozialer Herkunft, geringer schulischer und beruflicher Bildung, niedrigem sozialem Status und relativ geringem Einkommen führt angesichts von der Gesellschaft versprochener, aber nicht einlösbarer Aufstiegschancen zu politischer Apathie oder zu konsequenter Anpassung an die Werte und Normen einer Gesellschaft, »die ihnen eben nicht mehr als Unterschichtenstatus gewährt«[70].

Aus den skizzierten macht- und interessenbedingten Restriktionen aktiver Politik läßt sich eine doppelte Asymmetrie wirtschaftspolitischer Maßnahmen ableiten. Zum einen werden staatliche Konsumtransfers an private Interessengruppen gegenüber Investitionen im öffentlichen Sektor bevorzugt. Zum anderen dominieren bei den staatlichen Gratifikationen an private Gruppen Leistungen an Mittel- und Oberschichten. Es gibt Anzeichen dafür, daß die strukturelle Ungleichheit individueller Lebenslagen, die aus dem ökonomischen Leistungsprozeß resultiert, vom politisch-administrativen System nicht kompensiert, sondern tendenziell noch verstärkt wird.[71]

5.4.2.3 Wirtschaftspolitik und Parteienkonkurrenz

Die politische Schranke für aktive staatliche Wirtschaftsgestaltung ergibt sich aus dem Wettbewerb der politischen Parteien um die Wählermehrheit. Jede Regierung ist in demokratischen Systemen abhängig vom Fortbestand ihrer parlamentarischen Mehrheit und damit vom Ausgang der jeweils nächsten Bundestags- oder Landtagswahl. Diese triviale, aber häufig übersehene Tatsache hat beträchtliche Konsequenzen: Um zu überleben, muß die Regierung jede Entscheidung vermeiden, die ihre Mehrheit gefährden könnte, und alles tun, um ein Abwandern der Wähler zur Opposition zu verhindern[72]. Diese Strategie der Stimmenmaximierung bringt die Opposition in ein klassisches Dilemma: Programmatische Alternativen werden unter Umständen von der Regierung aufgegriffen und stützen damit ihre Überlebensfähigkeit, die Verweigerung dieser Alternativen gibt der Regierung die Chance, auf die Destruktivität der Opposition hinzuweisen und die eigene Politik als einzig ›realistische‹ Alternative

propagandistisch zu untermauern. In dieser Zwickmühle entscheidet sich die Opposition in der Regel für eine Flucht nach vorne, um nicht in Marktnischen ein Schattendasein fristen zu müssen. Das Regierungsprogramm wird in großen Zügen mit dem Hinweis übernommen, daß man die ›besseren Männer‹ zu seiner Durchführung habe.
Dieser Zwang zum kurzfristigen Erfolg von Wahlperiode zu Wahlperiode erweist sich als systemimmanentes Hindernis jeder zukunftsorientierten Wirtschafts- und Gesellschaftspolitik. Von ihr ist nur sicher, daß sie etwas kostet, jedoch ungewiß, ob sie je Erträge – an Wählerstimmen und gesellschaftlichem Nutzen – bringen kann. Nach dem Motto des englischen Nationalökonomen J. M. Keynes »in the long run, we are all dead« liegt es in dieser Situation nahe, sogenannte Politik mit Augenmaß zu betreiben, die sich ausschließlich am gegenwärtigen Wählerwillen orientiert. »So kann in einer Demokratie der Ministerpräsident mit einem Reiter verglichen werden, der durch den Versuch, sich im Sattel zu halten, so völlig in Anspruch genommen wird, daß er keinen Plan für seinen Ritt aufstellen kann ...«[73]
Das Ergebnis der skizzierten rechtlichen, ökonomischen und politischen Restriktionen ist ein eher unkoordinierter, planlos anmutender Interventionismus, der sich als »policy of muddling through«[74], also als Politik des Durchwurstelns beschreiben läßt. Paradoxerweise bietet nur eine sich chaotisch darstellende Politik des ›Von-der-Hand-in-den-Mund-Wurstelns‹ eine einigermaßen sichere Gewähr für die Wiederwahl. Polemisch formuliert: chaotisches Vorgehen allein sichert kurzfristig das Überleben der Regierung. »Der Politiker ... wird eine Strategie einschlagen müssen, die möglichst vielen genehm ist und möglichst wenigen Nachteile bringt. Er wird immer nur kleine Schritte unternehmen können und ohne klaren logischen Plan operieren müssen, denn würde er rasch und nach einem groß angelegten Entwurf vorgehen, so würde er die Unterstützung vieler Befürworter verlieren. Seine Entscheidungen müssen aufeinander aufbauen, eine auf der anderen, oft ohne klare Linie. Je pluralistischer die Gesellschaft ist, in der er arbeitet, desto mehr Gruppen wollen zufrieden gestellt werden, desto bruchstückhafter und schrittweiser wird der Entscheidungsprozeß sein.«[75] Kein Wunder also, daß unter dieser Bedingungskonstellation der Pragmatismus zur neuen Ideologie der Politik zu werden droht – und dies in einer Zeit, in der die Wachstums- und Umweltkrise kumulative Folgeprobleme aufwirft, die mit einem nur reagierenden Krisenmanagement kaum gemeistert werden können.

5.4.3 Innere Restriktionen der Wirtschaftspolitik

5.4.3.1 Staatsbürokratie in der Krise

Der notwendige Übergang zu einer zukunftsorientierten, gestaltenden Politik erweist sich nicht nur wegen der skizzierten Restriktionen der Systemumwelt als schwierig und umstritten. Auch innerhalb des politisch-administrativen Systems, speziell innerhalb der staatlichen Bürokratie trifft aktive Wirtschafts- und Gesellschaftspolitik auf immanente Widerstände. Aktive Politik, so haben wir eingangs formuliert, will sozioökonomische Prozesse nach bestimmten Zielvorstellungen steuern. Wer aber den Gang der Dinge systematisch beeinflussen will, muß planen. Demzufolge setzen aktive Politik und systematische Zukunftsgestaltung politische Planung voraus.

Die klassische staatliche Ordnungs- und Dienstleistungsverwaltung ist aber von ihrem Aufbau, ihrer Organisation und ihrem Personal her betrachtet alles andere als geeignet, um Gestaltungs- und Planungsaufgaben zu übernehmen. Überspitzt formuliert: Der Planer denkt über Ziele und Programme nach, der Bürokrat über Mittel und Kompetenzen. Dies liegt nicht etwa an der Inkompetenz des Bürokraten, sondern an der Struktur bürokratischer Organisationen. Sie erzwingen dieses Verhalten. Die staatliche Bürokratie basiert auf einer festgelegten Autoritätshierarchie, auf einem System von Regeln und Richtlinien, das die Rechte und Pflichten aller Organisationsmitglieder festlegt, und auf genau definierten Verfahrensweisen für die Erfüllung der Aufgaben[76].

Solange der gesellschaftliche Wandel sich langsam und überschaubar vollzog, erwies sich eine staatliche Bürokratie, die nach den Prinzipien von Hierarchie, Autorität und Spezialisierung organisiert war, als äußerst leistungsfähig. Sie wurde sogar zum Vorbild für den Aufbau anderer Organisationen in Wirtschaft, Kultur und Technik. »Aber das ... was sich als Herrschaftsinstrument und Arbeitsverteilungsprinzip für eine konstante Umwelt und Problemlage relativ effizient ausnimmt, kann unter Umständen in sein Gegenteil umschlagen. Bürokratie wird dann zum Bürokratismus. Fachgeschultheit der Bürokraten wird dann zu geschulter Unfähigkeit.«[77]

Die Ursachen des wachsenden bürokratischen Leerlaufs sind lange Zeit nicht erkannt worden. Erst neuerdings haben empirische Bürokratiestudien gezeigt, daß die Effizienz bürokratischer Organisationen auf zwei Voraussetzungen beruht, die sich inzwischen gewandelt haben.

1. Die von der Organisation zu erfüllenden Aufgaben müssen verhältnismäßig gleichförmig sein. Sie dürfen sich weder nach Art noch nach Umfang kurzfristig und unvorhersehbar ändern.
2. Die Aufgaben müssen sich in relativ einfache und routinemäßig standardisierte Teilaufgaben zerlegen lassen, für deren Erfüllung Zuverlässigkeit und Ausdauer wichtiger sind als theoretisch fundierte Kenntnisse, Selbständigkeit und komplexe Fertigkeiten.

»Im Bereich der Verwaltung treffen die genannten Voraussetzungen für die Behörden der klassischen Ordnungs- und Eingriffsverwaltung eher zu als für die moderne Dienstleistungsverwaltung und insbesondere die planende Verwaltung. Damit ist aber zugleich gesagt, daß der soziale und technische Wandel heute in weiten Bereichen die Voraussetzungen für die Zweckmäßigkeit der Bürokratie unterminiert hat.«[78] Die Unfähigkeit der klassischen Ordnungsbürokratie, sich an eine neue gesellschaftliche Umwelt anzupassen oder sie gar zu gestalten, zeigt sich in zahlreichen Punkten. Zunächst führen die vielfältigen und differenzierten Steuerungsanforderungen hochindustrieller Gesellschaften an die planende Bürokratie zu einer dauernden zeitlichen und intellektuellen Überforderung der zentralisierten Verwaltungsspitze. Empirische Untersuchungen über die Arbeitsbelastung von höheren Ministerialbeamten in Bonn ergaben wöchentliche Arbeitszeiten zwischen 65 und 70 Stunden[79]. Trotzdem nimmt die Zahl politisch-administrativer Routineentscheidungen zu Lasten von Reformentscheidungen laufend zu. »Eine weitere Beschränkung für die Entwicklung langfristiger Politikstrategien ist die Knappheit politischer Aufmerksamkeit für die noch nicht akuten Probleme. Dies gilt... im Regierungsbereich für die Ministerialverwaltung und insbesondere die politische Leitungsebene, deren Zeitbudget durch den Druck kurzfristig entscheidungsbedürftiger Fragen und akuter Krisen jeder Art so völlig überlastet ist, daß die Beschäftigung mit längerfristigen Perspektiven und die Entwicklung zukunftsorientierter politischer Strategien als ein Luxus erscheint, den man sich gern einmal leisten würde und doch leider immer wieder versagen muß.«[80]

Die Tendenz zur Festschreibung des gesellschaftlichen Status quo wächst, weil die staatliche Bürokratie aufgrund ihrer hierarchischen Organisationsstruktur neue Probleme nur noch schwer aufnehmen und bearbeiten kann. In dieser Situation dauernder Überlastung liegt es nahe, auf die sogenannte bewährte Zusammenarbeit mit sogenannten unabhängigen Experten zurückzugreifen, um Informationen und Sachverstand außerhalb der Bürokratie zu mobilisieren. Allerdings sind diese Experten nicht selten Vertreter organisierter Gruppen, so daß bei Verhandlungen nicht nur der Sachverstand zur Geltung kommt, »sondern auch ganz handfest die Interessen der Betroffenen über das Vehikel des Sachverstandes in die gesetzlichen Regelungen eingehen«[81]. So entwickelte sich in vielen Ressorts ein relativ stabiles Klientelverhältnis zwischen Ministerialverwaltung und Interessengruppen. Zum Landwirtschaftsministerium beispielsweise haben die Bauernverbände privilegierten Zugang, zum Wirtschaftsministerium der Bundesverband der Deutschen Industrie und der Deutsche Industrie- und Handelstag, zum Arbeits- und Sozialministerium der Deutsche Gewerkschaftsbund, zum Verkehrsministerium die Lobby der Automobilindustrie[82].

5.4.3.2 Bürokratie zwischen Apathie und Anpassung

Die zunehmende Dysfunktionalität hierarchischer Bürokratien wird weiter verstärkt durch ihre negativen Rückwirkungen auf Motivation und Engagement ihrer Mitglieder. »Vorwärtskommen ist in der Hierarchie gleichbedeutend mit ›nicht unangenehm auffallen‹ beim übergeordneten Vorgesetzten. Was liegt näher als eine möglichst kritiklose Unterordnung.«[83] Dies war in Zeiten, als Autorität und Sachverstand miteinander gekoppelt waren, noch relativ problemlos. Mit wachsender Komplexität bürokratischer Funktionen ist aber ein Abbau der Qualifikationsunterschiede zwischen den Mitgliedern zu beobachten. Die zunehmende Professionalisierung und Spezialisierung der Tätigkeit führen dazu, daß Amtsautorität und Sachverstand immer stärker auseinanderfallen. Nach dem hierarchischen Prinzip muß dem Vorgesetzten jedoch auch gehorcht werden, wenn der überlegene Sachverstand beim Untergebenen liegt. Die Folgen sind wachsende Konflikte, Gerangel um Zuständigkeiten, Ritualismus, Apathie und Anpassung; dann schließlich bringen die Wahrung von Kompetenzen, die Erledigung von Routinevorgängen und zuständigkeitsorientiertes Handeln Beförderung. Das bürokratisch-hierarchische Modell setzt die Prämien auf die Bewahrung des bisherigen, nicht auf seine Veränderung.

5.4.3.3 Expansion statt Innovation

Statt mit organisatorischen Reformen, also qualitativer Politik, hat man auf die gestiegenen Umweltanforderungen mit quantitativer Politik reagiert. Die Zahl der Ministerien, Abteilungen und des Personals stieg stark an, die überholten Organisationsstrukturen jedoch blieben, von einigen Modifikationen abgesehen, unverändert bestehen. Die Bürokratie verlängerte damit – man ist versucht zu sagen, auf typisch bürokratische Weise – die Sackgasse, in die sie sich selbst gebracht hatte[84]. Es entwickelte sich ein arbeitsteiliges System von Ministerien und Behörden mit isolierten Fachplanungen, Koordinationsproblemen sowie Kompetenz- und Machtkonflikten um knappe Steuermittel.

»Probleme, die zwischen den Zuständigkeiten liegen, und insbesondere die Zuständigkeiten übergreifenden Problemzusammenhänge werden weniger zuverlässig erkannt und tendenziell vernachlässigt.«[85] Nicht problemorientierte, sondern ressortorientierte Politik dominiert – mit der Folge, daß das immobilste Ressort das Tempo von Reformen diktiert, bzw. innerhalb eines Ministeriums die unflexibelste Abteilung. Weitere Folge einer expansiven, aber nicht innovativen Bürokratiepolitik war ein überdurchschnittlicher Anstieg der Personalkosten im öffentlichen Sektor (s. *Tabelle 26*).

Während die gesamten Staatsausgaben von 1961 bis 1971 um 139 Prozent stiegen, wuchsen die Personalkosten im selben Zeitraum um 224,8 Prozent. Entsprechend erhöhte sich der Anteil der Personalausgaben an den gesamten Staatsausgaben von 23,9 (1961) auf 32,5 % (1971). Dabei ist die geringe Produktivität und Effizienz überholter Organisationsstrukturen nur ein Grund für die wachsenden Personalkosten. Die Personalkosten sind auch deshalb hoch, weil die meisten staatlichen Leistungen gelernte und fachlich erfahrene Arbeitskräfte erfordern[86]. Zudem versuchen die Angehörigen im öffentlichen Dienst zunehmend ihre Interessen innerhalb des Apparates (= sogenanntes within – lobbying) durch Interessenorganisationen vertreten zu lassen. Nicht von ungefähr haben die Deutsche Postgewerkschaft und die Gewerkschaft der Eisenbahner Deutschlands innerhalb des DGB den höchsten Organisationsgrad. Die ÖTV und die GEW zählen zu den am schnellsten wachsenden Einzelgewerkschaften im DGB[87]. Das Wachstum organisierter Interessen im öffentlichen Sektor, sei es des DGB, des Deutschen Beamtenbundes, des Deutschen Bundes-

Tabelle 26

Ausgaben des Staates[1] nach Ausgabenarten 1961 und 1971 (in Mrd. DM)

Jahr	1961	in % der Gesamt- ausgaben	1971	in % der Gesamt- ausgaben	Steigerung in % (1961=100)
Personalausgaben[2]	22,6	23,9	73,4	32,5	224,8
lfd. Sachaufwand	20,8	22,0	38,2	16,9	83,7
Sachinvestitionen	13,0	13,8	37,4	16,6	187,7
Sonstiges[3]	38,1	40,3	69,1	34,0	81,4
	94,5	100 %	225,9	100 %	139,0

[1] Bund, Länder, Gemeinden und Gemeindeverbände
[2] Zahl der Beschäftigten im öffentlichen Dienst (ohne Soldaten): 1,65 Mill. (1961); 2,2 Mill. (1971) = 33,5 % Steigerungsrate
[3] Vermögensübertragungen, Darlehen und Beteiligungen, Übertragungen an Unternehmen, Haushalte, Sozialversicherung, Ausland und Zinszahlungen.
Quelle: Henke, K.-D., Die Entwicklung der Staatsausgaben, a. a. O., S. 373

wehrverbandes, die zunehmende Verbeamtung der Parlamente und die Tendenz, organisatorische Reformen dem zu reformierenden Personenkreis selbst zu überlassen, sind damit ein weiterer Grund für das Wachstum der öffentlichen Personalausgaben – und Kern jener These vom »Selbstbedienungsladen Staat«.

Fassen wir zusammen:
Hochindustrielle Gesellschaften haben einen wachsenden Bedarf an politischen und administrativen Steuerungsleistungen oder – wie wir formuliert haben – einen wachsenden Bedarf an aktiver Politik. Die Durchsetzung aktiver Politik stößt nicht nur auf äußere Schranken, sondern auch auf Widerstände innerhalb des bürokratischen Apparats. Die staatliche Bürokratie ist gegenwärtig aufgrund ihrer hierarchischen Organisationsstruktur ungeeignet, Reformpolitik und politische Planung zu betreiben. »Hierarchische Führung versagt bei der Organisation komplexer Aufgaben.«[88]

5.5 Planungsstaat zwischen Finanzbankrott und Legitimationskrise

Angesichts der offensichtlichen Unfähigkeit des politischen Systems, die kumulativen Folgeprobleme ökonomischer Sachgesetzlichkeiten zu meistern, droht eine generelle Systemkrise. Der Ruf nach umfassender staatlicher Planung ist in jüngster Zeit immer lauter geworden[89]. Tatsächlich setzte mit der Rezession 1966/67 ein ›Planungsschub‹ in der Bundesrepublik ein. Fortan sollte politische Planung Krisen vermeiden und zukunftsorientierte Reformpolitik durchsetzen helfen[90]. »Spätestens seit dem Regierungswechsel 1969 scheint Planung *die* neue Form der Politik zu sein.«[91] Inzwischen ist die damalige Planungseuphorie allgemeiner Ernüchterung gewichen. Es hat sich gezeigt, daß die Umsetzung politischer Programme und Planungen in den politischen Alltag sehr viel schwieriger und zeitraubender ist, als zunächst angenommen worden war. Neben den skizzierten Restriktionen aktiver Politik erwies sich insbesondere die wachsende Finanzierungslücke als entscheidendes Hindernis programmatischer Politik. Die Chancen einer Verwirklichung strategischer Programmplanung etwa im Bildungs-, Verkehrs- und Gesundheitssektor sind gering, weil das politische System sich aus Steuern des marktwirtschaftlichen Systems finanziert. Staatseinnahmen und -ausgaben sind integraler Bestandteil des Wirtschaftskreislaufs. Der – theoretisch mögliche – Versuch des Staates, seine Finanzen fortlaufend an die geplanten Programme anzupassen, hätte eine Loyalitätskrise mit entsprechenden Begleiterscheinungen – Verweigerung von Wählerunterstützung, Steuerflucht, Investitionsstreik – zur Folge. Der Teufelskreis von laufenden Personalkostensteigerungen, wachsenden Ansprüchen an den Staatshaushalt und politisch kaum durchsetzbaren Steuererhöhungen treibt den Staat in eine Finanzkrise.

Die gesellschaftlichen Konsequenzen sind offensichtlich. Sogenannte ›utopische‹ Reformvorhaben werden gestrichen, und von laufenden Regierungsprogrammen werden jene – wenigen – Teile verwirklicht, die finanziell vertretbar sind. Dieser ›Budgetnegativismus‹ zementiert die bekannte Logik staatlicher Planung, nach der die Finanzmittel den Umfang gesellschaftspolitischer Programme zu determinieren haben[92]. Der Triumph der Ökonomie über die Politik wird nicht selten als ›pragmatische Gegenreform‹ klassifiziert. Angesichts von Wachstums- und Umweltkrise könnte sich diese Gegenreform allerdings als Pyrrhus-Sieg erweisen. »In einigen Jahren wird es als Kuriosität unserer Zeit gelten, daß just in dem geschichtlichen Moment prinzipieller Pragmatismus modern wurde, wo er am wenigsten den gesellschaftlichen Bedürfnissen entsprach, daß längerfristige Programmatik just in dem Augenblick in Verruf kam, wo sie absolut unentbehrlich wurde.«[93]

Aber auch das Gegenbild einer autonom funktionierenden politischen Langfristplanung erweist sich bei näherem Hinsehen als wenig verheißungsvoll. Eine wachsende Autonomie der Planungsbürokratie wird weitreichende Legitimationsprobleme aufwerfen[94]. Wenn nämlich durch politische Langzeitplanung Politik auf Jahre hinaus festgelegt wird, stellt sich zunehmend die Frage nach der demokratischen Legitimation der Planer und ihrer Kontrolle. Gelingt es nicht, dieses Legitimationsproblem zu lösen – etwa durch Entwicklung zusätzlicher Kontroll- und Interventionsmöglichkeiten für den Bürger neben der demokratischen Wahl[95] –, so könnten ausnahmsweise einmal die Utopisten Recht behalten. »Die Welt war in Manager und Arbeiter, in Planer und Verplante eingeteilt, und erstere trafen die Entscheidungen für die letzteren ... Mit der Ausbreitung des Verdachts, daß Befehle von oben nach unten nicht mehr praktikabel sind, beginnen die Verplanten, das Recht auf Beteiligung an Entscheidungsprozessen zu verlangen. Die Planer leisten jedoch Widerstand. Denn wie das bürokratische System, das es widerspiegelt, ist auch das technokratische Planen seinem Wesen nach undemokratisch.«[96]

Literaturhinweise

Eine geschlossene Arbeit zum vorliegenden Kapitel existiert nicht. Einige Aufsätze zur Stabilisierungspolitik sind zusammengefaßt in:
[2]–[3] WSI – Studie zur Wirtschafts- und Sozialforschung Nr. 27, Stabilisierungspolitik, Bund-Verlag, Köln 1974
Die Aufsätze differieren nach Qualität, politischem Informationsgehalt und erforderlichen Vorkenntnissen erheblich. Im vorliegenden Zusammenhang sind insbesondere interessant die Referate von:
Schmahl, H. J., Stagflation – Herausforderung für die Wirtschaftspolitik;
und Gahlen, B., Grundfragen der Stabilisierungspolitik.
Zur Kritik an der Stabilisierungspolitik aus neomarxistischer Sicht vgl. den Aufsatz von:
Meißner, W., Stabilisierungspolitik in der Bundesrepublik Deutschland: Systemstabilisierung?
[1] Ehrenberg, H., Zwischen Marx und Markt. Konturen einer infrastrukturorientierten und verteilungswirksamen Wirtschaftspolitik, Societäts-Verlag, Frankfurt 1974
Der Autor behandelt in seiner Arbeit eine ganze Reihe aktueller wirtschaftspolitischer Fragen und Probleme, z. B. Probleme der Globalsteuerung, der Staatsfinanzen, der Einkommensverteilung, des ›magischen Dreiecks‹ und der Reform im öffentlichen Dienst. Er versucht darüber hinaus, sich mit den ›Antikonzepten‹ der Neuen Linken auseinanderzusetzen. Das Buch ist locker und lebendig geschrieben. Es arbeitet insbesondere die politischen Schwierigkeiten aktiver Politik heraus, mit denen sich der Autor als Staatssekretär im Bundeskanzleramt selbst auseinandersetzen mußte. Gelegentlich wird die Regierungspolitik allzu offensichtlich verteidigt.
[3] Kress, G., und Senghaas, D. (Hrsg.), Politikwissenschaft. Eine Einführung in ihre Probleme, Fischer-TB-Verlag, Frankfurt a. Main 1973
Dieser Reader enthält zahlreiche Aufsätze jüngerer deutscher Politikwissenschaftler, die einen repräsentativen Überblick über den Stand der theoretischen Diskussion geben.
Aus der Sicht der politischen Ökonomie sind insbesondere die Aufsätze von:
Offe, G., Politische Herrschaft und Klassenstrukturen. Zur Analyse spätkapitalistischer Herrschaftssysteme, und
Hirsch, J., Zur politischen Ökonomie des politischen Systems bedeutsam.
Beide Artikel versuchen eine Standortbestimmung aus neomarxistischer Sicht. Die Sprache ist leider teilweise unverständlich.
[2] Scharpf, F. W., Planung als politischer Prozeß. Aufsätze zur Theorie der planenden Demokratie, Suhrkamp Verlag, Frankfurt a. Main 1973
Scharpf ist einer der führenden Planungstheoretiker und -praktiker in der Bundesrepublik. Er versucht die Möglichkeiten und Grenzen politischer Planung theoretisch zu ermitteln und – im Gegensatz zu zahlreichen anderen Arbeiten über Planungsprobleme – auch empirisch zu fundieren. Wichtig im vorliegenden Zusammenhang ist insbesondere der Aufsatz: Reformpolitik im Spätkapitalismus.

6. Theorien der politischen Ökonomie

> »An einer Theorie ist es nicht ihr geringster Reiz, daß sie falsch ist. Gerade damit zieht sie feinere Köpfe an.«
> (Friedrich Nietzsche)

Nachdem in den vorausgegangenen Kapiteln verschiedene zentrale Entwicklungstendenzen im politisch-ökonomischen System analysiert worden sind, beschäftigt sich dieses abschließende Kapitel mit einigen theoretischen Erklärungsansätzen der politischen Ökonomie. Die Auswahl aus einer Vielzahl konkurrierender Theorien und Modelle ist selbstverständlich subjektiv und daher bis zu einem gewissen Grade willkürlich. Sie erfolgte nach zwei Gesichtspunkten:
1. Es werden theoretische Ansätze vorgestellt, die gesamtgesellschaftliche Entwicklungen zu erklären versuchen, deren Erkenntnisinteresse also in der Analyse des politisch-ökonomischen Wandels in hochindustriellen Gesellschaften liegt.
2. Darüber hinaus handelt es sich bei den beschriebenen Theorien ausnahmslos um Ansätze, die die theoretische und/oder die politische Diskussion nachhaltig beeinflußt haben.

Daß primär Theorien und nicht so sehr schnell überholten Fakten unser wichtigstes Interesse gelten sollte, dürfte klar sein, ist doch nur »die Theorie das Netz, das wir auswerfen, um die Welt einzufangen und zu beherrschen« (K. Popper).

6.1 Ansätze der politischen Ökonomie

Lange Zeit war politische Ökonomie identisch mit marxistischer politischer Ökonomie. Die sogenannte ›bürgerliche‹ Ökonomie hingegen nannte sich *Economics,* Nationalökonomie oder Volkswirtschaftslehre. Das war kein Zufall, sondern ein Programm.

Die klassische Nationalökonomie ist im Geiste des Liberalismus als Oppositionswissenschaft gegen den absolutistischen Staat entstanden. Sie war die Theorie des dritten, des bürgerlichen Standes. Ihre Aufgabe sah sie darin, die unveränderlichen Gesetze des freien Marktes zu erforschen und vor störender Staatsintervention zu schützen. Marktfreiheit nicht nur als Komplement der politischen Freiheit des Individuums, sondern auch als Garantie für das bestmögliche Funktionieren des Wirtschaftssystems[1].

Der bewußte Rückzug bürgerlicher Ökonomie auf eine Standardtheorie des Marktes hatte im Laufe des 19. Jahrhunderts dazu geführt, daß ehemals vorhandene philosophische, soziologische und politische Elemente in der Doktrin systematisch abgestoßen wurden. Die klassische Nationalökonomie wurde zur sozialen Physik abstrakter Tauschverhältnisse. Ihr Interesse galt zunehmend dem Rationalkalkül des *homo oeconomicus,* jener Kunstfigur eines Wirtschaftsbürgers, dessen ständiges Denken und Trachten angeblich in der Maximierung von Profiten oder Bedürfnissen bestand. Im Wettstreit mit den Methoden exakter Naturwissenschaften setzte sich eine weitgehende Formalisierung und Mathematisierung der Modelle durch. Gesellschaftliche und politische Vorgänge wurden in den Datenkranz verbannt. Dennoch war die klassische bürgerliche Nationalökonomie nur scheinbar apolitisch. Sie befand sich in Übereinstimmung mit den herrschenden politischen Institutionen und kulturellen Werten der Zeit. Ihre theoretische Argumentation von den Vorzügen der freien Marktwirtschaft basierte auf bestimmten politischen Ordnungsvorstellungen, »nämlich den zur jeweiligen Zeit herrschenden«[2]. Das Schema der klassischen Nationalökonomie, »einer Wirtschaft der völlig freien Konkurrenz... hat für die Interessen der aufstrebenden Industrie und für die Profitsucht des Kapitals ein lockendes Ideal bedeutet, hat ihr daher sofort innerpolitisches Gewicht und später, als diese erstrebte liberale Wirtschaft verwirklicht wurde, den Charakter der einzig zulänglichen, geschichtlichen Theorie gegeben: das rationale Schema wurde zur echten Theorie der ersten Phase des Hochkapitalismus«[3]. Damit war die Grenze zwischen theoretischer Erklärung und normativem Postulat eindeutig überschritten. Die (neo-)klassische Nationalökonomie wurde spätestens Ende des 19. Jahrhunderts zur Apologetik der freien Konkurrenzwirtschaft oder zog sich auf ein abstraktes Knappheitsmanagement zurück. Aus der Oppositionswissenschaft war in weiten Teilen eine – bewußte oder unbewußte – Rechtfertigungswissenschaft geworden.

Karl Marx war es dann, der den ersten zentralen Angriff auf die herrschende bürgerliche Nationalökonomie startete. Während die klassische Ökonomie die kapitalistische Wirtschaftsordnung und ihre Prinzipien – das Privateigentum an Produktionsmitteln, den Wettbewerbsmechanismus und den Grundsatz des laisser-faire – für naturgegeben hielt, interpretierte Marx sie als ein Zwischenstadium des geschichtlichen Entwicklungsprozesses. Das entscheidende Ziel der politischen Ökonomie ist für Marx das »Naturgesetz, das ökonomische Bewegungsgesetz der modernen Gesellschaft zu enthüllen. Da er, im Sinne der dialektischen Einheit von Theorie und Praxis, streng deterministisch denkt, bedeutet für ihn die Erkenntnis dieser Bewegungsgesetze auch die Erkenntnis jener Kräfte, die durch die immanenten Gesetzmäßigkeiten des kapitalistischen Systems zu dessen Überwindung führen müssen«[4].

Damit wurden das Wirtschafts- und Gesellschaftssystem des 19. Jahrhunderts und seine Wirtschaftslehre in einem umfassenden gesellschaftlichen und historischen Zusammenhang gestellt. In der gesamtgesellschaftlichen Analyse des Marxismus wird die ehemals ›unpolitische‹ Nationalökonomie zur echten politischen Ökonomie. Die enge und unlösbare Verflechtung von politischen, wirtschaftlichen und sozialen Entwicklungen wurde zum zentralen Problem. »Nichts hätte ihm (K. Marx) ferner gelegen, als einen Datenkranz zu konstruieren, der von Ökonomen nicht zu erklären wäre... Marx verspottete ständig die zeitgenössischen klas-

sischen Ökonomen wegen ihres Versagens, den institutionellen Hintergrund ihrer Theorie explizit zu spezifizieren. Er hatte ohne Zweifel recht, und die gleiche Kritik läßt sich ebenso auf einige moderne Theoretiker anwenden.«[5]
Der unüberbrückbare Gegensatz zwischen der bürgerlichen Nationalökonomie und der marxistischen Gesellschaftsanalyse ist der politischen Ökonomie nicht gut bekommen. Die herrschende Volkswirtschaftslehre beschränkte ihr Erkenntnisinteresse auf ›rein‹ ökonomische Fragen und verfeinerte ihre Marktmodelle, ohne sich von einem harmonischen Gleichgewichtsdenken zu befreien. Allzu häufig wurde die logische Richtigkeit der Modelle mit ihrer empirischen Gültigkeit verwechselt. Herrschaft, Macht, Konflikt und Ungleichheit waren für sie von untergeordneter Bedeutung. Die marxistische politische Ökonomie konzentrierte sich bis in die Gegenwart hinein auf die Analyse des Kapitalismus, des *free enterprise system*. Dabei etablierte sich im Laufe der Zeit eine marxistische Orthodoxie, die – von wichtigen Ausnahmen abgesehen – scholastische Züge annahm und in vielen Fällen über eine Marx-Exegese nicht hinauskam. Der ideologisch gewiß unverdächtige polnische Marxist W. Brus stellt dazu fest: »Die marxistische Theorie der sozio-ökonomischen Gestaltung (wurde) von den marxistischen Ökonomen zu starr und zu formalistisch interpretiert, indem sie sie als ein eindeutiges Entwicklungsschema darstellten, bei dem in einer streng deterministischen Weise die verschiedenen Entwicklungsstufen unvermeidbar aufeinander folgten.«[6]
Nicht von ungefähr erreichte die Konfrontation beider Wissenschaftsströmungen ihren Höhepunkt zur Zeit des sogenannten Kalten Krieges. »Obwohl häufig unbewußt, beteiligten sich die Ökonomen aktiv an dieser Konfrontation.«[7] Unterdessen ging die sozio-ökonomische Entwicklung in den hochindustriellen Gesellschaften weiter. Es vollzog sich ein rapider Wandel, dem die bürgerlichen und marxistischen Theorien des 19. Jahrhunderts weitgehend hilflos gegenüberstanden. Die wachsende Diskrepanz zwischen bürgerlicher Theorie und Realität manifestierte sich beispielsweise darin, daß unverändert das atomistische Marktmodell mit einer Vielzahl von kleinen Anbietern und Nachfragern, Rationalverhalten, Markttransparenz und Konsumentensouveränität dominierte – so, als ob der Prozeß der Unternehmenskonzentration nicht stattgefunden hätte. Umgekehrt war die marxistische politische Ökonomie auf ihr Zwei-Klassen-Schema und die ökonomische Krise fixiert, ungeachtet der Tatsache, daß die kapitalistischen Systeme nach dem Zweiten Weltkrieg kräftig expandierten und der soziale Differenzierungsprozeß weiterging.
Freilich hatten sich am Rande der hier nur sehr schematisch beschriebenen Ansätze der politischen Ökonomie immer einige Theoretiker gehalten, die die orthodoxen Grenzen beider Lager überschritten. Auf sie konnte man zurückgreifen, als Anfang der siebziger Jahre die marxistische und die bürgerliche politische Ökonomie eine Renaissance erlebten[8]. Ausgangspunkt war die zunehmende Unfähigkeit der traditionellen Wirtschaftsanalyse, politisch-ökonomische Entwicklungsprozesse zu erklären und den Politikern Instrumente zu ihrer Beherrschung an die Hand zu geben.

»Die marxistische politische Ökonomie und die Neue (›bürgerliche‹) politische Ökonomie verstehen sich beide als eine Reaktion auf eine Wirtschaftswissenschaft, die die formale Eleganz entscheidungslogischer Kalküle gegenüber der Beschäftigung mit drängenden Problemen gegenwärtiger Gesellschaften zu hoch einschätzt und deshalb die Beziehungen von Wirtschaft und Politik stark vernachlässigt.«[9]

6.2 Theorie des Interventionismus – J. M. Keynes

Die klassische bürgerliche Nationalökonomie hatte sich trotz mancher Widersprüche und Ungereimtheiten bis in die dreißiger Jahre dieses Jahrhunderts behaupten können. Ihren entscheidenden Schlag erlebte sie mit der Weltwirtschaftskrise. Die weltweiten Krisenerscheinungen – Massenarbeitslosigkeit, sinkende Preise und Produktion – erschütterten den Glauben an die Behauptung der traditionellen Lehre, kapitalistische Systeme zeichneten sich durch eine permanente Tendenz zur Vollbeschäftigung aus. »Der Optimismus der Nationalökonomen wurde von der Arbeitslosigkeit, vor allem aber von den Schwierigkeiten, die bei den Versuchen zu ihrer Überwindung auftraten, Lügen gestraft.«[10] Tatsächlich war dieser Optimismus vor der Weltwirtschaftskrise durchaus berechtigt gewesen. Der *laisser-faire*-Kapitalismus hatte nur vorübergehende Arbeitslosigkeit gekannt. Immer wieder war es den Selbstheilungskräften des Marktes gelungen, Beschäftigungsprobleme zu überwinden und Vollbeschäftigung herzustellen. Arbeitslosigkeit wurde daher als vorübergehender Anpassungsprozeß des Produktionsapparates an Nachfrageänderungen interpretiert.

Ausgangspunkt der klassischen Lehre war die durchaus richtige Überlegung, daß in einer Volkswirtschaft jedes zusätzliche Güterangebot seine eigene Nachfrage schaffe (sogenanntes Saysches Gesetz nach dem französischen Nationalökonom J. B. Say); denn die Gewinn- und Lohneinkommen, die bei der Produktion anfallen, müssen selbst wieder zu Nachfrage werden, entweder direkt zur Konsumnachfrage oder – falls sie gespart werden – über sinkende Zinsen zu zusätzlicher Investitionsgüternachfrage. Auf diese Weise sind langanhaltende Absatzstockungen und Dauerarbeitslosigkeit unmöglich. Die unsichtbare Hand des Marktmechanismus wirkt automatisch auf die Beschäftigung aller vorhandenen Produktionsfaktoren hin.

Den offensichtlichen Widerspruch zwischen klassischem Harmonieglauben und Wirtschaftskrise versuchte der englische Nationalökonom J. M. Keynes 1936 in seinem Buch »General Theory of Employment, Interest and Money« zu erklären. Er begann mit einem sarkastischen Angriff auf die klassische bürgerliche Nationalökonomie. »Daß sie (die offizielle Lehrmeinung) zu Schlußfolgerungen kam, die ganz verschieden von denen waren, die der gewöhnliche uninformierte Mensch erwarten würde, erhöhte, so glaube ich, ihr intellektuelles Ansehen. Daß ihre in die Praxis übersetzte Lehre nüchtern und häufig unangenehm war, verlieh ihr Unbescholtenheit. Daß sie so konzipiert war, daß sie einen sehr weiten und konsistenten, logischen Überbau einschloß, gab ihr Schönheit. Daß sie viele soziale Ungerechtigkeiten und offenkundige Grausamkeiten als eine unvermeidliche Begleiterscheinung bei der Fortschrittsgestaltung erklären konnte... empfahl sie der Obrigkeit.«[11] Die zentrale These von Keynes lautete im Gegensatz zur herrschenden Lehre: In spätkapitalistischen Marktwirtschaften existiert keine systemimmanente Tendenz zur Vollbeschäftigung. Im Gegenteil, die oligopolistische Konkurrenzwirtschaft sei ständig durch latente Arbeitslosigkeit und Stagnation bedroht[12]. »In bezug auf Höhe der gesamten Kaufkraft und Beschäftigung verneint Keynes das Vorwalten einer unsichtbaren Hand, welche die eigenständigen Handlungen eines jeden Individuums so lenkt, daß sie zu einem sozialen Optimum führen. Das ist die Quintessenz und der Gehalt seiner Häresie.«[13]

Der theoretische Ansatz ist dabei ebenso einfach wie genial. Falls, so die Überlegung, die gesamtwirtschaftliche Nachfrage langanhaltend hinter dem volkswirtschaftlichen Angebotspotential zurückbleibt, müsse eine Untersuchung der Nachfrage und ihrer Determinanten in das Zentrum der Analyse rücken. Konkret formuliert: Welche Mechanismen können in hochentwickelten Gesellschaften dazu führen, daß die gesamtwirtschaftliche Nachfrage die Kapazitäten des Systems unterschreitet? Wichtig sind dabei insbesondere die Nachfrage der Verbraucher nach Konsumgütern und die Nachfrage der Unternehmer nach Investitionsgütern. Nach Keynes läßt sich nun deutlich beobachten, daß mit wachsenden Einkommen der Konsumenten zwar ihre Nachfrage nach Verbrauchsgütern steigt, aber nicht im gleichen Umfang wie die Einkommen. Steigt also beispielsweise das Haushaltseinkommen in drei aufeinanderfolgenden Jahren um jeweils 5 Prozent, so erhöhen sich die Verbraucherausgaben etwa im ersten Jahr um 5 Prozent, im zweiten Jahr um 4 Prozent, im dritten Jahr um 3 Prozent. Die nicht verausgabten Einkommensbeträge werden gespart. Ursache dieser langfristig abnehmenden Zuwachsrate der Konsumnachfrage ist jenes psychologische – besser: physiologische – Gesetz, wonach der Verbrauch langfristig an eine Sättigungsgrenze stößt. »Das grundlegende psychologische Gesetz, auf das wir uns mit großer Zuversicht verlassen können, und zwar a priori aus der Kenntnis der menschlichen Natur wie aus einzelnen Erfahrungstatsachen, ist, daß die Menschen in der Regel und im Durchschnitt dazu neigen, mit zunehmendem Einkommen ihren Verbrauch zu steigern, aber nicht um ebensoviel wie die Zunahme des Einkommens.«[14]

Hieraus folgt, daß mit steigendem Einkommen die Konsumnachfrage unterproportional, die Sparbeträge hingegen überproportional steigen. Der wachsende Nachfrageausfall im Konsumgüterbereich wird nun nicht – wie noch nach der klassischen Lehre möglich – durch steigende Investitionsgüternachfrage kompensiert. Eine Ursache[15] besteht darin, daß die Investitionsbereitschaft der Unternehmen nicht unabhängig von der Entwicklung der Umsätze auf den Verbrauchermärkten ist. Wenn, wie von Keynes gezeigt, die Entwicklung der Konsumnachfrage langfristig stagniert, so sind die Umsatzerwartungen und Gewinnchancen der Unternehmer niedrig. Entsprechend schleppend ist die Investitionstätigkeit. Die Investitions- und die Konsumnachfrage bleiben aus systemimmanenten Gründen hinter dem Angebotspotential an Arbeitskräften und Kapital zurück. Es pendelt sich ein Gleichgewicht von Angebot und Nachfrage bei Unterbeschäftigung ein, das aus sich heraus keinerlei Tendenz zur Vollbeschäftigung entwickelt. »Wenn diese Beobachtung richtig ist und verallgemeinert werden darf, dann wird das... Ungleichgewicht zwischen Angebotskapazität und effektiver Nachfrage eines Tages einen Zustand herbeiführen, in dem das Wirtschaftssystem stagniert, weil Vollbeschäftigung nicht mehr möglich ist, und die kapitalistische Wirtschaft hinter den Möglichkeiten der verfügbaren Arbeitskraft zurückbleibt.«[16]

Die entscheidende Bedeutung der Keynsianischen Wirtschaftslehre liegt nun darin, daß der Diagnose die Therapie folgt. Da das kapitalistische System nicht automatisch Vollbeschäftigung herstellt, ist es Aufgabe des Staates, zu intervenieren. Der Staat muß die Lücke zwischen gesamtwirtschaftlicher Nachfrage und gesamtwirtschaftlichem Angebot durch zusätzliche öffentliche Investitionen, etwa Arbeitsbeschaffungsprogramme, schließen, und die kapitalistische Wirtschaft auf Vollbeschäftigungsniveau ›heraufstabilisieren‹. »Ich denke mir daher, daß eine ziemlich umfassende Verstaatlichung der Investitionen sich als das einzige Mittel zur Erreichung einer Annäherung an Vollbeschäftigung erweisen wird.«[17]

Die Keynsianische Theorie ist vor allem aus zwei Gründen bedeutsam:

1. Kurzfristig liefert sie der staatlichen Wirtschaftspolitik das Instrumentarium (*box of tools*) zur Steuerung von Konjunktur und Beschäftigung. »Eine aktive politische Strategie zur Realisierung des magischen Dreiecks – Vollbeschäftigung, Stabilität, Wachstum – sollte eine bloß reaktive Strategie ablösen, die den freien Wettbewerb zu wahren suchte.«[18] Der Instrumentenkasten ist inzwischen erheblich vergrößert und verfeinert worden, aber die grundlegende Idee der antizyklischen Stabilitätspolitik, der volkswirtschaftlichen Rahmenplanung und der globalen Steuerung des Wirtschaftsprozesses gehen auf die »Keynsianische Botschaft« (K. Schiller) zurück. Konjunkturen und Krisen, die bis dahin als unentrinnbares Schicksal hingenommen worden waren, werden nun zur Herausforderung an die Politik. Tatsächlich ist es mit Hilfe des Keynsianischen Instrumentariums gelungen, die Arbeitslosigkeit auf ein vorher nicht gekanntes Maß herabzudrücken. »Das politische System kann nunmehr zuverlässig das Wirtschaftssystem vor Krisen bewahren und damit das Gesamtsystem stabilisieren.«[19]
2. Langfristig lieferte die Keynsianische Wirtschaftslehre praktisch ungewollt und als Nebenprodukt eine Theorie des Staatsinterventionismus. Es liegt auf der Hand, daß eine aktive Konjunktur- und Beschäftigungspolitik die traditionellen Vorstellungen vom Nachtwächterstaat unterläuft. Politische Bedenken gegen eine dauerhafte Interventions- und Planungstätigkeit des Staates in der Wirtschaft schienen nunmehr überholt. Der harte Zwang der Notwendigkeit fegte sie beiseite. Der Staat wurde zum permanenten Krisenmanager.

Dieser zweite, politische Aspekt war vor allem Gegenstand der Kontroverse. Liberale und neoliberale Kritiker warfen Keynes vor, er habe den sozialistischen Systemveränderern das theoretische Rüstzeug und die politische Strategie geliefert. Der Staat brauche nur unauffällig und kontinuierlich seinen Anteil am Sozialprodukt mit dem Hinweis auf unvermeidbare Ausgaben zur Konjunkturstützung zu erhöhen, und schon wäre einer schleichenden Sozialisierung Tür und Tor geöffnet. Unter Marxisten dagegen gilt Keynes als ›Retter des Kapitalismus‹, weil mit Hilfe seiner Erkenntnisse das kapitalistische System durch staatliche Investitionen künstlich stabilisiert werden könne. »Die ›Sozialisierung der Investition‹ soll nicht zuletzt die Sozialisierung der Produktion verhindern helfen, womit sich die Theorie Keynes' zweifellos als eine Theorie zur Rettung des Kapitalismus erweist.«[20] Keynes selbst hat sich als Bewahrer und Verteidiger des Individualismus und der persönlichen Freiheit betrachtet und der liberalen Kritik an seinen vermeintlich staatssozialistischen Auffassungen verständnislos gegenübergestanden. »Während die Ausdehnung der Aufgaben der Regierung ... einem Publizisten des neunzehnten Jahrhunderts oder einem zeitgenössischen amerikanischen Finanzmann als ein schrecklicher Eingriff in die persönliche Freiheit erscheinen würde, verteidige ich sie im Gegenteil, sowohl als das einzige durchführbare Mittel, die Zerstörung der bestehenden wirtschaftlichen Formen in ihrer Gesamtheit zu vermeiden, als auch als die Bedingung für die erfolgreiche Ausübung der Initiative des Einzelnen.«[21]
Die Klarheit und die Brillanz der Keynsianischen Theorie sind zugleich ihr Hauptproblem. Zahlreiche Wissenschaftler und Politiker erlagen der Faszination des angebotenen Instrumentariums. Es wurde – und wird – zur Bekämpfung von Problemen eingesetzt, für deren Lösung es nicht geschaffen wurde. Die Keynsianische Theorie ist eine gesamtwirtschaftliche Beschäftigungstheorie. Sie erklärt die Depression, nicht die Inflation, und hat für Strukturprobleme, etwa den Wandel in der Beschäftigten- und Unternehmensstruktur, nicht viel übrig. Gerade am Beispiel der primär strukturell bedingten ›Stagflation‹ zeigt sich dieser Mangel der Keynsianischen Theorie. Ein ›neuer‹ Keynes, der die Probleme der siebziger Jahre lösen könnte, ist nicht in Sicht.

6.3 Theorie des Kapitalismus – J. A. Schumpeter

Die Analyse des österreichischen Nationalökonomen J. A. Schumpeter entstand etwa zur gleichen Zeit wie die Keynsianische Theorie. Dennoch sind Diagnose und Prognose beider Ansätze diametral entgegengesetzt. Keynes hatte die Situation pessimistisch geschildert. Stagnation und Arbeitslosigkeit waren für ihn latente Begleiterscheinungen hochindustrieller Gesellschaften. Die Zukunft sah er dagegen optimistisch. Wenn der Staat nur gemäß der neuen Erkenntnisse intervenieren würde, so könne das kapitalistische System funktionsfähig gehalten werden. Schumpeter zieht genau den umgekehrten Schluß. Der Kapitalismus ist in der Gegenwart ungeheuer erfolgreich, er hat aber keine Zukunft. Die Zukunft des Kapitalismus ist der Sozialismus. Die zentrale These lautet paradoxerweise: Weil der Kapitalismus so erfolgreich ist, ist er zwangsläufig zum Untergang verurteilt. »Kann der Kapitalismus weiterleben? Nein, meines Erachtens nicht... Kann der Sozialismus funktionieren? Selbstverständlich kann er es.«[22]

Der zwangsläufige Übergang vom Kapitalismus zum Sozialismus läßt sich folgendermaßen skizzieren: Drei Merkmale prägen nach Schumpeter den Kapitalismus[23]: Der Schwung des ökonomischen Ablaufs, die Rationalität der Methode und, soziologisch gesehen, der besondere Menschen- und Gesellschaftstyp, welcher den Kapitalismus formt und von ihm geformt wird. Beim Kapitalismus handelt es sich um einen Entwicklungsprozeß, der nicht nur nie stationär ist, sondern es auch nie sein kann[24]. Seine ständigen Wachstumsimpulse bezieht das kapitalistische System aus der Durchsetzung immer neuer Kombinationen und Innovationen. »Der fundamentale Antrieb, der die kapitalistische Maschine in Bewegung setzt und hält, kommt von den neuen Konsumgütern, den neuen Produktions- oder Transportmethoden, den neuen Märkten, den neuen Formen der industriellen Organisation, welche die kapitalistische Unternehmung schafft.«[25]

Träger dieses Innovationsprozesses ist der dynamische kapitalistische Unternehmer. Er treibt den Prozeß ›schöpferischer‹ Zerstörung unaufhörlich voran; denn seine Funktion besteht darin, gegen den Widerstand einer ursprünglich traditional-statischen Gesellschaft neue Märkte zu erschließen, technisch-ökonomische Fortschritte durchzusetzen und so die ›kapitalistische Maschine‹ in Gang zu halten. Dieser Prozeß des ständigen *challenge and response* hat zwei fundamentale Konsequenzen: Der Konkurrenzkapitalismus muß dem Monopolkapitalismus weichen; denn die alte Wettbewerbswirtschaft mit ihrer Unzahl selbständiger Klein- und Mittelbetriebe, ihren relativ stabilen Produktionsmethoden und ihrem verhältnismäßig schwachen Expansionsdrang war nicht das geeignete Gefäß, um die kapitalistische Revolution in sich zu verarbeiten[26]. Mit dem monopolistischen Großkonzern erhält die kapitalistische Wirtschaft einen neuen Schub. Der technisch-ökonomische Fortschritt nimmt weiter zu. »Wir müssen... anerkennen, daß die Großunternehmung zum kräftigsten Motor dieses Fortschritts und insbesondere der langfristigen Ausdehnung der Gesamtproduktion geworden ist.«[27]

Der systematische Einsatz von Kapital, Expertenwissen und Unternehmertalent im Großkonzern führt zu einer neuen Art des Wettbewerbs. Sie ist um soviel wirkungsvoller als die alte »wie es ein Bombardement ist im Vergleich zum Aufbrechen einer Tür«[28]. Die Erfolge des Kapitalismus sind glänzend. Die ›kapitalistische Maschine‹ ist eine Maschine der Massenproduktion, was unvermeidlich auch Produktion für die Massen bedeutet. Der Kapitalismus hat daher den Lebensstandard der Massen erhöht, »und zwar nicht durch einen bloßen Zufall, sondern kraft seines Mechanismus«[29].

Erscheint bis dahin Schumpeters Entwicklungstheorie lediglich als eine große und späte Apologie des Kapitalismus, so ergibt sich nun eine überraschende Konsequenz. Der Kapitalismus wird untergehen, aber nicht – wie bei Marx – wegen seiner Widersprüche, sondern wegen seiner Erfolge. Drei systemimmanente Mechanismen zerstören die Grundlagen des kapitalistischen Systems:

1. Der kapitalistische Unternehmer macht sich durch seine eigenen Leistungen in zunehmendem Maße überflüssig. In der bürokratisierten, industriellen Rieseneinheit automatisiert sich der technisch-ökonomische Fortschritt. Anstelle des dynamischen Pionierunternehmers, der mit Risikobereitschaft und Intuition die Entwicklung vorantrieb, tritt eine Schicht geschulter Experten und Manager. Der einst unersetzliche Unternehmer verliert Funktion und Unentbehrlichkeit.
2. Mit dem kapitalistischen Unternehmer verschwindet die schützende Schicht des Bürgertums und der institutionelle Rahmen der kapitalistischen Gesellschaft. Der industrielle Großkonzern verdrängt nicht nur die kleine und mittelgroße Firma und ihre Unternehmer, sondern »expropriiert die Bourgeoisie als Klasse, die in diesem Prozeß Gefahr läuft, nicht nur ihre Einkommen, sondern, was unendlich viel wichtiger ist, auch ihre Funktion zu verlieren. Die wahren Schrittmacher des Sozialismus waren nicht die Intellektuellen oder Agitatoren, die ihn predigten, sondern die Vanderbilts, Carnegies und Rockefellers«[30]. Zugleich verflüchtigt sich die »lebenskräftige Form des Eigentums«[31]. In der Kapitalgesellschaft wird das Eigentum von Person und Materie getrennt. Der kapitalistische Prozeß setzt ein bloßes Aktienpaket an die Stelle der Mauern und Maschinen einer Fabrik. Am Ende bleibt niemand mehr übrig, der das Eigentum an Produktionsmitteln noch ernsthaft verteidigen will.
3. Schließlich zeigt sich, daß der kapitalistische Geist selbst seine eigenen Kritiker und Feinde hervorbringt. Die revolutionäre Dynamik des Kapitalismus schafft eine stete Unruhe, die sich auf den Menschen überträgt, ihn anspruchsvoll und rastlos macht. »Kritisch und rechenhaft überwand dieser Geist das traditionale Denken des Feudalismus und leitete einen stürmischen Fortschritt ein. Dieser Geist, der ein Kind des Kapitalismus ist, macht aber vor diesem nicht halt.«[32] Es ist die Gruppe der Intellektuellen, die die aufklärerische und utilitaristische Lektion des Kapitalismus bereitwillig aufnimmt und in rationale Kritik an den Mängeln des Kapitalismus umsetzt. Der Intellektuelle ist nicht von Natur aus antikapitalistisch. Er wird es durch die Umstände; denn die späteren Stadien der kapitalistischen Zivilisation sind durch die starke Ausdehnung des Erziehungsapparates und der Bildungsmöglichkeiten gekennzeichnet – ohne den Intellektuellen adäquate Beschäftigungsmöglichkeiten zu bieten. Die Folge ist permanente Unzufriedenheit. »Aus dieser läßt sich die Feindseligkeit gegen die kapitalistische Ordnung viel realistischer erklären als aus der Theorie (die ... eine Rationalisierung im psychologischen Sinn ist), nach welcher die gerechte Entrüstung des Intellektuellen über das Unrecht des Kapitalismus einfach die logische Folgerung aus empörenden Tatbeständen darstellt ...«[33]

Diese innere Logik des Kapitalismus treibt ihn so in einen Prozeß der Selbstsozialisierung. Im Sozialismus werden die wirtschaftlichen Belange der Gesellschaft grundsätzlich in die öffentliche und nicht in die private Sphäre gehören. Schumpeter bejaht dieses System nicht. »Wenn ein Arzt voraussagt, daß sein Patient nächstens sterben wird, bedeutet das nicht, daß er es wünscht.«[34] Er hält den Sozialismus aber für effizient. Seiner Ansicht nach wird sich das sozialistische System vermutlich dem Kapitalismus der Großkonzerne ebenso überlegen erweisen wie der Monokapitalismus sich dem Konkurrenzkapitalismus des 19. Jahrhunderts überlegen gezeigt hat[35].

Im Gegensatz zur Keynsianischen Theorie ist Schumpeters Analyse lange Zeit unbeachtet geblieben. Dies mag in erster Linie daran liegen, daß Keynes der Politik unmittelbar verwertbare Rezepte für die Bewältigung der Krise lieferte. Schumpeters Überlegungen sind für die praktische Politik nicht attraktiv, weil sie einen zwangsläufigen – und daher politisch nicht beeinflußbaren – Entwicklungsprozeß aufzeigen. »Denn die Menschheit hat keine Freiheit der Wahl.«[36] Wie bei Karl Marx ist der Sozialismus logisches Resultat des Kapitalismus. Allerdings sind Ursachen und Konsequenzen völlig andere. Vom marxistischen Sprung aus der historischen Notwendigkeit klassenbeherrschter Jahrhunderte in das Reich der Freiheit ist keine Rede. Die sozialistische Zukunft erscheint bei Schumpeter eher düster: »Praktische Notwendigkeit mag dazu führen, daß sich die sozialistische Demokratie letzten Endes als größerer Trug erweist, als es die kapitalistische Demokratie je gewesen ist... Aber die Geschichte gefällt sich manchmal in Scherzen von fragwürdigem Geschmack.«[37]

Kritisch ist zu Schumpeters Ansatz zu bemerken, daß es sich dabei um keine empirisch abgesicherte Theorie handelt, sondern um ein allgemeines Orientierungsschema. Das Fehlen exakter Zeitangaben – Schumpeter selbst spricht an einer Stelle von einer langfristigen Betrachtung, für die ein Jahrhundert eine kurze Frist darstellt – und die mangelnde Präzisierung der Annahmen seiner Prognose entziehen sie weitgehend empirischer Überprüfung. »Es ist eine alte Erfahrung, daß es leichter ist eine Prognose logisch zu begründen, als den Zeitraum anzugeben, innerhalb dessen sie sich verifiziert.«[38] Bereits Schumpeters Diagnose wird angezweifelt. »Schumpeter hat weder von Kapitalismus noch von Sozialismus eine tiefere Auffassung... So bekunden seine Äußerungen... nicht so sehr die Entwicklung der Wirklichkeit als vielmehr den Abstand, den Schumpeters veraltetes, inadäquates... Bild des persönlichen Unternehmers und seiner bürgerlichen Ordnung des 19. Jahrhunderts von der Wirklichkeit hat.«[39]

In Schumpeters Prognose sind die Thesen – 30 Jahre nach der Veröffentlichung der Untersuchung – über die Bedeutung des Großkonzerns, die ›Automatisierung‹ des technisch-ökonomischen Fortschritts und den Wandel der Eigentumsordnung aktueller denn je. Zwei Mängel sind jedoch offensichtlich: Wenn die Dynamik hochindustrieller Gesellschaften von Großkonzernen bestimmt wird – was Schumpeter konstatiert –, so ist nicht einzusehen, warum nicht das Management als Kollektiv die Funktion des schöpferischen Einzelunternehmers übernehmen sollte, und zwar möglicherweise mit größerer Effektivität. Zudem geht Schumpeter unverständlicherweise von der klassischen Vorstellung einer staatsfreien Wirtschaft aus. Die Keynsianische Argumentation, staatliche Interventionen könnten den Prozeß stabilisieren, so daß der prophezeite Übergang vom Kapitalismus zum Sozialismus nicht stattfindet, wird von Schumpeter nicht nachvollzogen. Trotz dieser Einwände sind Originalität und Provokation der Schumpeterschen Thesen unbestritten. Die englische Wirtschaftswissenschaftlerin Joan Robinson hat von der Analyse Schumpeters gesagt, daß sie, ob sie den Leser überzeuge oder nicht, »den ganzen Papageienkäfig zeitgenössischer ökonomischer Theoretiker, der orthodoxen von rechts und links und des Zentrums, aufwiegt«[40].

6.4 Theorie des Managerkapitalismus – J. K. Galbraith

Die These Schumpeters vom bürokratischen Großkonzern als Zentrum des technisch-ökonomischen Fortschritts in hochindustriellen Gesellschaften stellt der amerikanische Ökonom J. K. Galbraith in den Mittelpunkt seiner Theorie des Managerkapitalismus. »In der Vergangenheit schrieb man die führende Funktion in der Wirtschaft dem Unternehmer zu ... Mit dem Aufstieg der modernen Kapitalgesellschaft ... und der Scheidung von Kapital und Unternehmenskontrolle verschwindet der Unternehmer als Einzelperson immer mehr aus dem Bild des gereiften Industriebetriebs. ... An die Stelle des Unternehmers als richtungsweisende Kraft tritt das Management.«[41] Dieses kollektive Führungsgremium auf der Leitungsebene wird im modernen Großbetrieb von zahlreichen Ingenieuren, Finanzfachleuten, Organisationsexperten, Wissenschaftlern und Marketingexperten unterstützt. »Diese Gruppe, und nicht das Management ist die richtungsweisende Intelligenz – das Gehirn – des Unternehmens.«[42] Die Expertengruppe *und* die Organisation, in der sie tätig ist, werden von Galbraith als Technostruktur bezeichnet. Bedingungen der Technostruktur sind weitgehende Spezialisierung, notwendige Koordination, großer Kapitalaufwand, erheblicher Zeiteinsatz und Planung.

Die Spezialisierung ist unausweichliche Konsequenz moderner Technologien, d. h. der systematischen Anwendung organisierten Wissens im Produktionsprozeß. Güterproduktion ohne Einsatz wissenschaftlicher Erkenntnisse erscheint undenkbar, »so daß Wissenschaft zum dritten und entscheidenden Produktionsfaktor geworden ist«[43]. Das spezialisierte Einzelwissen muß zusammengefaßt und koordiniert werden. Komplexität der Technologie, teures Spezialwissen und die wachsende Zahl von Organisations- und Koordinationsexperten erfordern einen steigenden Kapitaleinsatz. »Das Ergebnis ist ein System, welches beträchtliche Ressourcen für lange Zeit im voraus durch ein unbewegliches und kompliziertes Produktionsschema festlegt.«[44] Beispielsweise liegen zwischen Analyse der Marktchancen und Entwicklung des marktreifen Produkts bei einem Auto folgende Etappen:

1. Analyse und Projektion künftiger Konsumenteneinkommen, Kaufverhalten und Käufergeschmack, Ausstattungstrends, Absatzchancen, Styling und Preis; Projektion staatlicher Regelungen für Insassen- und Umweltschutz, Beobachtung und Prognose von Konkurrenzprojekten.
2. Konstruktion, Entwicklung und Produktion von Prototypen. Tests über Fahrverhalten, Sicherheit, Benzinverbrauch etc.
3. Vorbereitung von Werbekampagnen, Werbeträgern.
4. Auslieferung der Null-Serie an Händler.

Wachsende Inflexibilität der Produktion und langfristige Bindung großer Kapitalmassen machen es unvermeidlich, daß autonome Planung den Markt ersetzt. »Eine besonders große Gefahr droht von einem Preisverfall, der sich auf einem unkontrollierten Markt jederzeit ereignen oder aber aus Preisunterbietungen der Konkurrenz entstehen kann. Die Technostruktur unternimmt alles, um dieser Gefahr aus dem Weg zu gehen. Abgesehen von wenigen Ausnahmen gelingt ihr das auch.«[45] Mit Hilfe langfristiger Preis- und Produktplanung emanzipieren sich die Großkonzerne vom Markt. Nicht Anpassung an unkontrollierbare Marktdaten, sondern autonome Preissetzung von seiten der Unternehmen ist nach Galbraith typisches Merkmal hochindustrieller Gesellschaften.

In diesem sogenannten ›revidierten Ablauf‹ gehen die Impulse nicht mehr – wie in der früheren Konkurrenzwirtschaft – vom Verbraucher aus, sondern vom Produzenten. Produzentensouveränität ersetzt Konsumentensouveränität. Der Konsument dankt ab. Zwar glaubt der Verbraucher immer noch, das System befriedige autonome Konsumentenwünsche. Aber dieser Glaube ist das Ergebnis einer vom Management geschaffenen Illusion. »Die Anpassung des Marktverhaltens der einzelnen wie auch der sozialen Verhaltensweise insgesamt an die Erfordernisse des Produktionsbetriebes ... ist ein inhärentes Merkmal des Systems ... Der Produktionsbetrieb streckt seinen Arm aus, um seine Märkte zu kontrollieren und darüber hinaus das Marktverhalten zu steuern und die soziale Haltung derer zu formen, denen der Produzent angeblich dient.«[46]

Die so gewonnene Freiheit und Macht setzt die Technostruktur nun eher klug und bescheiden ein. Nicht kurzfristige Profitmaximierung, wie bei Marx, sondern Stabilität, Wachstum und Autonomie sind ihre Ziele. »Kurz gesagt, Stabilität geht vor Profit.«[47] Stabilität meint Ausschaltung oder zumindest Kontrolle von Umwelteinflüssen, um die Existenz des Großkonzerns auf Dauer sichern zu können. Die langfristige Konsolidierung des Konzerns gelingt über eine Strategie maximalen Umsatzwachstums bei ausreichendem Gewinniveau. Die Produktionspreise werden so angesetzt, daß sie niedrig genug sind, um Absatz und Marktanteile zu steigern, aber hoch genug, um angemessene Gewinne einzubringen.

Obwohl das Großunternehmen faktisch eine monopolistische Marktstellung hat, schöpft es seine Preisspielräume nicht voll aus[48]. Diese Marktstrategie hat gegenüber der herkömmlichen Profitmaximierung zahlreiche Vorzüge. Der Konzern zeigt gegenüber Konsumentenverbänden, Verbraucheranwälten, Massenmedien und staatlichen Stellen preispolitisches

Wohlverhalten. Seine Preispolitik fällt nicht auf. Damit ist eine erste Voraussetzung für Autonomie geschaffen. Zugleich wird eine aggressive Gewerkschaftspolitik unterlaufen. Weder Preis- noch Gewinnhöhe bieten Anlaß für übermäßige Lohnforderungen. Die Lohnkostensteigerungen bewegen sich daher im üblichen, vorher kalkulierbaren Rahmen. Die Gewerkschaften verhalten sich friedlich, so daß auch keine Störungen durch Streiks, Protestkundgebungen usw. eintreten.
Schwierigkeiten von seiten der Eigentümer des Konzerns, der Aktionäre, sind kaum zu erwarten. Der Kapitaleigner, weitgehend uninformiert und machtlos, kann kaum exakte Vorstellungen über alternative Markt- und Preisstrategien entwickeln. In der Aktionärsversammlung schließt er sich in der Regel den Vorschlägen des Managements über die Dividendenhöhe an. Renitente Aktionäre können als unverbesserliche Kritikaster an der weisen Politik des Vorstands hingestellt und mit Redeverbot belegt oder in den Aufsichtsrat der Unternehmung »weggelobt« werden. Die finanzielle Abhängigkeit vom Bankenapparat wird durch eine entsprechende Selbstfinanzierung verringert. Da das Abfließen von Gewinnen in die Taschen der Aktionäre durch eine kontinuierliche Dividendenpolitik unter Kontrolle gehalten werden kann, verbleibt ein beachtlicher Teil des Gewinns im Unternehmen. Er kann zur Rückzahlung von Bankkrediten und zur Wiederanlage in gewinnträchtigen Konzernteilen verwendet werden. Mit dieser Politik gelingt es der Technostruktur, Eigenständigkeit zu bewahren und ihr wirtschaftliches Machtpotential stetig zu vergrößern.
Jede Planung des Konzerns, mag sie noch so exakt und umfassend sein, stößt jedoch auf systemimmante Grenzen. Die Technostruktur hat keine Möglichkeit, die Gesamtnachfrage nach Industrieprodukten zu beeinflussen. Eine gleichbleibend hohe Kaufkraft ist aber Voraussetzung dafür, daß die Planung verwirklicht werden kann.
Die Aufgabe, für ausreichende Kaufkraft zu sorgen, übernimmt der Staat. Mit seiner gesamtwirtschaftlichen Globalsteuerung stabilisiert er die volkswirtschaftliche Nachfrage und erleichtert der Technostruktur die Planung künftiger Absatzmengen und Preise. So werden die Wachstumsziele der Technostruktur zu Zielen der Gesellschaft. »Die Aktivitäten der Technostruktur sind sozial hochgradig legitimiert, so daß Gegenhandeln, etwa im Widerspruch zur Stabilitäts- und Wachstumsideologie, leerläuft.«[49]
Zu staatlichen Interventionen gegen die Interessen der Großkonzerne kommt es jedoch auch aus anderen Gründen nicht. Die Technostruktur beliefert den Staat mit technologisch hochwertigen Kernenergieanlagen, Waffensystemen und Raumfahrtprogrammen. Staat und Technostruktur bilden daher insbesondere im Bereich des militärisch-industriellen Komplexes eine unauflösbare Symbiose. Der Großkonzern wird zum verlängerten Arm des Staates. Und der Staat ist in vieler Hinsicht ein Instrument der Konzerne. Das widerspricht ganz entschieden der gängigen Auffassung, die von einer klaren Trennlinie zwischen Staat und Privatwirtschaft ausgeht[50].

Noch Ende der sechziger Jahre war für Galbraith nicht eindeutig gewesen, ob diese Entwicklung langfristig zu einer Sozialisierung der Wirtschaft oder zur ›Privatisierung‹ des Staates durch die Technostruktur (= Planungssystem) führen würde. In seinem neuesten Buch (1974) ist für ihn die Situation klar. »Das Planungssystem verfolgt seine eigenen Zwecke und paßt die Öffentlichkeit diesen Zwecken an. Die Regierung spielt durch ihr Beschaffungsprogramm sowie die Schaffung verschiedener Voraussetzungen für das Planungssystem eine lebenswichtige Rolle bei der Förderung der Zwecke dieses Systems. Im Mittelpunkt dieser Funktion steht die Überzeugung, daß alles, was den Zwecken und Bedürfnissen des Planungssystems dient, auch im Interesse der Öffentlichkeit liegt. Was dem Planungssystem nützt, wird zur vernünftigen Politik. Wir sehen die Wirklichkeit jetzt klarer. Im Planungssystem herrschen die Absichten der Produzenten vor.«[51]

Eine kritische Auseinandersetzung mit der Theorie des Managerkapitalismus bzw. der Technostruktur hat zunächst davon auszugehen, daß sie die sozio-ökonomischen Verhältnisse in den USA zu erklären versucht, d. h. sie ist (vorerst?) nur bedingt auf Westeuropa übertragbar. Außerdem konzediert Galbraith, daß es neben der Technostruktur einen ›traditionalen‹ Industriesektor gibt, der unverändert nach konkurrenzwirtschaftlichen Prinzipien gesteuert wird. Allerdings habe er in modernen Industriegesellschaften nur untergeordnete Bedeutung. Von wirtschaftswissenschaftlicher Detailkritik abgesehen, die sich insbesondere am *common sense* der Galbraithschen Argumentation stößt[52], scheinen drei Aspekte der Theorie besonders interessant:

1. Die Autonomie der Technostruktur

Nach Galbraith gelingt es der Technostruktur, Märkte und Preise als bestimmende Faktoren der Produktion abzuschaffen. An ihre Stelle tritt die autoritative Festlegung, was hergestellt und verbraucht wird und zu welchem Preis. Dabei gibt es offenbar nichts, was durch gezielte Unternehmensstrategie nicht verkauft werden könnte. Tatsächlich lassen sich jedoch immer wieder Beispiele dafür finden, daß trotz umfangreicher Planungen Produkte nicht oder nur zu stark sinkenden Preisen abgesetzt werden, etwa bei Chemiefasern, Waschmaschinen, Kühlschränken und Farbfernsehgeräten. Die Autonomie selbst des Großkonzerns gegenüber dem Markt, der Konkurrenz und dem Konsumenten wird offenbar von Galbraith überschätzt. Dies gilt auch gegenüber dem Kapitaleigner, speziell wenn ein Großaktionär vorhanden ist, und gegenüber dem Bankenapparat.

Selbst wenn die Autonomie der Technostruktur gegenüber Umwelteinflüssen nicht so groß ist wie vermutet, so ist doch die Hypothese vom Autonomiestreben der Technostruktur plausibel. »Neben der Neutralisierung des ›inneren‹ Aktionärseinflusses scheint die Ausschaltung unkontrollierbarer ›externer‹ Eingriffe zu den Hauptzielen der technokratischen Führungsspitzen zu gehören.«[53]

2. Basis der Technostruktur

Die eigentlichen Ursachen der Entwicklung zur Technostruktur werden nicht eindeutig geklärt. Letztlich scheinen technologische Entwicklungen, wie bei Fourastié und Schelsky, ökonomische Prozesse in Gang zu setzen. Das technologische System ist bei Galbraith gleichsam die unabhängige Variable, das ökonomische System ist die abhängige Variable. Dieser Ansatz übersieht, daß zwischen beiden Systemen wechselseitige Beziehungen bestehen. Das ökonomische Potential bestimmt Umfang, Tempo und Richtung technologischer Innovationen.

3. Determinanten der Entwicklung

Unklar bleibt, in welchem Ausmaß die Entwicklung der Technostruktur determiniert ist. Diese Frage ist insbesondere wichtig, um die Möglichkeiten staatlicher Beeinflussung der Technostruktur ermitteln zu können. Es hat den Anschein, als ob bei Galbraith der Prozeß, ist er erst einmal in Gang gesetzt, weitgehend festgelegt ist. »Der moderne Mensch bildet sich immer noch ein, Wesen und Entwicklung seines Wirtschaftssystems entscheiden zu können. Dabei ist sein Entscheidungsspielraum in Wirklichkeit äußerst begrenzt. Wahrscheinlich könnte er bestenfalls die Entscheidung darüber treffen, ob er sich einen hohen Stand der Industrialisierung wünscht oder nicht... Hat man sich erst einmal für eine moderne Industrie entschieden, dann verläuft so ziemlich alles andere zwangsläufig.«[54]
Der liberale Ökonom J. E. Meade hat Galbraith wegen der Entwicklungsgesetzlichkeit seiner Analyse in die Nähe von Karl Marx gerückt[55]. Der Marxist Paul M. Sweezy hingegen ist der Auffassung, »daß Galbraith' Modell... letztlich hinausläuft auf eine Art neuer, stromlinienförmiger Apologie des Monopolkapitalismus.«[56]

6.5 Theorie des Spätkapitalismus

Der Versuch ›bürgerlicher‹ Ökonomen wie Keynes, Schumpeter und Galbraith, die Orthodoxie der klassischen Nationalökonomie zu überwinden, findet eine Entsprechung bei neomarxistischen Theoretikern. Gegenüber der sichtlichen Diskrepanz zwischen marxistischer Theorie und kapitalistischer Realität kristallisierten sich im wesentlichen drei Verhaltensweisen heraus. Die orthodoxen Marxisten, insbesondere in sozialistischen Staaten, hielten diese Diskrepanz für unwesentlich bzw. leugneten Abweichungen von Vorstellung und Wirklichkeit. Eine zweite Gruppe versuchte die Marxsche Theorie umzudeuten, »so besonders die Umwandlung der absoluten Verelendungstheorie, die ein Sinken des Realeinkommens der Lohnempfänger behauptet, in die relative Verelendungstheorie«[57]. Danach wird bereits ein Sinken des Anteils der Löhne am Volkseinkommen (sogenannte Lohnquote) als Verelendung angesehen, selbst wenn damit ein Steigen der (Real-)Löhne verbunden ist. Ein dritter Kreis neomarxistischer Autoren geht davon aus, daß die Marxschen Schlußfolgerungen zwar im Kern richtig seien, ihre Realisierung aber durch von Marx nicht einbezogene Entwicklungen verzögert oder gar aufgehalten würden. »Der Kapitalismus hat sich als unerwartet wandlungs- und widerstandsfähig erwiesen.«[58]

Da Methoden, sobald sie zum Dogma erstarren, keinerlei Erkenntnisse über Realität bringen, wollen wir lediglich die Analysen dieser dritten Gruppe untersuchen; denn sie versucht, die Grenzen der marxistischen Orthodoxie zu überwinden. Allerdings handelt es sich hier um einen sehr heterogenen Kreis von Theoretikern, die sich nach Erkenntnisinteresse, Methodologie, theoretischem Niveau und politischen Konsequenzen ihrer Analysen deutlich voneinander unterscheiden. Begriffliche Abweichungen bei der Bezeichnung unseres gegenwärtigen Zeitalters wie ›staatsmonopolistischer Kapitalismus‹, ›Neokapitalismus‹, ›Formierter Kapitalismus‹, ›organisierter Kapitalismus‹, ›staatlich geregelter Kapitalismus‹ und ›Imperialismus‹ deuten das breite Spektrum neomarxistischer Analysen an.

Trotzdem gibt es in wesentlichen Punkten Übereinstimmung. Zunächst besteht Einigkeit, daß die hochindustriellen Gesellschaften sich gegenwärtig in einer neuen, dritten Phase der gesetzmäßigen Entwicklung der kapitalistischen Produktionsweise befinden. Sie wird häufig als Phase des Spätkapitalismus bezeichnet[59]. Die erste Phase ist der freie oder Konkurrenz-Kapitalismus der frühliberalen Epoche. Sie reicht vom Beginn der industriellen Revolution gegen Ende des 18. Jahrhunderts bis in die zweite Hälfte des 19. Jahrhunderts. Die zweite Phase ist der Imperialismus oder auch monopolistischer Kapitalismus, der mit dem Beginn des Staatsinterventionismus etwa ab 1880 angesetzt wird. Die Phase des Spätkapitalismus fängt etwa an mit dem Übergang zur Keynsianischen Beschäftigungspolitik in den dreißiger Jahren dieses Jahrhunderts. Sie hat sie organisch aus den beiden ersten Phasen des Kapitalismus entwickelt. »Diese Feststellung ist wichtig, weil unseres Erachtens die grundlegenden Widersprüche und Bewegungsgesetze des Kapitalismus für die Gesamtgeschichte dieser Produktionsweise ihre Gültigkeit behalten, und die Hauptzüge des ... Monopolkapitalismus heute weiter wirken. Die Theorie des Spätkapitalismus beinhaltet nur, daß diese Analysen erweitert werden müssen, um neue Erscheinungen in ihren allgemeinen Rahmen einzubauen.«[60]

Die späte Phase des Kapitalismus ist durch drei zentrale Phänomene gekennzeichnet, die auf den fortgeschrittenen Stand der Kapitalakkumulation zurückzuführen sind:

1. Auf den nationalen kapitalistischen Güter-, Kapital- und Arbeitsmärkten zeigen sich deutliche Monopolisierungs- und Kartellierungstendenzen. Sie werden von einem – in diesem Ausmaß neuen – Prozeß der internationalen Konzentration des Kapitals in multinationalen Konzernen überlagert. »Die internationale Konzentration des Kapitals ist als ein Versuch des Kapitals zu verstehen, die historischen Schranken des Nationalstaates zu durchbrechen.«[61]

2. Der spätkapitalistische Staat versucht, in die Funktionslücken des Marktes einzuspringen, um das monopolkapitalistische System durch bewußte Interventions- und Planungstätigkeit zu stabilisieren. »Der Monopolkapitalismus (nimmt) immer mehr Zuflucht zum Staat in allen seinen Formen, um durch dessen Eingriff in die Wirtschaft zu erreichen, was durch den normalen Wirtschaftsablauf nicht möglich ist. Der bürgerliche Staat wird zum Hauptgarant des monopolistischen Extraprofits.«[62]
3. Die einzelwirtschaftlichen Stabilisierungsstrategien der Konzerne durch Kartellierung und Fusionierung wie die gesamtwirtschaftliche Globalsteuerung des Staates sind temporär erfolgreich. Sie können jedoch langfristig die zunehmende Labilität und Krisenanfälligkeit des kapitalistischen Systems und das Nachlassen seiner Expansionskräfte nicht überdecken.

Was den Konzentrationsprozeß und die Entstehung industrieller Großkonzerne anbetrifft, so war Galbraith Optimist: Der Technostruktur wird es mit speziellen Planungstechniken gelingen, sich den Risiken des Marktautomatismus zu entziehen. Neomarxisten schwanken zwischen Optimismus und Pessimismus[63]: »Sowohl marxistische Autoren ... wie Vertreter der akademischen Nationalökonomie ... vertreten die Ansicht, die monopolistischen Großkonzerne könnten sich ... langfristig – wenn nicht immer – von der Wirkung des Marktgesetzes befreien, und demnach dem Schicksal der Bewegungsgesetze des Kapitals entgehen...Wir vertreten demgegenüber die Ansicht, daß sich die Großkonzerne auf die Dauer nicht den Marktgesetzen ... entziehen können.«[64]

Diese Auffassungsunterschiede haben wichtige Konsequenzen. Gelingt es den Großkonzernen, wie einige Marxisten behaupten, sich vom Markt- und Wettbewerbsmechanismus zu befreien, so können sie ihren Marktanteil halten und mehr oder weniger kontinuierlich expandieren. »Folgerichtig sehen diese Autoren auch keinerlei Anzeichen einer sinkenden Profitrate, die das Wachstum der Konzerne bedrohen könnte.«[65] Die Marxsche Krisentheorie bricht bereits auf dieser Ebene zusammen. Den ›Einzelkapitalen‹ gelingt die Selbststabilisierung, allerdings auf Kosten einer humanen, harmonischen Gesellschaft. Es zeigt sich, daß der Monopolkapitalismus bei aller Produktivität und dem Reichtum »... nicht in der Lage ist, die Grundlagen für eine Gesellschaft zu schaffen, die für die gesunde und glückliche Entwicklung ihrer Mitglieder sorgt.«[66] Nicht die Bedürfnisse schaffen im Spätkapitalismus die Produktionsverhältnisse, sondern die Produktionsverhältnisse produzieren die Bedürfnisse. Sie sind, »gemessen an wirklichen menschlichen Bedürfnissen nutzlos, verschwendet oder absolut destruktiv«[67]. So entlarvt sich die Konsumentensouveränität als ideologisch nützliches Beiwerk des Systems[68].

Geht man hingegen – wie der pessimistische Teil der Autoren – davon aus, daß die Großkonzerne sich auf Dauer nicht den Marktgesetzen entziehen können, so ist offenbar der Konkurrenzmechanismus unverändert intakt. »Die Konkurrenz führt die Konzentration herbei, die jedoch die Konkurrenz nicht aufhebt.«[69] Infolgedessen ist der Zusammenbruch unvermeidlich, falls es nicht gelingt, (Krisen-)Auffangmechanismen oberhalb der Einzelkapitalien zu entwickeln. Tatsächlich tritt im Spätkapitalismus der ideelle Gesamtkapitalist ›Staat‹ als Krisenmanager auf den Plan. »Die Bürokratie der modernen Interventionsstaaten ist ... unverkennbar in die Stellung einer Generalagentur der kapitalistischen Wirtschaft gerückt, übernimmt Planungs-, Lenkungs- und Kontrollaufgaben, die von den Großkonzernen allein nicht zu leisten sind, und steht in zunehmendem Umfang auch für die Finanzierung technisch-wissenschaftlicher Großvorhaben ein.«[70]

Mit der Steuerung und Planung des wirtschaftlichen Prozesses übernimmt der Staat die Verpflichtung, die Gesamtnachfrage zu regulieren und zu sichern, so daß die Kapitalexpansion vorangetrieben und der hohe Profit der Konzerne garantiert wird. Kurz: Der Staat betreibt »Kapitalsicherungspolitik«[71]. Im wesentlichen stehen ihm dabei drei Möglichkeiten zur Verfügung:

1. Da der Spätkapitalismus aufgrund des strukturellen Einkommensrückstands der Lohnabhängigen unfähig ist, die »ungeheuren Kapitalmassen« (E. Mandel) auf normalem Wege – d. h. über Belebung der Konsumnachfrage – zu verwerten, kann er seine Existenz nur auf der Suche nach ›Ersatzmärkten‹ sichern. Expansive Ersatzmärkte lassen sich vor allem im Rahmen der »Rüstungs- und Kriegswirtschaft«[72] des Staates erschließen.

2. Mit dem »Gesetz zur Förderung der Stabilität und des Wachstums der Wirtschaft« verfügt der Staat über ein Instrument, das die Profitgarantie durch gezielte Subventionen, Staatskäufe und Maßnahmen zur Belebung der privaten Investitionstätigkeit sicherstellt. »Die Stabilisierung, die das Gesetz meint, ist die Stabilisierung der Herrschaft des Kapitals über die gesamte Gesellschaft.«[73]

3. Da eine autonome Lohnpolitik die staatlichen Stabilisierungsbemühungen unterlaufen und die Profite der Konzerne drücken könnte, wird eine repressive ›Einkommenspolitik‹ betrieben. Ihr Ziel ist es, die Löhne langfristig zugunsten der Unternehmer auf relativ niedrigem Niveau festzulegen. Folglich wurden die Lohnerhöhungen mit den Lebenshaltungskosten gekoppelt und die Gewerkschaften in eine Stabilitätsverantwortung hineinbezogen. Sie erschwert es, in Zeiten einer günstigen Marktlage und bei Vollbeschäftigung eine angemessene Lohnpolitik zu betreiben[74]. Die staatliche Einkommenspolitik hat die Gewerkschaften zu einem ›Durchführungsorgan‹ staatlicher Richtlinien degradiert und zugleich einen Keil zwischen Funktionäre und Gewerkschaftsmitglieder getrieben[75]. Durch langfristige Festlegung der Löhne wurden die »Stabilisierung des Reproduktionsprozesses auf Kosten der Lohnabhängigen«[76] erreicht, die Planung der Konzerne erleichtert und Lohnkonflikte vermieden.

Angesichts dieses beeindruckenden Arsenals staatlicher Interventionen im Interesse des Kapitals stellen sich zwei Fragen: Sind Staat und Monopolkapital im Spätkapitalismus zu einer funktionalen Einheit zusammengeschlossen, so daß staatliche Politik gegen die Interessen des Kapitals *ex*

definitione ausgeschlossen ist? Und gelingt der Versuch des Staates, das kapitalistische System zu stabilisieren?
Beide Fragen werden von neomarxistischer Seite unterschiedlich beantwortet. Die Antwort bei Jaeggi auf die erste Frage beispielsweise lautet: Die privaten Unternehmen funktionalisieren den Staat. Er ist von der Großindustrie abhängig. »Die demokratische Willensbildung wird, um es einfach zu sagen, aufgrund des Kapitalinteresses unmöglich.«[77] Allerdings ist angesichts der Konflikte und Konkurrenz zwischen den Einzelkapitalisten nicht leicht auszumachen, was ›das‹ Interesse ›des‹ Kapitals ist. Deshalb: »nicht ›die Monopole‹ ordnen sich ›den Staat‹ unter; vielmehr ordnen sich bestimmte Monopolorganisationen ... bestimmte Bereiche des Staatsapparates unter, und zeigen sich Konflikte zwischen den Einzelkapitalen innerhalb der Staatsbürokratie«[78].
Differenzierter beurteilt hingegen Miliband das Verhältnis von Staat und Unternehmerschaft. Formal haben die Regierungen die Macht, ihren Willen gegen die Unternehmer durchzusetzen, sie durch Ausübung legitimer Autorität daran zu hindern, bestimmte Dinge zu tun, und sie zu zwingen, bestimmte andere Dinge durchzuführen. »Und das haben die Regierungen auch oft getan.«[79] Ganz offensichtlich sind die Regierungen gegenüber der Macht der Großunternehmen nicht völlig hilflos. Kein Konzern kann es sich beispielsweise leisten, Anordnungen des Staates zu bekämpfen und seine Regeln außer acht zu lassen. Auch andere Interessen sind gegenüber der Regierung durchaus nicht hilflos. Dennoch sind die Grenzen staatlicher Intervention gegen die Unternehmerschaft sehr viel enger als gegen andere Interessen. »Selbst Regierungen, die wirklich entschlossen sind, private Unternehmen zu ›kontrollieren‹, entdecken bald, daß die Mechanismen der Interventionen, die sie der Unternehmerschaft aufdrängen wollen, äußerst schwer zu handhaben sind und daß es fast unmöglich ist, sie ohne die Mitarbeit und Hilfe der Unternehmer selbst anzuwenden.«[80]
Obwohl bereits der Begriff ›Spätkapitalismus‹ das Endstadium einer historischen Phase andeutet, gehört die zweite Frage nach der Zukunft des Kapitalismus zu den großen Kontroversen unter Neomarxisten. Einige Autoren konstatieren ein »Nachlassen der Expansionskräfte« (K. G. Zinn) und eine Verschärfung der Krisen innerhalb des spätkapitalistischen Systems (E. Altvater). Als Beleg gelten vor allem die Arbeitslosigkeit in der Rezession 1966/67 und – neuerdings – die Inflation im »Monopol-Kapitalismus« (H. Magdoff). »Nicht nur marxistische Autoren vertreten die Auffassung, der Kapitalismus sei durch die ... tendenziell sinkenden Kapitalprofite strukturell von Stagnation und Krise bedroht.«[81] Eine mittlere Position versteht unter Krise nicht Rückgang des Sozialprodukts oder Stagnation, sondern definiert bereits eine Abschwächung der Zuwachsraten bei unsicheren Zukunftsperspektiven als Niedergangsperiode des Kapitalismus. Sie sei »nicht notwendigerweise permanent einem absoluten Niedergang der Produktivkräfte gleichzusetzen ... Periodische Beschleunigung des Wachstums steht nicht im Widerspruch zu dem Begriff der Niedergangsperiode des Kapitalismus«[82].

Eine dritte Gruppe von Autoren hält zwar an der Existenz des Widerspruchs von gesellschaftlicher Produktion und privater Aneignung im Kapitalismus fest, glaubt jedoch, daß mit Einführung des Keynsianischen Instrumentariums grundsätzlich eine Stabilisierung des Systems möglich sei (Baran, Sweezy, Miliband). Einer der profiliertesten deutschen Neomarxisten, Jürgen Habermas, schließlich lehnt es überhaupt ab, sich an Spekulationen über die Zukunft des Kapitalismus zu beteiligen: »Es ist nicht leicht, empirisch zu entscheiden, mit welcher Wahrscheinlichkeit Randbedingungen gegeben sein werden, unter denen die möglichen Krisentendenzen tatsächlich eintreten und sich durchsetzen; die empirischen Indikatoren, die wir bisher überschauen können, sind unzureichend.«[83]

Diese Kontroverse leitet über zu einer summarischen Kritik an den Spätkapitalismus-Ansätzen: 1. Aus der Sicht des empirisch-analytischen Wissenschaftsbegriffs handelt es sich bei der marxistischen Aussage über die Zukunft des Kapitalismus nicht um eine wissenschaftliche Prognose, sondern um eine unbedingte historische Prophetie (K. Popper). Da die Bedingungskonstellationen nicht präzisiert sind, unter denen ein Ereignis eintreten wird, immunisieren sich die marxistischen Ansätze gegen empirische Widerlegungsversuche. Mit anderen Worten: ein möglicherweise nicht stattfindender Übergang vom ›Kapitalismus‹ zum ›Sozialismus‹ kann durch die nachträgliche Einführung zusätzlicher Annahmen immer wieder plausibel erklärt werden, etwa nach der Kette Kapitalismus-Sozialismus, Kapitalismus-Imperialismus-Sozialismus, Kapitalismus-Imperialismus-Spätkapitalismus-Sozialismus.

Den Mangel an empirischer Überprüfbarkeit teilen die Spätkapitalismus-Theorien mit anderen gesamtgesellschaftlichen Ansätzen, z. B. mit der Kapitalismustheorie von J. A. Schumpeter. Das andersgeartete Wissenschaftsverständnis der Spätkapitalismustheorie deutet sich bereits im Begriff an. »Wir leben in der Epoche des sogenannten Spätkapitalismus – das ist eine zentrale Idee, die in den Äußerungen der ›Neuen Linken‹ in vielen Variationen vertreten wird. Die Behauptung, daß sich irgendein Objekt in seiner ›Spätphase‹ befindet, ist nun offenbar nur dann sinnvoll, wenn man davon ausgehen kann, daß es typische Entwicklungsphasen durchlaufe, also etwa ein Früh-, Hoch- und Spätstadium oder einen biologischen Rhythmus von Geburt und Tod. Die für viele Bereiche der biologischen Existenz geläufigen Vorstellungen vom Werden und Vergehen, von Leben und Tod werden nun im vorliegenden Zusammenhang auf einen Objektbereich, nämlich soziale Interaktionssysteme, angewendet, wo sie alles andere als selbstverständlich sind. ›Die Gesellschaft‹ läßt sich ja keineswegs ohne weiteres als eine Entität auffassen, auf die man organizistische Ideen anwenden kann oder von der sich ohne Schwierigkeiten sagen läßt, daß sie Prozessen wie Geburt, Alterung und Absterben unterliege. Letzteres gilt für ihre Mitglieder, nicht aber für Kollektive, die gewöhnlich unter dem abstrakten Begriff ›Gesellschaft‹ subsumiert werden.«[84] 2. Im engen Zusammenhang mit der Vorstellung vom ›Spätstadium‹ der gegenwärtigen kapitalistischen Gesellschaft steht die Frage nach der Zwangsläufigkeit des historischen Prozesses. Nachdem über den Grad der Determiniertheit bereits unter Marxisten Kontroversen bestehen, scheint auch die postulierte Entwicklungsrichtung des Prozesses fragwürdig. Dies gilt in mehrfacher Hinsicht: Wie im dritten Kapitel gezeigt werden konnte, läßt sich ein genereller Konzentrationsprozeß in der Bundesrepublik nicht nachweisen. Tatsache ist jedoch, daß Zahl und volkswirtschaftliche Bedeutung der Industrie-Branchen mit zunehmenden Konzentrationsraten größer sind als Zahl und ökonomisches Potential der Wirtschaftszweige mit stagnierenden bzw. abnehmenden Konzentrationsraten. Zudem sind die herkömmlichen *concentration ratios* ein äußerst fragwürdiges Mittel, um daraus Aussagen über Marktmacht abzuleiten[85]. Insbesondere scheint es unzulässig, aus der Zahl der Anbieter am relevanten Markt auf die Wettbewerbssituation zu schließen. Die Intensität des Wettbewerbs kann bei fünf Großanbietern geringer aber auch größer sein als bei hundert kleineren Anbietern. Falls, wie häufig behauptet wird, keinerlei Wettbewerb mehr zwischen den Großkonzernen besteht, ist im übrigen nicht einzusehen, welche Gründe sich für Fusionen noch ergeben sollten.

Was die Rolle des Staates anbetrifft, so lassen sich seine Interventionen nur schwer mit der These vom Staat als Instrument der herrschenden Klasse vereinbaren. Die globale Steuerung des Wirtschaftsablaufs ist nicht nur ›Kapitalsicherungspolitik‹, sondern auch, da sie auf die Erhöhung bzw. Erhaltung von Beschäftigung abzielt, ›Arbeitssicherungspolitik‹. Tatsache ist, daß diese Politik primär über Gewinnanreize und Ankurbelung privater Investitionstätigkeit betrieben wird. Tatsache ist aber auch, daß »die Vollbeschäftigung des Produktionsfaktors Arbeit ein entscheidendes wirtschaftspolitisches Ziel ist und die Kapitalsicherungspolitik lediglich Zwischenziel für dieses Ziel darstellt«[86]. Ebensowenig dürften die Verschärfung des Wettbewerbsrechts, die überproportionale Steigerung der Sozial- und Bildungsausgaben und die Gesetze zur Vermögensbildung, um nur einige zu nennen, die These von der ausschließlich kapitalorientierten Staatsintervention stützen. Es sei denn, man behauptet, diese Maßnahmen dienten der Verschleierung des ›wahren Wesens‹ des Kapitalismus. Diese Aussage wiederum basiert auf einer Elitetheorie der Wahrheit, wonach – polemisch formuliert – die einen den ›Durchblick‹ haben, und die anderen ihn nie bekommen werden.

Auch den ›Ersatzmärkten der Rüstungs- und Kriegswirtschaft‹ kann nicht die Stabilisierungsfunktion eingeräumt werden, die man ihnen von neomarxistischer Seite häufig beimißt. Zunächst ist festzustellen, daß die Ausgaben im Verteidigungssektor unterproportional steigen, so daß sich ihr Anteil an den gesamten Staatsausgaben laufend verringert. Die ›Ersatzmarkt‹-These überschätzt die Höhe dieser Ausgaben und läßt den in einigen kapitalistischen Ländern zu beobachtenden Abbau von Verteidigungsausgaben (z. B. Belgien, Niederlande, Dänemark) unerklärt. Die These von der Disziplinierungsfunktion der staatlichen Einkommenspolitik gegenüber den Gewerkschaften übersieht, daß Lohnleitlinien in der Bundesrepublik unverbindlich sind. Sie ist auch schwer mit der Tatsache zu vereinbaren, daß ausgerechnet im staatlichen Sektor überproportionale Lohn-

Synopse verschiedener Theorien der politischen Ökonomie

Bezeichnung	Theorie des Interventionismus	Theorie des Kapitalismus	Theorie des Managerkapitalismus	Theorie des Spätkapitalismus
Wichtige Vertreter	J. M. Keynes, A. Hansen	J. A. Schumpeter	J. K. Galbraith, J. Burnham, A. Shonfield	P. Baran, P. Sweey, E. Mandel, P. Jalée, M. Dobb, A. Gorz
Entstehungszeit	dreißiger Jahre	dreißiger und vierziger Jahre	fünfziger und sechziger Jahre	vierziger und fünfziger Jahre
Entwicklungsniveau der Wirtschaft (Sozialprodukt)	hochentwickelte Industriegesellschaft	hochentwickelte Industriegesellschaft	hochentwickelte und hochindustrielle Gesellschaft	hochentwickelte Industriegesellschaft
Wichtigste Determinante (Produktionsfaktor) der Entwicklung	Kapital	Dynamische Unternehmer und Kapital	Wissenschaftlich-technischer Fortschritt und Technostruktur	Wissenschaftlich-technischer Fortschritt in privaten und staatlichen Großbürokratien
Steuerungsmechanismen				
Marktsystem	oligopolistische Konkurrenz, auf Arbeitsmarkt zweiseitiges Monopol	oligopolistische Konkurrenz	oligopolistische Konkurrenz	Oligopole und Monopole
Staatssystem	Interventionsstaat		Planungsstaat, Tendenz zur Verstaatlichung der Wirtschaft	Planungsstaat, Tendenz zur Privatisierung des Staates

Bezeichnung	Theorie des Interventionismus	Theorie des Kapitalismus	Theorie des Managerkapitalismus	Theorie des Spätkapitalismus
Eigentumsordung und Unternehmensverfassung	Privateigentum an Produktionsmitteln Eigentümerunternehmer	Privateigentum an Produktionsmitteln Tendenz zur Trennung von Eigentum und Verfügungsmacht	Privateigentum an Produktionsmitteln Trennung von Eigentum und Verfügungsmacht (Technostruktur)	Privateigentum an Produktionsmitteln Trennung von Eigentum und Verfügungsmacht (Manager)
Zentren ökonomischer Macht	In oligopolistischen Unternehmen und bei Sozialpartnern zentralisiert	Zentralisiert in oligopolistischen Großunternehmen	Zentralisiert in privaten und staatlichen Großorganisationen	Zentralisiert in privaten Oligopolen und Monopolen und im Bankenapparat
Diagnose der Hauptprobleme	Stagnation und Arbeitslosigkeit	zu starke Dynamik	Verflzung von privater und staatlicher Macht	Privateigentum an Produktionsmitteln führt zu nationaler und internationaler Ausbeutung
Prognose	Stabilisierung des Systems gelingt durch Staatsintervention	Übergang vom Kapitalismus zum Sozialismus	Konvergenz hochentwickelter Systeme bei anhaltender Dynamik	Krisenhafte Zuspitzung der Widersprüche, Übergang vom Spätkapitalismus zum Sozialismus
Zeithorizont	kurz- bis mittelfristig (1–5 Jahre)	sehr langfristig (über 100 Jahre)	mittel- bis langfristig	unbestimmt

und Gehaltssteigerungen zu verzeichnen waren. 3. Offenbar scheint bei manchen neomarxistischen Autoren ein gewisser methodologischer Rigorismus den Blick auf die Wirklichkeit zu beeinträchtigen. Möglicherweise ist der Klassifizierung in (noch) spätkapitalistische oder (schon) sozialistische Systeme, in systemstabilisierende oder systemverändernde Interventionen die Realität ›weggelaufen‹. »Selbstverständlich sind die Veränderungen der staatlichen Wirtschaftspolitik in den kapitalistischen Ländern seit dem Zweiten Weltkrieg ›systemimmanent‹. Nur bedeutet das nicht, daß sich nicht auch die Qualität des Systems geändert hat.«[87]
Dennoch sind angesichts des recht desolaten Zustands einer Theorie der Politischen Ökonomie hochindustrieller Gesellschaften die Impulse marxistischer Ansätze kaum zu unterschätzen. »Es ist unmöglich (und daher vermutlich hoffnungslos), die Marxschen Theoreme wegzudiskutieren, mögen es, richtig gesehen, Teile einer vielleicht doch nicht richtigen Gesamtkonzeption oder veränderlich interpretierbare Teile einer richtigen Gesamtkonzeption sein, und so erscheint es vernünftiger, sie auszudiskutieren...«[8]

6.6 Zusammenfassung

Bis heute ist der Problembereich der politischen Ökonomie auch darin ein Spiegelbild der Sozialwissenschaften insgesamt, daß eine Mehrzahl von methodologischen Ansätzen, Abstraktionsniveaus und logischen Aussageformen miteinander konkurrieren; das kompliziert die Diskussion, entspricht aber dem Programm einer kritischen Wissenschaft[89]. Konsens zwischen den verschiedenen Ansätzen scheint lediglich in einem Punkt zu bestehen: daß es in Zukunft darauf ankommen wird, gesamtgesellschaftliche Aussagesysteme zu entwickeln, die den schmalen Pfad zwischen empirieloser Theorie und theorieloser Empirie besser einhalten werden als die bisher bekannten Erklärungsansätze. (Zu den Gemeinsamkeiten und Unterschieden im einzelnen vgl. die Synopse.) Ansonsten dürfte es auch künftig das Schicksal sozialwissenschaftlicher Theorien sein, daß sie die Vergangenheit besser erklären als Gegenwart und Zukunft oder – wie der Politikwissenschaftler K. W. Deutsch es formuliert hat: »Wir kennen die Antworten, alle Antworten, was wir nicht kennen, sind die Fragen.«

Literaturhinweise

Eine Gesamtdarstellung der behandelten Theorien gibt es nicht. Daher ist ein Rückgriff auf die Originalliteratur der einzelnen Theoretiker empfehlenswert.
Keynes ist in der deutschen Übersetzung so gut wie unverständlich, zu Galbraith vergleiche die Literaturhinweise zu Kapitel 2.
[2] Schumpeter, J. A., Kapitalismus, Sozialismus und Demokratie, A. Francke Verlag, 2. Aufl., Bern 1950
Schumpeters Buch ist vom Ideenreichtum, Originalität und Stil her wahrscheinlich eine der glänzendsten sozialwissenschaftlichen Arbeiten des 20. Jahrhunderts. Einer kritischen Würdigung der Arbeit von Karl Marx folgt die Darstellung

der Errungenschaften des Kapitalismus und die Schumpetersche Theorie der Selbstzerstörung des Kapitalismus.
Aus der Fülle neomarxistischer Literatur sei genannt:
[1] Miliband, R., Der Staat in der kapitalistischen Gesellschaft, Suhrkamp Verlag, Frankfurt a. M. 1972
Im Gegensatz zu den meisten neomarxistischen Autoren versteht Miliband es, sich verständlich auszudrücken. Seine Argumentation ist differenzierter als bei anderen Neomarxisten. Insbesondere der Abschnitt über Zweck und Rolle der Regierungen ist im vorliegenden Zusammenhang interessant.
[2] Lindbeck, A., Die politische Ökonomie der Neuen Linken, Vandenhoeck und Ruprecht Verlag, Göttingen 1973
Der Autor bezieht zu den volkswirtschaftlichen Aussagen der Neuen Linken kritisch Stellung. Auch hier ist die Argumentation ausgewogen und im allgemeinen verständlich.

Quellennachweise und Anmerkungen

1. Das politisch-ökonomische System: Wohlfahrtsstaat oder Spätkapitalismus?

1 Kahn, H., und Wiener, A. J., Ihr werdet es erleben. Voraussagen der Wissenschaft bis zum Jahre 2000, Reinbek b. Hamburg 1971.
2 ebd., S. 134.
3 ebd., S. 184.
4 ebd., S. 141.
5 ebd., S. 243.
6 Vgl. z. B. Jungk, R., und Mundt, H. J. (Hrsg.), Unsere Welt 1985, Stuttgart o. J., Brzezinski, Z., Amerika im technetronischen Zeitalter, in: Aus Politik und Zeitgeschichte, Nr. B 22/68 v. 29. 5. 1968.
7 Vgl. Koch, C., Kritik der Futurologie, in: Koch, C., und Senghaas, D. (Hrsg.), Texte zur Technokratiediskussion, 2. Aufl., Frankfurt a. Main 1971, S. 317.
8 Schumpeter, J., Kapitalismus, Sozialismus und Demokratie, 2. Aufl., Bern 1950, S. 136.
9 Vgl. hierzu: Pollock, F., Automation – Materialien zur Beurteilung der ökonomischen und sozialen Folgen, Frankfurt a. Main 1964.
10 Vgl. Galbraith, J. K., Die moderne Industriegesellschaft, München/Zürich 1968, S. 87 f.
11 Hirsch, J., Zur politischen Ökonomie des politischen Systems, in: Kress, G., und Senghaas, D. (Hrsg.), Politikwissenschaft. Eine Einführung in ihre Probleme, 3. Aufl., Frankfurt 1971, S. 207.
12 Vgl. Benoit, A., Vermutungen über die Pädagogisierung der Gesellschaft, in: Funkkolleg Sozialer Wandel, 10. Studienbegleitbrief, Weinheim u. Basel 1975, S. 47.
13 Vgl. dazu Blauner, R., »Die meisten Gesellschaftswissenschaftler würden heute sagen, daß Entfremdung nicht eine Konsequenz des Kapitalismus an sich sei, sondern die Folge der Beschäftigung in großen Unternehmen und unpersönlichen Bürokratien, die sich in allen Industriegesellschaften ausbreiten.« Blauner, R., Alienation and Freedom, Chicago 1964, S. 3 (Übersetzung von mir).
14 Vilmar bezeichnet dies als ›Pseudo-Strategien‹ der Humanisierung der Arbeitswelt. Vgl. Vilmar, F., Menschenwürde-Sachzwänge-Strategien der Demokratisierung. Grundelemente einer betriebsdemokratischen Theoriebildung, in: Vilmar, F. (Hrsg.), Menschenwürde im Betrieb, Reinbek b. Hamburg 1973, S. 22.
15 Schumpeter, J. A., Kapitalismus, Sozialismus und Demokratie, a.a.O., S. 136.
16 Picht, G., Wir brauchen neue Überzeugungen, in: Schlemmer, J. (Hrsg.), Neue Ziele für das Wachstum, München 1973, S. 138.
17 z. B. werden von Narr noch die Rolle neuer Waffen- und Informationssysteme und die – von uns bewußt ausgeklammerten – Probleme der Dritten Welt betont. Vgl. Narr, W.-D., Theoriebegriffe und Systemtheorie, 2. Aufl.,

Stuttgart 1971, S. 13–24. Brown betont zusätzlich die »Eindämmung der Kosteninflation bei gleichzeitiger Aufrechterhaltung der Vollbeschäftigung« als dringendes Problem. Brown, E. H. Ph., Die Rückständigkeit der Ökonomie, in: Vogt, W. (Hrsg.), Seminar: Politische Ökonomie, Frankfurt a. Main 1973, S. 21. Lange et al. halten außerdem eine Auseinandersetzung mit den Problemen der Konsumentensouveränität für dringend erforderlich. Vgl. Lange, O., Brus, W., Kowalik, T., Sachs, I., Wirtschaftswissenschaft. Hauptströmungen der sozialwissenschaftlichen Forschung, Frankfurt a. Main–Berlin–Wien 1972, S. 83 ff.

18 Vgl. Böhret, C. Art., Systemwandel, in: Eynern, G. v. (Hrsg.), Wörterbuch zur politischen Ökonomie, Opladen 1973, S. 405 ff.

19 Teilhard de Chardin, zitiert nach Narr, W.-D., Theoriebegriffe und Systemtheorie, a.a.O., S. 121 (Hervorhebung von mir).

20 Vgl. Ulrich, H., Die Unternehmung als produktives soziales System, 2. Aufl., Bern und Stuttgart 1970, S. 107. Die folgenden Ausführungen lehnen sich z. T. an Ulrich an, dessen Einführung in die Systemtheorie m. E. zu den besten im deutschen Sprachraum zählt.

21 Dies gilt im übrigen auch für die verwendeten Begriffe, so wird z. T. anstelle des Begriffs ›Subsystem‹ die Bezeichnung ›Zwischensystem‹ verwendet. Vgl. z. B. Konegen, N., Politikwissenschaft. Eine kybernetische Einführung, Düsseldorf 1973, S. 15.

22 Diese Darstellung ist keineswegs vollständig, so können z. B. je nach Betrachtungsweise das personale System, das Familiensystem, das kulturelle System, das Kommunikationssystem, das Wissenschaftssystem, das Bildungssystem u. a. hinzugefügt werden.

23 Die Bestimmung der ›Grenze‹ eines Systems zu anderen Systemen bzw. zu einer ›Umwelt‹ gehört zu den schwierigsten Problemen der Systemtheorie. Normalerweise gilt das Ausmaß der Beziehungen als Abgrenzungskriterium. Ein System liegt dann vor, wenn innerhalb dieser Gesamtheit ein größeres Maß an Beziehungen besteht als von der Gesamtheit nach außen. Vgl. Ulrich, H., Die Unternehmung als produktives soziales System, a.a.O., S. 108. Das Problem ist jedoch, was ›Ausmaß‹ im einzelnen bedeutet, z. B. Menge, Stärke oder Qualität der Beziehungen, und wie diese im einzelnen zu bestimmen sind.

24 Ulrich, H., Die Unternehmung als produktives soziales System, a.a.O., S. 112.

25 In der Literatur ist die Terminologie sehr unterschiedlich. So wird bei einigen Autoren die Offenheit eines Systems (= Menge der Beziehungen) mit seiner äußeren Dynamik (= Menge und Intensität der Beziehungen] gleichgesetzt, die Differenziertheit eines Systems (= Zahl der Elemente) mit seiner Komplexität (= Zahl verschiedener Beziehungen zwischen den Elementen).

26 Koubek, N., u. a., Wirtschaftliche Konzentration und gesellschaftliche Machtverteilung in der Bundesrepublik Deutschland, in: Aus Politik und Zeitgeschichte, Nr. B 28/72 v. 8. Juli 1972, S. 29.

27 Vgl. Woll, A., Allgemeine Volkswirtschaftslehre, 4. Aufl., München 1974, S. 32 f.

28 Mater et Magistra. Die Sozialenzyklika Papst Johannes' XXIII., 3. Aufl., Freiburg–Basel–Wien 1962, S. 173. Die Fortsetzung der zitierten Stelle lautet: »Darum gewahren wir mit großem Bedauern in wirtschaftlich fortgeschrittenen Ländern die große Zahl von Menschen, denen an einer gerechten Güterordnung nichts liegt, die geistige Werte allzusehr vernachlässigen, völlig übersehen oder sie überhaupt leugnen. Währenddessen verlegen sie sich mit äußerster Anspannung der Kräfte darauf, Wissenschaft, Technik, Wirtschaft

voranzutreiben, und überschätzen den materiellen Wohlstand derart, daß sie ihn vielfach als den höchsten Wert des Lebens ansehen.« (ebd.)
29 Gahlen, B., Hardes, H.-D., Rahmeyer, F., Schmid, A., Volkswirtschaftslehre. Eine problemorientierte Einführung, München 1971, S. 12 f.
30 Vgl. Herder-Dorneich, Ph., Wirtschaftssysteme. Systemtheorie einer allgemeinen Mikroökonomik, 2. Aufl., Opladen 1973, S. 19.
31 Vgl. hierzu: Galbraith, J. K., Gesellschaft im Überfluß, München – Zürich 1959, und: Glastetter, W., Wachstumskonzeption und politische Ökonomie, Köln 1971.
32 Im übrigen dürfte die ›Disparitätenthese‹ realistischer sein, wonach sowohl innerhalb des privaten als auch innerhalb des öffentlichen Sektors Überfluß und Mangel herrschen. Vgl. hierzu z. B. Offe, C., Politische Herrschaft und Klassenstrukturen. Zur Analyse spätkapitalistischer Gesellschaftssysteme, in: Kress, G., und Senghaas, D. (Hrsg.), Politikwissenschaft. Eine Einführung in ihre Probleme, Frankfurt a. Main 1973, S. 135 ff.
33 Herder-Dorneich, Ph., Wirtschaftssysteme, a.a.O., S. 19.
34 Zum Problem der Definition, Quantifizierung und des interpersonellen Vergleichs von ›Wohlfahrt‹ vgl. Kapitel 4.
35 Als Beispiel dafür, daß selbst in neueren Lehrbüchern dies nicht annäherungsweise geleistet wird, sei hier stellvertretend J. Werner zitiert: »Vermag... eine Volkswirtschaft ihren Gliedern eine wachsende Güterfülle anzubieten, so erhöht sich sowohl im ganzen als auch für den einzelnen der wirtschaftliche Wohlstand... Wirtschaftliches Wachstum ist somit gleichbedeutend mit Vermehrung des Wohlstands... Damit erweist sich die Wachstumspolitik im Prinzip als gleichbedeutend mit einer auf die Mehrung des Wohlstands gerichteten Politik.« Werner, J., Wachstumspolitik, in: Werner, J., und Külp, B., Wachstumspolitik – Verteilungspolitik, Stuttgart 1971, S. 4.
36 Ein Ansatz zur Erweiterung des Funktionsbegriffs aus betriebswirtschaftlicher Sicht findet sich bei: Meffert, H., Systemtheorie aus betriebswirtschaftlicher Sicht, in: Schenk, K. E. (Hrsg.), Systemanalyse in den Wirtschafts- und Sozialwissenschaften, Berlin 1971, S. 181.
37 Vgl. Woll, A., Allgemeine Volkswirtschaftslehre, a.a.O., S. 34.
38 von Nell-Breuning, O., Kapitalismus – kritisch betrachtet, Freiburg – Basel – Wien 1974, S. 21.
39 Vgl. auch Hondrich, K. O., Menschliche Bedürfnisse und soziale Steuerung, Reinbek b. Hamburg 1975, S. 57 ff.
40 Eynern, G. v., Grundriß der politischen Wirtschaftslehre, 2. Aufl., Opladen 1972, S. 37 f.
41 Vgl. hierzu z. B. Schumpeter, J. A., Kapitalismus, Sozialismus und Demokratie, 2. Aufl., Bern 1950, S. 134, der von der »Fiktion eines völlig imaginären goldenen Zeitalters des vollkommenen Wettbewerbs« spricht.
42 Schachtschabel, H. G., Wirtschaftspolitische Konzeptionen, 2. Aufl., Stuttgart 1971, S. 105.
43 Vgl. hierzu: Easton, D., A Systems Analysis of Political Life, New York 1965. Eine neuere, deutschsprachige Kritik an Eastons Ansatz findet sich bei: Greven, M. Th., Systemtheorie und Gesellschaftsanalyse, Darmstadt u. Neuwied 1974, S. 68 ff.
44 Vgl. Easton, D., A Systems Analysis of Political Life, a.a.O., S. 475.
45 Easton, D., The Political System, New York 1964, S. 133.
46 Vgl. Dror, Y., Public Policymaking Reexamined, Scranton 1968, S. 44 ff.
47 Raschke, J., Der Bundestag im parlamentarischen Regierungssystem, Berlin 1968, S. 12.

48 Zur Kritik an diesem politischen Konkurrenzmodell der Demokratie vgl. Barry, B. M., Neue Politische Ökonomie, Frankfurt/New York, 1975.
49 Vgl. Campbell, et. al. Elections and the Political Order, New York 1966.
50 ebd.
51 Als Beispiel dafür, daß im Zuge der Rollendifferenzierung ihrer Mitglieder die Interessengruppen einem Funktionswandel unterliegen, vgl. Mayer, E., Theorien zum Funktionswandel der Gewerkschaften, Frankfurt a. Main 1973.
52 Narr, W.-D., Theoriebegriff und Systemtheorie, a.a.O., S. 129.
53 Vgl. Scharpf, F. W., Reformpolitik im Spätkapitalismus, in: Scharpf, F. W., Planung als politischer Prozeß, Frankfurt a. Main 1973, S. 135 ff.
54 »Im Durchschnitt ist die politische Partizipation bei den oberen Schichten stärker ausgeprägt als bei den unteren Schichten.« Steiner, J., Politische Partizipation und sozialer Status, in: Offene Welt, H. 97/98, S. 332. Vgl. auch Milbrath, C. W., Political Participation, Chicago 1965.
55 Vgl. Scharpf, F. W., Demokratietheorie zwischen Utopie und Anpassung, Konstanz 1970, S. 48 ff.
56 Narr, W.-D., Theoriebegriff und Systemtheorie, a.a.O., S. 129.
57 Mey, H., Zur Abgrenzung von »Regierungssystem«, »Politischem System« und »Gesellschaft« im Rahmen systemanalytischer Funktionsbestimmung, in: Krauch, H. (Hrsg.), Systemanalyse in Regierung und Verwaltung, Freiburg i. Br. 1972, S. 122.
58 Naschold, F., Gesellschaftsreform und politische Planung, in: Naschold, F., und Väth, W. (Hrsg.), Politische Planungssysteme, Opladen 1973, S. 83.
59 Miliband, R., Der Staat in der kapitalistischen Gesellschaft, Frankfurt a. Main 1972, S. 201.
60 Vgl. Ulrich, H., Die Unternehmung als produktives soziales System, a.a.O., S. 135 f.
61 Zu diesem wichtigen Teilziel der politischen Bildung vgl. Giesecke, H., Didaktik der politischen Bildung, 7. Aufl., München 1972, S. 146 ff.
62 Mattfeld, H., Einige Bemerkungen zur Bedeutung des systemtheoretischen Ansatzes von Luhmann für die Nationalökonomie, in: Jb. f. Sozialwiss., Bd. 25, 1974, S. 167.
63 Ulrich, H., Die Unternehmung als produktives soziales System, a.a.O., S. 102.

2. Von der Industriegesellschaft zur nachindustriellen Gesellschaft

1 Vgl. hierzu stellvertretend: Hörning, K. H. (Hrsg.), Der ›neue‹ Arbeiter. Zum Wandel sozialer Schichtstrukturen, Frankfurt a. Main 1971.
2 Der Produktionsfaktor ›Arbeit‹ ist selbstverständlich nicht mit dem ›Arbeiter‹ identisch. In der Regel wird der Begriff ›Arbeiter‹ in drei Bedeutungen gebracht: erstens wird als Arbeiter jeder Mensch bezeichnet, der ökonomisch verwertbare Leistungen erstellt (= Produktionsfaktor Arbeit), zweitens wird der Arbeiter als eine bestimmte Kategorie abhängig Beschäftigter neben Angestellten und Beamten betrachtet, und drittens wird der Begriff Arbeiter in der gleichen Bedeutung wie Arbeitnehmer benutzt. Im letztgenannten Sinn wird er in diesem Abschnitt verwendet.
3 Vgl. Denison, E. F., The Sources of Economic Growth in the United States and the Alternatives before us. Denison, E. F., Measuring the Contribution of Education (and the Residual) to Economic Growth, in: OECD, The Residual Factor and Economic Growth, Paris 1964. Denison, E. F., Why Growth Rates Differ, Washington 1967.

4 Eine exakte Analyse müßte sowohl Menge und Qualität des Wissenschaftspersonals als auch die privatwirtschaftlichen und die staatlichen Aufwendungen für Forschung und Entwicklung einbeziehen.
5 Zur generellen Kritik an den Prämissen derartiger Ansätze vgl. Hegelheimer, A., Bildungsökonomie und Bildungsplanung, in: Konjunkturpolitik, 14. Jg., 1968, S. 36 ff.
6 Dabei handelt es sich nicht um den konstitutiven Bestandteil einer Immunisierungsstrategie, sondern um ein »durchaus aufschlußreiches Desiderat der Forschungspraxis«. Krause, D., Zur Soziologisierung und Politisierung bildungsökonomischer Ansätze, in: Jahrbuch für Sozialwissenschaft, Bd. 24, 1973, S. 367.
7 Edding, F., Ökonomische Forschung im Dienste des Bildungswesens, in: Lemberg, E. (Hrsg.), Das Bildungswesen als Gegenstand der Forschung, Heidelberg 1963, S. 116.
8 Vgl. auch: Hegelheimer, A., Bildungsökonomie und Bildungsplanung, a.a.O., S. 38.
9 Hirsch, J., Wissenschaftlich-technischer Fortschritt und politisches System, 1. Aufl., Frankfurt a. Main 1970, S. 77.
10 Baumer, J.-M., Entwicklungstendenzen der amerikanischen Wirtschaft, Tübingen 1974, S. 282 ff.
11 Vgl. z. B. Hegelheimer, A., Bildungsökonomie und Bildungsplanung, a.a.O.; Weißhuhn, G., Expansion des Bildungssystems, Wirtschaftswachstum und Arbeitsproduktivität, in: Konjunkturpolitik, 19. Jg., 1973, S. 45 ff. (mit Vorausschätzung bis 1980). Hirsch, J., Staatsapparat und Reproduktion des Kapitals, Frankfurt a. Main 1974.
12 Vgl. Clemenz, M., Technik, Wissenschaft und Bildung im organisierten Kapitalismus, in: Erziehung in der Klassengesellschaft, München 1971, S. 59.
13 Vgl. Hegelheimer, A., Bildungsökonomie und Bildungsplanung, a.a.O., S. 38.
14 Vgl. Hondrich, K. O., Mitbestimmung in Europa, Köln 1970, S. 72.
15 Mater et Magistra. Die Sozialenzyklika Papst Johannes' XXIII., 3. Aufl., Freiburg – Basel – Wien 1962, S. 136.
16 Vgl. hierzu: Bombach, G., Der Strukturbegriff in der Ökonomie, in: Neumark, F. (Hrsg.), Strukturwandlungen einer wachsenden Wirtschaft. Schriften des Vereins f. Socialpolitik, NF Bd. 30/I, Berlin 1964, S. 10 ff.
17 Niehans, J., Strukturwandlungen als Wachstumsprobleme, in: Neumark, F. (Hrsg.), Strukturwandlungen einer wachsenden Wirtschaft, a.a.O., S. 19 (Anmerkung 2).
18 Vgl. Cassel, D., und Kruber, K.-P., Sektoraler Strukturwandel der Wirtschaft, in: Wirtschaftsstudium, Heft 7, Juli 1974, S. 314.
19 Vgl. Hammer, U., und Pommering, G., Der Wandel in der Beschäftigtenstruktur. Ein internationaler Vergleich, in: Wirtschaftsdienst, 54. Jahrgang, H. 2, Februar 1974, S. 93 f.
20 Vgl. Zwiefelhofer, H., Funkkolleg Sozialer Wandel, 2. Studienbegleitbrief, Tübingen 1974, S. 55.
21 Diese Prognosen sind mit dem Wandel in der Beschäftigtenstruktur nur begrenzt vergleichbar, da sie nicht den Anteil der Beschäftigten in den jeweiligen Wirtschaftssektoren an der Gesamtbevölkerung messen, sondern den Anteil der Wirtschaftsbereiche am Bruttoinlandsprodukt. In der Trendaussage dürfte aber ein hohes Maß an Übereinstimmung bestehen.
22 Vgl. zum folgenden: Cassel, D., und Kruber, K.-P., Sektoraler Strukturwandel der Wirtschaft, a.a.O., S. 316 ff.

23 Zur detaillierten Analyse vgl. Niehans, J., Strukturwandlungen als Wachstumsprobleme, a.a.O., S. 10 ff.
24 Niehans, J., Strukturwandlungen als Wachstumsprobleme, a.a.O., S. 35.
25 Cassel, D., und Kruber, K.-P., Sektoraler Strukturwandel der Wirtschaft, a.a.O., S. 317.
26 Claessens, D., Klönne, A., Tschoepe, A., Sozialkunde der Bundesrepublik Deutschland, 4. Aufl., Düsseldorf 1971, S. 177.
27 Uhlmann, L., u. Huber, G., Technischer und struktureller Wandel in der wachsenden Wirtschaft, Frankfurt a. Main 1971, S. 71 ff.
28 Vgl. Presse- und Informationsamt der Bundesregierung (Hrsg.), Gesellschaftliche Daten 1973, Bonn 1973, S. 244.
29 Presse- und Informationsamt der Bundesregierung (Hrsg.), Gesellschaftliche Daten 1973, a.a.O., S. 244.
30 Fourastié, J., Die große Hoffnung des zwanzigsten Jahrhunderts, 2. Aufl., Köln 1969.
31 Düll, K., und Kreuz, D., Vorwort zur zweiten deutschen Auflage von J. Fourastiés Die große Hoffnung des zwanzigsten Jahrhunderts, a.a.O., S. 15.
32 Vgl. Fourastié, J., Die große Hoffnung des zwanzigsten Jahrhunderts, a.a.O., S. 252.
33 ebd., S. 119.
34 ebd., S. 122.
35 ebd., S. 184.
36 ebd., S. 125.
37 ebd., S. 271.
38 Lutz, B., Aus dem Vorwort des Übersetzers zur ersten deutschen Auflage von J. Fourastiés Die große Hoffnung des zwanzigsten Jahrhunderts, a.a.O., S. 13.
39 Weitere Unklarheiten und Schwierigkeiten ergeben sich bei der Definition der ›Übergangsgesellschaft‹ und bei der Abgrenzung der Wirtschaftssektoren. »Interessiert man sich – wie Fourastié – primär für Veränderungen der Beschäftigungsstruktur, so kann die institutionelle Gliederung nach der Sektorenzugehörigkeit ... weniger befriedigen. Dienstleistungsfunktionen und -berufe z. B. finden sich in allen drei Sektoren, können aber statistisch heute noch nicht sauber ausgegliedert werden. In der Industrie werden sie u. a. in den Bereichen Verwaltung, Forschung und betriebliche Berufsausbildung ausgeübt. Andererseits finden sich im tertiären Sektor Funktionen und Berufe, die üblicherweise dem sekundären Sektor zugerechnet werden: z. B. Mechaniker oder Schlosser in Kaufhäusern oder Verkehrsbetrieben. Oft übt ein und dieselbe Person Funktionen aus, die unterschiedlichen Sektoren zuzurechnen sind (z. B. ein Meister, der in der Produktion und zugleich in der betrieblichen Berufsausbildung tätig ist).« Cassel, D., und Kruber, K.-P., Sektoraler Strukturwandel der Wirtschaft, a.a.O., S. 318.
40 Fourastié, J., Die große Hoffnung des zwanzigsten Jahrhunderts, a.a.O., S. 252 f.
41 Sweezy, P. M., Die Zukunft des Kapitalismus, in: Cooper, D. (Hrsg.), Dialektik der Befreiung, Reinbek b. Hamburg 1969, S. 81 f.
42 Vgl. Fourastié, J., Die große Hoffnung des zwanzigsten Jahrhunderts, a.a.O., S. 276.
43 Vgl. Fürstenberg, F., Die Sozialstruktur der Bundesrepublik Deutschland, 2. Aufl., Opladen 1972, S. 67.
44 Vgl. Ballerstedt, E., u. a., Soziologischer Almanach, a.a.O., S. 90.
45 Vgl. Bolte, K. M., Entwicklungen und Probleme der Berufsstruktur, in:

Bolte, K. M., Neidhardt, F., Holzer, H., Deutsche Gesellschaft im Wandel, Bd. 2, Opladen 1970, S. 311.
46 ebd., S. 293.
47 Fürstenberg, F., Die Sozialstruktur der Bundesrepublik Deutschland, a.a.O., S. 36.
48 Vgl. BMWI, Leistung in Zahlen, '73, Bonn 1974, S. 14 (Zahlen abgerundet).
49 Vgl. Bolte, K. M., Entwicklungen und Probleme der Berufsstruktur, in: Bolte, K. M., Neidhardt, F., Holzer, H., Deutsche Gesellschaft im Wandel, Bd. 2, Opladen 1970, S. 311.
50 Bolte, K. M., Entwicklungen und Probleme der Berufsstruktur, a.a.O., S. 339.
51 Bahrdt, H. P., u. a., Zwischen Drehbank und Computer. Industriearbeit im Wandel der Technik, Reinbek b. Hamburg 1970, S. 114.
52 Vgl. Bahrdt, H. P., Wege zur Soziologie, a.a.O., S. 103.
53 Claessens, D., Klönne, A., Tschoepe, A., Sozialkunde der Bundesrepublik Deutschland, a.a.O., S. 187.
54 Zu den Entwicklungen in den anderen sozio-ökonomischen Gruppen liegt reichhaltige soziologische Literatur vor. Vgl. u. a. Bolte, K. M., Kappe, D., Neidhardt, F., Soziale Ungleichheit, 3. Aufl., Opladen 1974, und: Autoren-Kollektiv des Instituts für Marxistische Studien und Forschungen (IMSF), Klassen- und Sozialstruktur der BRD 1950–1970, Frankfurt a. Main 1974.
55 Vgl. Pross, H., Das Bild des Unternehmers, in: Pross, H., Kapitalismus und Demokratie. Studien über westdeutsche Sozialstrukturen, Frankfurt a. Main 1972, S. 51.
56 Schumpeter, J. A., Kapitalismus, Sozialismus und Demokratie, a.a.O., S. 215.
57 Vgl. Schredelseker, K., Art.: Unternehmer, in: v. Eynern, G. (Hrsg.), Wörterbuch zur politischen Ökonomie, Opladen 1973, S. 425.
58 ebd., S. 426.
59 Pross, H., Das Bild des Unternehmers, a.a.O., S. 52.
60 Hartmann, H., Der deutsche Unternehmer. Autorität und Organisation, Frankfurt a. Main 1968, S. 49.
61 Windschuh, J., Ansprache an den jungen Unternehmer, Frankfurt a. Main 1950, S. 18, zit. in: Hartmann, H., Der deutsche Unternehmer, a.a.O., S. 51.
62 Pross, H., und Boetticher, K. W., Manager des Kapitalismus, Frankfurt a. Main 1971, S. 107.
63 Pross, H., Manager und Aktionäre in Deutschland. Untersuchungen zum Verhältnis von Eigentum und Verfügungsgewalt, Frankfurt a. Main 1965, S. 117 f.
64 »Der Spiegel« legt vor: Das top- und middle-management. Eine Untersuchung über das Informationsverhalten, über Position und Funktion im Unternehmen und über das private Konsumverhalten der Manager, Hamburg 1971, Einleitung, o. S.
65 Vgl. Witte, E., u. Bronner, R., Die leitenden Angestellten. Eine empirische Untersuchung, München 1974, S. 97. Dabei wurden die Unternehmen der Kredit- und Versicherungswirtschaft ausgeschlossen.
66 ebd., S. 117 f.
67 Pross, H., u. Boetticher, K. W., Manager des Kapitalismus, a.a.O., S. 100.
68 ebd., S. 102.
69 ebd., S. 103.
70 Burnham, J., The Managerial Revolution, London 1942.
71 Die m. E. beste Darstellung dieser Ansätze findet sich bei: Elliott, J. E., Comparative Economic Systems, Englewood Cliffs, New Jersey 1973, S. 351 ff.

Zu den wichtigsten Arbeiten zählen neben Burnhams Untersuchung: Berle, A. A., and Means, G. C., The Modern Corporation and Private Property, New York 1932. Marris, R., The Economic Theory of ›Managerial‹ Capitalism, New York 1964. Gilbert, M. (ed.), The Modern Business Enterprise, Harmondsworth 1972.
72 Berle, A. A., and Means, G. C., The Modern Corporation and Private Property, a.a.O., S. 3.
73 Vgl. Geiger, R., Die Entwicklungstendenzen des Kapitalismus bei Keynes, Schumpeter und Burnham, Winterthur 1959, S. 64.
74 Burnham, J., The Managerial Revolution, London 1942, S. 141.
75 Vgl. Kaysen, G. F., The Corporation: How much power? What Scope?, a.a.O., S. 86.
76 Deppe, F., Leitende Angestellte, Führungsideologien und die Aufgaben der Gewerkschaften, in: Kievenheim, Chr., u. Leisewitz, A., (Hrsg.), Soziale Stellung und Bewußtsein der Intelligenz, Köln 1973, S. 286.
77 Miliband, R., Der Staat in der kapitalistischen Gesellschaft, Frankfurt 1972, S. 45.
78 Sweezy, P. M., Utopischer Reformismus, in: Das Argument, 16. Jg., 1974, H. 85, S. 231.
79 Miliband, R., Der Staat in der kapitalistischen Gesellschaft, a.a.O., S. 51.
80 Vgl. Sweezy, P. M., Utopischer Reformismus, a.a.O., S. 231.
81 Vgl. hierzu vor allem: Bell, D., The Coming of Post-Industrial Society, New York 1973. Bell, D., Die nachindustrielle Gesellschaft, in: Grossner, C. (Hrsg.), Das 198. Jahrzehnt. Eine Team-Prognose für 1970 bis 1980, Hamburg 1969, S. 351 ff. Touraine, A., Die postindustrielle Gesellschaft, Frankfurt a. Main 1972. Einen guten Überblick gibt: Frank, J., Die postindustrielle Gesellschaft und ihre Theoretiker, in: Leviathan, 1. Jg., 1973, S. 383 ff.
82 Bell, D., Die nachindustrielle Gesellschaft, a.a.O., S. 385.
83 Vgl. Bell, D., The Coming of Post-Industrial Society, a.a.O., S. 385 ff.

3. Von der Konkurrenzwirtschaft zum organisierten Kapitalismus

1 Marx, K., u. Engels, F., Manifest der Kommunistischen Partei, 22. Aufl., Berlin 1964, S. 46 f.
2 Bittdorf, W., »Solange wir groß sind«, in: »Der Spiegel«, Nr. 23, S. 59.
3 Vgl. Kebschull, D., u. Mayer, O. G. (Hrsg.), Multinationale Unternehmen. Anfang oder Ende der Weltwirtschaft?, Frankfurt a. Main 1974, S. 7.
4 Biedenkopf, K. H., Politische Probleme multinationaler Unternehmen, in: Dialog, Nr. 3, 1972, S. 29.
5 Mayer, O. G., Die Multis – das multinationale Problem, in: Kebschull, D., u. Mayer, O. G. (Hrsg.), Multinationale Unternehmen, a.a.O., S. 53.
6 Jungsozialisten in der SPD, Landesverband Hamburg: Das Hamburger Strategiepapier, in: Duve, F. (Hrsg.), Der Thesenstreit um »Stamokap«, Reinbek b. Hamburg 1973, S. 50.
7 Vgl. Koubek, N., Konzentration in der BRD, in: Pitz, K. H. (Hrsg.), Das Nein zur Vermögenspolitik, Reinbek b. Hamburg 1974, S. 76.
8 Vgl. Diller, H., Die Umsatzgrößen deutscher Unternehmen im internationalen Vergleich, in: Wirtschaftsstudium, H. 4, April 1974, S. 188.
9 ebd., S. 188.
10 ebd., S. 188. Dieses Zitat bezieht sich auf das Jahr 1972.

11 Vgl. »Die Welt« vom 6. 5. 1975, (zitiert nach Fortune). Dollarkurs mit 2,50 DM angenommen.
12 »Die Quelle«, Funktionärszeitschrift des Deutschen Gewerkschaftsbundes, 26. Jg., H. 4, April 1975, S. 132. Hierbei handelt es sich nicht um direkt vergleichbare Größen, aber sie deuten das politische und ökonomische Potential von Großunternehmen an.
13 Vgl. hierzu und zum folgenden Arndt, H., u. Ollenburg, G., Begriff und Arten der Konzentration, in: Arndt, H. (Hrsg.), Die Konzentration in der Wirtschaft, Schr. d. Vereins f. Socialpol., N. F. Bd. 20/I, 2. Aufl., Berlin 1971, S. 3 ff.
14 Vgl. Schuster, H., Wettbewerbspolitik, München 1973, S. 100.
15 So z. B. bei Arndt, H., Die Konzentration der westdeutschen Wirtschaft, Pfullingen 1966, S. 11.
16 ebd., S. 11.
17 Borschberg, E., Die Diversifikation als Wachstumsform der industriellen Unternehmung, Bern und Stuttgart 1969, S. 53.
18 Arndt, H., Die Konzentration der westdeutschen Wirtschaft, a.a.O., S. 12.
19 Bericht des Bundeskartellamtes über seine Tätigkeit im Jahre 1973, BT-Drucksache 7/2250, Bonn 1974, S. 40.
20 Arnim, H. H. v., Volkswirtschaftspolitik. Eine Einführung, Frankfurt am Main 1974, S. 94.
21 Vgl. Gahlen, B., u. a., Volkswirtschaftslehre. Eine problemorientierte Einführung, München 1971, S. 172 f.
22 So z. B. Gahlen, B., u. a., Volkswirtschaftslehre..., a.a.O., S. 173, u. Arnim, H. H. v., Volkswirtschaftspolitik, a.a.O., S. 96, die Betriebe und Unternehmen miteinander verwechseln.
23 Gahlen, B., u. a., Volkswirtschaftslehre, a.a.O., S. 173.
24 Koubek, N., Die Konzentration in der BRD, in: Pitz, K. H. (Hrsg.), Das Nein zur Vermögenspolitik, Reinbek b. Hamburg 1974, S. 77.
25 Vgl. auch die Feststellung des Bundeskartellamtes: »Das Umsatzwachstum konzentriert sich eindeutig auf die oberen Umsatzgrößenklassen. Im Verhältnis zu der Zunahme des Umsatzes aller Unternehmen liegt das überdurchschnittliche Umsatzwachstum fast ausschließlich in den Größenklassen von 100 Millionen DM Umsatz und mehr, überwiegend in der Klasse von 250 Millionen DM und mehr. Umsatzverringerungen treten nur in den unteren Größenklassen auf.« Bericht des Bundeskartellamtes über seine Tätigkeit im Jahre 1973, a.a.O., S. 10.
26 Konzentrationsraten sind für die Jahre 1960 und 1966 von Arndt erarbeitet worden, vgl. Arndt, H., Recht, Macht und Wirtschaft, Berlin 1968, S. 84, und werden seither einschließlich der Schlußfolgerungen – z. T. mit, z. T. ohne Quellenangabe – von zahlreichen Autoren übernommen. Vgl. z. B. Huffschmid, J., Die Politik des Kapitals. Konzentration und Wirtschaftspolitik in der Bundesrepublik, 6. Aufl., Frankfurt a. Main 1971, S. 49 ff. Gahlen, B., u. a., Volkswirtschaftslehre, a.a.O., S. 178. Arnim, H. H. v., Volkswirtschaftspolitik, a.a.O., S. 97 f. Grottian, P., Strukturprobleme staatlicher Planung, Hamburg 1974, S. 190 f. Im übrigen kontrastieren die von Arndt ermittelten *concentration ratios* z. T. merkwürdig mit den Zahlenangaben des Bundeskartellamtes. Um nur zwei Beispiele zu nennen: Arndt gibt für die *vier* umsatzstärksten Unternehmen im Fahrzeugbau bereits für 1960 eine Konzentrationsrate von 71,2 % an, für die Chemieindustrie 40 %. Die entsprechenden Zahlen des Bundeskartellamtes für die *sechs* umsatzstärksten Unternehmen in 1970 lauten 68,7 bzw. 36,2 %!

27 Gahlen, B., u. a., Volkswirtschaftslehre, a.a.O., S. 179.
28 Die Umsatzanteile der in Tabelle 16 angeführten Industriezweige am gesamten Industrieumsatz lassen sich nur grob ermitteln, da die Branchenstatistik einzelne Industriezweige zusammenfaßt. Die fünf umsatzstärksten Branchen waren 1970: 1. Stahl-, Maschinen- und Fahrzeugbau 128 Mrd. DM, 2. Elektrotechnik, Feinmechanik, Optik 81 Mrd. DM, 3. Eisen-, NE-Metallerzeugung, Gießerei 77 Mrd. DM, 4. Nahrungs- und Genußmittelindustrie 77 Mrd. DM, 5. Chemie und Mineralölverarbeitung 72 Mrd. DM. Der Umsatz der Gesamtindustrie betrug 1970 645 Mrd. DM. Vgl. Bericht des Bundeskartellamtes über seine Tätigkeit im Jahre 1973, a.a.O., S. 28 ff.
29 Die fünf fusionsfreudigsten Industriebranchen waren 1973: 1. Maschinenbau 26 Fusionen, 2. Elektrotechnik 21 Fusionen, 3. Chemie 21 Fusionen, 4. Ernährungsindustrie 14 Fusionen, 5. Eisen und Stahl 13 Fusionen, vgl. Bericht des Bundeskartellamtes über seine Tätigkeit im Jahre 1973, a.a.O., S. 38 f.
30 Bericht des Bundeskartellamtes über seine Tätigkeit im Jahre 1973, a.a.O., S. 11.
31 Vgl. Gahlen, B., u. a., Volkswirtschaftslehre, a.a.O., S. 179.
32 Vgl. Arnim, H. H. v., Volkswirtschaftspolitik, a.a.O., S. 98.
33 Arndt, H., Wirtschaftliche Macht, a.a.O., S. 102.
34 Vgl. Schmidtchen, D., Wirtschaftspolitik im Dienst von Kapitalinteressen?, in: Ordo, Bd. 22, 1971, S. 55. Schmidtchen setzt sich eingehend mit der Problematik von partiellen Konzentrationsmeßziffern auseinander.
35 Arndt, H., Die Konzentration der westdeutschen Wirtschaft, a.a.O., S. 23.
36 Arndt, H., Wirtschaftliche Macht, a.a.O., S. 14.
37 Vgl. Commerzbank, Wer gehört zu wem, 11. Aufl., o. O., 1975.
38 Arndt, H., Wirtschaftliche Macht, a.a.O., S. 17.
39 ebd., S. 16.
40 ebd., S. 18 f.
41 Vgl. die vollständige Firmenliste bei Arndt, H., Wirtschaftliche Macht, a.a.O., S. 158 ff.
42 Bericht über das Ergebnis einer Untersuchung der Konzentration in der Wirtschaft, BT-Drucksache IV/2300, Bonn 1964, S. 4.
43 Da das auf den Hauptversammlungen anwesende Grundkapital in der Regel beträchtlich unter dem gesamten Aktienkapital liegt, erhöht sich der Anteil der präsenten Depotstimmen entsprechend. Die Konzentrations-Enquête gibt für die Zeit vor 1964 65–80 %/o an, Koubek ermittelte für 1969 bzw. 1970 bei der Deutschen Bank 59 bzw. 57 %/o. Vgl. Koubek, N., Die Konzentration in der BRD, a.a.O., S. 91.
44 Koubek, N., Die Konzentration in der BRD, a.a.O., S. 91.
45 Arndt, H., Wirtschaftliche Macht, a.a.O., S. 21.
46 Eucken, W., Grundsätze der Wirtschaftspolitik, Reinbek b. Hamburg 1962, S. 120 (1. Aufl. Tübingen 1952).
47 Vgl. hierzu: Arndt, H. (Hrsg.), Die Konzentration in der Wirtschaft, Schr. d. Vereins f. Socialpol., NF, Bd. 20/I u. II, 2. Aufl., Berlin 1971.
48 Vgl. ähnlich: Jöhr, W. A., Die Konzentration als Problem der Theorie der Wirtschaftspolitik, in: Arndt, H. (Hrsg.), Die Konzentration in der Wirtschaft, a.a.O., S. 469.
49 Vgl. zum folgenden: Molsberger, J., Zwang zur Größe? Zur These von der Zwangsläufigkeit der wirtschaftlichen Konzentration, Köln u. Opladen 1967, S. 36 f.
50 Vgl. Molsberger, J., Zwang zur Größe?, a.a.O., S. 47.

51 ebd., S. 48.
52 Vgl. Lenel, H. O., Ursachen der Konzentration, 2. Aufl., Tübingen 1968, S. 69.
53 Hax, K., Betriebswirtschaftliche Probleme der Konzentration, in: Arndt, H. (Hrsg.), Die Konzentration in der Wirtschaft, Schr. d. Vereins f. Socialpol., NF, Bd. 20, Berlin 1961, S. 75.
54 Vgl. Heuss, E., Konzentration, Mythos und Wirklichkeit, in: Wirtschaftsdienst, 49 Jg., H. 10, Oktober 1969, S. 562.
55 Vgl. Arndt, H., Die Konzentration der westdeutschen Wirtschaft, a.a.O., S. 14.
56 Vgl. Lenel, O., Ursachen der Konzentration, a.a.O., S. 69.
57 Das Gesetz der Massenproduktion bezieht sich auf die Entwicklung der Stückkosten der laufenden Produktion bei Zunahme der produzierten Menge, aber unverändertem technischem Wissen, mit anderen Worten das technische Wissen ist Datum. Bei den genannten technischen Ursachen der Konzentration wird von Veränderungen des technischen Wissens ausgegangen, mit anderen Worten: das technische Wissen ist unabhängige Variable. Dennoch zählt z. B. Arndt das Gesetz der Massenproduktion zu den technischen Ursachen der Konzentration. Vgl. Arndt, H., Die Konzentration der westdeutschen Wirtschaft, a.a.O., S. 13.
58 Vgl. Lenel, O., Ursachen der Konzentration, a.a.O., S. 272.
59 ebd., S. 272.
60 Die Frage, ob in diesem Bereich ab einer bestimmten Produktionsmenge wieder steigende Grenzkostenverläufe auftreten, ist bislang umstritten.
61 Jöhr, W. A., Die Konzentration als Problem der Theorie der Wirtschaftspolitik, a.a.O., S. 473.
62 Vgl. Molsberger, J., Zwang zur Größe?, a.a.O., S. 77.
63 Arndt, H., Die Konzentration der westdeutschen Wirtschaft, a.a.O., S. 14.
64 Kantzenbach, E., Konzentration als Problem der Konkurrenzwirtschaft, in: Arndt, H. (Hrsg.), Die Konzentration in der Wirtschaft, Schr. d. Vereins f. Socialpol. NF, Bd. 20/I, 2. Aufl., Berlin 1971, S. 168.
65 Lenel, O., Ursachen der Konzentration, a.a.O., S. 323.
66 Haarmann, R., Pressekonzentration: Gefährdung der Demokratie, in: Grosser, D. (Hrsg.), Konzentration ohne Kontrolle, 2. Aufl., Köln u. Opladen 1970, S. 179.
67 Kantzenbach, E., Konzentration als Problem der Konkurrenzwirtschaft, a.a.O., S. 169.
68 Eine Fülle aufschlußreicher Beispiele bringt Nawrocki. Vgl. Nawrocki, J., Komplott der ehrbaren Konzerne, Hamburg 1973.
69 Vgl. Kantzenbach, E., Konzentration als Problem der Konkurrenzwirtschaft, a.a.O., S. 171.
70 Arndt, H., Macht, Konkurrenz und Demokratie, in: Grosser, D. (Hrsg.), Konzentration ohne Kontrolle, a.a.O., S. 65.
71 Biedenkopf, K. H., Ordnungspolitische Probleme der Neuen Wirtschaftspolitik, in: Jb. für Sozialwissenschaft, Bd. 19, 1968, S. 310 f.
72 Vgl. Clark, J. M., Competition as a Dynamic Process, Washington 1961, S. 13 f.
73 Vgl. Kantzenbach, E., Die Funktionsfähigkeit des Wettbewerbs, 2. Aufl., Göttingen 1967, S. 15 ff.
74 Gahlen, B., u. a., Volkswirtschaftslehre, a.a.O., S. 196.
75 Vgl. Kantzenbach, E., Die Funktionsfähigkeit des Wettbewerbs, a.a.O., S. 48.

76 zit. bei: Nawrocki, J., Komplott der ehrbaren Konzerne, a.a.O., S. 160.
77 Kantzenbach, E., Die Konzentration als Problem der Konkurrenzwirtschaft, a.a.O., S. 177.
78 Arndt, H., Art. Konzentration, in: Kernig, C. D. (Hrsg.), Marxismus im Systemvergleich, Ökonomie 3, Frankfurt 1973, Spalte 8.
79 Neumann, M., Konglomerate Konzentration und der industrielle Monopolisierungsgrad, in: Zeitschr. f. die ges. Staatswissenschaft, Bd. 123, 1967, S. 670.
80 Frankus, H. J., Fusionskontrolle bei Konglomeraten, Berlin 1972, S. 92 f.
81 Galbraith, J. K., Volkswirtschaftslehre als Glaubenssystem, in: Vogt, W. (Hrsg.), Seminar: Politische Ökonomie, Frankfurt a. Main, 1973, S. 66.
82 Diese Vorstellung demokratischer Abstimmung am Markt leidet freilich unter der gravierenden Einschränkung, daß bei ungleicher Einkommens- und Vermögensverteilung die kaufkräftige Nachfrage ungleich verteilt ist – mit der Folge, daß einige Konsumenten Luxusgüter verbrauchen können und andere nur notdürftig den lebensnotwendigen Bedarf decken können.
83 Hirsch, J., Zur politischen Ökonomie des politischen Systems, a.a.O., S. 170.
84 Vgl. z. B. Bendixen, P., Zur Realitätsnähe der Konsumentensouveränität – eine Entgegnung zu einem Beitrag von H. Luckenbach, in: Wirtschaftsstudium, H. 1, Januar 1974, S. 40.
85 Nawrocki, J., Komplott der ehrbaren Konzerne, a.a.O., S. 314.
86 ebd., S. 315.
87 Bericht des Bundeskartellamtes über seine Tätigkeit im Jahre 1972, BT-Drucksache 7/986, Bonn 1973, S. 5.
88 Stellungnahme der Bundesregierung zum Tätigkeitsbericht des Bundeskartellamtes für 1971, BT-Drucksache VI/3570, Bonn 1972, S. 10.
89 Galbraith, J. K., Volkswirtschaftslehre als Glaubenssystem, a.a.O., S. 70 f.
90 Vgl. Schmahl, H. J., Stagflation, in: Wirtschaftsstudium, H. 2, Februar 1975, S. 68.
91 Küster, G. H., Strukturelle Komponenten in der Inflationserklärung, in: Krüper, M. (Hrsg.), Investitionskontrolle gegen die Konzerne?, Reinbek b. Hamburg 1974, S. 82.
92 Vgl. Stellungnahme der Bundesregierung zum Tätigkeitsbericht des Bundeskartellamtes für 1971, a.a.O., S. V.
93 Vgl. Kebschull, D., Die ökonomische und politische Macht multinationaler Unternehmen, in: Schneider, H. K., und Watrin, Chr. (Hrsg.), Macht und ökonomisches Gesetz, Schr. d. Vereins f. Socialpol., NF Bd. 74/II, Berlin 1973, S. 763. Andere Autoren definieren einen multinationalen Konzern als eine Firma mit einem *foreign content* von 25 Prozent und mehr. »Foreign content is defined as the proportion of sales, investment, production, or employment abroad.« Rolfe, S., The International Corporation in Perspective, in: Rolfe, S., und Damm, W. (eds.), The Multinational Corporation in the World Economy, New York 1970, S. 17.
94 Vgl. Arndt, H., Wirtschaftliche Macht, a.a.O., S. 47.
95 ebd., S. 47.
96 Jungnickel, R., u. Koopmann, G., Multinationale Unternehmen in der Diskussion, in: Hamburger Jb. f. Wirtschafts- und Gesellschaftspolitik, 19. Jahr, 1974, S. 202.
97 Levinson, C..H., Wirtschaftskrise und multinationale Konzerne, Reinbek b. Hamburg 1974, S. 124.
98 Holthus, M. (Hrsg.), Die Deutschen Multinationalen Unternehmen, Frankfurt a. Main, 1974, S. 168.

99 ebd., S. 168.
100 Vgl. Adam, G., Neue Tendenzen in der internationalen Ökonomie: Industrieverlagerungen und weltweite Produktion, in: Kreye, O. (Hrsg.), Multinationale Konzerne, München 1974, S. 132.
101 Vgl. Piehl, E., Macht und Gegenmacht, in: Wirtschaftsdienst, H. 7, Juli 1973, S. 343.
102 Vgl. Jungnickel, R., u. Koopmann, G., Multinationale Unternehmen in der Diskussion, a.a.O., S. 208.
103 Arndt, H., Wirtschaftliche Macht, a.a.O., S. 58.
104 Jungnickel, R., und Koopmann, G., Multinationale Unternehmen in der Diskussion, a.a.O., S. 209.
105 ebd., S. 206.
106 Vgl. Arndt, H., Wirtschaftliche Macht, a.a.O., S. 59.
107 Vgl. Barnet, R. J., u. Müller, R. E., Die Krisenmacher, Reinbek b. Hamburg 1975, S. 247.
108 Schaffner, H., Die Multinationalen. Ausbeuter oder Triebkraft der Weltwirtschaft?, Zürich 1974, S. 53.
109 Barnet, R. J., u. Müller, R. E., Die Krisenmacher, a.a.O., S. 246.
110 Vgl. Holthus, M. (Hrsg.), Die Deutschen Multinationalen Unternehmen, a.a.O., S. 168.
111 Vgl. Jungnickel, R., und Koopmann, G., Multinationale Unternehmen in der Diskussion, a.a.O., S. 213.
112 Arndt, H., Wirtschaftliche Macht, a.a.O., S. 63.
113 Vgl. »Der Spiegel«, Nr. 18 v. 29. 4. 1974, S. 34.
114 Vgl. Grosser, D., Einleitung, in: Grosser, D. (Hrsg.), Konzentration ohne Kontrolle, a.a.O., S. 18 f.
115 Narr, W.-D. u. Naschold, F., Theorie der Demokratie, Stuttgart 1971, S. 126.
116 zit. bei Jungnickel, R., u. Koopmann, G., Multinationale Unternehmen in der Diskussion, a.a.O., S. 221.
117 Lattes, R., Tausend Milliarden Dollar, München 1970, S. 53.
118 Stellungnahme der Bundesregierung zum Tätigkeitsbericht des Bundeskartellamtes für 1971, BT-Drucksache VI/3570, a.a.O., S. III.
119 Presse- und Informationsamt der Bundesregierung, Aktuelle Beiträge zur Wirtschafts- und Finanzpolitik, Nr. 19 vom 18. 2. 1975, S. 2.
120 Vgl. z. B. Hymer, St., Is the Multinational Corporation Doomed?, in: Innovation, Nr. 28, 1972, S. 10–18.
121 Vgl. Barnet, R. J., und Müller, R. E., Die Krisenmacher, a.a.O., S. 26.
122 Behrman, J. N., Können nationale Regierungen die multinationalen Unternehmen unter Kontrolle bringen? in: Kebschull, D., u. Mayer, O. G. (Hrsg.), Multinationale Unternehmen. Anfang oder Ende der Weltwirtschaft, a.a.O., S. 218.

4. Vom Wachstum ohne Grenzen zu den Grenzen des Wachstums

1 Marx, K., und Engels, F., Manifest der Kommunistischen Partei, Berlin 1964, S. 48 (1. Ausgabe, London 1848).
2 Schumpeter, J. A., Kapitalismus, Sozialismus und Demokratie, a.a.O., S. 136.
3 Vgl. Elliott, J. E., Comparative Economic Systems, a.a.O., S. 3 ff.
4 Knorr, K., and Baumol, W. (eds.), What Price Economic Growth? Englewood Cliffs, New Jersey 1961, S. 5.

5 Meadows, D., u. a., Die Grenzen des Wachstums, Reinbek b. Hamburg 1973.
6 Vgl. Nussbaum, H. v. (Hrsg.), Die Zukunft des Wachstums. Kritische Antworten zum Bericht des Club of Rome, Düsseldorf 1973.
7 Zur Kritik am Sozialprodukt als Wohlfahrtsmaß vgl. auch Abschnitt 4.4.
8 Gahlen, B., u. a., Volkswirtschaftslehre, a.a.O., S. 53 ff.
9 Vgl. Osterland, M., u. a., Materialien zur Lebens- und Arbeitssituation der Industriearbeiter in der BRD, a.a.O., S. 15.
10 Vgl. Hartwich, H., u. a., Arbeitslosigkeit, in: Gegenwartskunde, Jg. 24, H. 1, 1975, S. 108.
11 »Die Formulierung ›Magisches Dreieck‹ verweist die moderne Wirtschaftspolitik in den Rang der Astrologie«, Ehrenberg, H., Zwischen Marx und Markt, Frankfurt a. Main 1974, S. 174.
12 Deutschmann, Chr., Inflation und Weltwährungskrise, in: Brandes, V. (Hrsg.), Handbuch 1, Perspektiven des Kapitalismus, Frankfurt a. Main 1974, S. 71.
13 Schmahl, H. J., Erstmals Stagflation in der Bundesrepublik Deutschland – Ursachen und Konsequenzen, in: Hmbg. Jb. f. Wirtschafts- und Gesellschaftspolitik, 17. Jahr, 1972, S. 187.
14 Klaus, J., Inflationstheorie, Darmstadt 1974, S. 37.
15 Vgl. Weinert, G., Inflation – Theorien und Therapien, in: Wirtschaftsdienst, 54. Jg., H. 6, Juni 1974, S. 324.
16 Schmahl, H.-J., Stagflation, in: Wirtschaftsstudium, 4. Jg., H. 3, Februar 1975, S. 69.
17 Küster, G. H., Strukturelle Komponenten in der Inflationserklärung, in: Krüper, M. (Hrsg.), Investitionskontrolle gegen die Konzerne?, Reinbek b. Hamburg 1974, S. 77.
18 Schmahl, H.-J., Stagflation, a.a.O., S. 70.
19 Issing, O., Inflationstheorie – Systematischer Überblick über Inflationsbegriffe und Inflationsursachen, in: Wirtschaftsstudium, 3. Jg., H. 10, Oktober 1974, S. 458.
20 Vgl. Würgler, H., Inflation als Machtproblem, in: Schneider, H. K., u. Watrin, Chr. (Hrsg.), Macht und ökonomisches Gesetz, Schr. d. Vereins f. Socialpolitik, NF, Bd. 74/I, Berlin 1973, S. 710. Vgl. auch: Engler, N., Das Inflationsproblem aus konflikttheoretischer Sicht, in: Konjunkturpolitik, 20. Jg., 1974, S. 20 ff.
21 Würgler, H., Inflation als Machtproblem, a.a.O., S. 711.
22 Vgl. hierzu: Külp, B., Lohnbildung im Wechselspiel von politischen und wirtschaftlichen Kräften, Berlin 1964.
23 Vgl. Means, G., The Administered – Price – Thesis Reconfirmed, in: American Economic Review, Bd. 62, 1972, S. 292 ff.
24 Vgl. Schmahl, H.-J., Erstmals Stagflation in der Bundesrepublik Deutschland – Ursachen und Konsequenzen a.a.O., S. 136.
25 Vgl. Haubold, D., Die schleichende Inflation, in: Bolz, K. (Hrsg.), Ist Inflation unser Schicksal? München 1972, S. 45.
26 Küster, G. H., Strukturelle Komponenten in der Inflationserklärung, a.a.O., S. 78.
27 Vgl. Roth, D., Ökonomische Variable und Wahlverhalten, in: Politische Vierteljahresschrift, 14. Jg., H. 2, 1973, S. 257 ff.
28 Johnson, H. G., Inflation. Theorie und Politik, München 1975, S. 15.
29 Schmahl, H. J., Stagflation, a.a.O., S. 70. Überträgt man diesen endogenen Mechanismus auf Weltebene, so kann die Weltinflation als Ergebnis des Mißverhältnisses wachsender Einkommensansprüche der einzelnen Länder und weltweiter Ressourcenknappheit gedeutet werden.

30 Naschold, F., Gesellschaftsreform und politische Planung, in: Naschold, F., und Väth, W. (Hrsg.), Politische Planungssysteme, Opladen 1973, S. 91.
31 Roth, D., Ökonomische Variable und Wahlverhalten, in: Politische Vierteljahresschrift, 14. Jg., H. 2, 1973, S. 257.
32 Vgl. u. a. Kaltefleiter, W., Wirtschaft und Politik in Deutschland, 2. Aufl., Köln und Opladen 1968. Roth, D., Ökonomische Variable und Wahlverhalten, a.a.O. Kirchgässner, G., Ökonometrische Untersuchungen des Einflusses der Wirtschaftslage auf die Popularität der Parteien, in: Schweizerische Zeitschr. f. VW und Statistik, 110. Jg., 1974, S. 409 ff.
33 Kaltefleiter, W., Wirtschaft und Politik in Deutschland, a.a.O., S. 108.
34 ebd., S. 169.
35 ebd., S. 171.
36 Poliometrische Untersuchungen über den Zusammenhang von ökonomischen Variablen und dem Wählerverhalten in den USA kommen überwiegend zu dem Ergebnis, daß wirtschaftliche Faktoren für die Wahlentscheidung eine wichtige Rolle spielen. Kontroverse Ansichten bestehen jedoch über die Bedeutung der einzelnen Variablen und die Stärke des Zusammenhangs. Goodhart und Bhansali stellten 1970 einen signifikant negativen Zusammenhang zwischen der Popularität der Regierung und den Arbeitslosen- und Inflationsraten fest. Kramer kommt 1971 zu dem Ergebnis, daß ein signifikanter Einfluß der Inflation und des realen Pro-Kopf-Einkommens auf das Wahlverhalten existiert. Stigler hat 1973 in einer empirischen Untersuchung keinen Einfluß der allgemeinen Wirtschaftslage auf das Verhalten der amerikanischen Wähler feststellen können. Als Grund wird angegeben, daß der Wähler die Programme der Parteien in bezug auf die makro-ökonomischen Variablen Inflation, Arbeitslosigkeit und Wirtschaftswachstum nicht unterscheiden kann. Vgl. Frey, B. S., Entwicklung und Stand der Neuen Politischen Ökonomie, in: Widmaier, H. P. (Hrsg.), Politische Ökonomie des Wohlfahrtsstaates, Frankfurt a. Main 1974, S. 54.
37 Kaltefleiter, W., Wirtschaft und Politik in Deutschland, a.a.O., S. 174.
38 Vgl. Roth, D., Ökonomische Variable und Wahlverhalten, a.a.O., S. 260.
39 Vgl. Strümpel, B., Stagflation und Verteilungskonflikt, in: Wirtschaftsdienst, 55. Jg., H. 4, April 1975, S. 194. Nach Strümpel ist das unzureichende System der Arbeitslosen- und Sozialversicherung ein wichtiger Grund dafür, daß – im Gegensatz zur Bundesrepublik – in den Vereinigten Staaten seit Beginn der Stagflation eine starke Abnahme des ›Systemvertrauens‹ zu registrieren ist. So ist von 1968 bis 1973 unter der weißen Bevölkerung der Anteil ›systementfremdeter‹ Personen von 28 auf 51 Prozent, unter der farbigen Bevölkerung sogar von 19 auf 68 Prozent gestiegen, ebd., S. 192.
40 Frey, B. S., Umweltökonomie, Göttingen 1972, S. 8.
41 Vgl. Gaul, E., Atomenergie oder Ein Weg aus der Krise?, Reinbek b. Hamburg 1974.
42 Seidenfus, H. St., Umweltschutz, politisches System und wirtschaftliche Macht, in: Schneider, H. K., und Watrin, Chr. (Hrsg.), Macht und ökonomisches Gesetz, a.a.O., S. 811.
43 Siebert, H., Das produzierte Chaos, Stuttgart 1973, S. 25.
44 Frey, B. S., Umweltökonomie, a.a.O., S. 16.
45 Vgl. Boulding, K. E., The Economics of the Coming Spaceship Earth, in: Jarrer, H. (ed.), Environmental Quality in a Growing Economy, Baltimore 1966, S. 3 ff.
46 Vgl. zum folgenden insbesondere Hillmann, K.-H., Die Wachstumskrise als Wertproblem, in: Gegenwartskunde, Jg. 24, H. 1, 1975, S. 19 ff.

47 ebd., S. 24.
48 ebd., S. 28.
49 Vgl. Ronge, V., Die Umwelt im kapitalistischen System, in: Glagow, M. (Hrsg.), Umweltgefährdung und Gesellschaftssystem, München 1972, S. 100.
50 Kade, G., Umwelt – Durch das Profitmotiv in die Katastrophe, in: Molitor, R. (Hrsg.), Kontaktstudium Ökonomie und Gesellschaft, Frankfurt a. Main 1972, S. 245.
51 ebd., S. 244.
52 Vgl. Kade, G., Ökonomische und gesellschaftspolitische Aspekte des Umweltschutzes, in: Glagow, M. (Hrsg.), Umweltgefährdung und Gesellschaftssystem, a.a.O., S. 131.
53 Vgl. Kade, G., Umwelt – Durch das Profitmotiv in die Katastrophe, a.a.O., S. 245.
54 Der Hinweis von Ronge, daß gleiche Symptome unterschiedliche Ursachen haben können, ist zweifellos richtig. Wenn er jedoch folgert, nur im kapitalistischen System bestehe – weil die Umwelt freies Gut ist – keine ökologische Rationalität, hätte er die angeblich anderen Ursachen der Umweltkrise in sozialistischen Ländern zumindest andeuten müssen. Vgl. Ronge, V., Die Umwelt im kapitalistischen System, a.a.O., S. 105 ff. Der Marxist Robert Havemann stellt dazu fest: »Die ›Lebensqualitäten‹, die er (der Sozialismus) anstrebt, sind die, die der Kapitalismus bereits bietet. Aber während der Kapitalismus schon beginnt, unter den Auswirkungen seiner Konsum-Explosionen Erstickungsanfälle zu erleiden, quält sich die sozialistische Wirtschaft mit gehörig rückständiger Technologie immer wieder vergebens damit ab, der kapitalistischen Wirtschaft auf ihrem immer sinnloser werdenden Weg zu folgen.« Havemann, R., DDR: Im Strudel des kapitalistischen Infernos, in: »Der Spiegel«, 29. Jg., Nr. 22 v. 26. Mai 1975, S. 65.
55 Goldman, M. I., Umweltzerstörung und Umweltvergiftung in der Sowjetunion, in: Glagow, M. (Hrsg.), Umweltgefährdung und Gesellschaftssystem, a.a.O., S. 74 f.
56 Vgl. Seidenfus, H. St., Umweltschutz, politisches System und wirtschaftliche Macht, a.a.O., S. 816.
57 Binswanger, H. Chr., Umrisse einer umweltkonformen Wirtschaftsordnung, in: Schlemmer, J. (Hrsg.), Neue Ziele für das Wachstum, München 1973, S. 119.
58 Vgl. Meadows, D., u. a., Die Grenzen des Wachstums. Bericht des Club of Rome zur Lage der Menschheit, Stuttgart 1972, und Mesarovic, M., u. Pestel, E., Menschheit am Wendepunkt. 2. Bericht an den Club of Rome zur Weltlage, Stuttgart 1974.
59 Pestel, E., Arbeit und Ziele des Club of Rome, in: The Club of Rome. Börsenverein des Deutschen Buchhandels, Frankfurt a. Main 1973, S. 49.
60 Meadows, D., u. a., Die Grenzen des Wachstums, Reinbek b. Hamburg 1973, S. 25.
61 ebd., S. 19.
62 Pestel, E., u. a., Weltmodelle und ihre Problematik, in: Giersch, H. (Hrsg.), Das Umweltproblem in ökonomischer Sicht, Tübingen 1974, S. 54 f.
63 Meadows, D., u. a., Die Grenzen des Wachstums, a.a.O., S. 154.
64 Vgl. Meadows, D., u. a., Die Grenzen des Wachstums, a.a.O., S. 141 ff.
65 ebd., S. 157 u. 160.
66 Mesarovic, M., u. Pestel, E., Menschheit am Wendepunkt, a.a.O., S. 41 ff.
67 ebd., S. 56.
68 ebd., S. 56.
69 ebd., S. 7.

70 Vgl. hierzu insbesondere: Tuchtfeldt, E., Die Grenzen des Wachstums. Zwischenbilanz einer Diskussion, in: »Neue Zürcher Zeitung« v. 21. November 1973, und Nussbaum, H. v. (Hrsg.), Die Zukunft des Wachstums. Düsseldorf 1973. Die folgenden Ausführungen lehnen sich an Tuchtfeldt an.
71 Tuchtfeldt, E., Die Grenzen des Wachstums, a.a.O., o. S.
72 Meadows, D., u. a., Die Grenzen des Wachstums, a.a.O., S. 117.
73 ebd., S. 37.
74 Galtung, J., Wachstumskrise und Klassenpolitik, in: Nussbaum, H. v. (Hrsg.), Die Zukunft des Wachstums, a.a.O., S. 95.
75 Möglicherweise wird sich dieser Ansatz ausweiten zu einer Gesamtkritik an den logisch-analytischen Denkmethoden unserer Zeit, da komplexe Phänomene sich wahrscheinlich nur durch ›Denken in Netzen‹ und nicht durch logische Schritte erfassen lassen.
76 Vgl. Hauser, S., und Lörcher, S., ›Lebensstandard‹ und ›Sozialprodukt‹. Ein Vergleich BRD – Japan, in: Konjunkturpolitik, 19. Jg., 1973, S. 81 ff. Da Hauser und Lörcher bei der Ermittlung des ›Lebensstandards‹ mit gesellschaftlichen Kennziffern arbeiten, wird hier der Begriff ›Lebensqualität‹ verwendet.
77 Vgl. Eppler, E., Läßt sich Lebensqualität definieren?, in: Eppler, E., Maßstäbe für eine humane Gesellschaft: Lebensstandard oder Lebensqualität?, Stuttgart 1974, S. 47.
78 Leipert, Chr., Soziale Indikatoren und Wohlstandsmessung, in: Wirtschaftsdienst, 53. Jg., H. 9, September 1973, S. 479.
79 Eppler, E., Ende oder Wende. Von der Machbarkeit des Notwendigen, Stuttgart 1975, S. 38.
80 Vgl. hierzu insbesondere: Leipert, Chr., Soziale Indikatoren, in: Konjunkturpolitik, 19. Jg., 1973, S. 204 ff. Ein Überblick über den Stand der Diskussion in der Bundesrepublik findet sich bei: Zapf, W. (Hrsg.), Soziale Indikatoren. Konzepte und Forschungsansätze, Bd. I und II, Frankfurt/New York 1974.
81 Leipert, Chr., Soziale Indikatoren und Wohlstandsmessung, a.a.O., S. 480.
82 Vgl. Presse und Informationsamt der Bundesregierung (Hrsg.), Gesellschaftliche Daten 1973, Bonn, Okt. 1973.
83 Eppler, E., Läßt sich Lebensqualität definieren?, a.a.O., S. 47.
84 Vgl. C. O. (= Claus Offe), »Lebensqualität« – Eine neue Friedensformel sozialdemokratischer Innenpolitik?, in: Leviathan, Jg. 2, 1974, S. 1 ff.
85 Vgl. Herriot, P. I., Political Questions about Social Indicators, in: The Western Political Science Quarterly, Vol. 23, S. 235 ff., zit. bei: Leipert, Chr., Soziale Indikatoren, a.a.O., S. 245.
86 Picht, G., Wir brauchen neue Überzeugungen, in: Schlemmer, J., (Hrsg.), Neue Ziele für das Wachstum, a.a.O., S. 138.

5. Vom Nachtwächter- zum Planungsstaat

1 Vgl. Hennig, E., Art. Wohlfahrtsstaat, in: Görlitz, A. (Hrsg.), Handlexikon zur Politikwissenschaft, Bd. 2, Reinbek b. Hamburg 1973, S. 510. Hennig zitiert dazu die Regierungserklärung F. v. Papens v. 3. Juni 1932: »Die Nachkriegsregierungen haben geglaubt, durch einen sich ständig steigernden Staatssozialismus die materiellen Sorgen dem Arbeitnehmer wie dem Arbeitgeber in weitem Maße abnehmen zu können. Sie haben den Staat zu einer Art Wohlfahrtsstaat zu machen versucht und damit die moralischen Kräfte der Nation geschwächt. Sie haben ihm die Aufgabe zuerteilt, die er seinem Wesen nach niemals erfüllen kann.«

2 Euchner, W., Art. Staat, in: Görlitz, A. (Hrsg.), Handlexikon zur Politikwissenschaft, Bd. 2, a.a.O., S. 431.
3 Andere Autoren dagegen konstatieren dadurch eine ›Besonderung‹ des Staates, der auch gegenüber den unmittelbaren Interessen der Einzelkapitale die Funktion des ›ideellen‹ Gesamtkapitalisten zur Sicherung der gesellschaftlichen Bedingungen einer fortdauernden Kapitalverwertung wahrzunehmen hat. Damit schafft erst die relative Verselbständigung des bürgerlichen Staates gegenüber den Kapitalinteressen und die zunehmende Regulierung ökonomischer Prozesse durch die staatliche Politik die Voraussetzungen für die Überwindung von Kapitalverwertungskrisen und damit für die fortdauernde Existenz der kapitalistischen Formation. Vgl. Ehmke, H., Demokratischer Sozialismus und demokratischer Staat, in: Lührs, G. (Hrsg.), Beiträge zur Theoriediskussion II, Berlin – Bonn 1974, S. 94 f.
4 Blanke, B., Art. Staat (aus marxistischer Sicht), in: Eynern, G. v. (Hrsg.), Wörterbuch zur politischen Ökonomie, Opladen 1973, S. 376.
5 ebd., S. 376.
6 Hesse, K., Grundzüge des Verfassungsrechts der Bundesrepublik Deutschland, Karlsruhe 1967, S. 7.
7 Vgl. Wehler, H.-U., Der Aufstieg des organisierten Kapitalismus und Interventionismus in Deutschland, in: Winkler, H. A. (Hrsg.), Organisierter Kapitalismus, Göttingen 1974, S. 37.
8 Henke, K.-D., Die Entwicklung der Staatsausgaben, in: Wirtschaftsstudium, H. 8, August 1974, S. 374.
9 Wehler, H. U., Der Aufstieg des organisierten Kapitalismus, a.a.O., S. 38.
10 Vgl. Stolper, G., Häuser, K., Borchardt, K., Deutsche Wirtschaft seit 1870, 2. Aufl., Tübingen 1966, S. 139.
11 Henke, K.-D., Die Entwicklung der Staatsausgaben, a.a.O., S. 374.
12 Die öffentlichen Ausgaben sind nur ein grober Indikator für den Output des politischen Systems, weil neben der ›Staatstätigkeit auf dem Ausgabenwege‹ auch die ›Tätigkeit auf dem Verordnungsweg‹, d. h. die Zahl der Gesetze, Verwaltungsakte und Erlasse berücksichtigt werden müßte. Zwar verursacht auch die Verordnungstätigkeit Ausgaben, jedoch in der Regel nur in Form der ohnehin regelmäßig anfallenden Verwaltungskosten.
13 Schiller, K., Neuere Entwicklungen in der Theorie der Wirtschaftspolitik, in: Schiller, K., Der Ökonom und die Gesellschaft, Stuttgart 1964, S. 44.
14 Wittmann, W., Einführung in die Finanzwissenschaft. I. Teil, Die öffentlichen Ausgaben, Stuttgart 1970, S. 11 f.
15 Ronge, V., und Schmieg, G., Restriktionen politischer Planung, Frankfurt 1973, S. 181.
16 Vgl. Henke, W.-D., Die Entwicklung der Staatsausgaben, a.a.O., S. 371. Anders Wittmann, der zwar auch auf die überdurchschnittlichen Preissteigerungen im Staatssektor hinweist, aber (ohne Quellenangabe) behauptet: »Einschlägige Untersuchungen weisen jedoch gleichzeitig nach, daß die öffentlichen Ausgaben auch zu konstanten Preisen (real) expandiert haben.« Wittmann, W., Einführung in die Finanzwissenschaft, a.a.O., S. 11.
17 Vgl. Ronge, V., und Schmieg, G., Restriktionen politischer Planung, a.a.O., S. 168.
18 Vgl. Recktenwald, H. G., Staatswirtschaft in säkularer Entwicklung, a.a.O., S. 119.
19 Vgl. Kaase, M., Determinanten des Wählerverhaltens bei der Bundestagswahl 1969, in: Politische Vierteljahresschrift, H. 1, 1970, S. 70.
20 Henke, W. D., Die Entwicklung der Staatsausgaben, a.a.O., S. 375.

21 Wittmann, W., Einführung in die Finanzwissenschaft, a.a.O., S. 19.
22 Zu diesem sog. *displacement effect* vgl. Peacock, A. T., and Wiseman, J., The Growth of Public Expenditure in the United Kingdom, Princeton 1961.
23 Wittmann, W., Einführung in die Finanzwissenschaft, a.a.O., S. 19.
24 Vgl. z. B. Peacock, A. T., and Wiseman, J., The Growth of Public Expenditure, a.a.O.
25 Littmann, K., Zunehmende Staatstätigkeit und wirtschaftliche Entwicklung, Köln und Opladen 1957, S. 100.
26 Myrdal, G., Jenseits des Wohlfahrtsstaates, Stuttgart 1961, S. 49.
27 Vgl. hierzu: Behlke, R., Der Neoliberalismus und die Gestaltung der Wirtschaftsverfassung in der Bundesrepublik Deutschland, Berlin 1961.
28 Vgl. Sohmen, E., Wettbewerb, Konzentration und ökonomische Effizienz, in: Ordo, 20. Bd., 1969, S. 137.
29 ebd., S. 141.
30 Ziersch, G., Der BDI – Ausschuß für Wettbewerbsordnung und das Gesetz gegen Wettbewerbsbeschränkungen, in: Arbeitskreis Kartellgesetz im Ausschuß für Wettbewerbsordnung des BDI (Hrsg.), 10 Jahre Kartellgesetz, 1958–1968. Eine Würdigung aus der Sicht der deutschen Industrie, Bergisch Gladbach 1968, S. 445 f.
31 Vgl. Arndt, H., Wirtschaftliche Macht, a.a.O., S. 102.
32 Ziersch, G., Der BDI – Ausschuß für Wettbewerbsordnung und das Gesetz gegen Wettbewerbsbeschränkungen, a.a.O., S. 447.
33 Hamm, W., Das Kartellgesetz, ein »löchriger Käse«, »Frankfurter Allgemeine Zeitung« vom 21. März 1972.
34 Sohmen, E., Wettbewerb, Konzentration und ökonomische Effizienz, a.a.O., S. 145.
35 Eucken, W., Grundsätze der Wirtschaftspolitik, Reinbek b. Hamburg 1972, S. 120 (1. Aufl., Tübingen 1952).
36 Zwar leitete das Bundeskartellamt bis Ende 1972 insgesamt 469 Mißbrauchsverfahren ein, jedoch erging nur in 3 Verfahren eine Mißbrauchsverfügung, von denen lediglich 2 rechtskräftig wurden. Vgl. Ewers, H.-J., Absage an Preiskontrolleure?, in: Wirtschaftsdienst, 55. Jg., H. 5, Mai 1975, S. 254.
37 Vgl. Stellungnahme der Bundesregierung zum Tätigkeitsbericht des Bundeskartellamtes für 1971, Bundesdrucksache VI/3570, Bonn 1972, S. IV.
38 Grottian, P., Strukturprobleme staatlicher Planung, Hamburg 1974, S. 206.
39 Vgl. Kartte, W., Ein neues Leitbild für die Wettbewerbspolitik, Köln 1969, S. 53.
40 ebd., S. 77.
41 Biedenkopf, K. H., Ordnungspolitische Probleme der Neuen Wirtschaftspolitik, in: Jb. für Sozialwissenschaft, Bd. 19, 1968, S. 310 f.
42 Vgl. Grottian, P., Strukturprobleme staatlicher Planung, a.a.O., S. 236. Grottian stellt den Willensbildungsprozeß bei der Novellierung des GWB 1969 bis 1973 im einzelnen dar. Zur unverändert kritischen Einstellung des B.D.I. gegenüber den neoliberalen ›Wettbewerbsideologen‹, vgl. Sölter, A., Zur Weiterentwicklung der Wettbewerbsordnung, in: Gemper, B. B. (Hrsg.), Marktwirtschaft und soziale Verantwortung, Köln 1973, S. 201 ff.
43 Barnikel, H.-H., Schwierigkeiten einer nationalen Kontrolle, in: Wirtschaftsdienst, 54. Jg., H. 6, Juni 1974, S. 286. Barnikel ist Direktor beim Bundeskartellamt. Er leitete das Hearing der multinationalen Mineralölfirmen.
44 ebd., S. 287.
45 Vgl. hierzu: Schmidt, I. US-amerikanische und deutsche Wettbewerbspolitik gegenüber Marktmacht, Berlin 1973.

46 Streißler, E., Macht und Freiheit in der Sicht des Liberalismus, in: Schneider, H. K., und Watrin, Chr. (Hrsg.), Macht und ökonomisches Gesetz, Schr. d. Vereins f. Socialpol., NF, Bd. 74/II, Berlin 1973, S. 1425 f.
47 Derartige Instabilitäten existieren auch in planwirtschaftlichen Systemen, haben dort aber andere Ursachen.
48 Vgl. Schmahl, H.-J., Globalsteuerung der Wirtschaft, Hamburg 1970, S. 50 f.
49 Vgl. Tuchtfeldt, E., Soziale Marktwirtschaft und Globalsteuerung, in: Tuchtfeldt, E. (Hrsg.), Soziale Marktwirtschaft im Wandel, Freiburg i. Br. 1973, S. 166.
50 ebd., S. 166.
51 Möller, A., Kommentar zum Gesetz zur Förderung der Stabilität und des Wachstums, 2. Aufl., Hannover 1969, S. 24.
52 ebd., S. 91 f.
53 Vgl. Arnim, H. H. v., Volkswirtschaftspolitik, a.a.O., S. 254 f.
54 Tuchtfeldt, E., Soziale Marktwirtschaft und Globalsteuerung, a.a.O., S. 168.
55 Watrin, Chr., Globale Wirtschaftssteuerung und Einkommenspolitik, in: Ordo, 24. Band, 1973, S. 125. Vgl. auch die Feststellung Schmahls: »Die Glättung zyklischer Schwankungen ist in den ersten vier Jahren der Stabilitätspolitik ebensowenig gelungen wie vorher.« Schmahl, H. J., Globalsteuerung – Zwischenbilanz einer Konjunkturpolitik, in: Hamburger Jahrbuch für Wirtschafts- und Gesellschaftspolitik, 16. Jahr, 1971, S. 282.
56 Jahreswirtschaftsbericht der Bundesregierung 1972, BT-Drucksache VI/3078, Bonn 1972, S. 38 (Hervorhebung von mir).
57 Hayek, F. A. v., Die Verfassung der Freiheit, Tübingen 1971, S. 413.
58 Vgl. Watrin, Chr., Globale Wirtschaftssteuerung und Einkommenspolitik, a.a.O., S. 127.
59 Stellungnahme der Bundesregierung zum Tätigkeitsbericht des Bundeskartellamtes für 1971, BT-Drucksache VI/3570, Bonn 1972, S. V.
60 Neemann, G., Ordnungspolitische Vorschläge zur Preisstabilisierung, in: WSI-Studie zur Wirtschafts- und Sozialforschung Nr. 27, Stabilisierungspolitik, Köln 1974, S. 263.
61 Schiller, K., Zukunftsaufgaben der Industriegesellschaft, in: Shonfield, A., Geplanter Kapitalismus, Köln 1968, S. XX.
62 Schiller, K., Die Zukunft der Marktwirtschaft, in: Gemper, B. B. (Hrsg.), Marktwirtschaft und soziale Verantwortung, a.a.O., S. 92.
63 Vgl. hierzu insbesondere: Mayntz, R., und Scharpf, F. W., Kriterien, Voraussetzungen und Einschränkungen aktiver Politik, in: Mayntz, R., und Scharpf, F. W. (Hrsg.), Planungsorganisation, München 1973, S. 115 ff. und Grottian, P., und Murswieck, A. (Hrsg.), Handlungsspielräume der Staatsadministration, Hamburg 1974.
64 Vgl. hierzu: Hesse, K., Grundzüge des Verfassungsrechts der Bundesrepublik Deutschland, a.a.O., S. 154 ff.
65 Gresser, K., Probleme der mehrjährigen öffentlichen Finanzplanung, Berlin 1974, S. 99.
66 Bundesministerium für innerdeutsche Beziehungen (Hrsg.), Materialien zum Bericht zur Lage der Nation 1974, Bonn 1974, S. 27.
67 Offe, C., Politische Herrschaft und Klassenstrukturen. Zur Analyse spätkapitalistischer Gesellschaftssysteme, in: Kress, G., und Senghaas, D. (Hrsg.), Politikwissenschaft, 3. Aufl., Frankfurt 1971, S. 169.
68 Aron, R., Classe sociale, Classe politique, Classe dirigeante, in: Archives Européennes de Sociologie, Bd. I, 1960, S. 272.

69 Schiller, K., Rede im Institut für Weltwirtschaft an der Universität Kiel am 26. Januar 1968, in: BMWI-Texte, Reden zur Wirtschaftspolitik 3, 8. Aufl., Bonn 1970, S. 157.
70 Neidhardt, F., Zwischen Apathie und Anpassung. Unterschichtenverhalten in der Bundesrepublik, in: Hamburger Jahrbuch für Wirtschafts- und Gesellschaftspolitik, 15. Jahr, 1970, S. 218.
71 Zum empirischen Nachweis und zu einigen Vorschlägen der Reorganisation des politisch-administrativen Systems vgl. Braun, G., Probleme der pluralistischen Gesellschaft, Hamburg 1973.
72 Vgl. hierzu: Downs, A., Ökonomische Theorie der Demokratie, Tübingen 1968.
73 Schumpeter, J., Kapitalismus, Sozialismus und Demokratie, 2. Aufl., Bern 1950, S. 456 f.
74 Vgl. Lindblom, Ch., Science of ›Muddling Through‹, in: Public Administration Review, Vol. 19, 1959.
75 Haas, E. B., Die Einigung Europas, in: Sidjanski, D., u. a., Erfolge und Krisen der Integration, Köln 1969, S. 61.
76 So das klassische Bürokratiemodell Max Webers. Vgl. Weber, M., Wirtschaft und Gesellschaft, Köln u. Berlin 1964.
77 Hartfiel, G., Die öffentliche Verwaltung zwischen technischem Fortschritt und sozialem Wandel, in: Hamburger Jahrbuch für Wirtschafts- und Gesellschaftspolitik, 15. Jahr, 1970, S. 199.
78 Mayntz, R., Bürokratische Organisation und Verwaltung, in: Wissen im Überblick, Freiburg i. Br. 1971, S. 484.
79 Vgl. Ellwein, Th., und Zoll, R., Berufsbeamtentum. Anspruch und Wirklichkeit, Düsseldorf 1973.
80 Scharpf, F. W., Reformpolitik im Spätkapitalismus, in: Scharpf, F. W., Planung als politischer Prozeß. Aufsätze zur Theorie der planenden Demokratie, Frankfurt a. Main 1973, S. 144 f.
81 Blank, H. J., und Hirsch, J., Vom Elend des Gesetzgebers, in: Schäfer, G., und Nedelmann, C. (Hrsg.), Der CDU-Staat, Bd. I, Frankfurt a. Main 1969, S. 166.
82 Vgl. hierzu Breitling, R., Politische Pression wirtschaftlicher und gesellschaftlicher Kräfte in der Bundesrepublik Deutschland, in: Steffen, H. (Hrsg.), Die Gesellschaft in der Bundesrepublik. Analysen. Erster Teil, Göttingen 1970, S. 72 ff.
83 Hartfiel, G., Die öffentliche Verwaltung zwischen technischem Fortschritt und sozialem Wandel, a.a.O., S. 201.
84 Vgl. Crozier, M., Der bürokratische Circulus vitiosus und das Problem des Wandels, in: Mayntz, R. (Hrsg.), Bürokratische Organisation, Köln – Berlin 1968, S. 277 ff.
85 Mayntz, R., und Scharpf, F. W., Kriterien, Voraussetzungen und Einschränkungen aktiver Politik, a.a.O., S. 136.
86 Vgl. O'Connor, J., Die Finanzkrise des Staates, Frankfurt a. Main 1974, S. 48.
87 Vgl. Ballerstedt, E., Soziologischer Almanach, a.a.O., S. 240.
88 Gronemeyer, R., Integration durch Partizipation?, Frankfurt a. Main 1973, S. 51.
89 Vgl. Mayntz, R., und Scharpf, F. W., Kriterien, Voraussetzungen und Einschränkungen aktiver Politik, a.a.O., S. 116.
90 Vgl. hierzu im einzelnen: Ronge, V., und Schmieg, G. (Hrsg.), Politische Planung in Theorie und Praxis, München 1971.

91 Ronge, V., und Schmieg, G., Restriktionen politischer Planung, a.a.O., S. 11.
92 Vgl. hierzu: Naschold, F., Gesellschaftsreform und politische Planung, in: Naschold, F., und Väth, W. (Hrsg.), Politische Planungssysteme, Opladen 1973, S. 77.
93 Eppler, E., Ende oder Wende, a.a.O., S. 36.
94 Vgl. hierzu: Offe, C., Demokratische Legitimation der Planung, in: Offe, C., Strukturprobleme des kapitalistischen Staates, Frankfurt am Main 1972, S. 123 ff., und Habermas, J., Legitimationsprobleme im Spätkapitalismus, Frankfurt a. Main 1973.
95 Vgl. hierzu insbesondere: Scharpf, F., Demokratietheorie zwischen Utopie und Anpassung, Konstanz 1970.
96 Toffler, A., Der Zukunftsschock, Frankfurt a. Main 1970, S. 320.

6. Theorien der politischen Ökonomie

1 Vgl. Meißner, W., Stabilität als Aufgabe: Der Reflex von Planungszwängen in der Wirtschaftswissenschaft, in: Meißner, W., und Unterseher, L. (Hrsg.), Verteilungskampf und Stabilitätspolitik, Stuttgart 1972, S. 24.
2 Blättner, F., Art. Politische Ökonomie, in: Görlitz, A. (Hrsg.), Handlexikon zur Politikwissenschaft, Bd. 2, Reinbek b. Hamburg 1972, S. 342.
3 Salin, E., Politische Ökonomie, 5. Aufl., Tübingen – Zürich 1967, S. 85.
4 Art. Nationalökonomie und Politische Ökonomie, in: Kernig, C. D. (Hrsg.), Marxismus im Systemvergleich, Ökonomie 3, Frankfurt/New York 1973, Sp. 182.
5 Jochimsen, R., und Knobel, H., Einleitung zu: Jochimsen, R., und Knobel, H. (Hrsg.), Gegenstand und Methoden der Nationalökonomie, Köln 1971, S. 22.
6 Lange, O., Brus, W., Kowalik, T., Sachs, I., Wirtschaftswissenschaft, Berlin – Wien, 1972, S. 74 f.
7 ebd., S. 25.
8 Stellvertretend für eine Fülle von Veröffentlichungen seien genannt: Frey, B. S., u. Meißner, W. (Hrsg.), Zwei Ansätze der Politischen Ökonomie. Marxismus und ökonomische Theorie der Politik, Frankfurt a. Main 1974. Köllner, L., Wirtschaftswissenschaft versus politische Ökonomie, Stuttgart 1973. Widmaier, H. P. (Hrsg.), Politische Ökonomie des Wohlfahrtsstaates, Frankfurt a. Main 1974. Vogt, W. (Hrsg.), Seminar: Politische Ökonomie, Frankfurt a. Main 1973. Frey, B. S., Die Renaissance der Politischen Ökonomie, in: Schweizerische Zeitschrift für Volkswirtschaft und Statistik, 110. Jg. 1974, S. 35 ff.
9 Vorwort der Herausgeber in: Frey, B. S., und Meißner, W. (Hrsg.), Zwei Ansätze der Politischen Ökonomie, a.a.O., S. 27.
10 Napoleoni, C., Grundzüge der modernen ökonomischen Theorie, Frankfurt a. Main 1968, S. 55.
11 Keynes, J. M., The General Theory of Employment, Interest, and Money, London 1936, S. 32 f.
12 Zum folgenden vgl. die m. E. beste Darstellung der Keynesschen Lehre in deutschsprachigen Raum, Paulsen, A., Neue Wirtschaftslehre, 4. Aufl. München 1972.
13 Paul Samuelson, zit. bei: Jochimsen, R., und Knobel, H. (Hrsg.), Gegenstand und Methoden der Nationalökonomie, a.a.O., S. 37.
14 Keynes, J. M., The General Theory of Employment, Interest, and Money, a.a.O., S. 96.

15 Auf die zinstheoretischen Gründe soll hier nicht eingegangen werden, ebensowenig auf den kurzfristigen Aspekt der Keynesschen Theorie.
16 Napoleoni, C., Grundzüge der modernen ökonomischen Theorie, a.a.O., S. 81.
17 Keynes, J. M., Allgemeine Theorie der Beschäftigung, des Zinses und des Geldes, Berlin 1955, S. 319.
18 Görlitz, A., Politikwissenschaftliche Propädeutik, Reinbek b. Hamburg, 1972, S. 189.
19 ebd., S. 189.
20 Hirsch, J., Wissenschaftlich-technischer Fortschritt und politisches System, Frankfurt a. Main 1970, S. 53, Anmerkung 83.
21 Keynes, J. M., Allgemeine Theorie der Beschäftigung, des Zinses und des Geldes, a.a.O., S. 321.
22 Schumpeter, J. A., Kapitalismus, Sozialismus und Demokratie, 2. Aufl., Bern 1950, S. 105 und. S. 267.
23 Vgl. Beckerath, E. v., Größe und Verfall des Kapitalismus. Betrachtungen zu Schumpeters Buch über »Kapitalismus, Sozialismus und Demokratie«, in: Zeitschr. für die ges. Staatswissenschaft, Bd. 106, 1950, S. 208.
24 Vgl. Schumpeter, J. A., Kapitalismus, Sozialismus und Demokratie, a.a.O., S. 136.
25 ebd., S. 137.
26 Vgl. Beckerath, E. v., Größe und Verfall des Kapitalismus, a.a.O., S. 204.
27 Schumpeter, J. A., Kapitalismus, Sozialismus und Demokratie, a.a.O., S. 174 f.
28 ebd., S. 140.
29 ebd., S. 115.
30 ebd., S. 217 f.
31 ebd., S. 230.
32 Geiger, R., Die Entwicklungstendenzen des Kapitalismus bei Keynes, Schumpeter und Burnham, Winterthur 1959, S. 44.
33 Schumpeter, J. A., Kapitalismus, Sozialismus und Demokratie, a.a.O., S. 247. Diese These ist ein verblüffender Vorläufer von der angeblich originellen These Schelskys vom kritischen Geist und der Herrschaft der intellektuellen »Sinnproduzenten«.
34 ebd., S. 106.
35 ebd., S. 301 ff.
36 ebd., S. 212.
37 ebd., S. 480 u. S. 485.
38 Beckerath, E. v., Größe und Verfall des Kapitalismus, a.a.O., S. 195.
39 Hoffmann, W., Theorie der Wirtschaftsentwicklung, 2. Aufl., Berlin 1971, S. 118.
40 zit. bei E. Salin in seinem Vorwort zu Schumpeters Kapitalismus, Sozialismus und Demokratie, a.a.O., S. 9.
41 Galbraith, J. K., Die moderne Industriegesellschaft, München 1968, S. 87 f.
42 ebd., S. 88.
43 Görlitz, A., Politikwissenschaftliche Propädeutik, a.a.O., S. 192. Dieser Abschnitt lehnt sich an Görlitz an.
44 Meade, J. E., Ist die moderne Industriegesellschaft von J. K. Galbraith unvermeidlich?, in: Hamburger Jahrbuch für Wirtschafts- und Gesellschaftspolitik, 14. Jg., 1969, S. 226 f.
45 Galbraith, J. K., Die moderne Industriegesellschaft, a.a.O., S. 216.
46 ebd., S. 239.
47 Görlitz, A., Politikwissenschaftliche Propädeutik, a.a.O., S. 193.
48 Vgl. zum folgenden: Galbraith, J. K., Die moderne Industriegesellschaft,

a.a.O., und Galbraith, J. K., Wirtschaft für Staat und Gesellschaft, München 1974.
49 Görlitz, A., Politikwissenschaftliche Propädeutik, a.a.O., S. 200.
50 Vgl. Galbraith, J. K., Die moderne Industriegesellschaft, a.a.O., S. 332.
51 Galbraith, J. K., Wirtschaft für Staat und Gesellschaft, a.a.O., S. 277.
52 Vgl. z. B. Gäfgen, G., On the Methodology and Political Economy of Galbraithian Economics, in: Kyklos, Vol. XXVII, 1974, S. 70 ff.
53 Hirsch, J., Wissenschaftlich-technischer Fortschritt und politisches System, a.a.O., S. 49.
54 Galbraith, J. K., Die moderne Industriegesellschaft, a.a.O., S. 346 f.
55 Vgl. Meade, J. E., Ist die moderne Industriegesellschaft von J. K. Galbraith unvermeidlich?, a.a.O., S. 229 f.
56 Sweezy, P. M., Utopischer Reformismus. Kritik an Galbraith' neuestem Buch, in: Das Argument, 16. Jg. 1974, H. 85, S. 230.
57 Art. Nationalökonomie und Politische Ökonomie, a.a.O., Sp. 186.
58 Meißner, W., Stabilität als Aufgabe: Der Reflex von Planungszwängen in der Wirtschaftswissenschaft, a.a.O., S. 12.
59 Vgl. hierzu insbesondere Mandel, E., Der Spätkapitalismus, Frankfurt a. Main 1972.
60 Mandel, E., Art. Spätkapitalismus, in: Eynern, G. v. (Hrsg.), Wörterbuch zur politischen Ökonomie, a.a.O., S. 356.
61 Mandel, E., Der Spätkapitalismus, a.a.O., S. 316.
62 Vgl. Mandel, E., Marxistische Wirtschaftstheorie, Frankfurt a. Main 1968, S. 523.
63 Nur nebenbei sei erwähnt, daß es einzelnen Autoren gelingt, im selben Buch sowohl das eine als auch das andere zu sein. Huffschmid etwa behauptet: Die private Wirtschaft »ist heute schon nicht mehr wettbewerblich strukturiert« (S. 8). Es besteht eine »Tendenz zur Abschaffung des Wettbewerbs« (S. 67). Der Wettbewerbsmechanismus setzt aus (S. 103). Es besteht noch Angebotskonkurrenz zwischen mehreren Konzernen (S. 107). »Der konkrete Inhalt des Wortes Wettbewerb (wird) in Zukunft das exakte Gegenteil dessen bedeuten, was Wettbewerb früher bedeutete« (S. 68). Huffschmid, J., Die Politik des Kapitals. Konzentration und Wirtschaftspolitik in der Bundesrepublik, 6. Aufl., Frankfurt a. Main 1971.
64 Mandel, E., Art. Spätkapitalismus, a.a.O., S. 358.
65 ebd., S. 358.
66 Baran, P. A., und Sweezy, P. M., Monopolkapital. Ein Essay über die amerikanische Wirtschafts- und Gesellschaftsordnung, 1. Aufl., Frankfurt a. Main, 1973, S. 273 f.
67 ebd., S. 327.
68 ebd., S. 63 ff.
69 Jalée, P., Das neueste Stadium des Imperialismus, München 1971, S. 96.
70 Hirsch, J., Zur politischen Ökonomie des politischen Systems, in: Kress, G., und Senghaas, D. (Hrsg.), Politikwissenschaft, Frankfurt 1973, S. 179.
71 Breuer, W. M., Der geplante Kapitalismus – Garant für Stabilität und Wachstum?, in: Hitzer, F., und Opitz, R. (Hrsg.), Alternativen der Opposition, Köln 1969, S. 108.
72 Mandel, E., Marxistische Wirtschaftstheorie, 2. Bd., 2. Aufl., Frankfurt a. Main 1972, S. 658.
73 Huffschmid, J., Die Politik des Kapitals, a.a.O., S. 110 f.
74 Vgl. Breuer, W. M., Der geplante Kapitalismus, a.a.O., S. 113 f.
75 Vgl. Duve, F. (Hrsg.), Der Thesenstreit um »Stamokap«. Die Dokumente

der Grundsatzdiskussion der Jungsozialisten, Reinbek b. Hamburg 1973, S. 23.
76 Breuer, W. M., Der geplante Kapitalismus, a.a.O., S. 113.
77 Jaeggi, U., Kapital und Arbeit in der Bundesrepublik, 2. Aufl., Frankfurt a. Main 1973, S. 36.
78 ebd., S. 124.
79 Miliband, R., Der Staat in der kapitalistischen Gesellschaft, Frankfurt a. Main 1972, S. 197.
80 ebd., S. 198.
81 Hirsch, J., Wissenschaftlich-technischer Fortschritt und politisches System, a.a.O., S. 51.
82 Mandel, E., Art. Spätkapitalismus, a.a.O., S. 357.
83 Habermas, J., Legitimationsprobleme im Spätkapitalismus, Frankfurt a. Main 1973, S. 50.
84 Watrin, Chr., Spätkapitalismus?, in: Scheuch, K. E. (Hrsg.), Der Wiedertäufer der Wohlstandsgesellschaft, 2. Aufl., Köln 1968, S. 41 f.
85 Vgl. Schmidtchen, D., Wirtschaftspolitik im Dienst von Kapitalinteressen?, in: Ordo, Bd. 22, 1971, S. 57.
86 ebd., S. 67.
87 Seidenfus, H. St., Die Irrtümer der Neomarxisten, in: Molitor, R. (Hrsg.), Kontaktstudium Ökonomie und Gesellschaft, Frankfurt a. Main 1972, S. 190.
88 G. Rittig in seinem Vorwort zu: Sweezy, P. M., Theorie der kapitalistischen Entwicklung, 2. Aufl., Frankfurt a. Main, 1971, S. 8.
89 Vgl. Zapf, W., Theorien des sozialen Wandels, 2. Aufl., Köln 1970, S. 15. Zapf bezieht diese Aussage auf die Theorien des sozialen Wandels. Sie gilt uneingeschränkt für die Theorien der politischen Ökonomie.

POLITIK DIREKT

Informationen aus erster Hand. »Das Parlament« bietet sie Ihnen: Authentische Dokumentationen der Parlamentsdebatten, politische Nachrichten aus Bund, Ländern und der EG, Neues aus den Bundestagsausschüssen, Interviews und Literaturbesprechungen. Und dazu die ständige Beilage »aus politik und zeitgeschichte«.

Aktualität, exakte Information und Berichterstattung machen » Das Parlament« zu einer Fachzeitung ersten Ranges. Fordern Sie ein Probeexemplar an. Schicken Sie uns den Coupon.

Bundeszentrale für politische Bildung, Bonn

Coupon Ich möchte »Das Parlament« kritisch betrachten und mir darüber eine eigene Meinung bilden. Bitte senden Sie mir ein kostenloses Probeexemplar.

Adresse:
_____
_____
_____

An die Vertriebsabteilung von »Das Parlament«, D-55 Trier, Fleischstraße 61-65.

DAS PARLAMENT
Ihre Fachzeitung für objektive politische Informationen.

Lesen macht kurzsichtig.
(Eine weitverbreitete Ansicht.)

Sonntagsblatt lesen macht weitsichtig!
(Eine weitverbreitete Meinung.)

DEUTSCHES ALLGEMEINES SONNTAGS BLATT

Wochenzeitung für Politik, Wirtschaft und Kultur.
Sie hat, was weitsichtig macht.
Informationen aus unabhängiger Sicht.
Analysen – kritisch gesehen.
Und Berichte, die Hintergründe durchsichtig
machen. Jede Woche donnerstags.

**Deutsches Allgemeines Sonntagsblatt
2 Hamburg 13, Mittelweg 111**

NEUES FORVM

Internationale Zeitschrift engagierter Christen und Sozialisten

Kritisches und Unkritisches, links von der Mitte

NEUE FREIE PRESSE

Unabhängige Zeitung für Abhängige

Texte und Comix, unbunt und bunt

Andere lügen, wir nicht!

An
Neues Forum/Neue Freie Presse
Museumstraße 5
A-1070 Wien
Tel. 93 33 53

Ich bestelle

ein Jahresabo

☐ **Neues Forum (10 Hefte)**
öS 300,—/DM 43,—

☐ **Neue Freie Presse (10 Hefte)**
öS 125,—/DM 18,—

ein Probeheft

☐ **Neues Forum**
☐ **Neue Freie Presse**

Unterschrift

Wichtiger denn je...

FRANKFURTER HEFTE Zeitschrift für Kultur und Politik

Herausgegeben von Walter Dirks und Eugen Kogon

Eugen Kogon:
Der Beamtenstaat

Karl Otmar von Aretin:
Verfassung und Verfassungsuntreue

Otthein Rammstedt:
Die Instrumentalisierung der Baader-Meinhof-Gruppe

Ossip K. Flechtheim:
Die Menschheit am Wendepunkt

Jan Pieper:
Die Wiederentdeckung von Straße und Block

Heinz-Ludwig Arnold:
Schriftsteller in der Gesellschaft

30. Jahrgang Heft 3 März 1975 DM 6,— **3**

Verlag Rommerskirchen
5480 Remagen-Rolandseck
Bonner Straße 47

Unser Leben in einer sich immer rascher wandelnden Welt ist heute problematischer, als es je war.
Bisher gültige Normen und Bindungen sind in Frage gestellt oder aufgelöst. Diesen Zustand heute zu definieren, ist eine der wichtigsten Aufgaben, die eine Zeitschrift für Kultur und Politik zu leisten hat. Das kann in der Vielfalt der Strömungen innerhalb einer pluralistischen Gesellschaft nur durch Orientierungshilfen geschehen.

Die »Frankfurter Hefte« machen den Versuch, durch Definition und Analyse Hilfen zu geben. Sachkundige und kompetente Autoren schreiben in jedem Heft.
Wir schicken Ihnen gern ein Probeheft.

edition suhrkamp

Ernest Mandel: Der Spätkapitalismus. Versuch einer marxistischen Erklärung. es 521. DM 12,-

Otto Kirchheimer: Funktionen des Staats und der Verfassung. Zehn Analysen. es 548. DM 7,-

Huster/Kraiker/Scherer/Schlotmann/Welteke: Determinanten der westdeutschen Restauration 1945-1949. es 575. DM 1o,-

Gesellschaftsstrukturen. Hrsg. von Klaus Meschkat und Oskar Negt. es 589. DM 8,-

Schule und Staat im 18. und 19. Jahrhundert. Zur Sozialgeschichte der Schule in Deutschland. Hrsg. von K. Hartmann, F. Nyssen und H. Waldeyer. es 694. DM 11,-

Lelio Basso: Gesellschaftsformation und Staatsform. Drei Aufsätze. Nachwort von Oskar Negt. es 72o. DM 7,-

Gunnar Heinsohn/Rolf Knieper: Theorie des Familienrechts. Geschlechtsrollenaufhebung, Kindesvernachlässigung, Geburtenrückgang. es 747. DM 8,-

Claus Offe: Berufsbildungsreform. Eine Fallstudie über Reformpolitik. es 761. DM 1o,-

Suhrkamp Verlag 6 Frankfurt 1, Suhrkamp Haus

Bibliothek Wissenschaft und Politik

Heinrich End
Zweimal deutsche Außenpolitik
Internationale Dimensionen des innerdeutschen Konflikts 1949–1972
Paperback DM 28,–

Hermann Glaser
Spießer-Ideologie
Von der Zerstörung des deutschen Geistes im 19. und 20. Jahrhundert
Paperback DM 26,–

Christian Hacke
Die Ost- und Deutschlandpolitik der CDU/CSU
Wege und Irrwege der Opposition seit 1969
Paperback DM 20,–

Gisela Helwig
Zwischen Familie und Beruf
Die Stellung der Frau in beiden deutschen Staaten
Paperback DM 20,–

Günter Lauterbach
Zur Theorie der sozialistischen Wirtschaftsführung der DDR
Funktionen und Aufgaben
Paperback DM 10,–

Annelotte Piper
Japans Weg von der Feudalgesellschaft zum Industriestaat
Wandlungsimpulse und wirtschaftliche Entwicklungsprozesse in ihrer politischen, geistigen und gesellschaftlichen Verankerung
Paperback DM 28,–

Probleme des DDR-Rechts
Herausgegeben von Richard Lange, Boris Meissner, Klemens Pleyer
Paperback DM 26,–

Jürgen Radde
Die außenpolitische Führungselite der DDR
Veränderungen der sozialen Struktur außenpolitischer Führungsgruppen
Paperback DM 28,–

Frank Reuter
Geschichtsbewußtsein in der DDR
Programm und Aktion
Paperback DM 10,–

Emil Schmickl
Soziologie und Sozialismustheorie in der DDR
Paperback DM 10,–

Carl Christoph Schweitzer
Chaos oder Ordnung?
Einführung in die Probleme der Internationalen Politik
Paperback DM 26,–

Wissenschaft in der DDR
Beiträge zur Wissenschaftspolitik und Wissenschaftsentwicklung nach dem VIII. Parteitag
Paperback DM 28,–

Manfred Zuber
Wissenschaftswissenschaft in der DDR
Ein Experiment
Paperback DM 10,–

Verlag Wissenschaft und Politik Köln

Donnerstag

Freitag

Sonnabend

Sonntag

Montag

Dienstag

Mittwoch

Der wöchentliche Informationsschub.

Hoffmann und Campe
Kritische Wissenschaft

Hans Albert	Konstruktion und Kritik. Aufsätze zur Philosophie des kritischen Rationalismus
Albert / Keuth	Kritik der kritischen Psychologie
Samir Amin	Die ungleiche Entwicklung. Essay über die Gesellschaftsformen des peripheren Kapitalismus
Werner Becker	Kritik der Marxschen Wertlehre
Gerald Braun	Politische Ökonomie für den Sozialkundeunterricht
Jacques Ellul	Von der Revolution zur Revolte. Vorw.: K. Sontheimer
Iring Fetscher	Lexikon des Marxismus
Ossip K. Flechtheim	Zeitgeschichte und Zukunftspolitik
Ernst Fraenkel	Reformismus und Pluralismus
Robert K. Furtak	Jugoslawien – Politik, Gesellschaft, Wirtschaft
Martin Greiffenhagen	Emanzipation
Rudolf Hamann	Politische Soziologie für den Sozialkunde-Unterricht
John H. Herz	Staatenwelt und Weltpolitik
Horst Holzer	Theorie des Fernsehens
Walter Kaufmann	Jenseits von Schuld und Gerechtigkeit
Hubert Kiesewetter	Von Hegel zu Hitler
Hans J. Kleinsteuber	Die USA – Politik, Wirtschaft, Gesellschaft
Hans Lenk	Pragmatische Philosophie
Karl Liebknecht	Studien über die Bewegungsgesetze der gesellschaftlichen Entwicklung. Hrsg. von Ossip K. Flechtheim
Wolfgang Manz	Schule und Legitimation
Wolfgang Mertens	Sozialpsychologie des Experiments
Richard Münch	Gesellschaftstheorie und Ideologiekritik
Dieter Nohlen	Chile – das sozialistische Experiment
Heinrich Oberreuter	Parlamentarische Opposition. Ein intern. Vergleich
Heidrun Pelz	Linguistik für Anfänger
Karl R. Popper	Objektive Erkenntnis. Ein evolutionärer Entwurf
Karl-Heinz Pütz	Die Außenpolitik der USA. Eine Einführung
Frank Rotter	Verfassung und sozialer Wandel
Brigitte Schlieben-Lange	Sprachtheorie
A. Schwan / G. Schwan	Sozialdemokratie und Marxismus
Ota Šik	Das kommunistische Machtsystem
Simon-Schaefer / Zimmerli	Wissenschaftstheorie der Geisteswissenschaften
Sontheimer / Bleek	Die DDR – Politik, Gesellschaft, Wirtschaft
Michael Sukale	Moderne Sprachphilosophie
Ernst Topitsch	Die Voraussetzungen der Transzendentalphilosophie
Henry Walton	Kleingruppen-Psychotherapie
Hans-Georg Wehling	Kommunalpolitik
Wolfgang Winckler	Verhalten und Umwelt
	Ausführliches Gesamtverzeichnis vom Hoffmann und Campe Verlag, 2 Hamburg 13, Postfach

Hoffmann und Campe
Reader

Gisela Ammon	Psychoanalytische Pädagogik
Günter Ammon	Psychoanalytische Traumforschung
Günter Ammon	Gruppenpsychotherapie
Manfred Asendorf	Aus der Aufklärung in die permanente Restauration. Geschichtswissenschaft in Deutschland
Dirk Berg-Schlosser	Die politischen Probleme der Dritten Welt
Bermbach / Nuscheler	Sozialistischer Pluralismus
Bredow / Zurek	Film und Gesellschaft in Deutschland
Johannes Cremerius	Psychoanalytische Textinterpretation
Ernest Feder	Gewalt und Ausbeutung. Lateinamerikas Landwirtschaft
Ossip K. Flechtheim	Die Parteien der Bundesrepublik Deutschland
Giesen / Schmid	Théorie, Handeln und Geschichte. Erklärungsprobleme in den Sozialwissenschaften
Wolf Grabendorff	Lateinamerika – Kontinent in der Krise
Grottian / Murswieck	Handlungsspielräume der Staatsadministration
Grube / Richter	Demokratietheorien. Konzeptionen und Kontroversen
Helga Haftendorn	Theorie der Internationalen Politik
Holzer / Steinbacher	Sprache und Gesellschaft
Wolfgang Keim	Gesamtschule. Bilanz ihrer Praxis
Joachim Knoll	Lebenslanges Lernen – Erwachsenenbildung
Mühlfeld / Schmid	Soziologische Theorie
Nikles / Weiß	Gesellschaft. Organismus – Totalität – System
Ritter / Miller	Die deutsche Revolution 1918–1919 – Dokumente
Peter Schmidt	Innovation
Wolfgang Schmidbauer	Evolutionstheorie und Verhaltensforschung
Friedrich W. Stallberg	Abweichung und Kriminalität
Fritz Süllwold	Begabung und Leistung
Klaus Türk	Organisationstheorie
Stephan Voets	Sozialistische Erziehung. Texte zur Theorie und Praxis
Oskar Weggel	Die Alternative China. Politik, Gesellschaft, Wirtschaft
Wickler / Seibt	Vergleichende Verhaltensforschung
	EINZELTITEL
Doeker / Steffani	Klassenjustiz und Pluralismus. Festschrift für Ernst Fraenkel zum 75. Geburtstag
Nohlen / Nuscheler	Handbuch der Dritten Welt. Band 1: Theorien und Indikatoren der Unterentwicklung und Entwicklung. Band 2: Unterentwicklung und Entwicklung in Afrika. Band 3: Unterentwicklung u. Entwicklung in Lateinamerika
Ota Šik	Der Dritte Weg. Die marxistisch-leninistische Theorie und die moderne Industriegesellschaft

Bitte fordern Sie ein ausführliches Gesamtverzeichnis an vom Hoffmann und Campe Verlag, 2 Hamburg 13, Postf. 132092